기독교문서선교회(Christian Literature Center: 약칭 CLC)는 1941년 영국 콜체스터에서 켄 아담스에 의해 시작되었으며 국제 본부는 미국 필라델피아에 있습니다. 국제 CLC는 59개 나라에서 180개의 본부를 두고, 약 650여 명의 선교사들이 이동 도서차량 40대를 이용하여 문서 보급에 힘쓰고 있으며 이메일 주문을 통해 130여 국으로 책을 공급하고 있습니다. 한국 CLC는 청교도적 복음주의 신학과 신앙 서적을 출판하는 문서선교기관으로서, 한 영혼이라도 구원되길 소망하면서 주님이 오시는 그날까지 최선을 다할 것입니다.

추천사 1

송 태 근 박사
삼일교회 담임목사

　인공 지능을 필두로 한 제4차 산업혁명은 이전과는 비교할 수 없을 만큼의 급격한 변화와 파장을 온 세상에 몰고 오고 있습니다. 게다가 기후 변화 등 인류의 미래에 대한 불확실성은, 이러한 변화의 물결에 빠르게 편승하라고 우리를 재촉하고 있습니다.
　그런데도 이러한 조류에 맞서서, 이를 비판적으로 검토하고 대안을 제시하는 것이야말로 교회와 시대를 향한 기독 지식인의 책무일 것입니다. 무엇보다 인공 지능의 발전과 함께 대두되고 있는 포스트휴먼 문제는 인간 본질에 대한 궁극적인 대답이 있는 기독교인들이라면 매우 높은 경각심을 갖고 살펴보아야 할 영역입니다.
　그러한 의미에서 포스트휴머니즘을 기독교의 관점으로 고찰하고 있는 이 책은 현시점에 매우 적실한 저작입니다. 저자는 포스트휴먼을 비롯한 급격한 기술 발전에 대한 무비판적 수용 이면에 '과학주의'라는 신념이 자리 잡고 있다는 사실을 드러냄으로써, 현재 세상을 휩쓸고 있는 현상들이 결코 가치중립적이지 않음을 잘 보여 줍니다. 무엇보다 과학 기술을 통한 인간의 발전과 진화라는 환상이 인간 고유의 존재가치와 존엄성을 심각하게 훼손하고 있다는 저자의 지적은 우리가 귀 기울여야 할 대목입니다.
　한 걸음 더 나아가 저자는 '경계성'과 '관계성'의 균형을 중심으로 인간의 본질을 규정하면서, 기독교 교육을 통해 회복해야 할 성경적 인간관이 무엇일지에 대해서 제시하고 있습니다. 지금 우리에게 필요한 것은 과학 기술에 대한 낭만적 접근이 아니라, 인간과 세상을 창조하신 하나님의 말씀에 귀 기울이는 것입니다. 거기에 진정한 인류 행복의 길이 있습니다. 이 책의 안내를 따라 급변의 시대, 교회와 기독교 교육이 진정 붙들어야 할 가치를 발견할 수 있길 소원합니다.

추천사 2

이 승 구 박사
합동신학대학원대학교 조직신학 교수, 한국복음주의신학회 회장

여기 정말 귀한 책이 우리에게 선물로 주어졌습니다. 저자가 기독교 교육 철학 전공으로 작성한 박사 학위 논문을 여러 성도도 넓게 사용할 수 있도록 펴내신 것입니다. 가장 최근에 우리에게 직면한 문제인 "포스트휴머니즘" 문제와 정직하게 직면하면서, 성경과 기독교 세계관에 철저히 근거해서 "경계를 분명히 하면서" 또한 "하나님의 의도에 따라서 관계를 맺는 인간됨"을 잘 선언하며, 그런 참된 인간됨을 교육하는 문제에 대한 좋은 시사점들을 담은 훌륭한 수작입니다. 이 책은 다음 같은 점에서 우리들이 깊이 생각하며 반드시 읽어야 할 책입니다.

첫째, 오늘의 과학이 우리를 인도하여 트랜스휴먼(trans-human), 그래서 포스트휴먼(post-human)을 지향하는 그 현실을 잘 드러내면서 그 현실과 직면하도록 하기 때문입니다. 그래서 인간 중심성을 벗어나 인간도 그저 동물의 하나로 보든지(Peter Singer), 기계화하여 하이브리드 적으로 이해하든지(Rosi Braidotti 또는 Ketherine Hayles), 혹 그와 함께 *homo Deus* (Yuval Harari)를 지향하게 하는 그 어두운 현실에 직면하여 현재 우리가 처한 심각한 문제를 깊이 보도록 합니다.

둘째, 이 문제에 대해서 성경과 기독교 세계관에 근거하여 깊이 성찰하도록 하는 것이 이 책의 더 중요한 기여입니다. 이것이 없으며 우리의 논의는 기독교적이지 않습니다. 이 복잡한 세상 속에서도 성경을 중요시하

고, 하나님의 존재와 하나님의 뜻의 절대성을 잘 드러내는 것이 저자인 임준섭 박사의 가장 큰 기여입니다. 우리는 끝까지 절대적인 삼위일체 하나님과 성경에서 자증하시는 하나님의 말씀을 잘 들어야 합니다.

셋째, 우리만이 아니라 다른 이들을 가장 성경적 방향으로 나가도록 하는 기독교 교육적 논의가 이 책이 주는 기독교 교육적 기여입니다. 총신대학교 기독교 교육과에서 나온 귀한 논문이 이렇게 근자에 나타나는 문제를 잘 논의할 수 있도록 인도한다는 것은 이 논문을 지도하신 함 교수님과 저자인 임 박사님의 큰 기여라 할 수 있습니다.

부디 많은 분이 이 책을 읽고서 '더욱 성경이 말하는 참된 사람이 되고 싶어 하기'를 바라는 마음으로 이 책을 추천합니다.

추천사 3

함 영 주 박사
총신대학교 기독교교육과 교수

　과학 기술의 발달로 촉발된 4차 산업혁명은 우리 사회를 급격하게 변화시켰고, 발전된 의료기술이나 각종 인공 지능 기술 등을 통해 삶의 편리성을 매우 높여주었다는 긍정적인 측면이 있다. 그리고 앞으로 이러한 추세는 더욱 가속화될 것으로 보인다.
　그러나 과학 기술의 발달 이면에는 과학주의라는 우리가 경계해야 할 또 다른 영역이 있음을 알아야 한다. 과학주의는 초자연적 존재를 거부하며 성경의 계시를 부인한다. 더 나아가 합리성이라는 명목으로 사람들을 기독교 신앙에서 멀어지게 한다. 또한, 과학 기술의 발전을 빌미로 하나님과 인간의 경계를 깨뜨리고 인간과 기계의 경계를 무너뜨리는 다양한 시도를 자행한다. 이러한 현실 속에서 본 서의 저자는 과학주의가 가진 인간론을 비판하고 성경적 관점에서의 인간에 대한 이해를 명확히 하고 있다.
　인간은 하나님과 명확한 경계 안에서 관계를 맺는 존재이며, 그렇게 되어야만 인간 실존의 의미를 찾을 수 있다. 또한, 과학 기술의 발달로 만들어진 인공 지능은 인간을 대체할 수 없으며 스스로 인간을 지배하는 새로운 신으로 자리 잡을 수 없다. 왜냐하면, 인간과 기계 사이에는 명확한 경계가 있기 때문이다.
　이 책의 저자는 바로 이 점을 집요하게 파고들며 과학주의가 가진 인간론을 비판한다. 그리고 가장 건강한 관계는 경계와 관계의 조화를 이룰 때만 가능하다는 사실을 주장한다.

이 책은 매우 논리적으로 구성이 되어 있다. 현대과학주의에 기반한 포스트휴머니즘의 특징, 성경적 인간론의 핵심, 그리고 기독교 교육의 방법을 통해 회복해야 할 경계와 관계의 의미를 실천적 관점에서 잘 다루고 있다. 특히, 디지털 네이티브인 다음 세대 학생들을 지도할 교회 교육 사역자들과 교회학교 교사들은 이 책에서 주장하는 경계성과 관계성을 토대로 한 인간의 위치를 잘 이해하여 학생들에게 가르쳐야 한다.

이 책이 바로 그러한 기독교 교육적 유익을 줄 것으로 확신한다. 과학주의라는 거대한 파도 앞에서 기독교 신앙을 다음 세대에게 전수하고자 하는 모든 기독교 교육자에게 본 서를 강력히 추천한다.

추천사 4

하의용 박사
삼광교회 담임목사

  이 책은 고유성과 탁월함은 저자의 독특한 이력에서 시작된다. 저자는 유능한 과학도이자 개혁주의적인 신학도이다. 저자의 이력에서 축적된 학문적 통찰력이 고스란히 이 책에 깊이 녹아져 있다.
  저자가 이 책에 담아내고 있는 학문적 고찰은 다음과 같다. 오늘날 세상을 지배하는 포스트휴머니즘의 인간관은 다른 모든 존재들과의 차이, 심지어 하나님과의 경계적 차이마저 무시한 채, 하나님에 의해 창조된 모든 존재의 경계를 해체하는 것으로 경계와 균형이 무너진 인간관을 표방한다.
  이들은 경계를 본질적 차이가 아닌 억압과 차별이라는 사회 · 정치적 용어로 규정한다. 차별로 규정된 경계의 파괴를 통해서 무한한 관계성의 향상을 추구하여 인류의 궁극적인 염원인 파라다이스를 꿈꾸는 것이 그들의 이상이다. 저자는 이것이 가능하게 된 배경을 과학에 대한 지나친 기대, 심지어 종교적 차원의 수준에 이른 과학주의에서 찾는데 이것은 저자의 과학도로서의 학문적 배경에서 나온 정당한 통찰이다.
  결국, 저자는 포스트휴머니즘이 주장하는 경계의 해체가 아닌 하나님이 정하신 인간의 경계를 유지하여, 온전한 관계를 지향해야 한다고 주장한다. 인간의 인간됨은 하나님이 정하여 주신 경계를 지켜가는 것이며, 그것을 통해서 참된 샬롬이 구현된다는 것이다. 경계가 깨어지는 순간 샬롬의 꿈도 무너진다. 여기에 저자의 개혁주의적 신학도로서의 인간에 대한 고찰이 잘 드러난다. 이러한 목적을 위해 교회 교육의 현장에서 성품 교육의 강화와 샬롬을 지향하는 교육이 이루어져야 한다고 실천적인 제안을 하고 있다. 이 책은 이 시대에 교회 교육에 대한 바른 길을 찾고자 고민하는 분들에게 분명한 길을 제시하는 책이기에 적극적으로 추천하는 바이다. 이러한 글은 쉽게 찾을 수 있는 흔한 글이 아니다.

추천사 5

김 대 혁 박사
총신대학교 신학대학원 실천신학 교수

오늘날을 포스트모던(Postmodern)의 시대라 말합니다. 객관적 진리보다는 개인의 신념이나 감정을 높이 두는 포스트 투루스 시대(Post-Truth)라는 말도 듣습니다. 이 '포스트'라는 단어는 이제 인간이라는 단어 앞에도 붙어서, 포스트휴먼(Post-Human)의 새로운 인간관을 말합니다. 모두가 '포스트'라는 브랜드가 내놓는 신상 증후군에 빠진 듯합니다. 하지만 성경을 진리로 아는 그리스도인에게는 확고한 인간관이 있습니다. 인간은 하나님의 피조물로서의 분명한 한계를 가지나 하나님의 형상으로 창조된 고귀한 존재라는 것입니다. 여기에 여러 모양으로 도전해 왔던 무신론적 인간관의 최신판이 포스트휴머니즘입니다.

안타깝게도 이를 기독교적으로 바르게 이해하고 실천적으로 적용할 수 있는 배경적 문헌이 거의 소개되지 않았습니다. 그래서인지 이 책은 무척 반갑고 또 시의적절한 것 같습니다. 특별히 신학적, 철학적 내용만이 아니라, 포스트휴머니즘을 과학적 배경에서도 심도 있게 잘 다룰 수 있는 저자를 통해서 소개되고 있습니다. 무신론적 과학주의의 사상적 면모를 매우 날카롭게 파헤쳤습니다.

더불어 이 책에서 눈여겨볼 점은 포스트휴머니즘의 왜곡된 인간관을 신학적, 철학적으로 분석하기 위한 '경계'와 '관계'라는 방법론적 도구를 매우 독창적으로 제시하며 이를 실천적으로 적용하고 있다는 것입니다. 따라서 포스트휴머니즘의 도전 앞에서 개혁주의 신학에 근거한 바른 인간론적 대안을 제시하고 이를 교육에 구체적으로 적용해 나가길 원하는 신학생과 목회자에게 일독을 권합니다.

추천사 6

이 윤 석 박사
서울기독교세계관연구원 원장

 이 책은 우리가 살아가는 포스트휴머니즘 시대를 통찰할 수 있는 아주 좋은 기독교적 틀을 제시한다. 제4차 산업혁명 시대를 맞아 인류는 과학 기술 문명의 놀라운 발전 앞에 감탄하면서 행복해하고 있다. 이 시대는 과학 기술의 권위가 어느 때보다 높아진 시대다. 그리고 과학 기술로 가능해질 테크노피아가 될 미래를 꿈꾼다. 그러나 저자는 이런 세상을 비판적으로 수용할 것을 요청한다.
 저자는 중세가 끝나고 근대가 시작되면서 나타난 휴머니즘의 첫 출발은 기독교적 휴머니즘이었으나 시간이 지나면서 하나님을 떠난 휴머니즘으로 변질되었고, 시간이 더 지나면서는 포스트휴머니즘 담론이 시작되었다고 휴머니즘의 역사를 설명한다.
 특히, 포스트휴머니즘 중에서 가장 문제가 되는 사상은 '과학주의'이다. 저자는 과학주의에 함몰되어 전통적으로 생각해 온 인간 이해를 넘어서 비유기체에 인간의 의식을 이식하여 소위 유발 하라리가 '호모 데우스'라고 불렀던 신인류로 진화한다는 트랜스휴머니즘 사상을 '과학주의적 포스트휴머니즘'이라 규정한다.
 그러면서 '과학'이 한없이 높아지고 '과학자'가 최고의 권위를 갖는 사회가 되면서 나타난 이런 '과학주의'를 날카롭게 비판한다. 이 비판을 위해 저자는 인간이 하나님, 자연과 맺는 구조를 '경계'와 '관계'라는 용어로 설명한다.

포스트휴머니즘은 인간과 하나님의 '경계', 인간과 다른 피조물들과의 '경계'를 무너뜨린다. '관계'를 향상시키는 것은 바람직하지만, '경계'를 무너뜨리는 것은 하나님에 대한 도전임을 저자는 잘 밝히고 있다.

요즘 같은 시대에 '과학주의'에 대해 문제를 제기하는 것은 결코 쉬운 일이 아니다. 그러나 저자는 매우 촘촘하고 치밀한 논의를 통해 과학주의적 포스트휴머니즘이 안고 있는 근본적인 문제점을 명료하게 드러내면서 '경계를 지키는 인간'이라는 성경적 인간관을 제시한다. 제4차 산업혁명 시대를 사는 그리스도인들이 어떠한 인간관을 가지고 살아야 하는지에 대한 아주 명쾌한 답이 바로 이 책에 담겨 있다.

포스트휴머니즘의 전략과 기독교의 대응

경계와 관계의 인간학

The Strategy of Posthumanism and the Response of Christianity:
Anthropology of Boundary and Relationship
Written by Jun-Sub Im
All rights reserved.
Korean Edition Copyright ⓒ 2022 by Wheat Berry Books, Seoul, Korea.

포스트휴머니즘의 전략과 기독교의 대응
경계와 관계의 인간학

2022년 8월 30일 초판 발행

지 은 이 | 임준섭

편　　집 | 도전욱
디 자 인 | 김소영
펴 낸 곳 | (사) 기독교문서선교회
등　　록 | 제21-44호(1988. 8. 12.)
주　　소 | 서울특별시 서초구 방배로 68
전　　화 | 02-586-8761~3(본사) 031-942-8761(영업부)
팩　　스 | 02-523-0131(본사) 031-942-8763(영업부)
이 메 일 | clckor@gmail.com
홈페이지 | www.clcbook.com
송금계좌 | 기업은행 073-000308-04-020 예금주:(사) 기독교문서선교회

일련번호 | 2022-87

ISBN 978-89-341-2471-9(93230)

이 책의 저작권은 저자와 (사) 기독교문서선교회가 소유합니다. 신저작권법에 의하여 한국 내에서 보호받는 저작물이므로 무단 전재와 무단 복제를 금합니다.

CLC 신학 박사 논문 시리즈 71

포스트휴머니즘의 전략과 기독교의 대응

The Strategy of Posthumanism and
The response of Christianity

임준섭 지음

경계와 관계의 인간학
Anthropology of Boundary and Relationship

CLC

내용

추천사 1 송 태 근 박사 | 삼일교회 담임목사	1
추천사 2 이 승 구 박사 | 합동신학대학원대학교 조직신학 교수, 한국복음주의신학회 회장	3
추천사 3 함 영 주 박사 | 총신대학교 기독교교육과 교수	5
추천사 4 하 의 용 박사 | 삼광교회 담임목사	7
추천사 5 김 대 혁 박사 | 총신대학교 신학대학원 실천신학 교수	9
추천사 6 이 윤 석 박사 | 서울기독교세계관연구원 원장	10

머리말	**19**

제1장. 서론	**23**
1. 포스트휴머니즘 시대의 도래	23
2. 포스트휴머니즘을 경계하다	32

제2장. 휴머니즘의 역사와 포스트휴머니즘	**44**
1. 포스트휴머니즘 이전의 휴머니즘	45
1) 인문주의와 인본주의, 그리고 인간주의	45
2) 고전적 휴머니즘의 종식과 포스트휴머니즘의 등장	56
2. 포스트휴머니즘과 트랜스휴머니즘	61
1) 포스트휴머니즘과 트랜스휴머니즘	61
2) 포스트휴머니즘과 인공 지능	70

제3장. 경계를 해체하는 포스트휴머니즘   78

1. 경계를 해체하는 근거-차별과 억압   81
2. 경계를 해체하는 수단-과학주의   89
   1) 과학과 과학주의   90
   2) 과학주의의 역사와 의의   94
   3) 경계를 해체하는 과학주의   101

3. 경계를 해체하는 방식-인간화와 비인간화   113
   1) 인간화   115
   2) 비인간화   119

제4장. 포스트휴머니즘의 인간관   124

1. 경계를 해체하는 관계 지향적 인간   126
2. 인간의 형상으로 신이 된 인간   138
3. 무생물적 물질로 역진화된 인간   143
4. 윤리적 본성이 해체된 인간   151

제5장. 포스트휴머니즘 시대의 기독교적 인간관   162

1. 하나님 주권의 청지기로서 인간-경계를 지키는 인간   164
   1) 반정립적 경계   165
   2) 하나님 주권 아래 있는 영역들의 경계   177
   3) 우주를 구성하는 양상 간 경계   184

2. 샬롬을 추구하는 인간-관계를 지향하는 인간   193
   1) 관용으로 실천되는 자유와 사랑의 관계   195
   2) 변화를 추구하는 샬롬의 관계   203

3. 포스트휴머니즘 시대의 새로운 기독교적 인간관　　216
　　　　1) 경계와 관계의 균형에 기초한 기독교적 인간　　218
　　　　2) 하나님 형상에 담긴 경계성과 관계성을 회복한 인간　　229
　　　　3) 하나님의 형상에 담긴 공유적 성품을 회복한 인간　　238

제6장. 포스트휴머니즘 시대의 기독교 교육을 위한 제언　　244

　　1. 하나님의 형상성을 회복하는 성품 교육　　248
　　2. 유기체적 관계성을 지향하는 전환적 학습자 중심 교육　　260
　　3. 학문적 경계를 넘는 샬롬의 융합 교육　　272

제7장. 결론: 경계를 지키며 관계를 지향하는 기독교적 휴머니즘　　287

Abstract　　303

참고 문헌　　306

머리말

임 준 섭 박사

　눈에 보이지도 않는 작은 바이러스 하나가 종의 경계를 무너뜨리자 온 세상이 혼란에 빠졌습니다. 그 시작은 작았으나 결국은 지금 우리가 경험하고 있는 대로입니다. 의도하지는 않았지만, 마침 존재의 경계와 관계를 논하는 학위 논문이 쓰일 때, 코비드 19 팬데믹이 발생했습니다. 거대한 전염병의 소용돌이가 전 세계의 주요한 도시를 휩쓸었고, 장례조차 제대로 치르지 못한 사람들의 시신이 마구잡이로 이곳저곳에 널브러진 참혹한 장면들을 보게 되었습니다.
　이처럼 과학 기술이 발달한 시대에 말입니다!
　처음에는 일반 대중을 대상으로 한 출판을 염두에 두지 않았지만, 인간 존재의 의미와 실천, 그리고 무엇보다 하나님의 형상으로서의 인간 존엄에 대한 가치가 어느 때보다도 심각하게 도전받는 이 시기에 이 책이 출간되는 것은 하나님의 뜻이 있기 때문일 것입니다.
　학적인 논문을 책의 형태로 세상에 공개하는 저자의 입장에선 관련 분야에 대한 배경지식이 많지 않은 일반 독자들에게 간단하게라도 강조점을 먼저 제시하면 좋을 것이란 생각이 들었습니다. 그런 뜻에서 이 책을 접하는 독자들이 특히 집중하여 꼭 마음에 새겼으면 하는 점을 몇 가지 제시하는 것으로 머리말을 대신하려고 합니다.

　첫째, 포스트휴머니즘은 현대의 인간 중심적 인간관을 대표하지만, 역사적으로 인간의 인간관은 줄곧 인간 중심적 인간관이었다는 사실을 염두에 됐으면 합니다. 인간 중심적 인간관은 하나님 없이도 완전한 인간, 영원한 인간을 추구하는 것입니다. 이런 면에서 포스트휴머니즘이 이전의 인간 중심적 인간관과 차별되는 것은 '완전'과 '영원'을 위한 수단으로 과학 기술을 차용하고 있다는 것입니다. 게다가 믿기 어렵지만, '거의' 다다랐다고 인간 스스로 믿고 있는 것 같습니다. 그런 의미에서 포스트휴머니즘의 과학주의적인 면모는 지극히 종교적이라고 할 수 있습니다.

둘째, '경계'와 '관계'라는 용어와 그 개념으로 함축하고 있는 인간 존재에 대한 이해는 이 글이 가지고 있는 독창적이면서도 유용한 방법론적 틀이라고 생각합니다. 우선 분명하게 강조하는 것은 이 글은 '경계'를 지키기 위해서 '관계'를 희생시키거나, 반대로 '관계'를 지향하기 위해서 '경계'를 무너뜨리는 그 어느 쪽도 지지하지 않는다는 것입니다.

오히려 이 글에서 저의 주장은 '경계'와 '관계'의 균형이라고 할 수 있습니다. 평균대를 생각해 보면, 어느 한쪽으로 치우치는 것보다 균형을 유지하는 것이 더 어렵다는 것을 쉽게 납득할 수 있을 것입니다. 신앙인의 좁은 길은 절대 쉽지 않은 길이라는 성경의 진리를 기억해야 합니다.

한편, 이 글에서는 경계와 관계의 상관성을 포스트휴머니즘과 기독교적 휴머니즘을 비교, 대조하는 비판적인 틀로 사용했는데, 다시 보면서 다소 거친 부분들이 눈에 띄어 아쉽다는 생각이 들었습니다. 그러나 필자는 물론 필자 외에 다른 독자들에게 더 다양하고 정교하게 학문적·실천적으로 적용할 수 있는 가능성을 열어 두었다는 것으로 더 큰 기대를 하게 됩니다. 예컨대, 많이 다루지 않았으나, 흔히 말하는 기독교 세계관 차원에서 창조 세상을 보는 틀로써 사용될 수 있을 것입니다.

셋째, 이 글은 개혁주의 신학에 근거한 기독교 교육 철학을 바탕으로 쓰인 교육학 논문이라는 것을 유념해야 합니다. 또한, 필자의 학문적 이력에 분자생물학이라는 현대 자연 과학의 소산이 깔려있다는 것도 기억해 두면 좋을 것 같습니다. 이 모든 것이 결합하여, 이 글 곳곳에서 화학작용을 일으키고 있습니다.

그리고 그 결과는 교회 또는 각종 기독교학교를 위한 교육적 대안과 제언으로 열매 맺고 있습니다. 전문 교육 기관인 학교도 그렇지만, 모든 교회는 가르치는 교회이며, 모든 성도는 배우는 성도여야 합니다. 또한, 모든 성경은 가르치기 위한 것이며, 필자 역시 그 무엇보다 성경에 근거한 글을 쓰기 위해 줄곧 성령의 지혜를 구했습니다. 독자들 역시 배우는 마음을 얻기 위해 성령의 지혜를 구하며 읽으시길 바랍니다.

넷째, 특정한 독자층을 크게 염두에 두지는 않았지만, 이 책은 청년들에게 특별한 유익이 있을 것 같습니다. 청년의 때는 생래적으로 참되고 진지한 관계에 유난히 갈급한 시기입니다. 그러다 보니 현저한 경계의 존재를 놓치기 쉬울 때이기도 합니다. 스스로 미래를 만들어내기 위해 여념이 없는 시기이기도 합니다. 그래서 원하든 원치 않든 그 미래를 위해 기꺼이 지금의 현재를 양보해야 하는 압력도 크게 마련입니다. 그 때문에 현재 누려야 할 더 깊은 관계에 대한 갈급함이 커지는 것이겠지요.

그리고 어떤 의미에서든 경계를 인정하고 그 경계를 마주하기가 무척 당혹스러운 것은 그 시기를 지나는 모든 청년이 안고 있는 어려움일 것입니다. 그래서인지 창조주이신 하나님을 잊지 말고 기억하라는 전도서의 권면이 유독 청년의 때를 향하고 있습니다. 창조주이신 하나님과의 온전한 경계와 관계의 설정이 청년의 때에 무척 중요하다는 것을 말씀하는 것입니다. 그런 의미에서 이 책은 청년들, 혹은 청년과 같은 때를 사는 모든 분에게 특별한 유익이 있을 것입니다.

다섯째, 개인적으로 저는 개혁주의 신학과 그 바탕의 철학이 가진 세상을 향한 통찰과 균형, 그리고 무엇보다 그 복음에 담긴 사랑과 은혜에 감격하게 됩니다. 다른 한편, 자연 과학이 가진 예리하며 비판적인 논리와 분석이 놀랍기도 합니다. 이 책에는 그러한 감격과 놀람이 학문적인 언어로 실천되고 있습니다.

그러나 한편, 이 책의 배경에는 이 시대가 주는 헛된 인간관에 혼란스러워하는 교회와 성도들에 대한 목회자로서의 긍휼한 마음이 담겨 있습니다. 목회자로서 무엇보다 소망하는 것은 혼란의 시대에 놓인 교회와 성도들에게 이 책이 선하게 사용되는 것입니다. 그런 의미에서, 이 책을 읽는 모든 분이 같은 마음으로 기도해 주시길 바랍니다. 이 책 역시 그 시작은 작지만, 하나님이 뜻하신 대로 교회와 복음을 위해 거룩하게 쓰임 받길 소망합니다.

여섯째, 이 논문이 책으로 나오기까지 응원해 주시며, 기도해 주신 모든 분께 감사를 드립니다. 학위 논문을 지도해주신 함영주 교수님의 권유와 요청이 아니었으면 책으로 출간하는 것은 엄두도 내지 못했을 것입니다.

본 글보다 더 훌륭한 추천사로 응원해 주신 송태근 목사님과 이승구 교수님, 하의용 목사님과 김대혁 교수님 그리고 이윤석 원장님께 감사드립니다. 또한, 기도와 물질로 후원해 주신 사랑의교회 다윗중등부 여러 선생님과 부모님, 종재를 비롯한 친구와 여러 동역자에게 감사의 인사를 전합니다.

아울러 좋은 책으로 출간될 수 있게 도와주신 기독교문서선교회(CLC) 대표 박영호 목사님과 관계자분들께도 감사드리며, 늘 함께 같은 마음으로 기도해 주며 응원과 격려를 아끼지 않은 사랑하는 아내 소영과 나의 가장 소중한 첫 번째 다음 세대, 시찬, 초은에게 감사의 마음을 전합니다. 그 무엇보다 모든 출간 과정을 선하게 인도하신 살아계신 하나님께 감사와 영광을 올려 드립니다.

2022년 7월

제1장

서론

1. 포스트휴머니즘 시대의 도래

주께서 땅의 경계를 정하시며 주께서 여름과 겨울을 만드셨나이다(시 74:17).

인간은 자신을 둘러싼 세계와 그 경계(boundary)를 두고 관계(relationship)를 맺으며 존재한다. 창조의 질서는 인간의 거주지인 땅의 모든 존재의 경계와 관계의 질서이다. 창조주에 의해 피조 세상의 청지기로 세워진 인간은 창조 질서로 정해진 경계와 관계 속에 존재한다. 즉, 인간 존재의 이해는 외적 존재와의 '경계성'과 '관계성'으로 해석될 수 있다.

자아는 타자와의 경계를 두고 관계를 찾아간다. 크게는 인간 존재와 비인간적 존재로 구별되지만, 좀 더 작게는 인간과 타생물, 인간과 무생물, 그리고 인간과 비물질적 존재로 나눌 수 있다. 인간 존재와 모든 비인간적 존재 간의 상반성은 결국 경계와 관계의 상관성으로 이해된다. 통상 경계에 함몰되면 관계가 해체되고, 관계에 함몰되면 경계가 해체된다고 할 수 있다. 따라서 관계를 지향하기 위해 손쉽게 선택할 수 있는 가장 좋은 방법은 경계를 해체하는 것이다.

그러나 경계의 해체는 온전한 관계를 담보하는가?

언뜻 어렵지 않게 '예스'라고 하기 쉬운 질문이다. 그러나 실상 이 질문을 좀 더 진지하게, 그리고 실천적으로 고민한다면 쉽게 낙관하기 어려운 문제다. 그런데 적어도 18세기 계몽주의가 발흥한 이후, 인간의 사상은 이 질문에 낙관적이었다.

낙관의 이유는 무엇인가?

수많은 이유를 떠올릴 수 있지만, 누구도 부정하기 어려운 바로 그 이유는 눈부시게 발전하는 과학 기술에 있다. 과학 기술의 발전은 인간 삶의 전 영역에 밀접하다. 엄밀히 말하면, 인류 발전사는 곧 과학 기술의 발전사와 궤를 같이한다고 해도 크게 틀린 말이 아니다. 특히, 계몽주의 이래로 더욱 두드러진다. '계몽'은 혁명적으로 발전하는 '과학'과 함께 사상적·기술적으로 밀접하게 상호 작용하며, 인간 삶의 보편적 질을 정량적으로 끌어 올렸기 때문이다.

인간 이성의 총아는 과학적 발견과 기술적 산물로 결실되었고, 축적되었으며, 산업혁명으로 폭발하였다. 영국에서 제조된 증기기관으로 발흥한 산업혁명은 인류가 이전에 맛보지 못한 잉여 산물의 풍요로움을 선사했다. 더 나아가 전기 전자 기술과 정보기술로 이어지는 제2-3차 산업혁명은 배의 풍요로움을 너머 머리와 가슴까지 그 풍족함을 맛보게 했다.

그리고 21세기 초반 떠오른 '제4차 산업혁명'(4th Industrial Revolution)은 또다시 그 이전의 인류는 상상하지 못했던, 아니 엄밀히 말하면 상상만 했던, 바로 그 꿈을 이루게 해 줄 전혀 새로운 지평을 열고 있다. 물질적 코스모스를 넘어 비물질적 가상의 코스모스까지 인류는 그 경계를 확대하고 있는 것이다. 언뜻 보기엔 무한이 더 이상 멀지 않아 보인다. 결국, 인간의 모든 삶의 영역에 가장 지대한 또는 막대한 영향을 주는 것 중에 으뜸은 누가 뭐래도 과연 과학이다. 적어도 가시적으로는 분명해 보인다.

특히, 전 세계를 뒤덮은 코로나 바이러스의 공포에 빠진 인류를 구원할 수 있는 것 역시 고도의 생명 과학 기술에서 비롯된 백신이 아니던가?

고도의 과학 기술이 지배하는 것처럼 보이는 제4차 산업혁명 시대인 지금 누가 감히 과학의 위엄 앞에 반기를 들 수 있을 것인가?

중세를 신의 시대, 근대를 인간의 시대라고 한다면, 누군가가 이 시대를 과학의 시대라고 해도 전혀 이상하지 않을 것이다.

그렇기에 누군가가 만약 이전 시대를 과학의 시대라고 했다면, 그건 매우 성급한 판단이 아니었을까?

'과학의 시대'라 불러도 전혀 낯설지 않은 이 시대에 그런데도 나는 분명히 짚고 넘어가야 할 것이 있다고 믿는다. 그것은 바로 이런 질문이다.

'과학의 시대'가 정의하는 '인간은 누구인가?'

눈에 보이지 않는 작은 바이러스 하나에도 쩔쩔매는 나약한 인간은 한편 인류의 구원자로 등장하는 과학 기술의 발전을 가능케 하는 위대한 인간이기도 하다. 제4차 산업혁명의 실현과 코로나 팬데믹의 극복을 가능케 한 과학 기술이 불러온 가장 본질적이며 가장 파괴적인 영향력은 인간에 대한 생각의 변화이다. 더욱 엄밀하게는 '인간 존재'와 '인간 본성'에 대한 정의와 실천에 대한 영향력이다.

인간은 누구인가?
혹은 누가 인간인가?
인간의 존재 함과 그 존재 함을 경계 짓는 본성은 무엇인가?

이 단순하고도 근원적인 질문은 철학은 물론 신학에서도 가장 오랜 역사를 자랑하며 그만큼 본질적이다. 그런데도 이 본질적 질문은 철학이나 신학에서조차 관심 밖으로 밀려난 지 오래다. 그러나 이 과학의 시대에 지난 긴 시간 동안 외면받았던 케케묵은 이 질문을 꺼내야만 하는 이유가 생겼다. '포스트휴머니즘'(Posthumanism) 때문이다. 포스트휴머니즘이라는 인간에 대한 인간의 사상이 이 시대에 새롭게 도래하였다.

제4차 산업혁명이라는 용어는 비교적 최근인 2016년 세계경제포럼에서 탄생하였다. 반면 포스트휴머니즘 또는 포스트휴먼(Posthuman)이란 용어는 그 이전에도 이미 어렵지 않게 만날 수 있었다. 포스트모더니스트로 문학과 문화 전반에 영향을 준 이합 하산(Ihab Habib Hassan)의 저작에서 두 용어는 함께 등장한다.[1] 여기에서 포스트휴머니즘이라는 용어는 모던 시대의 통일성(unity), 단순성(simplicity), 보편성(universality)과 같은 가치를 전면으로 거부했던 포스트모던의 기치가 고스란히 전달된 사상적 흐름 속에 등장하였다. 그리고 이후 관련된 담론의 방향은 과학의 발전에 기대어 보다 실용적 차원으로 발전되어 갔다.

하지만 일반 대중들에게 포스트휴머니즘에 대한 논의가 강력하게 회자되기 시작한 것은 상대적으로 그리 오래되지 않았다. 그것도 아주 작은 바둑판 위에서 시작되었는데, 2016년 3월 인간 바둑기사인 한국의 이세돌 9단과 인공 지능 바둑기사인 '알파고'(Alphago)와의 바둑 대국이 바로 그것이다. 일반인들의 예상과는 달리 이세돌 9단이 알파고에 1대 4의 압도적인 패배를 당하게 되고, 인공 지능에 대한 세간의 시선이 급격히 달라지면서 소위 인간의 시대는 가고 '새로운 인간'의 시대, 즉 포스트휴먼 시대를 말하게 되었다.

그리고 어쩌면 너무도 근본적이지만, 너무도 오랫동안 아무런 의심 없이 받아들였던 인간 존재에 대한 질문들이 다시 쏟아져 나오기 시작한 것이다.

인간은 '누구' 또는 '무엇'인가? '누가' 또는 '무엇'이 인간인가?
인간은 왜 존재하며, 인간 존재의 본질 또는 본성은 무엇인가?
인간 존재와 다른 존재의 차별성은 어디에 있는가?
인간과 비인간은 어떤 관계에 있으며, 어떻게 관계해야 하는가?

이창익은 이에 대해서 다음과 같이 좀 더 삶에 친화적인 언어로 질문한다.[2]

---

[1] Ihab Habib Hassan, "Prometheus as Performer: Toward a Posthumanist Culture?" *The Georgia Review*, 31(4), 1977: 830-850.
[2] 이창익, "인간이 된 기계와 기계가 된 신: 종교, 인공 지능, 포스트휴머니즘," 이창익

우리 눈앞에 있는 인간은 도대체 무엇인가?
인간 기억이 잡다한 정보의 일차적인 저장 매체이던 과거에 노인은 삶의 지혜가 응축된 존재였을지 모르지만, 이제 네이버나 구글에 무엇이든 물어보면 되는 시대에 노인의 존재는 무엇을 의미하는가?
애완견이 주인에게 자식보다 더한 친밀감을 선사한다면, 도대체 아이는 인간에게 어떤 의미를 갖는가?
기계가 인간보다 더 좋은 글을 쓸 수 있다면, 굳이 왜 인간이 글을 써야 하는가?
일정한 노동력을 확보하기 위해 생물학적으로 한 명의 인간을 탄생시키는 것보다는 성능 좋은 컴퓨터를 한 대 더 구매하는 편이 낫다면, 우리가 굳이 아이를 낳을 필요가 있을까?

이러한 견해는 인간 존재의 의미를 너무 실용적인 차원에서만 접근했다고 볼 수 있지만, 인간의 존재적 의의에 대한 그의 질문은 좀 더 확장된 영역에도 마찬가지로 적용될 수 있을 것이다.

실용적, 기능적 의미에서 인간 존재의 의의가 사라진다면, 다른 의미에서 인간 존재의 의의를 찾을 수 있을까?

이와 같은 질문들에 대해서 궁구하다 보면, 결국 묻고 싶은 것은 '인간 존재'에 대한 것임을 알 수 있다. 그것도 특히 인간이라는 존재와 인간이 아닌 존재들과의 그 '경계'(boundary)와 '관계'(relationship)에 대해 집중되어 있으며, 이를 통해서 포스트휴머니즘의 인간관 역시 고찰할 수 있게 된다.

포스트휴머니즘은 인간 존재와 비인간 존재의 경계를 분명히 나누는 이분법적 인간 중심주의, 즉 휴머니즘을 해체하며 세워진다. 마치 포스트모

등 공저,『포스트휴머니즘과 문명의 전환; 새로운 인간은 가능한가』(광주: GIST press, 2017): 73-74.

더니즘이 모더니즘의 세계관을 해체하고 세워진 것처럼 말이다. 언뜻 보아도 포스트휴머니즘은 존재들 간의 경계를 허무는 '혼종', 즉 하이브리드(hybrid)를 추구한다는 것이 분명해 보인다.[3]

포스트휴먼은 인간의 하이브리드를 추구하는 것인데, 궁극적으로는 인간 존재와 비인간 존재의 모든 경계에 대해 근본적인 의문을 제기하게 만든다. 포스트휴머니즘이 경계를 허무는 이유는 무척이나 분명하다. 존재들 간의 경계를 허무는 것으로 존재들 간의 '차이'(difference; 포스트휴머니스트들은 '차별'[discrimination]이란 용어를 주로 사용한다)를 없애고, 존재들 간의 관계성을 향상시키자는 것이다. 그리고 이는 곧 '인간 존재의 향상'으로 이어진다고 결론짓는다. '관계성의 향상', 곧 '인간 존재의 향상'이라는 분명한 당위를 확보한 포스트휴머니즘은 결국 차이, 즉 경계를 없애자는 적극적 활동으로 이어진다. 그래서 포스트휴머니즘은 일종의 혁명적 운동(movement)으로 발전하며, 포스트휴머니스트들은 곧잘 혁명적 선언(manifesto)으로 대중 앞에 선다.[4]

그러나 포스트휴머니즘은 목적의 당위만으로 그 위력을 발휘한 것이 아니다. 목적을 이루는 수단, 즉 처음 언급한 대로 경계를 해체할 수 있는 수단, 이전 시대보다 월등히 발전된 과학 기술이라는 바로 그 수단이 있었기에 가능한 것이다.

흥미롭게도 현대 과학 기술의 화두인 제4차 산업혁명의 중요한 특징도 역시 '융합', 즉 하이브리드(hybrid)이다. 생명 공학, 나노 과학, 컴퓨터 공학

---

[3] Stephen Herbrechter, *Posthumanism*, (2009), 김연순, 김응준 역.『포스트휴머니즘; 인간 이후의 인간에 관한 문화철학적 담론』(서울: 성균관대학교출판부, 2012): 113; Ketherine Hayles, *How We Became Posthuman*, (1999), 허진 역,『우리는 어떻게 포스트휴먼이 되었는가』(서울: 열린책들, 2013): 31.

[4] Dona Haraway, "A Cyborg Manifesto: Science, Technology, and Socialist-Feminism in the Late Twentieth Century", *Simians, Cyborgs, and Women: The Reinvention of Nature,* (New York: Routledge, 1985); Simon Young, *Designer Evolution: A Transhumanist Manifesto.* Amherst, (NY: Prometheus Books, 2006).

등 여러 다양한 과학 기술의 융합은 곧 분과별 학제의 경계를 해체하는 시도이다. 적극적인 융합, 즉 적극적인 경계의 해체가 더욱 더 큰 실용적 가치를 산출해 낸다. 제4차 산업혁명의 융합된 과학 기술의 총아는 다름 아닌 인공 지능(Artificial Intelligence)인데, 인공 지능은 형이상학적 포스트휴먼의 담론에 실체가 되어 준다. 그리고 인류의 찬란하고 행복한 미래는 인공 지능을 탄생시킨 과학 기술이 담보하는데, 바로 이 지점에서 우리는 심각한 의문이 생기게 된다. 이러한 배경 속에서 꽃피운 포스트휴머니즘으로부터 '과학주의'(scientism)라는 지독한 독기가 뿜어져 나오기 때문이다.

과학주의는 이미 신학적으로는 물론 철학, 심지어 과학의 철학이라고도 할 수 있는 과학 철학에서조차 멀찍이 밀어낸 사조이다.[5] 그런데도, 절대로 죽지 않는 망령처럼 과학주의는 거듭 부활하여 대중의 마음은 물론 관련 전문가들의 마음마저 사로잡아 왔다. 그리고 결국 과학주의라는 우상은 포스트휴머니즘이라는 이름으로 이 시대 다시 한번 선악과가 되어 인류를 유혹하며, '호모 데우스'(Homo Deus)를 꿈꾸게 한다.[6]

그렇다면 포스트휴머니즘 시대를 사는 기독교인들은 이 유혹에 대해서 어떻게 대처할 것인가?

이 책을 집필하게 된 주요한 동기가 바로 이 질문에서 비롯되었다고 할 수 있다. 그리고 나는 그 답을 경계와 관계의 균형을 잡아주는 개혁주의 전통의 신학과 철학에 근거한 기독교 교육에서 찾고자 한다.

개혁주의는 하나님을 아는 지식만큼이나 인간을 아는 지식이 중요하다고 말한다.[7] 또한, 영원한 구원을 위한 특별 은총과 현세의 생존을 위한

---

[5] 정연교, "배타적 과학주의와 전면적 상대주의 비판:H. Putnam의 논거를 중심으로," 「OUGHTOPIA」 제20권 (2005): 114-15; 임준섭, "죽산 박형룡의 과학관에 근거한 현대 과학주의 비평과 종합," 「개혁논총」 제46권 (2018): 223-250.

[6] Yuval N. Harari, *Homo Deus*, (2015), 김명주 역. 『호모 데우스: 미래의 역사』 (서울: 김영사, 2017).

[7] John Calvin, (1559a) *Institutes of the Christian Religion(Trans)*, Ed. J. T. Mcneill, (Philadelphia: Westminster press, 1659) 1.1.1; 2.2.1. 이후 "Calvin, 1559a, 장.절.항"으로 표기.

일반 은총을 균형 있게 다루는 것이 개혁주의이기도 하다.[8] 하나님과 특별 은총에만 집중된 지식은 신비주의로 치우치기 쉽고, 인간과 일반 은총에만 집중된 지식은 자유주의로 편향된다. 하나님과 인간을 균형 있게 아는 지식이 참된 기독교 신학과 철학의 근거가 된다.

개혁주의 기독교 교육의 전통은 결국 하나님을 아는 지식은 물론 인간을 아는 지식을 균형 있게 다루는 것이며, 특별 은총의 영역과 일반 은총의 영역을 동시에 염두하고 있는 것이다.[9] 양자 간의 가장 기초가 되는 지식, 즉 균형 잡힌 지식의 바탕에는 하나님이라는 신적 존재와 인간 존재의 경계성과 관계성의 절묘한 균형이 자리한다.

하나님의 형상인 인간은 인격적으로 하나님과 관계할 수 있는 유일한 존재이다. 그러나 또한, 절대로 넘을 수 없는 아니 넘어서는 안 되는 경계를 가진 제한적 존재이기도 하다. 경계를 인정할 때, 관계는 유지될 수 있다. 더 엄밀히 말하면, 경계성을 온전히 유지할 때, 그 관계성 역시 온전하게 담보할 수 있게 된다. 이 지식의 바탕 위에 인간은 인간과 인간을 포함한 다른 모든 피조물 사이의 경계성과 관계성을 바르게 설정할 수 있다.

과학주의에 기댄 포스트휴머니즘의 경계와 관계에 대한 이해는 바로 이러한 개혁주의 바탕의 기독교적 경계성과 관계성의 지식에 기초하여 고찰되어야 한다. 그리고 포스트휴먼을 말하는 이 시대 기독교 교육은 다시 한번 하나님과 인간 존재를 중심으로 한 경계성과 관계성의 상관성을 확실히 정립해야 하는 시대적 요청에 응답해야만 하며, 내가 이 책을 통해서 감당하고자 하는 일이기도 하다.

---

8 Abraham Kuyper, *Common Grace: God's Gifts for a Fallen World*, (2015), 임원주 역, 『일반 은혜: 타락한 세계를 향한 하나님의 선물, 1권 역사적인 부분』 (서울: 부흥과 개혁사, 2017); Herman Bavinck, *Philosophy of Revelation*, (2019), 박재은 역, 『계시철학: 개정, 확장, 해제본』 (경기 군포: 다함, 2019); 송인규, 『일반 은총과 문화적 산물』 (서울: 부흥과개혁사, 2012).

9 한상진, 『개혁주의 기독교 교육 철학』 (서울: 그리심, 2015): 15.

포스트휴머니즘에 대한 이전의 저작들이 전혀 없었던 것은 아니다. 물론 대중적으로 소개된 것들도 있지만, 대부분이 학문적 연구를 바탕에 두고 있다. 특히, 포스트휴머니즘과 관련하여 비교적 최근에 주목할 만한 두 가지 선행 연구들이 있다.

우선, 제니퍼 J. 트윗-베이츠(Jennifer J. Thweatt-Bates)의 박사 논문으로 포스트휴머니즘(Posthumanism)과 트랜스휴머니즘(Transhumanism)을 분명히 구별하여 접근하면서, 각각을 비판적으로 분석한다.[10] 그녀는 신학적 인류학(theological anthropology)이라는 새로운 용어를 통해서 '사이보그 기독론'(cyborg christology)이라는 개념을 소개하는데, 완전한 하나님이면서 기꺼이 완전한 인간이 되신 그리스도의 성육신을 통해서 하나님과 인간의 관계성에 주목한다. 즉, 신이 인간이 되었듯이 사이보그도 인간이 될 수 있다는 자칫 위험한 발상이 포함되어 있다.

국내에서는 김민수의 박사 논문이 눈에 띈다. 그 역시 포스트휴머니즘의 담론에 참여한 다양한 학자들의 연구를 비판적으로 제시하는데, 관계성과 형성성이라는 개념의 틀로 포스트휴머니즘의 인간관을 이해하며, 특히 베이츠가 사용한 사이보그 기독론적 입장을 비판적으로 수용한다.[11]

또한, 포스트휴머니스트인 브라이도티(Rosi Braidotti)의 '되기/형성'(becoming)의 개념을 차용하여 인간 존재의 '그리스도 되기'(becoming christ)라는 교육적 방향을 제시한다. 이들의 공통점은 포스트휴머니즘과 트랜스휴머니즘을 구별하여 접근하되, 인간과 비인간의 관계성에 집중한다는 것이다.

그러나 나는 포스트휴머니즘과 트랜스휴머니즘이 각각의 출발점과 의도하는 바는 다를지라도 '인간 중심적'(anthropocentric)이며, 과학 기술의 발전에 의존한다는 면에서 사실상 같은 사상적 한계를 가지고 있다고 생각

---

[10] Jennifer J. Thweatt-Bates, "The Cyborg Christ: Theological Anthropology, Christology, and the Posthuman," Ph. D. diss., Princeton Theological Seminary, (2009).

[11] 김민수, "포스트휴먼시대의 기독교 교육의 방향" 신학박사 학위, 장로회신학대학교 일반대학원, (2018).

한다. 그리고 두 저작은 공히 관계성을 지향하기 위해서 경계성의 해체를 용인 또는 묵인하지만, 과연 그러한지 의문이다.

경계성의 균형 잡힌 유지를 보장하는 것이 관계성을 확보하는데 오히려 중요한 것은 아닌가?

이에 대한 개혁주의 입장의 신학·철학적, 교육적 대답은 무엇인가?

예수 그리스도가 이 땅에 오시기도 전에 다윗은 이미 시편에서 이렇게 하나님께 질문했다.

'인간이 무엇이기에 당신께서 관심을 가지나이까?'

이 질문은 그리스도께서 승천하신지 2천 년도 더 지난 지금도 역시 가장 중요한 질문이며, 특히 기독교 교육의 현장에서 그러하다.[12]

인간 존재에 대한 이 오랜 질문이 그토록 긴 역사 동안 반복되고 끊이지 않는 이유는 무엇인가?

그것은 이 질문에 대한 정답이 없어서가 아니고, 그 정답의 권위에 대해서 시대의 흐름에 따라 끊임없이 도전하는 시도가 있었기 때문이 아닌가?

그러나 때를 따라 돕는 하나님의 은혜로 기독교 역시 멈추지 않고 각 시대의 도전에 적절하게 대답하였으며, 이 시대 역시 동일한 필요성이 제기된다. 그리고 이 글 역시 이 시대가 지향하는 포스트휴머니즘의 인간관에 대한 기독교적인 대답 중 하나가 될 것으로 기대한다.

2. 포스트휴머니즘을 경계하다

이 글은 나의 두 번째 박사 학위 논문에서 비롯된 것이다. 나는 원래 생명 과학을 전공했고, DNA 복제 기작과 DNA 손상 매커니즘을 연구하

---

[12] Norman De Jong, *Education in the Truth*, (1969), 신청기 역, 『기독교 교육 철학의 원리와 실제』(서울: 성광문화사, 1983): 91.

여 첫 번째 박사 학위(분자 생물학 전공 이학박사, Ph. D.)를 취득했었다. 미국에서 한동안 박사 후 연구원으로 생활하던 중, 목회적 회심을 통해서 한국에 돌아온 나는 신학 대학원에 진학하며 목회를 시작했다.

신학 공부를 하던 중에도 훈련된 과학자로서의 감각이 남아 있어서 특히 생명 현상과 관련된 신학적 이슈들에 관심을 가지게 되었는데, 그 중에 하나가 과학주의(Scientism)였고, 또 한 가지가 인공 지능(Artificial Intelligence)이었다. 각각의 주제에 대한 관심은 몇 가지 의미 있는 학문적 발견으로 이어져 논문으로 발표하게 되었는데, 이 과정에서 결국 만난 것이 포스트휴머니즘이다.

특히, 나는 포스트휴머니즘이 과학주의적인 요소가 다분하다는 것에 주목하게 되었다. 과학주의는 기독교에서는 물론이고 일반 철학계에서도 환영받지 못하는 유사 종교와도 같은 미신적 사조이다. 그런데도 일반 대중에게는 무의식적으로 그러나 편만하게 자리 잡은 독버섯과 같은 존재이다.

더 나아가 포스트휴머니즘이 담지한 인간관이 이 시대의 주류로 부상하고 있음에도 이에 대한 기독교 신학이나 철학계의 연구나 보고는 찾아보기 힘들었다. 두 번째 박사 학위(기독교 교육 철학 전공, 철학 박사, Ph.D.)를 시작했을 때, 포스트휴머니즘의 인간관에 주목한 것은 이런 이유 때문이었다.

그렇다면 이 글을 쓴 이유는 무엇인가?

첫째, 포스트휴머니즘의 인간관이 과학주의와 구체적으로 어떻게 연결되어 있는지를 밝히고자 했다.

이 글은 현대 인간관의 대표 격이라고 할 수 있는 포스트휴머니즘은 인간 존재와 비인간 존재 사이의 관계를 지향하며, 관계의 향상을 위한 주된 방법으로 존재 간의 경계를 해체하는 방식을 택한다는 것을 보여 준다. 존재 간 경계를 해체하는 수단으로 채택된 것은 이전 시대에는 경험하지 못했던 발전된 과학 기술인데, 이를 통해 기대하는 것은 실상 당면한 인간 존재의 한계와 문제를 해결하는 것은 물론 지난 시대, 즉 포스트휴머니즘이 전제하는 휴머니즘 시대의 사회가 안고 있는 모든 부조리가 사라지고 인간의 역사는 더욱더 발전된 미래를 보장할 것이라는 과학주의적 발상에 지나지 않는다는 사실에 주목할 것이다.

더 나아가 독자들은 포스트휴머니즘의 인간관을 대체하는 개혁주의 전통의 인간관을 새롭게 만날 수 있는데, 나는 이를 통해 현대 기독교 교육의 철학적 인간학의 새로운 근간을 소개하고자 한다. 이는 인간을 포함한 모든 존재 간의 경계를 유지하는 것으로 존재 내적인 창조의 의미를 분명히 할 때, 존재 간 관계 역시 회복될 수 있다는 것을 보이는 것이다.

둘째, 현대 기독교 교육, 특히 개혁주의 입장에서 포스트휴머니즘의 인간관에 대한 교육적인 고찰을 시도하고자 한다.

현대 교육은 인간의 자유 시대, 즉 휴머니즘 시대의 교육이 종식되고 포스트휴머니즘 시대의 교육이 시작되었음을 선포했다.[13] 여기에서 포스트휴머니즘은 포스트모더니즘이나 포스트 구조주의의 굴레를 벗어나지 못한 제한적 의미에 머무르지만, 교육 분야에서 '포스트휴머니즘'의 담론을 제기했다는 의미가 있다.

인간이 주체가 되어 인간을 대상으로 하는 교육의 역사에서 인간에 대한 새로운 시대적 담론은 얼마든지 이전 시대의 교육을 종식시킬 수 있는 파괴력이 있다. 즉, 포스트휴머니즘의 담론은 교육의 철학적 담론으로 개진되어야 하고, 당연히 기독교 교육은 이에 대한 기독교적, 즉 건전한 기독교 신학을 전제로 철학적으로 비판적 고찰을 시도해야 한다.

이 부분에서 놓치지 말아야 하는 것은 포스트휴머니즘이 발전하는 과학 기술과 매우 밀접한 관련성을 갖고 있다는 것이다. 과학 기술의 발전에 따라 제시되는 미래상은 일반적으로 크게 두 가지로 이분화된다.

'유토피아(utopia) 또는 디스토피아(dystopia)'가 그것이다.

---

13 William V. Spanos, *The End of Education: Toward Posthumanism*, (Minneapolis: University of Minnesota Press, 1993).

포스트모던 시대의 인간은 양차 대전과 대공황을 겪은 이후 모던 시대 인간 이성의 총아인 과학 기술에 대한 입장을 둘로 나누게 된 것이다. 여전히 과학 기술을 통한 유토피아적 미래를 기대하는 낙관적 입장과 과학 기술의 암운이 드리워진 디스토피아적 미래를 염려하는 비관적 입장이다.

물론 실천적으로 대부분의 사람은 낙관과 비관 사이를 신중하게 더듬으며, 모호한 경계에 머물기를 선호할 것이다. 그리고 어렵지 않게 예측할 수 있는 것은 우리에게 닥칠 미래는 두 극단의 어느 모호한 사이에서 결정될 것이라는 점이다.

문제는 미래가 아닌 현재를 사는 우리에게 현재가 과거의 미래였듯이 미래는 곧 현재라는 과거를 근거하며, 사실상 우리를 매개체로 하여 과거와 현재, 그리고 미래는 역사적으로 교류하게 된다는 것이다.[14]

즉, 교육의 주체인 우리 인간의 입장에서 현재 이루어지는 교육은 현재적 미래의 실체와 상호 작용한다는 것이다. 미래상에 현재의 교육이 작용하며, 반대로 현재의 교육에 미래상이 작용할 수도 있다. 사회 모든 층에 걸쳐 논의되는 포스트휴머니즘의 담론이 교육 분야에 무관하지 않은 이유는 여기에 있다.

셋째, 존재론적 인간에 대한 기독교 교육의 근간이 되는 철학적 고찰을 시도했다. 특히, 기독교 교육 전반에서 포스트휴머니즘의 담론이 주는 가장 강력한 시사점은 인간 존재에 대한 철학적 사유의 재요청에 있다. 전통적인 교육 철학의 세 가지 지류, 존재론(ontology), 인식론(epistemology), 가치론(axiology)은 시대의 흐름에 따라 서로 관계하며 교호적으로 등장하는데, 근대 이후 현대 교육 철학은 사실상 가치론에 상당한 무게 중심을 두고 있다.[15]

---

[14] Dale Irvin, Christian Histories, *Christian Traditioning: Redering Accounts,* (MaryKnoll, N.Y.: Orbis, 1998): 18.

[15] Cornelius Jaarsma, *The Educational Philosophy of Herman Bavinck: A Textbook in Education,* (1935) 정정숙 역, 『헤르만 바빙크의 기독교 교육 철학』 (서울: 총신대학출판부, 1983): 49-50.

물론 존재론과 인식론의 전제가 없는 가치론적 담론들은 거의 대개 무의미하다. 상대주의적 가치론으로 무장한 포스트모더니즘의 피할 수 없는 조건은 그것이 양이든 음이든 간에 존재론과 인식론의 전제 위에 놓인다.

그리고 누구나 인정하듯 존재론적 담론은 실존주의로, 인식론적 담론은 실용주의로 이어져 지금도 막대한 영향을 주고 있다. 휴머니즘 시대에서 포스트휴머니즘의 시대로 전향하는 시점에서 교육은 다시 한번 인간에 대한 '존재-인식론적'(onto-epistemological)인 사유를 더욱 깊이 있게 해야만 한다.[16]

제4차 산업혁명을 주창한 슈밥(Klaus Schwab) 역시 제4차 산업혁명의 아이콘인 인공 지능 등을 생각할 때, 인간에 대한 새로운 정의의 필요성과 특히 인간 존재의 윤리적 경계에 대한 문제가 발생할 것이라고 말한다.[17] 결국, 포스트휴머니즘의 담론은 존재론과 인식론을 전제하여 윤리적 가치론까지 아우를 것이며, 마침내 교육과 철학 전반에 걸친 담론이 된다.

이런 점에서 내가 염려하는 것은 포스트휴머니즘에 대해서 비교적 활발한 담론이 오가는 다른 분야에 비해서 교육계는 대체로 소극적이라는 사실이다. 엄밀히 말해서 일반 교육이 아닌 기독교 교육, 특히 개혁주의 노선에서 그런 현상이 두드러진다. 안타깝게도 개혁주의를 포함하여 신학계 전반으로 그 범위를 넓혀 보아도 포스트휴머니즘 시대의 존재론적 인간관에 대한 연구는 일반 교육이나 철학계에 비교해서 상대적으로 궁색하다. 인공 지능이나 제4차 산업혁명 등 관련 키워드를 포함하더라도 포스트휴머니즘에 대한 연구 방향은 크게 두 가지 정도에 불과하다.

한 방향은 포스트휴머니즘이 가능하게 된 과학 기술의 발전에 따른 어두운 미래상에 대한 두려움, 즉 일종의 과학 기술공포증(Techno-phobia)을

16　Spanos, *The End of Education: Toward Posthumanism*, 25.
17　Klaus Schwab, "The Fourth Industrial Revolution: what it means, how to respond," World Economic Forum (Jan. 14, 2016), <www.weforum.org/agenda/2016/01/the-fourth-industrial-revolution-what-it-means-and-how-to-respond> 2020년 7월 25일 최종접속.

드러내며 주로 부정적으로 접근하는 방식이다.[18] 다른 하나는 과학 기술의 기능적, 실용적 접근으로 적용적 차원에서 포스트휴머니즘을 긍정하며 비판적으로 조명하는 것이다.[19]

그러나 주지하다시피 포스트휴머니즘을 비롯한 제4차 산업혁명이 주도한 세계적인 변화는 미래 세상의 정치, 경제, 사회, 문화를 비롯하여 우리 삶 전체에 미치지 않는 영역이 없을 것이며, 기독교에도 마찬가지일 것이다. 그리고 이러한 전방위적인 영향력의 이유는 포스트휴머니즘이 인간 존재에 대한 근본적인 질문을 안고 있기 때문이다. 따라서 포스트휴머니즘 시대의 기독교 교육에 있어 인간 존재에 대한 근본적인 고찰은 적실하다고 할 수 있다.

이 글은 다음과 같은 면에서 학문적인 의의는 물론 실천적인 의의도 가지고 있다.

첫째, 새로운 시대가 요구하는 기독교 교육의 개혁주의적 인간관의 확립에 중요한 의의가 있다.

기독교 교육에 있어 철학적 토대, 특히 인간관에 대한 존재론적 접근은 거의 언제나 가장 깊고 본질적인 토대에 해당한다. 그런데도 존재론적 의미에서 인간관에 대한 진지한 노력이 과소평가 되었던 것이 사실이다. 이는 현대 철학의 흐름과 무관하지 않다.

---

[18] Hava Tirosh-Samuelson, "Trnashumanism as a secularist faith," Zygon, 47(4), 2012: 710-734; Brent Waters, "Is Technology the New Religion?" Word & World, 35(2), 2015: 143-150; 백종현, "인간 개념의 혼란과 포스트휴머니즘 문세," 「철학사상」 제58집, (2015): 127-153.; 이창익, "인간이 된 기계와 기계가 된 신: 종교, 인공 지능, 포스트휴머니즘," 67-115.

[19] Jennifer J. Thweatt-Bates, "The Cyborg Christ: Theological Anthropology, Christology, and the Posthuman"; 김병연, "포스트휴머니즘, 지리교육 그리고 사이보그 시민," 「한국지리환경교육학회지」 제25권 제4호, (2017): 73-87.; 김민수, "포스트휴먼시대의 기독교 교육의 방향"; 박예은, 조미라, "포스트휴먼 시대의 여성 주체성," 「철학탐구」 제56호, (2019): 153-179.

종교개혁 이후, 르네상스를 거치면서 서양의 근대 철학의 큰 흐름은 존재론에서 인식론으로 그리고 다시금 가치론으로 무게 중심이 옮겨지게 되었다. 칸트와 쉴러를 중심으로 형이상학적 존재에 대한 철학적 접근은 무지한 것이 되었고, 데카르트와 베이컨을 통해서 방법론적 인식론 역시 귀납적 접근으로 균형추가 무너지면서 혼란을 겪다가 결국 인식론적 무정부주의에 이르게 된다.

인간 존재에 대한 질문은 물론 형이상학적 존재에 대한 질문이 진부해진 이 시대에 아이러니하게도 포스트휴머니즘의 이슈는 다시금 존재론에 대한 철학적 고찰의 당위성을 선사한다.

둘째, 이 글은 포스트휴머니즘에 대한 철학적 담론의 보편적 전제가 되는 과학 기술에는 실상 과학주의적인 요소가 다분함을 구체적으로 밝히고 있다.

과학주의가 반기독교적 또는 심지어 반과학적이라는 사실은 이미 잘 알려져 있다.[20] 포스트휴먼을 가능케 하는 과학 기술의 명과 암에 대해서는 다양한 각도로 접근하였지만, 이를 기독교 철학적 관점에서 균형 있게 비판적으로 접근하여 과학주의적 요소를 밝힌 연구는 찾기 어렵다.

한편 휴머니즘 시대에 인간의 이성에 대한 절대적 믿음이 과학의 발전을 넘어 과학주의로 오도되었다면, 결국 포스트휴머니즘은 여러 논란에도 불구하고 인간 중심적 인본주의(anthropocentric humanism)의 연속선상에 있음을 보여준다는 의의도 있을 것이다.

셋째, 본질적으로 신본주의와 인본주의의 세계관적 대립에 의해서 일어나는 다양한 현대 사회의 가치-윤리적 문제들에 있어서 분명한 교육적 기준을 세울 수 있다.

이는 기독교 교육의 구체적인 현장들, 즉 신학대학교와 대학원 그리고 각급 초·중등 기독교학교의 실천적인 교육 내용과 교육 과정의 중요한

---

[20] James P. Moreland, *Scientism and Secularism*, (2018), 황을호 역, 『과학, 과학주의 그리고 기독교』(서울: 생명의말씀사, 2019): 38-55.

교육 신학 또는 교육 철학적 근거를 제시해 준다. 이러한 근거는 인공 지능이나 사이보그와 같이 포스트휴먼과 직접적으로 연관되는 사회 문제들에만 적용되는 것이 아니다.

이외에도 인간 생명의 존엄과 관련된 다양한 사회 이슈들, 예컨대 존엄사나 낙태, 동성애, 장기 이식 등에도 적용될 수 있다. 더 나아가, 인간과 비인간의 관계에서 일어나는 다양한 문제들, 즉 동물의 권리와 보호, 쓰레기 문제와 환경 오염과 같은 환경 문제 등 인간과 인간 사이, 인간과 비인간 사이의 관계에서 발생하는 다양한 논쟁들은 본질상 포스트휴머니즘의 담론 안에 직간접적으로 포함되어 있다.

이상의 내용들에 관련된 담론에 참여를 위해서는 각 사안들에 대한 비판적 시각을 제공하는 세계관적 측면에서 다양한 학문적 배경을 요구하며, 각종 기독교학교의 교육 내용과 교육 과정을 편성하는데 중요한 교육 신학적, 철학적 원리를 제공한다고 할 수 있다.

넷째, 포스트휴머니즘의 인간 존재론을 논함에 있어 사용되는 경계와 관계의 인간학적 방법론은 결국 하나님이 주권적으로 통치하시는 피조 세계를 구성하는 다양한 존재의 역동적인 상호 작용을 이해하는데 필요한 개혁주의 교육 철학의 중요한 원리로 제공될 수 있다.

개혁주의의 주요한 흐름 중 한 줄기를 형성한 아브라함 카이퍼(Abraham Kuyper)의 영역 주권(sphere sovereignty) 사상을 철학적으로 계승한 헤르만 도예베르트(Herman Dooyerweerd)에 의하면 모든 존재의 상관관계는 기독교와 같은 종교적 뿌리가 의미하는 그 존재 양상의 대립적 다양성을 고려하지 않고서는 결코 생각할 수 없다.[21] 인간 존재의 주체성과 객체로서의 다른 존재들은 하나님 안에서 총체적 통합성을 지향하며 관계한다는 것이 도예베르트의 주장이다. 보다 현대적인 관점에서 이와 같은 개혁주의 원리를 계승한 니콜라스 월터스토프

21　Herman Dooyerweerd, *Introduction in A New Critique of Theoretical Thoughts*, (1953), 김기찬 역, 『이론적 사유의 신비판 서론』 (서울: 크리스챤다이제스트, 1995): 51.

(Nicholas Wolterstorff)는 결국 하나님의 주권적 섭리는 세계의 모든 존재가 인간들의 선한 청지기적 삶을 통해서 샬롬의 관계를 이루는 것이라고 말한다.[22]

그러나 존재들 간의 총체적 통합성과 샬롬의 관계를 지향하는 것이 결코 존재들 간의 다양성을 담보하는 경계성을 해체하는 것을 의미하지 않는다는 것이 내 주장이다. 그런데 이는 또 다른 개혁주의 교육 철학자인 드 종(Norman De Jong)과 유사하다고 할 수 있다. 그는 카이퍼의 사상을 비판적으로 계승하면서 존재들 간의 독립적 주권과 통합, 즉 경계와 관계에 대해 논의하면서 특히 그 균형을 강조하며, 경계와 관계의 고유한 온전성을 주장한다.[23]

이처럼 이 글에서 사용하는 경계와 관계의 인간학적 방법론은 개혁주의 전통의 역사적 흐름의 연속선상에 놓인 교육 철학의 원리로서 본질상 인간 중심적 과학주의에 의지하는 포스트휴머니즘이 주도하는 현 시대에 의미 있게 적용될 수 있을 것이다.

한편 이 글은 연구 방법적인 면에서 다음과 같은 특징들을 가지고 있는데, 독자들의 이해를 돕기 위해서 소개하도록 한다. 우선 포스트휴머니즘의 담론은 곧 '인간은 무엇인가?'라는 인간의 존재론적 질문을 필요충분조건으로 한다. 이 질문에 대한 많은 대답이 있었으나, 대부분은 관련 문헌 자료를 수집하여 통시적 관점에서 정리하여 주요 흐름과 그 의의를 제시하거나 혹은 공시적인 관점에서 포스트휴머니즘을 분류하여 비교·분석하는 데에 그쳤다.

그러나 기독교 교육의 교육 신학 또는 철학에서 실천적으로 사용되기 위해서는 원리적 규범을 제시하는 적절한 방법론적 개념이 매우 유용하다. 예컨대 일반적으로 기독교 세계관(christian worldview)이라는 원리적 규범을

---

22 Nicholas Wolterstorff, *Educating for Shalom*, (2004), 신영순 등 공역, 『샬롬을 위한 교육』 (서울: SFC, 2014): 536-537.

23 De Jong, *Education in the Truth*, (1969), 신청기 역, 『기독교 교육 철학의 원리와 실제』 (서울: 성광문화사, 1983): 53-55.

위해서 우리는 흔히 '창조-타락-구속'이나 '구조와 방향'이라는 방법론적 개념을 사용한다.[24]

또한, 기독교 교육 분야에서 포스트휴머니즘을 다룬 연구물은 많지 않은데, 앞서 언급했듯이 포스트휴머니즘에 대한 담론을 이해하는 데 가장 중요한 개념적 틀은 인간을 중심으로 한 세상의 존재들 간의 '경계/경계성'와 '관계/관계성'이라는 개념과 그 상관성에 있다. 이 글의 연구는 이러한 '경계'와 '관계'의 상관적 개념을 사용하여 포스트휴머니즘 담론에 있어서 기독교 교육의 신학적, 철학적 논의를 개진할 수 있는 방법론적 틀을 제공하게 된다.

이 글의 전체 흐름과 구성을 스케치해 두는 것 역시 독자의 이해에 도움이 될 것이다. 나는 우선 휴머니즘의 역사를 개괄적으로 소개하고, 현대 포스트휴머니즘을 역사적인 맥락에서 다룬 후, 포스트휴머니즘을 정의하고자 한다(2장). 특히, 존재 간의 관계성을 지향했던 휴머니즘의 역사적 흐름에서 벗어나지 않고, 그 연속선상에서 등장한 포스트휴머니즘을 조명할 것이다. 더불어 포스트휴머니즘과 트랜스휴머니즘을 비교하며, 특히 제4차 산업혁명의 총아라 불리는 인공 지능이 포스트휴먼 또는 트랜스휴먼의 실체적 의의가 있음을 보일 것이다.

인공 지능과 같은 포스트휴먼의 실체는 결국 과학 기술의 발전으로 가능케 된 것이기에, 포스트휴머니즘을 가능하게 한 기능적 수단으로서 과학 기술과 그 포스트휴먼을 향한 인간의 욕망이 과학 기술에 대한 인간의 집착과 맞물려 있음을 과학주의적 요소를 밝힘으로서 증명할 것이다(3장). 과학주의는 과학이 인간의 모든 문제를 다 해결해 줄 수 있으리라는 종교적 신앙에 근거한 것임을 소개하고, 과학주의의 부정적인 요소를, 특히 결국

---

[24] Herman Dooyeweerd, 1960, *In the Twilight of Western Thought,* (1960), 신국원, 김기찬 역, 『서양 사상의 황혼에서』 (고양: 크리스챤다이제스트, 1944); Albert Wolters, *Creation regained: biblical basics for a reformational worldview*, (1985), 양성만 역, 『창조, 타락, 구속』 (서울: IVP, 2007).

존재 간의 관계성을 파괴한다는 측면에서 살펴볼 것이다.

　포스트휴머니즘은 존재 간의 경계를 해체하기 위한 수단으로 과학 기술을 기꺼이 차용하지만, 실상 포스트휴머니즘이 기대고 있는 것은 과학주의이다. 결국, 과학주의에 사상적으로 의지하는 포스트휴머니즘은 과학주의가 내포한 문제점을 고스란히 담고 있기에 궁극적으로 지향하는 관계성의 증가를 이루지 못할 것이다.

　이후 포스트휴머니즘이 지향하는 인간관이 무엇인지를 구체적으로 정리할 것이다(4장). 포스트휴머니즘이 이해하는 인간 존재는 무엇인지에 대해서 경계성과 관계성을 중심으로 설명할 것이다. 결국, 포스트휴머니즘이 지향하는 인간은 인간 자신이 우상이 되어 신이 되고자 하는 오랜 욕망의 실체임을 드러낼 것이다. 그런데도 궁극적인 포스트휴먼은 인간은커녕 살아있는 생명체로서의 요건조차 갖추지 못한 존재로서 지향했던 관계성을 끝내 확보하지 못할 것임을 주장할 것이다.

　다음 장에서는 포스트휴머니즘에 대한 대안적 인간학으로서 개혁주의에 근거한 기독교적 인간학의 원리를 정리할 것이다. 그리고 이에 따라 기독교 교육이 지향해야 할 구체적인 인간관을 제시할 것이다.

　먼저 소개하는 아브라함 카이퍼(Abraham Kuyper)와 헤르만 도예베르트(Herman Dooyerweerd)의 개혁주의 사상은 경계를 보수적으로 유지하면서 관계를 추구하는 입장에 있다. 반면 다음 이어지는 존 칼빈(John Calvin)과 니콜라스 월터스토프(Nicholas Wolterstorff)는 이전 시대에 지나치게 강화된 경계를 적극적으로 재고해야 하는 측면, 즉 관계의 측면에서 접근하는 개혁주의 입장의 기독교적 인간관을 표방한다.

　결국, 개혁주의 기독교의 인간관의 핵심은 존재적 경계를 적절히 유지하면서 동시에 적극적인 관계성을 지향하는 것에 있다고 할 수 있다.

　마지막 장에서는 앞서 정리된 개혁주의 기독교의 인간관이 포스트휴머니즘의 현상적 요구에 반응해야 하는 기독교 교육의 현장에서 어떻게 실천적으로 반영될 수 있는지를 제언할 것이다.

첫째, 기독교적 인간학 역시 존재 간의 관계성을 지향하지만, 관계성을 담보하기 위한 경계성의 긴장된 균형감을 상실하지 않는다.

이를 위해서 모든 존재의 기초가 되는 하나님과의 관계에 있어서 하나님의 형상인 인간 존재를 재조명하며, 하나님에게서 부여받은 성품에 주목한다.

둘째, 인간 존재의 가장 큰 특징은 하나님의 생기로 호흡하는 생명의 유기체성이다.

기독교 교육은 무생물적, 기계적 속성과는 차원이 다른 생명의 유기체성을 회복하는 전환적 교육을 지향해야 하며, 특히 교육 현장의 핵심 주체인 교수자와 학습자 간의 유기적 관계성을 회복하기 위한 학습자 참여를 확대해야 한다.

셋째, 포스트휴머니즘이 기독교 교육에 안겨준 중요한 질문 중의 하나는 교회와 세속 학문 간의 경계에 대한 것이다.

그리스도인들이 '이미와 아직'(already, but not yet)의 경계에 놓인 이 땅에서 가장 혼란스러워하는 것은 교회와 세속으로 나누어진 이원화된 삶에 마주칠 때이다. 개혁주의는 교회와 세속의 경계를 인정하면서도 모든 세상이 하나님의 주권 아래에 융합할 수 있음을 일관되게 설파해 왔다.

그런 의미에서 기독교 교육은 교회와 세속의 경계를 유지하면서도 그 융합을 지향해야 하며, 특히 발달된 과학 기술의 산물을 교육 현장에 반영할 수 있는 방법들을 적극적으로 개발해야 한다. 결국, 포스트휴머니즘을 가능케 한 과학 기술은 과학주의로 치우치지 않는다면, 그리스도인들에게 하나님이 허락하신 선한 도구가 될 수 있다.

결론적으로 과학주의에 천착한 포스트휴머니즘 시대에 기독교 교육은 경계와 관계의 두 변수를 균형 있게 이해하는 인간 존재론에 근거한 하나님의 형상성을 회복하는 성품 교육과 교육 주체 간의 유기적 관계성을 향상하는 교육, 그리고 균형 잡힌 융합과 전환의 교육이 되어야 할 것이다.

제2장

휴머니즘의 역사와 포스트휴머니즘

> 하나님이 모든 것을 지으시되 때를 따라 아름답게 하셨고 또 사람들에게는 영원을 사모하는 마음을 주셨느니라 그러나 하나님이 하시는 일의 시종을 사람으로 측량할 수 없게 하셨도다(전 3:11).

인간은 영원을 사모하는 마음을 가진 유일한 존재이며, 하나님이 창조하신 피조물 중 가장 고귀하고 탁월하여, 하나님의 의(justice)와 지혜(wisdom) 그리고 선(goodness)을 보여 주는 가장 두드러진 피조물이다.[1]

또한, 인간은 하나님의 일을 감히 다 알 수 없는 제한된 존재이기도 하다. 영원하신 하나님은 존재하시나 보이지 않는 영으로서 모든 만물의 주인이시며, 역사의 중심이시다. 하나님의 특별한 개입이 없다면, 피조물에 불과한 인간의 수준에서는 하나님의 보이지 않는 역사를 깨달을 수가 없는 것이 당연하다. 모든 시대의 역사는 인간이 아닌 하나님이 주관하신다. 그런 관점에서 본다면, 인간의 시대라 할 수 있었던 때는 없었다. 좀 더 엄밀한 표현으로 인간이 역사의 중심인 시대는 원칙적으로 불가능하다.

그러나 적어도 인간의 눈에 인간은 가장 위대한 기적과 같은 존재이며, 세상 그 무엇도 인간좀 더 경탄할 것은 없어 보인다.[2] 그리고 인간의 관점에서 역사는 언제나 인간이 중심이었고, 또 중심이어야 한다. 이처럼 인간

---

1 Calvin, 1559a, I.15.1
2 Giovanni Pico della Mirandola, *Oratio De Hominis Dignitate*, (1486), 성염 역, 『피코 델라 미란돌라: 인간 존엄성에 관한 연설』(서울: 철학과현실사, 1996): 131.

이 그 무엇보다 빼어나고 탁월하여 가장 존엄한 존재라는 것을 주창하며, 말하자면 인간의 시대를 선언한 것이 '르네상스'(Renaissance)이다. 이른바 휴머니즘의 시대인 것이다.

우리가 만약 '포스트-휴머니즘'(post-humanism)이라는 용어를 쓴다면, 이것은 필연코 휴머니즘(humanism)의 역사를 전제한다. 휴머니즘을 살펴보지 않고 포스트휴머니즘을 이야기할 수 없는 것이다. 따라서 먼저 포스트휴머니즘의 역사적 배경과 특징, 그리고 그 의의를 살펴보려고 한다.

1. 포스트휴머니즘 이전의 휴머니즘

1) 인문주의와 인본주의, 그리고 인간주의

영어로 'humanism'(휴머니즘)은 우리말로 크게 두 가지로 번역될 수 있는데, 각각의 역사적, 실체적 의미는 의외로 큰 차이가 있다. 하나는 인문주의이며, 다른 하나는 인본주의이다.

인문주의(humanism)는 사전적으로 "신적 혹은 초자연적인 것이 아닌 인간에게 가장 최고의 중요성을 부여하는 합리적 관점이나 사고 체계"를 의미하는데, 특히, 역사적인 배경에서 "중세 스콜라주의에서 벗어나 고대 그리스-로마의 사상에 대한 관심이 부활한 르네상스 문화 운동"을 뜻하기도 한다.[3] 이렇게 정의하는 인문주의는 다음과 같은 세 가지 주요한 특성을 내포하고 있다.

첫째, 인문주의는 인간 또는 인간에 관한 것을 가장 중시하는 정신 태도를 가진다.

---

3   옥스퍼드 온라인 영어 사전 www.lexico.com/ 에서 'humanism'으로 검색

둘째, 인간의 존재를 중요시하고 인간의 능력과 성품 그리고 인간의 현재적 소망과 행복을 무엇보다 귀중하게 생각하는 정신을 담고 있다.

셋째, 마지막으로 인문주의는 인간성 존중과 문화적 교양의 발전을 주장으로 삼은 일종의 사회·문화적 운동이라고 할 수 있다.

인문주의는 역사적인 맥락을 전제하며, 16세기 종교개혁 이후 서유럽 중심으로 일어난 르네상스 운동의 사상적 경향으로서 인간을 향한 정신적 태도이기도 했다. 또 다른 의미에서 휴머니즘을 번역한 인본주의는 역사적 맥락과는 다소 거리를 두고서 이해할 수 있으며, "합리적이며 자율적인 자아의 개념에 중심을 두는 비판적 사고 체계로써 개인의 조건화된 본성을 무시하는 사상"인데, 쉽게 말하면 '인간이 모든 것의 중심이 된다는 사상'이다.[4]

인본주의는 그 사상적 특성상 종교적인 의미를 필연적으로 가질 수밖에 없다. 즉, 인본주의는 종교적인 면에서 신(god) 중심적인 세계관과 대조적으로 인간이 그 중심이 되는 종교적 특성의 개념이라고 할 수 있다.

또한, 인본주의는 종교적 대상으로서 초월적인 존재가 아닌 인간이 모든 존재와 사유의 중심이 되는 사상이며, 르네상스적 휴머니즘과 대비해 세속적 휴머니즘이라고 할 수 있다. 이런 면에서 인본주의는 인간주의(hominism) 또는 인간 중심주의(anthropocentrism)라고도 할 수 있는데, 이는 곧 인간의 가치를 세계의 중심에 놓고 사유하는 방식이라고 할 수 있다.[5]

한편 인간의 입장에서 인간의 존재 의의를 공론화하고 그 공익을 추구하는 도덕적인 가치의 의미에서 휴머니즘은 인도주의(humanitarianism)적 측면도 내포하고 있다. 이처럼 휴머니즘은 한 마디로 규정하기 쉽지 않은 다의적 용어이며, 이 때문에 종종 어떤 의미로 쓰이느냐에 따라 그 해석과

---

[4] 옥스퍼드 온라인 영어 사전 www.lexico.com/ 에서 'humanism'으로 검색

[5] 이창익, "인간이 된 기계와 기계가 된 신: 종교, 인공 지능, 포스트휴머니즘," 68.

반응은 상당히 달라질 수 있다.

휴머니즘이란 용어를 정확하게 구별해서 사용하기는 쉽지 않지만, 알리스터 맥그래스(Alister McGrath)가 루드윅 비트겐슈타인(Ludwig Wittgenstein)의 비유를 인용한 대로라면, "언어에서 회수해 세탁소로 보내야 … 다시 일반적으로 통용" 될 수 있는 것이 있게 마련인데, 휴머니즘(humanism)이 바로 그런 것에 해당한다.[6] 우리가 내뱉는 말이 사용되는 장소와 상황에서 실질적인 그 의미에 '차이'가 있을 수 있음을 지적하는 비트겐슈타인의 조언은 결코 가볍지 않은 것이다.[7] 휴머니즘이라는 말이 그만큼 남용 또는 오용되어 관련된 논의에서 쉽게 혼란을 야기할 수 있다는 것이다.

그런데도 인문주의이든 인본주의이든, 혹은 르네상스적 휴머니즘이든 세속적 휴머니즘이든 간에 다르지 않은 중요한 공통점을 찾을 수가 있다. 그것은 이 양자가 모두, 결국 인간에 대한 특별하고도 지나친 관심, 혹은 맥그래스의 표현을 빌리자면, "사랑받고 싶고, 충족되기를 원하며, 중요한 존재임을 확인받고 싶어 하는 인간의 별난 본질에 집중하는" 사상이라는 것이다.[8] 그런 의미에서 르네상스적 휴머니즘이든 세속적 휴머니즘이든, 혹은 여타의 어떤 용례이든지 간에 휴머니즘은 모두 인간주의(hominism) 혹은 인간 중심주의(anthropocentrism)의 서로 다른 형태라고 할 수 있을 것이다.

포스트휴머니즘을 이해하는데 있어서 짚어 가야 할 휴머니즘의 역사적 기원은 신 중심의 시대였던 중세좀 더 먼 그리스-로마 시대까지 올라가야 한다.[9] 가장 먼저 살펴야 할 사람은 그리스의 소크라테스(Socrates)이다.

---

[6] Ludwig Wittgenstein, 1980; Alister McGrath, *The Great Mystery; Science, God and the Human quest for Meaning*, (2017), 오현미 역, 『인간, Great Mystery』 (서울: 복있는사람, 2018): 250에서 재인용.

[7] Wittgenstein, "Culture and Value, 2nd ed." (1998), 이영철 역, 『문화와 가치』 (서울: 책세상, 2006): 175.

[8] McGrath, "The Great Mystery; Science, God and the Human quest for Meaning," 33.

[9] 양창삼, "휴머니즘에 관한 기독교적 인식 문제," 「사회이론」 제13호, (1995): 232-234.

소크라테스는 "너 자신을 알라"는 명제로 인간의 삶과 죽음에 대한 반성, 지혜, 용기, 우정, 정의와 같은 인간 고유의 본성을 이상으로 추구하도록 가르쳤다.

로마 시대 역시 보편법적인 이해에 있어 인간은 주어진 삶에서 합리적인 태도를 가지고 최고선을 추구하는 존재이며, 세계 시민으로서의 책임을 가진 존재로 이해했다. 이들은 모두 인간 존재의 가치와 의의를 매우 높이 평가했다고 할 수 있는데, 다른 또 한편에서도 휴머니즘의 토양이 형성되고 있었다. 이는 중세 이전의 기독교 전통에서 비롯된 것인데, '하나님의 형상'(Imago Dei)으로서 인간의 가치를 한껏 높인 것이다.

이러한 기독교 전통의 휴머니즘은 중세의 어거스틴(Augustinus Hipponensis)과 아퀴나스(Thomas Aquinas)로 이어져 기독교적 사랑과 율법적 품성의 강조로 이어졌다. 이 두 가지 기원의 휴머니즘의 흐름은 중세에는 수면 밑에 가라앉아 있다가, 중세 직후 다시 급격하게 수면 위로 드러나게 되었다. 그러나 초기에는 어느 정도 두각을 드러내던 기독교적 휴머니즘은 제대로 자리를 잡기도 전에 르네상스 휴머니즘에게 그 지위를 내어 주고 말게 된다.

이 시점에서 간과하기 쉬운 것은 휴머니즘이 신적 존재, 즉 하나님을 인정하지 않는 무신론적 휴머니즘으로 오해하기 쉽지만, 원래 르네상스 휴머니즘, 즉 인문주의는 기독교적 휴머니즘의 연속선상에 있었다는 사실이다. 맥그래스는 세속적 휴머니즘과는 상대적인 면에서 기독교적 휴머니즘을 강조하는데, 특히, 이것이 르네상스의 인문주의를 구성하는 실체라고 주장한다.[10]

그에 따르면 '기독교적 휴머니즘'이 언뜻 모순적인 표현인 듯하지만, 르네상스 시대에 등장한 인문주의적 휴머니즘은 유신론적 기반에서 인간을

---

[10] McGrath, *The Great Mystery; Science, God and the Human quest for Meaning*, 243-245.

생각한 인본주의로서, 실상 흔히 인문주의라고 부르는 초기 르네상스 휴머니즘은 기독교적 휴머니즘이었다. 당대 인문주의자들 역시 스스로를 기독교인으로 여겼으며, 심지어 자크 마리탱(Jacques Maritain)은 신 중심적인 기독교적 휴머니즘만이 진정한 의미의 통합적 전체를 이루는 휴머니즘이라고 주장한다.[11]

그러나 안타깝게도 지금은 이러한 기독교적 휴머니즘의 의의를 찾아보기가 쉽지 않게 되었다. 그 이유는 비교적 최근인 20세기 후반에 등장한 회의론자이자 무신론자인 폴 커츠(Paul Kurtz) 때문이다. 그는 휴머니즘의 무신론적 신화화의 작업을 시도했으며, 이를 통해서 '세속적 휴머니즘'(secular humanism)을 탄생시켰다.

이는 즉시 비판없이 수용되면서 급속히 확장되는데, 결국 르네상스 휴머니즘은 곧 무신론적이었다는 근거 없는 소문을 만들어내기에 이른다.[12] 물론 현재까지도 기독교적 휴머니즘의 역사는 이어지고 있으나, 일반적인 의미에서 휴머니즘은 세속적 휴머니즘으로 여겨지기 쉽다.[13] 그 결과 휴머니즘 역사의 흐름이 르네상스적 휴머니즘, 곧 인문주의에서 세속적 휴머니즘, 곧 인본주의로 전환되며 혼재되는 양상으로 전개된다.

그렇다면, (기독교적 휴머니즘의 요소를 띠고 있는) 르네상스적 휴머니즘과 구별되는 세속적 휴머니즘은 어떤 특성을 가지는가?

커츠에 따르면, 세속적 휴머니즘은 네 가지 원리에 기초하는데, 자연주의적 원리, 인간 중심적 원리, 과학주의적 원리, 그리고 인도 박애주의적 원리이다.[14] 물론 모든 휴머니스트들이 이 원리에 모두 동의하는 바는 아

---

11   Jacques Maritain, 1968; 양창삼, "휴머니즘에 관한 기독교적 인식 문제," 233에서 재인용; Kirk Summers, "Reformation Humanism: Reading the Classics in the New Theology," REFORMATION & RENAISSANCE REVIEW, 20(2), 2018: 134.
12   McGrath, *The Great Mystery; Science, God and the Human quest for Meaning*, 249-250.
13   김경한, "기독교 휴머니즘'의 역사적 의미,"「밀턴 연구」제13집 1호, (2003): 4-5.
14   양창삼, "휴머니즘에 관한 기독교적 인식 문제," 229-232.

니지만, 이 네 가지 원리는 세속적 휴머니즘이 가지고 있는 특성을 어느 정도는 대표하고 있다. 더 나아가, 결국 이와 같은 세속적 휴머니즘이 현대에 있어 흔히 이해하는 휴머니즘, 곧 인본주의 사상의 실체라고 생각할 수 있을 것이다.

요컨대, 세속화된 르네상스 휴머니즘이 곧 세속적 휴머니즘이며, 굳이 인문주의와 인본주의를 구별하여 사용한다면 역사적 의미에서 르네상스 휴머니즘은 인문주의로서, 종교적 전제, 즉 유신론적 휴머니즘이라고 할 수 있다. 반면, 세속적 휴머니즘은 상대적으로 최근에 등장한 개념이며, 무신론적 경향을 띤 인본주의라고 할 수 있을 것이다.

커츠가 제시한 네 가지 특성 중 자연주의적, 과학주의적 원리에서도 확인할 수 있는 것처럼 인본주의, 곧 세속적 휴머니즘은 역사적으로도 과학과 밀접한 관계를 가지고 있다. 세속적 휴머니즘은 계몽주의 시대 과학적 방법론과 사고방식의 발달로 이어진 과학혁명(science revolution)과 철학적 이신론의 등장, 그리고 19세기 다윈(Charles Darwin)을 중심으로 주창된 진화론적 자연주의에 사상적 원동력을 얻게 된다. 그리고 이에 힘입어 줄곧 확장하며 근대에 이르게 된 것이다.

아더 홈즈(Arthur Holmes)는 근대의 세속적 휴머니즘을 시대적 흐름과 그 사상의 특징에 따라 크게 네 가지로 구별한다.[15]

첫째, 과학적 휴머니즘(Scientific humanism)이다.

이는 앞서 언급한 폴 커츠(Paul Kurts)의 세 번째 세속적 휴머니즘의 원리인 과학주의와 사상적 배경을 공유하게 된다. 프란시스 베이컨(Francis Bacon)과 오귀스트 꽁트(Auguste Comte)로 이어지는 실증주의와 존 듀이(John Dewey)의 실용주의(Pragmatism)의 영향을 받았으며, 인간에 대한 자연주의

---

[15] Arthur F. Holmes, *Contours of A World View: Studies in a Christian World View*, (1983), 이승구 역, 『기독교 세계관』 (서울: 솔로몬, 2017): 40-51.

적 견해에서 비롯된 휴머니즘이라고 할 수 있다. 과학에 대한 비상한 권위의 부여, 인간 존재에 대한 환원주의적 성격으로 비판을 받는다.

둘째, 낭만주의적 휴머니즘(Romanticist humanism)이다.

이는 전술한 과학주의적인 휴머니즘에 대한 반발에서 시작되었으며, 그 기원은 고대 그리스의 '견유학파'(Cynics)에서 찾을 수 있으나, 사회계약론을 주창한 장 자크 루소(Jean-Jacques Rousseau)나 미국의 초월주의자 헨리 데이비드 소로우(Henry David Thoreau), 그리고 인간의 자아성취에 관심을 두었던 심리학자 아브라함 매슬로우(Abraham Maslow)와 같은 인물들이 대표적이다.

낭만주의적 휴머니즘은 가치중립적인 과학적 객관성과 분석적 정신이 아닌 본능과 직관, 그리고 감정과 같은 것에서 인간의 본성을 찾았다. 대중적으로는 1960년대 히피(Hippies) 문화에 사상적으로 영향을 주었으며, 일종의 신비주의로 흐르는 경향도 있었다.

셋째, 과학주의와 낭만주의적 휴머니즘의 반동으로 시작된 실존주의적 휴머니즘(Exietentialist humanism)이다.

과학에 의한 비인간화 현상이나 낭만적 관점으로 인간 현실에 대한 지나친 비현실적 태도에 비판했다. 프리드리히 니체(Friedrich Nietzsche), 토마스 만(Thomas Mann), 그리고 문학가였던 헤르만 헤세(Herman Hesse)나 앙드레 지드(Andre Gide)와 같은 인물도 실존주의적 휴머니스트에 속한다.

물론 일부 실존주의자들, 즉 쇠렌 키에르케고르(Søren Kierkegaard), 미구엘 우나무노(Miguel de Unamuno), 혹은 가브리엘 마르셀(Gabriel H. Marcel)같은 기독교적인 인물도 있지만, 세속적인 실존주의적 휴머니스트들은 모든 가치와 희망을 인간에게 두면서 철저히 무신론적 입장을 취했다.

넷째, 마르크스주의적 휴머니즘(Marxist humanism)을 들 수 있다.

이 입장은 1960년대 이후 서구 유럽과 일부 제3세계를 중심으로 확장되었는데, 주로 칼 마르크스(Karl Marx)의 초기 저작에서 영향을 받았으나 정치나 경제적 입장과는 달리 인간의 창의적 활동으로서의 노동과 노동자들의 소외 현상에 관심을 가지는 것으로 아담 샤프(Adam Schaff)나 허버트 마르쿠제(Herbert Marcuse)와 같은 인물이 대표적이다. 이 입장은 인간 사회에서 벌어지는 부조리와 윤리적인 문제로 기독교와 대화의 여지가 많았으나, 결국 초월적인 하나님을 부인하고 인간을 최고의 존재로 여기며, 역사는 인간의 노동과 인간을 위한 인간의 발전에 의해서 인간을 창조해냈다고 주장하면서 그 세속적인 경향성을 분명히 한다.

요컨대, 르네상스의 인문주의 시대를 지난 근대의 세속적 휴머니즘, 곧 인본주의라 일컬어지는 휴머니즘의 역사는 하나님에게서 인간의 해방과 인간의 의미, 자유로운 정신과 인간의 진보 등 인간 중심적인 사상과 발달하는 과학적 성취에 따른 자연주의적 사상이 두 축이 되어 이어져 온 것이라 할 수 있다.

여기까지 이어지는 휴머니즘의 역사를 보면, 휴머니즘의 근간을 이루는 매우 일관되면서도 두드러진 경향성을 한 가지 발견할 수 있다. 그것은 인간의 존엄성(human dignity)에 대한 절대적인 강조이다. 르네상스 휴머니즘 즉, 인문주의의 역사적 출발은 예술 운동의 일환으로 시작되었지만, 사상적 출발은 곧 인간의 존엄성에 대한 각성에 있다고 할 수 있다.[16]

일반적으로 알려진 인문주의는 중세 이전의 고전으로 돌아가 문학적 수사학과 인문학 등 일종의 학문과 예술 운동으로 알려져 있지만, 실상 인문주의 핵심 가치는 인간 존엄성에 있는 것이다. 존엄 또는 품위를 가리키는 라틴어 '*dignitas*'는 인문주의의 인간을 인간되게 하는 '인간다움'(humanitas)과 동일한 표현이었으며, 그 휴머니즘의 어원 역시 여기서 찾을 수 있다.[17]

그런데 이 인간다움은 '만물의 척도'로서 아테네적 인간상과 '하나님의 형상'으로서 예루살렘적 인간상의 결합에서 도출된 것이며, 르네상스 인문주의의 독특한 인간상을 만들게 된다. 결국, 두 관점 모두 인간의 존엄

---

[16] S. E. Stumpf and J. Fieser, *Socrates to Sartre and Beyond: A History of Philosophy*, (Boston: McGraw Hill, 2003): 303; 성염,『피코 델라 미란돌라: 인간 존엄성에 관한 연설』(서울: 철학과현실사, 1996): 43.
[17] 성염, "피코 델라 미란돌라: 인간 존엄성에 관한 연설," 45.

성을 강조하는데, 다른 점이 있다면, 예루살렘적 인간상은 르네상스 이전, 즉 중세 인간상을 반영하여 신의 대리인으로서 다른 피조 세계를 지배하고 다스릴 수 있는 권한을 부여받은 데서 인간 존엄성의 근거를 찾는다면, 아테네적 인간상은 인간도 발전하고 향상하면 그 본질에 있어서 신과 동일해 질 수 있다는 믿음에 근거하여 인간 존엄성을 찾는다.

성염은 전자를 스토아 또는 중기 플라톤주의로, 후자를 신플라톤주의로 규정하며, 르네상스의 인문주의는 이 둘을 병행하였다고 말한다.[18] 특히, 인간의 존엄성에 관하여, 르네상스 휴머니즘을 대표하는 가장 상징적인 인물인 피코 델라 미란돌라(Pico della Mirandolla)에게 주의를 기울여야 한다.[19]

그의 대표작인 『인간의 존엄성에 관한 연설』(De hominis dignitate oratio)에서 미란돌라는 "그 무엇도 인간좀 더 경탄할 만한 것이 없다"라며, 그리스 신화의 신들 중 하나인 메르쿠리우스가 영웅 아스클레피오스(Asclepius)에게 한 말을 빌려 이렇게 경탄하며 인간의 출중함을 한껏 드높인다.[20]

"오, 아스클레피우스여, 인간이란 참으로 위대한 기적이라오!"

물론 미란돌라는 인간 존재의 특별함에 대한 기원을 하나님에게서 찾기도 하지만, 인간 존재를 피조 세상의 중앙에 위치시킴으로 그 존재의 존엄성에 대한 독특한 지위를 부여한다.

르네상스적(혹은 기독교적) 휴머니즘뿐만 아니라 세속적 휴머니즘의 전성기를 지난 현대 철학에서도 인간의 존엄성에 대한 근거는 여전히 찾아진다.[21] 예컨대 에드문트 후설(Edmund Husserl)은 인간은 스스로 책임지며, 그에 대한 근거를 제시하는 이론적, 실천적 삶에 있어서 합리성에 대한 요구를 끊임없이 받는 존재로 여긴다.

---

18 성염, "피코 델라 미란돌라: 인간 존엄성에 관한 연설," 49.
19 Stumpf and Fieser, *Socrates to Sartre and Beyond: A History of Philosophy*, 305.
20 Mirandola, *Oratio De Hominis Dignitate*, 131-132.
21 김은혜, "기독교 인간주의에 대한 성찰: 새로운 문화현상에 대한 신학적 응답," 「선교와신학」 제33집, (2014): 216.

강영안에 따르면, 후설은 이러한 인간의 특징을 인간성의 이념적 뿌리로 여기며, 르네상스적 휴머니즘을 잇는 자신의 현상학을 "'엄밀학으로서의 철학'의 이념과 근본주의, 즉 모든 것의 뿌리를 찾아가고자 하는 노력으로서, 그 기원은 '로고스에 따른 삶'이라는 고대 그리스의 이상으로 거슬러 올라간다."[22] 합리적 이성을 인간 존엄의 근거로 내세우는 세속적 휴머니즘의 특징이 인간의 인간다움을 결정하는 중요한 본성으로 재확인되는 것이다.

한편 종교적인 개념에서 근거를 찾지 않고도 인간의 존엄성을 정당화시키는 근거, 즉 세속적 휴머니즘에서 찾을 수 있는 인간의 존엄성의 근거도 제시되었다. 김종엽은 인간의 존엄성을 타 존재에 대한 질적 우월성과 동일시하는 경향을 비판하며, 다음과 같이 인간의 존엄성을 설명한다.[23]

첫째, 인간 존엄성은 개인의 행위가 지니는 외적, 내적 태도와 관련이 있는 것으로 자연의 위엄 앞에서 숭고함을 느끼듯 인간에게도 자연스러운 존엄함이 존재한다. 양심의 목소리에 따라 국가나 민족, 세계 평화 혹은 인류의 공존을 위해 자신을 희생하는 사람들에게서 그러한 존엄성이 나타난다는 것이다.

둘째, 인간의 존엄성은 개인이 쓰고 있는 사회적 가면이나 지위와 밀접한 관련이 있는 것으로, 예컨대 '사회적 정체성'이라고 불리는 인간의 사회적 '격'을 위해 부단히 노력하여 맺는 결실과 같은 것이다. 이것이 인간만의 존엄성이 될 수 있는 이유는 존재론적으로 인간이 진화의 차별화된 결과물로서 근본적으로 책임과 의무를 가지고 있기 때문이다.

셋째, '미적 정체성'도 일반적으로 인정되는 인간 존엄성의 한 형태이다.

세 가지의 근거는 모두 일반화시켜 적용하기에 매우 모호한 측면이 있지만, 그런데도 특히, 인간의 이성에 대한 본성을 인간 존엄성의 보편적

22　강영안, "휴머니즘과 반-휴머니즘 사이," 「철학과현실」 제40호, (1999): 51.
23　김종엽, "인간 존엄성-인간 중심적 사고의 부활인가?" 「철학과현상학연구」 제47집, (2010): 42-46.

근거로 정리하고, 특히, 타 존재에 대한 상대적 우월성을 인간 존엄성의 근거로 내세우지 않았다는 점에서 의의가 있다.

흥미로운 사실은 인간의 존엄성에 대한 근거를 존재의 상대화가 아닌 인간 존재의 절대성에서 찾는다는 점이며, 이 점을 부각하기 위해서 인간 존엄성의 근거를 상대화시킨 공리주의를 비판한다. 특히, 그는 공리주의적 인간관을 주장하는 피터 싱어(Peter Singer)를 비판하면서 다음과 같이 말한다.[24]

> 언뜻 싱어의 논의는 인간 존엄성의 상대화를 동물보호와 연결하고 있는 듯 보이나 실은 존엄성이라는 개념이 지니고 있는 형이상학적 요소를 근본적으로 부정하려는 목적을 가지고 있다. 진화의 단계에서 등장한 생명체에게 어떤 존엄성이 존재한다면 그것은 일정한 조건을 갖춘 상대적 존엄성이며, 그것이 적용될 때 인간이나 동물이나 차별을 두지 말자는 것이다.

결국, 인간의 존엄성은 모든 인간 개인에게 차별 없이 부여되는 절대적인 성질의 것이며, 어떤 일정한 조건을 요구하지 않는다는 것이다. 그런데 이처럼 인간 존재의 절대성을 통해서 인간 고유의 존엄함을 찾는 것은 결국, 심각한 문제에 봉착하게 된다.

인간에게 부여되었던 최고의 지위, 즉 그것이 창조주에게서 부여받은 것이든 아니면 합리적 이성을 가진 유일한 이성적 존재로서 그 특별한 자유와 자율이라는 독특한 능력으로 획득한 것이든 간에, 인간 혹은 인간으로 여겨지는 존재들 이외의 존재들에 대한 관심이다. 즉, 인간이 아닌 비인간 존재들 역시 존중 받아야 하며, 결국 비인간 존재와의 '관계'(relationship) 속에서 인간을 재조명하게 된 것이다. 이 시점에서 새로운 휴머니즘의 등장이 시작된다.

---

[24] 김종엽, "인간 존엄성-인간 중심적 사고의 부활인가?" 49.

2) 고전적 휴머니즘의 종식과 포스트휴머니즘의 등장

르네상스 이후 전개된 휴머니즘의 역사는 오직 '인간에, 인간을 위한, 인간에 의한' 것이다. 우리는 앞서 인문주의이든 인본주의이든 휴머니즘은 결국, 세상의 모든 존재 중에서 특별히 인간에게 집중하는 인간 중심적인(anthropocentric) 인간주의 사상이라는 사실을 살펴보았다. 그러나 역사의 시간은 두 흐름을 '고전'(classic)으로 전락시키고, 새로운 휴머니즘, 곧 '포스트'-휴머니즘('post'-humanism)을 등장시킨다.

하지만 현대의 휴머니즘으로 포스트휴머니즘이 이처럼 역사의 전면에 등장한 것은 사실이지만, 실상 고전적 휴머니즘과 포스트휴머니즘의 분명한 불연속점을 찾기는 쉽지 않다. 포스트휴머니즘은 그 명칭에서 주는 오해로 휴머니즘을 부정하고 세워진 것처럼 여겨지지만, 모든 면에서 반드시 그런 것은 아니다.

그렇다면 포스트휴머니즘은 어떤 배경 속에서 인간의 역사에 등장했으며, 그 이전의 휴머니즘과 어떤 연관성을 가지고 있는가?

인간의 개조나 변형, 혹은 기계화와 같은 포스트휴머니즘의 주요한 인간상은 1818년 괴기스럽게 등장한 '프랑켄슈타인'(Frankenstein)과 같은 소설에도 등장하며, 이를 '현대판 프로메테우스'(the modern prometeus)의 현현으로 본다면, 그 개념적 인간상의 역사는 무척 오래되었다.[25]

그러나 문헌상에 나타나는 포스트휴머니즘과 관련된 용어는 트랜스휴머니즘(Transhumanism)으로 처음 등장하며, 영국의 진화생물학자인 줄리안 헉슬리(Julian Huxley)의 『계시없는 종교』(*Religion Without Revelation*, 1927)의 글에서 발견 된다.[26] 헉슬리는 인간은 여전히 인간이지만, 그 인간의 본성

---

[25] Hassan, "Prometheus as Performer: Toward a Posthumanist Culture?" 831; Elaine L. Graham, "Frankensteins and Cyborgs: Visions of the Global Future in an Age of Technology," Studies in Christian Ethics, 16(1), 2003: 29-30.

[26] Nick Bostrom, 2005, 6; 이원봉, "포스트휴머니즘은 휴머니즘이 될 수 있는가?; 포스트

자체에 대한 새로운 가능성을 발견하고 기존의 인간을 넘어서는 어떤 인간상으로서 트랜스휴머니즘을 정의한다.

포스트휴머니즘이란 용어는 더 늦게 나타나는데, 포스트모더니스트로 잘 알려진 핫산(Ihab H. Hassan)의 글에 등장하며, 휴머니즘의 종식은 휴머니즘 자체의 변형, 즉 포스트휴머니즘에 의해서 일어날 것이라고 예상한다.[27]

학문적으로 다루어진 포스트휴머니즘에 대한 언급은 로버트 닐(James Robert Kneale)의 박사 논문에서 찾을 수 있다.[28] 닐은 미국의 유명 SF 소설가인 윌리엄 깁슨(William Gibson)의 '사이버펑크'(cyberfunk) 장르의 작품들을 중심으로 텍스트(text)의 의미와 독자가 해석하여 받아들이는 의미의 상관관계를 비평적으로 분석했으며, 작품 자체의 텍스트만이 아니라 독자의 개인적 상황이 결과적인 '의미'를 형성한다고 주장한다.[29] 이 논문에서 로버트 닐은 '포스트휴먼'(posthuman)을 '문화 정치학'(cultural politics)과 짝을 지어, 그의 원문 비판(textual criticism)의 수단으로 사용한다.[30]

흥미로운 것은 여기서 닐은 포스트휴먼에 대한 논의를 '젠더'(the gendered)와 '인종'(the racialized)의 측면에서 접근하고 있으며, 그 용어의 정의를 '유기적인 인간의 몸을 대체하고 있는 다양한 인간-기술 혼종(the various human-technological hybrids)'라고 한다는 점이다.

이처럼 포스트휴머니즘의 역사적 등장은 단순히 신조어의 등장 정도의 맥락에서 찾을 수 있는 것이 아니며, 휴머니즘과 분명하게 나누어지는 일종의 불연속점을 찍는 것도 쉽지 않은 일이다.

휴머니즘 논쟁을 통해 본 휴머니즘의 의미와 한계," 「인간연구」 제37집, (2018): 56에서 재인용.
27　Hassan, "Prometheus as Performer: Toward a Posthumanist Culture?"
28　James Rober Kneale, "Lost in Space? Readers' constructions of Science Fiction Worlds," Ph. D. diss., University College London, 1996.
29　Kneale, "Lost in Space? Readers' constructions of Science Fiction Worlds," 2-3.
30　Kneale, "Lost in Space? Readers' constructions of Science Fiction Worlds," 133-134.

또한, 어떤 면에서 포스트휴머니즘은 휴머니즘과의 연속선상에서 놓였다고도 할 수 있는데, 특히, 인간에 대한 일종의 믿음, 즉 앞서 표현한 대로 인간 존엄성의 궁극적 가치만은 공통으로 지향한다는 것이다. 어쩌면 인간에 대한 진보적인 낙관주의를 품은 고전적 휴머니즘이 멈추지 않고 그대로 시간을 달려 포스트휴머니즘으로 이어진다고 보는 것이 타당할 것이다.

그런데도, 휴머니즘과 포스트휴머니즘 사이에 봉긋이 솟은 불연속점을 하나 찾을 수 있는데, 그것은 고전적 휴머니즘의 반동으로 등장한 '반(反)휴머니즘'(anti-humanism)이다. 반(反)휴머니즘은 일관된 흐름을 보인 사상은 아니지만, 고전적인 휴머니즘과 포스트휴머니즘 사이에서 특히, 일부 후기 구조주의자(poststructuralist)들이 받아들이는 '인간의 죽음'(the death of Man)에 대한 이해에서 포스트휴머니즘과 공유되지 않지만, 포스트모더니즘(postmodernism)의 해체주의적 성향은 공유한다는 측면에서 특별하다.[31]

반(反)휴머니즘은 인간의 죽음을 그대로 받아들이지만, 포스트휴머니즘은 인간의 죽음을 상징적인 것으로 여기며, 삶과 죽음의 이원화를 반대한다.[32] 반 휴머니즘적 경향은 세상의 중심에 선 인간, 즉 모든 존재와 사유의 중심에 있는 인간 자아를 세계의 중심에서 밀어내며, 단지 다른 존재들과의 사회적 관계 속에서 그 의의를 찾는다.[33] 반(反)휴머니스트들이라고 불리는 미셸 푸코(Michael Foucault)나 자크 데리다(Jacques Derrida)는 각각 인간 '주체의 탈중심화' 또는 '형이상학의 해체'를 주장하며, 이전 휴머니즘 시대

---

[31] Igor Markovic, "Human, Posthuman, Astrohuman," 제1회 문학과 과학 국제학술대회, 새한영어영문학회 학술발표회 논문집, (2003): 113-114; Francesca Ferrando, "Posthumanism, Transhumanism, Antihumanism, Metahumanism, and New Materialisms: Differences and Relations," Existenz, 8(2), 2013: 31-32; 서보명, "포스트휴머니즘의 사상사적인 이해: 휴머니즘과 신학의 사이에서," 이창익 등 공저, 『포스트휴머니즘과 문명의 전환; 새로운 인간은 가능한가』 (광주: GIST press, 2017): 212.

[32] Ferrando, "Posthumanism, Transhumanism, Antihumanism, Metahumanism, and New Materialisms: Differences and Relations," 31-32.

[33] 강영안, "휴머니즘과 반-휴머니즘 사이," 『철학과현실』 제40호, (1999): 53.

에 절대화, 중심화 했던 인간 존재에 대해서 결정적인 의문을 제기했다.

포스트휴머니즘이 등장하게 된 가장 중요한 배경 중 하나가 바로 이 '인간의 죽음'의 극복에 대한 새로운 가능성이다. 인간을 어떻게 보느냐, 즉 인간의 죽음을 어떻게 보느냐에 따라 차이가 있을 수 있지만, 포스트휴머니즘은 과학 기술의 발전에서 '죽음'의 극복에 대한 가능성을 발견한다.

따라서 포스트휴머니스트들이 말하는 포스트휴머니즘의 가능성은 항상 인간 생명을 중심으로 한 과학 기술의 발전과 연관되어 있으며, 소위 NBIC(Nano-, Bio-, Information technology, Cognitive science)가 그 핵심을 이루고 있다.[34] 과학 기술의 발전이 포스트휴머니즘에 주는 영향에 대한 시사점은 그 사전적 의미에서도 잘 드러난다.

옥스퍼드 영어 사전에 의하면, 포스트휴머니즘(posthumanism)은 "인간 본성(humanity)이 과학 기술의 발전이나 진화적인 과정에 의해 변형되고(transformed), 초월화되거나(transcended), 또는 제거될(eliminated) 수 있다는 사상이나 이러한 믿음을 반영하는 예술적, 과학적 또는 철학적 실천"을 의미한다.[35] 포스트휴머니즘에 대한 담론 자체가 활발해진 것 역시 제4차 산업혁명이라는 발전된 과학 기술의 융합에 의해서 이전 시대에 경험하지 못했던 비약적인 과학 기술의 발전을 실감하기 시작했기 때문이다.[36]

포스트휴머니즘은 이전 시대에 이룩하지 못했던 수준 이상으로 발전한 현대 과학 기술이 결국, 휴머니즘 시대까지는 감히 넘보지 못했던 '죽음'의 정복을 이야기할 수 있게 된 것이고, 따라서 과학 기술의 발전이 포스트휴머니즘을 가능케 한 중요한 동력 중의 하나임에 틀림이 없는 것이다.

---

[34] Ferrando, "Posthumanism, Transhumanism, Antihumanism, Metahumanism, and New Materialisms: Differences and Relations," 26; 이원봉, "포스트휴머니즘은 휴머니즘이 될 수 있는가?: 포스트휴머니즘 논쟁을 통해 본 휴머니즘의 의미와 한계,"「인간연구」제37집, (2018): 58-59

[35] 옥스퍼드 온라인 영어 사전, www.lexico.com/definition/'posthumanism'으로 검색

[36] 김동윤, "제4차 산업혁명 시대의 사이버네틱스와 휴먼·포스트휴먼에 관한 인문학적 지평 연구,"「방송공학회논문지」제24권 5호, (2019): 837.

또 한 가지 중요한 배경 역시 반-휴머니즘과 공통된 문제의식에서 비롯되는데, 반-휴머니즘은 인간 존재의 절대성과 이성의 자율성에 무한한 가치를 부여했던 휴머니즘 시대를 부정하면서 두 가지 비판을 제기한다.[37]

첫째, 인간이 실질적으로는 이성이 아닌 욕망에 따라 행동한다는 것이며,

둘째, 자기 이외의 모든 존재를 대상화시켜 그 욕망의 수단으로 삼는다는 것이다.

이런 면에서 결국, 휴머니즘의 인간 사회는 양차 대전과 아우슈비츠, 냉전 체제의 대립과 관료적 사회체제 등 그 체제와 구조에 있어서 전체주의적인 잔혹함과 비인간성을 드러내고 말았다. 이제 인간이란 존재에 대한 근원적인 질문이 발생할 수밖에 없게 되었고, 여기에 중요한 질문은 타자와의 관계에서 인간 존재의 본질은 무엇인가라는 점이다. 이 때문에 포스트휴머니즘은 문학이나 예술, 종교와 철학, 심지어 페미니즘이나 환경 생태학에서 차용되며, 각각의 분야에서 인간 존재에 대한 재정의를 활발히 시도하게 된다.[38]

그러나 포스트휴머니스트들이 반-휴머니즘의 주장을 적극적으로 수용한 것은 아니다. 예컨대, 엠마누엘 레비나스(Emmanuel Levinas)와 같은 인물은 반(反)휴머니즘이 휴머니즘의 종말을 선언할 수 있었던 대안적 근거인 과학과 구조의 결정주의를 받아들이지 않았는데, 그 이유는 결국, 그것이 인간의 가치와 존엄성을 포기하는 결과를 초래할 것이라 보았기 때문이다.[39] 물론 휴머니즘의 절대주의, 전체주의적 성격에 대한 회의적 반성은

---

37 강영안, "휴머니즘과 반-휴머니즘 사이," 56-57.
38 이원봉, "포스트휴머니즘은 휴머니즘이 될 수 있는가?: 포스트휴머니즘 논쟁을 통해 본 휴머니즘의 의미와 한계," 57.
39 서보명, "포스트휴머니즘의 사상사적인 이해: 휴머니즘과 신학의 사이에서," 213-214.

있어야 하지만, 그렇다고 인간 존엄성에 대한 휴머니즘의 이상적 전통을 모두 폐기해서는 안 된다는 것이다.

요컨대, 포스트휴머니즘은 이전 시대의 고전적 휴머니즘이 견지한 인간의 절대성과 인간 이성의 자율성 등 인간 중심적 사상의 붕괴와 더불어 발생한 인간 존재에 대한 근원적 질문, 그리고 근대 과학혁명에서 시작되어 중단 없이 발전한 과학 기술이 인간의 죽음마저도 해결할 수 있는 수준에 이르렀다는 과학 기술에의 확신, 바로 이 두 가지 배경 속에서 탄생하게 되었다.

그리고 이 두 가지 배경은 각각 두 가지 큰 흐름의 포스트휴머니즘으로 이어지는데, 이제 그 두 가지 포스트휴머니즘의 흐름에 대해서 살펴보자.

2. 포스트휴머니즘과 트랜스휴머니즘

1) 포스트휴머니즘과 트랜스휴머니즘

앞서 우리는 역사적인 맥락에서 포스트휴머니즘이 휴머니즘에 이어 등장한 것처럼 성급하게 생각해서는 안 된다는 것을 살펴보았다. 그리고 포스트휴먼이란 개념은 어쩌면 이전 역사에서는 만나보지 못했던 새로운 피조물이라고 할 수 있으며, 실상은 그 정의조차 쉽지가 않다는 것을 알게 되었다.[40]

그 이유는 포스트휴머니즘이 역사적인 의미 이외에도 과학 기술의 발전이라는 맥락과 또한, 문화예술이나 학문적인 새로운 사조로서의 흐름 등 매우 다양한 배경에서 이해해야 하기 때문이다. 그런데도 일반적으로 포

---

40 Brent Waters, "From Human to Posthuman: Christian Theology and Technology. In a Postmodern World," Eds. Roger Trigg and J. Wentzel van Huyssteen. Ashgate Science and Religion, Series. Burlington, (VT: Ashgate, 2006): 50.

스트휴머니즘은 역사적인 의미와 기능적인 의미에서 크게 두 가지로 나뉘어 해석된다.

첫째, '포스트-휴머니즘'(post-humanism)으로 역사적으로 휴머니즘(humanism)을 극복하기 위한 의미에서 해석되며, 불연속성을 강조한다고 할 수 있다.

둘째, '포스트휴먼-이즘'(posthuman-ism)으로 인간(human)의 기능적인 측면에서 일부 요소에 대한 새로운 해석을 통해서 주어진 개념이며, 전자와 상대적으로 고전적 휴머니즘과 일정 부분 연속성이 강조된다.

보통 전자를 포스트휴머니즘이라고 한다면, 후자는 트랜스휴머니즘이라고도 불린다.[41] 포스트휴머니즘의 경우 인간과 자연 세계의 관계 속에서 인간의 지위에 대해서 관심을 가진 개념이며, 반대로 트랜스휴머니즘은 인간과 과학 기술의 관계 속에서 인간의 지위에 대해서 관심을 가진 개념이다.

앞에서 살펴본 대로 이전의 휴머니즘이 인간을 태어나는 존재로 이해하였다면, 포스트휴머니즘은 기술이 인간을 새롭게 개조하여 새롭게 재탄생할 수 있는 존재로 이해한다.[42] 이 때문에 트랜스휴머니즘의 인간은 말하자면 포스트휴먼으로 이행해가는 '중간 단계의 인간'(an intermediary form)으로 과정적 또는 진화적 인간으로 이해되기도 한다.[43] 결국, 역사적인 맥락에서는 포스트휴머니즘을 '포스트-휴머니즘'(post-humanism)으로, 인간의 기능적 측면의 이해에 따라서 트랜스휴머니즘을 '포스트휴먼-이즘'(post-

---

[41] Ivan Callus and Stefan Herbrechter, *Posthumanism*, Eds. Simon Malpas & Paul Wake, The Routledge companion to Critical Theory, (London: Routledge, 2013): 144; 장진호, "제4차 산업혁명에 대한 성찰적 접근," 이창익 등 공저, 『포스트휴머니즘과 문명의 전환; 새로운 인간은 가능한가』(광주: GIST press, 2017): 26
[42] 이진우, 『테크노 인문학』(서울: 책세상, 2013): 298.
[43] 이원봉, "포스트휴머니즘은 휴머니즘이 될 수 있는가?; 포스트휴머니즘 논쟁을 통해 본 휴머니즘의 의미와 한계," 62.

human-ism)으로 구별하여 이해할 수 있게 되는 것이다.

포스트휴머니즘과 트랜스휴머니즘을 각각 '생물학적인 차원을 넘어 인간과 기계의 조화와 관계적인 차원에서 이전 시대와 다르게 재정의 되는 인간의 이해'라는 측면과 '기존의 인간 개념은 유지하면서 인간 중심주의적 사고의 기능적인 확대'라는 측면으로 구분하는데, 특징적인 것은 트랜스휴머니즘은 휴머니즘 시대의 근대적 인간상을 포기하지 않았다는 측면에서 휴머니즘과의 연속성을 강조하고 있지만, 포스트휴머니즘은 인간 개념 자체의 재정의, 곧 변화 또는 확장을 의도하는 측면에서 근대적 인간상을 포기한다는 탈근대적 성격을 부각시키며 휴머니즘과의 불연속성을 강조한다는 것이다.[44]

트윗-베이츠(Jennifer J. Thweatt-Bates)는 이 둘을 각각 해러웨이(Donna Haraway)의 사이보그 포스트휴먼과 'Humanity+'의 포스트휴먼으로 대조하여 나누기도 한다.[45]

한편 이원봉은 트랜스휴머니즘을 대중적 포스트휴머니즘이라 하면서, 다시 두 가지 입장, 즉 급진적 포스트휴머니즘과 온건한 포스트휴머니즘으로 나눈다. 전자는 소위 '특이점'(singularity)을 인정하면서 '포스트휴먼'을 인간이 완전히 육체를 벗어나 컴퓨터나 온라인에 업로드 되거나 기계와 결합한 상태로 규정한다. 반면 후자는 '포스트휴먼'을 일종의 한계 개념으로만 인정하면서 발달된 과학 기술로 인간 능력의 향상을 기정사실로 하며 적극적으로 포용하는 입장이다.[46]

---

[44] Nick Bostrom, "A history of transhumanist thought," Journal of evolution and technology, 14(1), 2005: 4; 이경란, "로지 브라이도티의 포스트휴먼: 포스트휴먼 주체와 비판적 포스트휴머니즘을 향하여," 「탈경계인문학」 제12권 2호, (2019):40; 김민수, "포스트휴먼 시대의 기독교 교육의 방향," 4.

[45] Thweatt-Bates, "The Cyborg Christ: Theological Anthropology, Christology, and the Posthuman," 126-128

[46] 이원봉, "포스트휴머니즘은 휴머니즘이 될 수 있는가?: 포스트휴머니즘 논쟁을 통해 본 휴머니즘의 의미와 한계," 61-65.

이처럼 포스트휴머니즘과 트랜스휴머니즘의 이분법적 분류가 충분치 못하기 때문에, 더 세분해서 포스트휴머니즘의 성격을 나누기도 한다. 서보명과 임석원은 포스트휴머니즘 논의가 약 20여 년에 걸쳐 이루어지고 있으며, 이 논의에 나타나는 모두 세 가지 경향성이 있다고 하면서, 이를 다음과 같이 정리한다.[47]

첫째, 인류 미래의 낙관적인 시각을 강조한 트랜스휴머니즘이다.

생명 공학과 인공 지능, 그리고 컴퓨터 공학이 이끌어온 포스트휴먼 시대가 더 나은 인류의 미래를 약속하는데, 이는 인간 삶의 질병과 죽음과 같은 숙명을 극복할 수 있는 공학적 기술을 인체의 내부까지 적용시킴으로써 가능하다. 이런 입장의 주요 인물로 앞선 언급한 '특이점' 이론으로 유명한 미국의 레이 커즈와일(Ray Kurzweil)과 닉 보스트롬(Nick Bostrom) 등이 있으며, 위에 언급한 급진적 포스트휴머니즘이라 할 수 있을 것이다.

둘째, 낙관적 트랜스휴머니즘이 주장하는 포스트휴먼에 대한 부정적이고 비판적인 시각을 가진 보수적인 입장의 포스트휴머니즘이다.

이 입장은 특히, 윤리적인 차원에서 기술 공학적인 인간 이해와 이로 인한 인간성 상실을 우려하면서, 근대 서구학문에서 포기한 인간의 본성에 대한 재고를 목표로 한다. 결국, 포스트휴머니즘 시대를 인정하지만, 그 부정적인 측면을 강조하는 만큼 온건한 포스트휴머니즘이라 할 수 있을 것이며, 일단의 철학자나 신학자 그룹들이 여기에 속한다.

셋째, 흔히 '비판적 포스트휴머니즘'(critical posthumanism)이라 불리는 철학적 경향성을 나타내는 입장인데, 이는 포스트모더니즘의 비판이론을 공유하여 인간 중심적인 사유를 극복하려는 비판적 시각의 입장이다.

"사이보그 선언"(Cyborg Manifesto, 1985)의 다나 해러웨이(Dona Haraway)

---

[47] 서보명, "포스트휴머니즘의 사상사적인 이해: 휴머니즘과 신학의 사이에서," 203; 임석원, "비판적 포스트휴머니즘의 기획: 배타적인 인간 중심주의 극복," 이화인문 과학원 편, 『인간과 포스트휴머니즘』 (서울: 이화여자대학교출판부, 2013): 67.

나 페미니스트 신학자로 잘 알려진 로지 브라이도티(Rosi Braidotti), 캐서린 헤일즈(Ketherine Hayles) 등의 인물이 이 입장에 속한다. 트랜스휴머니즘과 대비하여 포스트휴머니즘이라고 부르는 것이 바로 비판적 포스트휴머니즘이라고 할 수 있으며, 이 책에서 역시 트랜스휴머니즘에 대조적으로 사용하는 용어인 포스트휴머니즘은 곧 비판적 포스트휴머니즘의 입장을 뜻한다.

이상에서 살펴본 대로 포스트휴머니즘 담론에는 매우 다양한 입장이 혼재한다. 상당한 기간 포스트휴머니즘이 회자되고, 다양한 계층과 입장의 사람들이 동일한 용어를 사용하면서, 같은 용어가 상충되게 사용될 때도 있고, 다른 용어가 비슷한 의미로 사용될 때도 있다.[48]

이처럼 혼잡한 상황 가운데서도 포스트휴머니즘이건 트랜스휴머니즘이건 여러 입장의 포스트휴머니즘이 공통적으로 받아들이거나 혹은 지향하는 점들이 있다.

첫째, 휴머니즘의 인간 중심주의에 대한 비판적 시각을 공유한다.

비판적 포스트휴머니스트인 브라이도티는 자신의 포스트휴머니즘을 인간의 자기 위치를 재설정하는 것으로 근대 휴머니즘의 한계인 인간 중심주의를 극복하는 새로운 주체로서의 포스트휴먼을 모색한다.[49]

트랜스휴머니즘을 주장하는 이들 역시 인간은 물론 인간이 아닌 비인간 존재, 심지어는 과학 기술에 의해서 새롭게 만들어진 기계적 인간 존재(인공 지능과 같은)의 동등한 행복권을 주장하면서 휴머니즘의 인간 중심주의를 벗어

---

[48] 이경란, "로지 브라이도티의 포스트휴먼: 포스트휴먼 주체와 비판적 포스트휴머니즘을 향하여," 34-35.

[49] Rosi Braidotti, *The Posthuman*, (2013), 이경란 역, 『포스트휴먼』(파주: 아카넷, 2015): 54.

나는 경향성을 보인다.⁵⁰ 물론 트랜스휴머니즘의 경우, 계몽주의 전통을 사상적으로 계승하는 측면이 없지 않지만,⁵¹ 결국, 트랜스휴머니즘을 포함한 모든 포스트휴머니즘 사상은 인간을 중심으로 비인간 존재를 이해하고 해석하려는 인간 중심적인 고전적 휴머니즘에 대한 반발이라고 할 수 있다.

둘째, 비인간과의 물질적인 결합으로 탄생한 기계적 인간을 지향한다.

포스트휴머니즘은 공통적으로 인간의 모든 능력이 결국, 물리 현상으로 환원될 수 있다는 것을 받아들이는 입장이다. 트윗-베이츠(Jennifer J. Thweatt-Bates)는 인간 개념에 대한 재정의를 요구하며, 포스트휴먼을 생물학적으로 강화된 인간 또는 인공적인 인간, 안드로이드, 향상된 의식, 특히, 사이보그와 같은 일종의 기계적인 형태를 포함하는 개념이라 정의한다.⁵²

인간과 로봇을 굳이 구분할 이유도, 인간과 로봇의 결합이나 유전자 조작을 통한 인간 능력의 향상(enhancement)을 불편하게 생각할 필요도 없다(손화철, 2016: 15). 비판적 포스트휴머니스트인 브라이도티 역시 다음과 같은 그의 선언적 표현에서 포스트휴먼이 기계적 인간을 지향한다는 사실을 잘 드러낸다.

> No, I am not a robot, but some of my friends are!
> I am posthuman—all too human

> 아니오, 나는 로봇이 아닙니다만, 내 친구들 중 일부는 그렇습니다!
> 나는 포스트휴먼입니다-너무도 인간 같지요.⁵³

---

50 http://humanityplus.org/philosophy/transhumanist-declaration/ 7번째 선언, 최종접속: 2020년 7월 24일

51 김재희, "우리는 어떻게 포스트휴먼 주체가 될 수 있는가?" 「철학연구」 106호, (2014): 219.

52 Jennifer J. Thweatt-Bates, "Cyborg Selves: A Theological Anthropology of the Posthuman," In. Routledge Science and Religion Series, (London: Routledge, 2012): 1.

53 Rosi Braidotti, *Posthuman Knowledge*, (Cambridge: Polity Press, 2019): 5.

헤일즈(Ketherine Hayles)는 포스트휴먼은 신체적 존재와 비신체적 컴퓨터, 생물학적 유기체와 사이버네틱스의 무기체, 그리고 궁극적으로 로봇과 인간의 본질적인 차이를 거부하며, 적극적으로 혼종성을 지지한다.[54] '항상성'(homeostasis)과 같은 생물적 특징을 무생물적 기계의 '제어시스템'(control system)으로, '정보처리 시스템'(data-processing system)과 같은 기계적 특징을 뇌 신경 회로의 인간적 특징으로 동일화시키는 작업을 어렵지 않게 시도한다.[55]

어느 입장이건 포스트휴머니즘은 공통적으로 기계적 인간(혹은 기계와의 혼종으로 만들어진 기계화된 인간)에 대해서 존재적인 거부감이 없으며, 오히려 지향한다고 할 수 있다.

셋째, 포스트휴머니즘은 과학 기술의 발전이라는 공통적인 근거 위에 가능한 담론이다.

트랜스휴머니스트들은 인간의 가능성은 아직 실현되지 않았으며(unrealized), 훨씬 멋지고(wonderful), 극히 가치 있는(worthwhile) 향상된 인간이 발전된 과학 기술로 가능하다고 믿는다.[56] 이들은 포스트휴먼을 위해 사용되는 과학 기술에 대한 정확하고도 통제된 사용을 전제하지만, 그런데도 향상된 인간 조건의 가능성을 과학 기술의 발전에 두고 있음이 분명하다.

비판적 포스트휴머니스트인 프란체스코 페란도(Francesco Ferrando)역시 존재인식론적 성찰의 확대와 더불어 20-21세기에 폭발적으로 발전된 생명 과학 및 컴퓨터 과학 기술 등이 포스트휴먼의 가능성을 긴급히 촉발시킨다고 했으며,[57] 브렌트 워터스(Brent Waters)도 과학 기술을 통해서 인간 자신의 한계와 죽음을 넘으려고 하는 포스트휴머니스트들을 고발하면서,

---

54　Katherine N. Hayles, "How We Became Posthuman," (1999), 허진 역, 『우리는 어떻게 포스트휴먼이 되었는가』(서울: 열린책들, 2013): 26-31.
55　Hayles, *How We Became Posthuman*, 63.
56　http://humanityplus.org/philosophy/ transhumanist-declaration/ 2, 3, 7번째 선언, 최종 접속: 2020년 7월 24일
57　Ferrando, "Posthumanism, Transhumanism, Antihumanism, Metahumanism, and New Materialisms: Differences and Relations," 26.

과학 기술에 대한 포스트휴머니즘의 의존을 전제한다.[58]

이원봉은 포스트휴먼의 시대는 기존의 인간 개념과 다른 새로운 인간 개념이 모색되는 시기이며, 이러한 인간 개념의 유동성은 '과학 기술의 발전'이 담보하고 있음을 지적한다.[59] 그러나 과학 기술의 발전을 환영하는 이유는 다소 이견이 있는데, 비판적 포스트휴머니즘은 새로운 기술이 인간과 비인간, 남성과 여성, 자연과 문화 등 이분법적인 경계를 흩뜨리고 세상과 인간을 보는 관점을 재고할 수 있도록 한다는 점에서 환영하지만, 트랜스휴머니즘은 인간의 향상과 한계의 극복을 가능하게 한다는 입장에서 환영한다.[60]

요컨대, 포스트휴머니즘이든 트랜스휴머니즘이든 상관없이 포스트휴먼의 가능성은 곧 발전된 과학 기술이라는 공통된 조건에서 생각할 수 있는 것이며, 과학 기술의 발전을 '상수'(constant)로 둔다는 공통점이 있다.

넷째, 결국, 모든 포스트휴머니즘은 인간이란 존재에 대한 재정의를 요구하는 새로운 흐름이라는 표현으로 그 공통점을 정리할 수 있다.

포스트휴머니즘은 인간의 인간됨에 대한 고전적인 인간관에 집착하지 않는 것이며, 오히려 이를 극복해야 할 고전적 휴머니즘의 잔재로 받아들인다.[61] 포스트휴먼의 사회는 '인간이 무엇이며,' 도대체 '생명은 무엇인지,' 그리고 '인간적인 삶'과 '인간다움'에 대한 질문, 즉 인간 존재의 전반에 대한 재정의를 요구한다.[62]

트윗-베이츠(Jennifer J. Thweatt-Bates)는 포스트휴머니즘은 "하나의 특정한 어떤 것이라기보다는, 인간으로서 우리가 누구인지, 그리고 우리가 어떤 존재가 될 수 있는지에 대한 성찰과 형상화의 행위"라고 말하며, 인간

---

58 Brent Waters, "Is Technology the New Religion?" Word & World, 35(2), 2015: 143.
59 이원봉, "포스트휴머니즘은 휴머니즘이 될 수 있는가?; 포스트휴머니즘 논쟁을 통해 본 휴머니즘의 의미와 한계," 69.
60 정윤경, "포스트휴머니즘과 휴머니즘에 기반한 교육 재고,"「교육 철학연구」제41권 3호, (2019): 119.
61 손화철, "기술의 자율성과 포스트휴머니즘," 한국과학기술학회 학술대회, 2016: 15.
62 백종현, "인간 개념의 혼란과 포스트휴머니즘 문제," 147-148.

존재에 대한 포스트휴머니즘의 사상적 추상성을 드러내면서, 그 담론의 범위를 기능적, 윤리적 당위를 넘어 신학적 성찰로까지 확대한다.[63] 그리고 이러한 성찰은 극단으로 치달아 결국, 인간과 기계의 결합은 새로운 신(호모 데우스; Home-Deus)과 종교(데이터교; Dataism)까지 만들어 낸다.[64]

특히, 이 부분에 있어서 중요한 사실은 포스트휴머니즘이 인간과 비인간의 존재적 경계와 관계의 측면을 새롭게 부각했다는 것이다. 기계로 된 인공기관과의 결합으로 실제의 부조리한 삶이 개선되어 사회적으로 받아들여지는 정상성과 인간성 강화의 측면에서 기계 존재와의 통합된 새로운 주체로서의 인간 존재를 재정의하는 입장이건,[65] 존재 간의 경계와 범주의 혼란에서 생물과 비생물적 경계와 같은 조건이 아니라 권력과 지배에 대한 저항을 포스트휴먼의 조건으로 꼽으며 새로운 주체성의 개념을 모색하는 입장이건,[66] 결국, 포스트휴머니즘은 공통적으로 인간 존재와 다른 비인간 존재와의 경계와 관계에 대한 재설정을 공통적인 목표로 한다.

정리하면 포스트휴머니즘은 시대적인 맥락에서 이전 시대의 휴머니즘을 극복하고자 하는 포스트휴머니즘과 인간 향상(human enhancement)을 목표로 발전된 과학 기술을 힘입어 혼종을 추구하는 트랜스휴머니즘으로 나뉜다.

한편 두 입장은 태어난 배경과 표면상 드러나는 지향점, 그리고 실천적인 접근에서 분명한 차이점이 존재한다. 특히, 인간 향상이라는 기능적인 면에만 초점을 맞추는 트랜스휴머니즘의 접근은 기술 발달의 가능성에 낙관적이며, 이 때문에 대중성을 갖추고 있지만 사상적으로는 설득력이나

---

[63] Thweatt-Bates, "Cyborg Selves: A Theological Anthropology of the Posthuman," 1.
[64] Harari, *Homo Deus*.
[65] Vivian Sobchack, 2004, 205-225; 임소연, "휴먼 바디를 가진 포스트휴먼, 사이보그는 어떻게 탄생하는가," 이창익 등 공저, 『포스트휴머니즘과 문명의 전환; 새로운 인간은 가능한가』 (광주: GIST press, 2017): 127에서 재인용.
[66] Hayles, *How We Became Posthuman*, 26; 정윤경, "포스트휴머니즘과 휴머니즘에 기반한 교육 재고," 119.

일관성이 떨어지고 피상적인 경우가 많다. 반면 비판적 포스트휴머니즘은 이전 시대의 고전적 휴머니즘의 인간 중심주의의 극복을 꾀하며 과학 기술의 발전은 상수로 두되 그 문제에 집착하기보다는 사상적 논의에 더 치중한다는 차이점이 있다.

이처럼 포스트휴머니즘의 전체 담론은 그 범위와 깊이에 따라 사실상 상당히 복잡한 스펙트럼을 가지고 있으나, 그런데도 앞서 살펴본 대로 포스트휴머니즘은 몇 가지 면에서 공통점을 가지고 있으며, 특히 인간과 비인간 존재 간의 경계와 관계의 상관성에 비상한 관심사를 공유하고 있다. 이 문제는 다음 장에서 대표적인 포스트휴먼의 실체로서 언급되는 인공 지능을 살펴보면서 좀 더 심도 있게 다루게 될 것이다.

2) 포스트휴머니즘과 인공 지능

포스트휴머니즘 담론에 있어서 최근에 가장 활발하게 언급되는 것은 '인공 지능'(Artificial Intelligence; A. I.)이다. 인공 지능은 제4차 산업혁명의 아이콘이며, 문화-사상적 개념인 포스트휴머니즘의 실체적 아이콘(substantial icon)이라 할 수 있다.

포스트휴머니즘과는 다른 배경으로 인공 지능에 대한 논의는 꽤 오랜 역사를 가지고 있지만, 최근 인공 지능이라는 이름은 포스트휴먼 또는 트랜스휴먼의 대중적인 동의어로 이해하게 마련이며, 몇 가지 면에서는 충분히 납득할 만하다. 특히, 철학적인 배경의 사상적인 면에서 인공 지능에 대한 담론은 포스트휴머니즘 담론이 일으킨 매우 유사한 질문들을 던지게 된다.

인공 지능은 인간의 지능을 대체하는가?
인공 지능은 생각과 감정 또는 영혼이 있는가?
인공 지능에게도 인권을 부여해야 하는가?
인공 지능은 인간을 대체할 것인가?

결국, 이러한 질문들은 인간의 본성과 인간 존재에 대한 질문 곧 '인간은 무엇인가'로 귀결된다. 이런 질문들 앞에서, 수많은 사람은 인공 지능이 가져다줄 첨단과학 기술의 혜택에 환호하지만, 이면에선 스티븐 호킹과 같은 무신론자들도 인공 지능이 가져올 인간과 그 미래에 대한 갖가지 비관적 전망을 내어 놓는다.[67]

이 모든 시나리오는 포스트휴머니즘 담론과 유사하며, 인공 지능에 대한 논쟁은 그 담론의 현재진행형과 같은 의미를 가진다. 특별히 주의 깊게 보아야 하는 것은 인공 지능이 소위 제4차 산업혁명 과학 기술의 궁극체라는 점이다. 그리고 현시대 가장 발전한 과학 기술의 지향점인 인공 지능이 단순히 지능을 넘어 인간의 모든 면에서 새로운 인간을 표방한다는 데 있다.

그렇다면 인공 지능은 어떻게 태어났고, 또 어떤 면에서 포스트휴머니즘의 담론 안에 포함되는가?

인공 지능은 단순한 어의로는 인간에 의해서 만들어진 인위적인 지능을 가리킨다.[68] 그러나 실질적으로는 인간의 지능이 가진 특징의 일부를 논리적 수식으로 구조화시켜 모방한 프로그램, 또는 그 프로그램을 물리적 기계에 탑재한 기계장치를 말한다.[69]

단순한 수학적 알고리즘의 축적된 배열에 불과했던 인공 지능은 현재는 소위 딥-러닝(Deep learning)이라 하는 수준에 이르러 1997년에는 체스 세계챔피언을 꺾은 데 이어, 얼마 전에는 불가능할 것이라 여겨진 바둑 세계챔피언에게도 압도적으로 승리하게 되었으며, 최근까지도 끊임없이 발전하고 있

---

[67] Derek C. Schuurman, "Artificial intelligence: Discerning a christian response," Perspectives on Science and Christian Faith, 71(2), 2018: 3.
[68] 허희옥 등, "인공 지능 시대의 인간 지능과 학습," 「교육 철학연구」 제39권 1호, (2017): 104.
[69] 브리태니커 온라인 사전 영문판 https://www.britannica.com 'artificial intelligence'로 검색

다.[70] 이미 단순 지식과 정보의 습득 및 처리 능력에 있어서 인공 지능은 인간을 넘어섰다고 할 수 있을 것이다.

인공 지능이라는 말은 원래 미국의 컴퓨터 학자인 앨런 뉴웰(Allen Newell)과 경제학자이자 물리학자였던 허버트 사이먼(Herbert Simon) 등에 의해서 1950년대 중반 처음 사용되었으며, 'GOFAI'(Good Old-Fashioned Artificial Intelligence)라 불렸다.[71]

그러나 그 개념적 역사, 즉 지능을 가진 기계의 개념은 앨런 튜링(Allan Turing)이 1950년 'Computing Machinery and Intelligence'라는 제목으로 발표한 논문에서 소개되었는데, 여기서 튜링은 기계도 생각할 수 있는지에 대한 문제 제기로 논문을 시작한다.[72]

흥미롭게도 튜링은 후에는 통상 '튜링 테스트'(Turing test)로 불리는, 소위 '이미지 게임'(image game)이라는 개념을 통해서 기계가 기호적 언어를 통해 인간의 의사소통과 인지적으로 구별하기 어렵다면, 기계도 생각할 수 있다고 주장한다는 점이다. 기계적 연산이 인간의 지능과 연결되는 접점이 여기서 발생한다.

이처럼 인공 지능의 개념이 탄생한 1950년대 중반 이후, 인공 지능의 역사는 그 연구 및 개발의 양상에 따라 세 단계로 발전된다.[73]

첫째 단계는 1956년 Dartmouth 회의에서 인공 지능이 소개된 후, 1970년대 중반까지를 일컬으며, 컴퓨터 프로그램으로 복잡한 수학 논리적 계산을 통해서 구조화된 문제를 해결할 수 있는 시기였다.

---

70 David Silver et al, "A general reinforcement learning algorithm that masters chess, shogi, and Go through self-play," Science, 362(6419), 2018.
71 이초식, "인공 지능의 철학적 성찰," 「과학사상」 제8호, (1994): 85.
72 Allen Turing, "Computing Machinery and Intelligence," Mind, 49, 1950: 433-34.
73 허희옥 등, "인공 지능 시대의 인간 지능과 학습," 104-107.

튜링 기계, 체스 게임 등이 대표적인 사례로 꼽힌다. 그러나 컴퓨터의 연산 능력만으로는 인간 실생활의 보다 복잡한 다층적 문제들을 해결할 수는 없다는 한계에 봉착했고, 관련 연구도 시들해졌다.

둘째 단계는 1980년에서 1990년대 초반까지에 해당하며, 컴퓨터에 단순 연산이 아닌 보다 복잡한 정보와 지식을 입력하는 것에서 비롯되었다.

특정 분야의 전문적인 정보와 지식, 예컨대 의학이나 법률 분야의 전문 지식과 정보를 충분히 입력하여 축적하면, 해당 분야에 관련된 복잡한 문제들을 해결할 수 있다는 것이다.

따라서 이 시기에는 보다 전문적인 분야에 특화된 전문가 모형의 인공 지능이 개발되었으며, 스탠포드대학에서 개발한 의학 분야 전문 인공 지능 시스템인 '마이신'(MYCIN)이 대표적이다. 마이신은 의학 지식을 충분히 갖추고 있어서 의료 환자의 병을 진단하고 처방할 수 있는 시스템을 갖추고 있다. 그러나 이 역시 전문 분야가 아닌 인간의 보편적 일상의 수많은 정보와 지식의 습득 및 저장, 그리고 이를 활용한 보다 복합적인 일상적 상황 판단에 있어서 한계를 가지고 있었다.

셋째 단계는 2000년대 중반 이후부터 현재까지를 말하며, 소위 제4차 산업혁명 시대를 대표하는 아이콘으로 시대의 변화를 주도하는 대표적인 기술로 인공 지능이 전면에 등장한다.[74]

기존 컴퓨터 시스템과는 차원이 다른 폭발적인 정보의 저장 능력은 '빅 데이터'(Big data)로 불리며, 단순한 정보 저장 능력을 넘어서 프로그램 스스로가 학습하는 '딥-러닝'(Deep-learning)의 단계까지 이르게 된 것이다. 구글사의 알파고와 IBM사의 '왓슨'(WATSON)이 대표적이며, 사람의 마음과 감정 등 비물질적 요소의 구현을 위해 컴퓨터 과학은 물론 인지심리학과 신경생리학, 기계공학 등의 융합연구가 활발하게 진행되고 있다.

---

[74] World Economic Forum, "The future of jobs: employment, skills and workforce strategy for the fourth industrial revolution. Geneva," World Economic Forum, 2016: 5-8.

특히, 생명 과학과의 융합을 통해서 인간의 신경망(neural network)을 모방하기에 이르고, 인공 지능은 대상을 '지각(recognizing)-식별(identifying)-판단(deciding)-예측(predicting)'하는 능력을 갖추게 되었다.

통상 인공 지능은 약-인공 지능(Weak A. I.) 또는 제한적 인공 지능(Narrow A. I.)과 강-인공 지능(Strong A. I.) 또는 완전한 인공 지능(Full A. I.)으로 분류하는데, 현재까지 등장한 대부분의 인공 지능은 약-인공 지능에 해당하지만, 인간의 형상을 구체화한 소위 사이보그 로봇과 같은 강-인공 지능의 구현이 이 단계에서 최종적으로 지향하고 있는 한 가지 형태라고 할 수 있다.

더욱이 최근에는, 이 흐름에 초지능(super-intelligence)을 가진 초월적 인공 지능(super A. I.), 쉽게 말해 현존하는 인간을 인지적 한계는 물론 신체적 한계까지 초월하는 인공 지능이 예견된다.[75] 짧게 정리하면, 간단한 기계적 연산 장치에서 출발한 인공 지능의 역사는 이제 인간의 지능을 초월하는 수준을 내다보는 단계까지 이르렀다고 할 수 있다.

포스트휴머니즘 담론에 있어 인공 지능이 중요한 이유 중 하나는, 앞서 설명한 포스트휴먼의 성격과 트랜스휴먼의 성격을 공히 담지하면서, 그 구체적인 실체로 세상에 나타났다는 것이다. 우선, 트랜스휴머니즘의 입장에서, 기계적인 의미의 사이보그(cyborg) 형태를 일반적인 트랜스휴먼의 현현이라고 할 때, 특히, 강-인공 지능의 형태는 트랜스휴먼이 지향하는 최종적인 형태와 가깝다고 할 수 있다.

예컨대 사이보그는 강-인공 지능의 대표적인 형태라고 할 수 있는데, 이는 기계나 동물에서의 통제와 의사소통 이론에 관련된 분야를 일컫는 '사이버네틱스'(cybernetics)와 생물과 같은 유기체를 나타내는 '오르거니즘'(organism)의 합성어로 만들어졌다("a cybernetic organism, a hybrid of machine

---

[75] 이창익, "인간이 된 기계와 기계가 된 신: 종교, 인공 지능, 포스트휴머니즘," 98.

and organism, a creature of social reality as well as a creature of fiction").[76]

임소연은 '사이보그'는 생물적 유기체이지만, 자기 자신을 통제할 수 있는 기계적 기능을 외적인 요소로 탑재한 일종의 기계적 복합체로 설명하며,[77] 이창익 역시 포스트휴먼은 기계 속에 스며든 인간이자, 인간이 된 기계, 즉 일종의 혼종(hybrid)이라고 말한다.[78]

그런데 이러한 트랜스휴먼의 혼종성(hybridity)은 인공 지능에서도 동일하게 나타난다. 혼종성의 개념으로 볼 때, 포스트휴머니즘, 즉 비판적 포스트휴머니즘의 고민은 인공 지능 담론에도 녹아있다. 비판적 포스트휴머니즘은 고전적인 휴머니즘과 같이 인간 존재와 비인간 존재의 이분법적 사고, 또는 인간 신체와 정신의 이분법적 사고를 거부한다.

그리고 기꺼이 기계와 같은 비유기체적 물질과의 인간 신체와의 혼종을 환영한다. 앞서 언급했듯이 헤일즈(K. Hayles) 역시 생물적 인간과 비생물적 기계와의 혼종(hybrid)을 고전적 휴머니즘의 존재의 이분법적 사고의 거부의 상징적인 형태로서 지지한다.[79]

박유신과 조미라는 현대 사회를 포스트휴머니즘의 시대로 정의하며, 기존의 포스트모던 시대를 전통적 인간의 개념에 기초한 시대로 전통적 인간관을 폐기시키고 새로운 개념의 인간관이 세워졌다고 말한다.[80] 여기서 주장하는 포스트휴먼 시대의 인간은 단지 '인간 이후의 인간'이라는 의미를 넘어 '인간 아닌 인간', 즉 전혀 다른 종의 인간까지 포함하는데, 첨단 과학 기술에 의한 새로운 인간, 즉 인공 지능을 암시한다. 결국, 포스트휴머니즘은 새로운 인간(포스트휴먼, 인공 지능)이 옛 인간(고전적 휴먼)을 폐기시키는 것이다.

---

[76] Haraway, *A Cyborg Manifesto: Science, Technology, and Socialist-Feminism in the Late Twentieth Century*, 147.
[77] 임소연, "휴먼 바디를 가진 포스트휴먼, 사이보그는 어떻게 탄생하는가," 121.
[78] 이창익, "휴먼 바디를 가진 포스트휴먼, 사이보그는 어떻게 탄생하는가," 73.
[79] Hayles, *How We Became Posthuman*, 26.
[80] 박유신, 조미라, "미래사회를 위한 포스트휴먼 교육," 「미술교육논총」 제31권 2호, (2017): 181.

인간 존재와 본성에 대한 철학적 질문을 다시 하게 만든다는 점에서도 인공 지능은 포스트휴머니즘의 연장선에 있다.

찰스 루빈(Charles Rubin)은 인공 지능은 인간이 가진 질병, 죽음이나 불만족스러운 모든 한계를 가진 신체의 불멸화(immortality)를 지향하는 '후-생물학적 삶'(post-biological life)을 목표로 하며, 인간 존재에 대한 근본적인 변화를 시도한다고 지적한다.[81]

인공 지능을 아이콘으로 하는 제4차 산업혁명의 주창자인 슈밥(Klaus Schwab) 역시 "인공 지능과 같은 제4차 산업혁명은 인간이 무엇이며 누구인지에 대한 본질적인 질문을 하지 않을 수 없게 한다"고 고백하며, 이에 따라 벌어질 수 있는 각종 철학적, 윤리적 문제를 언급한다.[82]

이용주 역시 "인공 지능 연구는 결국, 인간 연구다"라고 말하며, 인공 지능을 연구하는 것은 단순히 과학 기술의 발전과 개발에 있는 것이 아니라 '인간 존재'와 '인간됨'을 묻고 사고하는 매우 근본적인 작업이라고 주장한다.[83] 인공 지능이 최첨단 과학 기술의 발전의 산물이라는 면에서 포스트휴머니즘과 공통분모를 갖고 있음은 두말할 나위가 없다.

요컨대, 인공 지능은 모든 포스트휴머니즘 담론의 포스트휴먼 또는 트랜스휴먼의 실체적 현현이자, 최신의 대중적 아이콘이라 할 수 있다. 지금까지 포스트휴머니즘의 전체 담론의 역사적 배경을 중심으로, 그 종류와 성격, 그리고 주된 문제의식 등을 정리하였다.

요약하면, 포스트휴머니즘은 역사적으로 이전 시대의 휴머니즘, 곧 인간 이성을 중심으로 한 계몽주의, 합리주의적 사상에 대한 반성과 과학혁

---

[81] Charles T. Rubin, "Artificial Intelligence and Human Nature," A Journal of Technology and Society, 1, 2003: 88.
[82] Klaus Schwab, www.weforum.org/agenda/2016/01/, Jan. 14, 2016, 최종접속: 2020년 7월 25일
[83] 이용주, "슈퍼 인공 지능 신화를 넘어서: 지능, 싱귤래리티[특이점], 그리고 과학 미신," 이창익 등 공저, 『포스트휴머니즘과 문명의 전환; 새로운 인간은 가능한가』 (광주: GIST press, 2017): 235.

명을 통한 과학 기술의 발전을 통한 결실이 합해져서 생겨난 철학적, 문화-예술적 사조로써 인간 존재의 본성에 대한 매우 근본적인 문제의식을 안겨주었다고 할 수 있다.

포스트휴머니즘의 범주에서 다루어지는 인간에 대한 주요한 두 개념으로 '포스트-휴먼'과 '포스트휴먼'을 들 수 있으며, 각각 트랜스휴머니즘과 포스트휴머니즘 또는 비판적 포스트휴머니즘이라는 두 흐름으로 구별되어 연결되는데, 이들은 인간 중심적인 사고에 대한 비판적 시각을 공유하며, 인간과 비인간 존재의 경계를 허물고 관계성을 지지한다는 측면에서 공통적이다. 또한, 과학 기술의 발전에 의지할 수밖에 없으며, 결국 인간 존재에 대한 근본적인 질문을 제기한다.

끝으로, 포스트휴머니즘의 역사적 흐름에서 가장 최근에 등장한 인공지능의 담론은 실천적인 의미에서 이 두 가지 흐름을 모두 담지하는 포스트휴머니즘 담론의 최신 아이콘이라고 할 수 있다.

이제 포스트휴머니즘이 우리에게 실질적으로 던져주는 인간에 대한 질문과 대답은 무엇인지 살펴볼 때이다. 포스트휴머니즘은 단순히 인간만의 문제가 아닌 인간과 인간을 둘러싼 모든 존재에 대한 문제의식에서 비롯되었으며, 그 해결책으로서의 포스트휴머니즘의 정체를 이해하는 것이 이어지는 논의에서 매우 중요한 위치를 차지한다.

제3장

경계를 해체하는 포스트휴머니즘

> 너희가 그것을 먹는 날에는 너희 눈이 밝아져 하나님과 같이 되어 선악을 알 줄 하나님이 아심이니라(창 3:5).

선악을 알게 하는 나무의 열매는 인간이 넘지 말아야 할 창조주 하나님의 영역이었다. 하나님은 인간에게 하나님과의 존재적 경계를 분명하게 알려주시기 위해서 선악과를 범하지 말라는 명령을 주셨다. 그런데도 첫 사람은 그 경계를 넘고 말았다. 타락 이후 인간은 그 경계를 파괴한 대가를 혹독히 치르게 되었다. 그렇게 본다면, 그 경계에 대한 인식이 인간 존재를 규정하는 중요한 본질이라고 할 수 있다. 포스트휴머니즘 이전 시대의 휴머니즘은 인간에 대한 존엄성을 다른 존재들과의 차이, 즉 분명한 경계에 대한 인식에서 찾았다.

앞서 언급한 미란돌라는 인간의 존재는 물론 모든 피조물은 본성상 하나님이 설정한 '법칙의 테두리' 안에 규제된 존재임을 말한다.[1] 미란돌라의 존재에 대한 경계성 이해는 곧 '존재의 거대한 연쇄 고리' 또는 '존재의 대 사슬'(Great Chain of Being)이라는 개념으로 표현되는데, 이는 모든 피조물이 하나님의 창조 질서 안에 특정한 위치를 할당받았음을 의미한다.[2]

---

[1] Mirandola, *Oratio De Hominis Dignitate*, 134-135.
[2] Stumpf and Fieser, *Socrates to Sartre and Beyond: A History of Philosophy*, 304; McGrath, *The Great Mystery; Science, God and the Human quest for Meaning*, 62-63.

한편 미란돌라의 『인간 존엄성에 관한 연설』을 분석한 성염은 키케로(Marcus Tullius Cicero)를 인용하면서, 인간은 본성상 동물보다 우월한 이성을 소유하고 있으며, 이 때문에 인간의 도덕적 선과 고유함이 결정되며, 이 우월한 차이는 중요한 인간다움의 본성이라고 말한다.[3]

미란돌라가 르네상스라는 고전적 휴머니즘의 가장 상징적이며 위대한 인물로 손꼽힌다는 사실을 기억할 때, '경계적 존재'로서의 인간관은 고전적 휴머니즘의 중요한 기둥이다.[4] 고전적 휴머니즘은 바로 이러한 인간 본성의 존재적 우월함에 집중했고, 다른 존재와의 경계를 분명히 했다. 그리고 포스트휴머니즘은 이 존재론적 경계에 대한 의문을 제기한다.

포스트휴머니즘의 공공연한 문제 제기는 바로 이 질문에 잘 나타난다. '존재 간 경계는 유효한가?'

포스트휴먼의 관심은 인간과 다른 존재, 즉 기계와의 거부반응 없는 결합에 있으며 결국, 육체적인 존재와 컴퓨터 시뮬레이션, 사이버네틱스 메커니즘과 생물학적 유기체, 로봇의 목적과 인간의 의미 사이에 본질적인 차이나 절대적인 경계는 더 이상 유효하지 않다는 것이 포스트휴머니즘의 주장이다.[5] 반면 포스트휴머니즘은 인간을 포함한 다른 모든 존재와의 관계에 주목했으며, 결국 포스트휴머니즘은 존재 간의 경계와 관계의 상관성에 대한 담론이 된다.[6]

포스트휴먼의 최신판인 인공 지능 역시 결국, 인간이 누구인지와 인간과 기계와의 경계에 대한 신학적/철학적 질문을 하지 않을 수 없게 만든다는 점에서 포스트휴머니즘의 문제의식을 공유한다.

---

[3]   성염, 『피코 델라 미란돌라: 인간 존엄성에 관한 연설』, 49.
[4]   Stumpf and Fieser, *Socrates to Sartre and Beyond: A History of Philosophy*, 304; McGrath, *The Great Mystery; Science, God and the Human quest for Meaning*, 250.
[5]   Hayles, *How We Became Posthuman*, 24.
[6]   Herbrechter, *Posthumanism*, 113; 김동윤, "제4차 산업혁명 시대의 사이버네틱스와 휴먼·포스트휴먼에 관한 인문학적 지평 연구," 836.

포스트휴머니즘이 지향하는 인간은 비인간과의 관계를 지향하는 것으로, 기꺼이 비인간적 존재와의 혼종(hybrid)을 시도한다. 실상 포스트휴머니즘의 인간은 기본적으로 양립 불가능한 요소들이 양립하는 '모순적 존재'이다.[7] 인간과 비인간, 유기적인 것과 기계적인 것, 물질적인 것과 비물질적인 것은 본성상 양립 불가능하다.

그러나 포스트휴먼은 유기적 생명체와 무기적 기계가 함께 양립하는 모순적 존재로서의 정체성을 갖게 하는 배타적 경계를 해체한다.[8]

포스트휴머니즘이 무모하게 경계를 해체하려는 이유는 무엇인가?
그리고 과감히 경계를 해체하겠다고 선언할 수 있는 수단적 근거는 무엇인가?
말하자면, 포스트휴머니즘의 전략은 무엇인가?

이 질문에 대한 답을 찾아가는 것이 이 책에 중요한 과제가 될 것이다. 포스트휴머니즘은 결국, 존재 간의 관계성을 향상한다는 명분을 내세우지만, 실상 경계를 해체하는 이유는 존재 간의 차별과 억압을 해소하기 위함이다. 경계로 인한 차이가 아니라 이로 인해 나타나는 차별에 집중하는 것이다. 인간의 역사에 끊이지 않았던 차별과 억압을 해소하기 위해서 존재 간의 '경계'라는 구조적 결함을 없애야 한다는 논리이다.

그리고 포스트휴머니즘이 존재 간의 경계를 허물기 위해서 수단적으로 사용하는 것이 과학 기술이다. 20세기와 21세기의 전환기에 두드러진 과학 기술의 발전을 통해 포스트휴머니즘은 인간의 역사에서 감히 실현하지 못했던 '경계'를 해체할 수 있다는 자신감을 갖게 된 것이다. 그러나 자세히 살펴보면 포스트휴머니즘이 사용하는 과학 기술은 단순한 도구적

---

[7] 임소연, "휴먼 바디를 가진 포스트휴먼, 사이보그는 어떻게 탄생하는가," 121.
[8] Tirosh-Samuelson, "Transhumanism as a secularist faith," Zygon, 47(4), 2012: 710.

수단이 아니라 사상적 수단이 된다.

이제 본 장에서는 구체적으로 경계를 해체하는 근거와 수단, 그리고 그 방법에 대해서 논하고자 한다.

1. 경계를 해체하는 근거-차별과 억압

인간은 고립된 섬(island)으로 이 세상에 존재하지 않는다. 수 킬로미터를 떨어진 지리적인 섬조차도 고립됨을 허용하지 않고 육지와의 연결을 위해 거대한 토목공사를 마다하지 않고 끊임없이 이어가고 있다. 인간 역시 마찬가지이다.

인간 각각의 생명이 시작되는 그 순간, 즉 부모에게서 각각 전해진 1배체 유전체(genome)의 운반자인 정자와 난자의 23개 염색체(chromosome)들이 서로 만나 하나의 울타리 안에서 조우하는 순간 이미 인간 생명은 관계를 전제하지 않고는 성립될 수 없는 것이었다. 그 때문에 인간은 누구나 세상과 단절되어 고립된 존재로 남는 순간 절망하지 않을 수 없다. 결국, 인간은 관계적 존재이다.

그러나 인간은 세상과 구별되는 존재이다. '너 자신을 알라'는 명제는 다른 존재와의 구별 없이 성립될 수 없으며, '나는 생각한다. 고로 존재한다'는 다른 존재와의 구별을 위한 가장 인간다운 선언이다. '너와 나'에서 '와'는 관계의 의미는 물론 구별의 의미를 전제하는 인간학적 표현이다. 인간 생명의 탄생 순간도 역시 다른 존재와의 구별을 위한 하나의 울타리, 즉 세포막(cell membrane)이나 핵막(nuclear envelope)과 같은 기관을 만드는 것은 하나의 생명체로 존재하기 위해 가장 절대적인 과정이다. 결국, 인간은 구별된 존재, 즉 경계적 존재이다.

요컨대 인간은 경계와 관계의 존재로 해석될 수 있다. 이 둘 중 어느 하나를 포기할 수도 없고, 포기될 수도 없음은 자명하다. 그런데도 포스트휴머니즘은 이 둘 중 하나인 관계를 위해서 다른 하나인 경계를 포기하려고 한다. 아니 포기가 아니라 당위로 이해한다. 경계와 관계의 존재인 인간 본성의 당위를 거부하고 경계가 아닌 오직 관계적 존재로서의 인간 당위를 주장하는 것이다.

이 주장의 근거는 어디에 있는가?

즉, 존재 간의 경계가 해체되는 것을 묵인, 아니 추구하는 것은 무슨 이유인가?

이 질문들에 답을 하기 이전에 우선 '경계'가 무엇인지에 대한 대답이 분명해야 할 것이다.

국립국어원의 표준국어대사전에 따르면, 한글로 '경계'는 모두 여덟 가지의 의미가 있다.[9] 그중 이 책에서 사용하는 의미와 상통하는 것은 세 번째와 네 번째 용례이며, 서로 다른 한자를 쓴다. 경계(經界)라는 세 번째 의미는 '옳고 그른 경위가 분간되는 한계' 또는 '사물이 어떠한 기준에 의하여 분간되는 한계'이며, 네 번째인 경계(境界)는 '사물이 어떠한 기준에 의하여 분간되는 한계'로 먼저 설명되면서 전자와 동일하게 제시되고, 추가적인 의미로 '지역이 구분되는 한계'라고 말한다.

네 번째 용례로 소개된 경계(境界)는 더 물리적 대상에 대해, 경계(經界)는 상대적으로 개념적이며 추상적인 대상에 대해 사용되는 것이라 할 수 있다. 이 책은 이 두 가지 경계의 의미를 모두 차용한다고 할 수 있는데, 결국 '경계는 물리적인 존재들이 어떤 기준에 의해서 분명히 구별되는 한계 또는 차이'라고 할 수 있으며, 더 나아가 그 대상 존재들의 한계나 차이가 물리적으로 드러나지 않더라도 개념적 또는 추상적으로 구별될 수 있다면 경계라고 부를 수 있다.

그렇다면 구체적으로 이 세상에 존재하는 존재들 간의 경계는 무엇인가?

---

[9] 국립국어원 표준국어대사전 https://stdict.korean.go.kr/ '경계'로 검색

이 글의 주제와 관련하여 내가 제시하는 경계는 큰 범주에서 다음과 같은 세 가지 경계로 나눌 수 있다. 초월적 경계, 물리적 경계, 그리고 인간적 경계가 그것이다.

첫째, 먼저 초월적 경계는 신적 존재인 하나님과 피조된 존재들 사이의 경계이며, 창조주와 피조물이라는 종교적 의미의 존재적 차이가 곧 경계가 된다.

둘째, 신적 존재를 제외한 우주 전체를 구성하는 모든 존재를 크게 양분하는 물리적 경계는 살아있는 생물과 무생물의 물리적 차이를 의미한다. 이 둘을 구별할 수 있는 경계의 기준은 생물학적으로 정의되는 생물의 특징들이 될 수 있으며, 따라서 생물적 경계라고도 할 수 있다.

생물 내부에서도 다양한 생물학적 기준과 차이로 다양한 경계를 설정할 수 있는데, 일반적인 생물학에서는 그 경계의 체제를 분류 계급으로 종(species), 속(genus), 과(family), 목(order), 강(class), 문(phylum), 계(kingdom)[10] 로 나눈다. 여기서 종이 가장 낮고 세부적인 분류 계급이며, 계가 가장 큰 분류 계급인데, 생물은 세균과 같은 원핵생물(prokaryote)과 네 가지 계, 곧 원생생물계(protist kingdom), 균계(fungi kingdom), 식물계(plant kingdom), 동물계(animal kingdom)로 구성된 진핵생물(eukaryote)로 구분된다. 모든 생물계는 각각의 경계를 넘을 수 없는 고유한 생물학적 경계의 특징을 가지는 것이 당연하다.

셋째, 인간적 경계는 인간과 인간을 제외한 모든 다른 존재들 사이의 경계이며, 다른 생물 또는 무생물들이 가지지 못한 인간만의 고유한 특징들이 기준이 될 수 있을 것이다.

---

[10] Peter J. Russell et al., *Biology; the dynamic science,* (2007), 홍영남 등 공역, 『생명 과학; 역동적인 자연 과학』 (서울: 라이프사이언스, 2009): 11.

예컨대, 사용하는 언어를 기호로 표시하는 체계적인 문자와 같은 것은 오직 인간만이 가지는 고유한 특징이라 할 수 있을 것이다. 물론 인간 존재도 좀 더 세분하여 그 경계를 설정할 수 있다. 쉬운 예로 남성(male)과 여성(female)이라는 성적(sexual) 경계 등을 들 수 있다.

이와 같은 존재들 간의 경계를 다소 거칠게 도식화하면 다음과 같은 그림으로 나타낼 수 있다(그림 1).

[그림 1] 존재들 간 경계의 종류

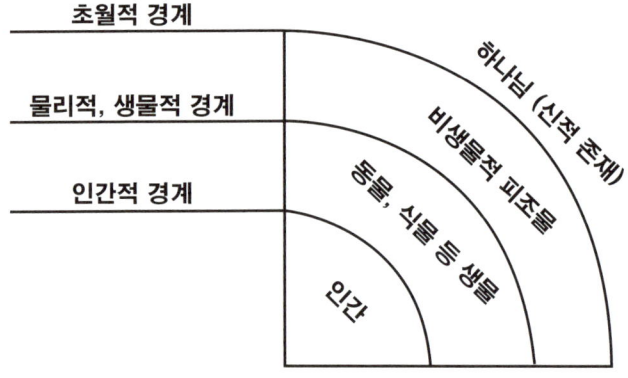

이제 포스트휴머니즘이 제기하는 이러한 경계들에 대한 질문들에 대해서 살펴보자.

이미 언급한 대로 포스트휴머니스트들은 포스트휴먼적 인간이 모순적인 존재임에도 불구하고 이를 추구할 수 있는 이유로 다른 존재와의 연결성, 즉 관계성의 확대를 내세운다.[11] 위에 제시한 존재들의 경계 개념으로 본다면 인간을 중심으로 한 인간적 경계가 가지는 한계가 차이를 감소시키려는 시도라고 할 수 있다. 그러나 포스트휴머니스트들이 경계를 해체

---

11 임소연, "휴먼 바디를 가진 포스트휴먼, 사이보그는 어떻게 탄생하는가," 121.

하는 실천적인 이유는 다른 곳에 있는데, 그것은 인간이 실존적으로 느끼는 존재 간의 '차별'(discrimination)과 그로 인한 '억압'(repression) 때문이다. 포스트휴머니스트들은 이 차별과 억압의 원인이 존재 간의 경계에 있다고 여긴다. 그리고 그 경계를 해체할 때, 차별과 억압이 사라진다고 여긴다.

더 나아가, 존재들 간의 차별과 억압을 가능하게 하는 경계는 특정 존재의 권력과 이익을 위한 구조적인 장치로 기능한다고 이해한다. 따라서 고전적 휴머니즘 시대의 전근대적인 다양한 인류의 문제들, 예컨대, 백인 중심의 인종 차별 문제, 남성 중심의 성(性)차별 문제, 인간 중심의 동물 차별 문제와 각종 환경 문제, 심지어 전체주의적 강대국과 식민지 약소국과의 국가 차별 문제까지 모두 포스트휴머니스트들이 제기하는 차별과 억압의 구조적 문제로써 경계를 해체하는 근거가 된다.

남성이 여성을 차별하여 억압하는 근거도 이 경계에 있기에 페미니스트들이 포스트휴머니즘의 대열에 합류한 것이며, 인간이 동물을 차별하여 억압하는 근거 역시 이 경계에 있기에 동물애호가들도 기꺼이 포스트휴머니즘을 지지할 수 있는 것이다. 마찬가지로 인간이 세상의 모든 타자적 존재를 차별하여 억압하고, 인간의 이기를 위해서 이용만 하려고 하므로 환경보호자들도 포스트휴머니즘의 대열에 합류하는 것이다.

존재 간 경계의 문제가 결국, 존재 간 차별과 억압으로 이어진다는 것을 언급한 대표적인 인물은 "사이보그 선언"(A Cyborg Manifesto, 1985)을 한 도나 해러웨이(Dona Haraway)이다. 그녀는 대표적인 포스트휴머니스트이면서 동시에 페미니스트로도 알려져 있는데, 그녀는 동물과 인간(animal and human), 유기물과 무기물(organic and inorganic) 그리고 인간과 기계(human and machine) 사이의 구별(distinction)을 허무는(leaking) 구조로서 사이보그를 정의하며, '백인, 자본주의, 가부장제'(white, capitalist, patriarchy)라는 지배 구조의 새로운 정보학으로서 포스트휴머니즘을 규정한다.[12]

---

[12] Haraway, *A Cyborg Manifesto: Science, Technology, and Socialist-Feminism*, 80.

페미니스트이자 인종차별 반대자이며 포스트휴머니스트인 캐서린 헤일즈(Ketherine Hayles) 역시 고전적인 휴머니즘의 인간 주체는 백인 유럽 남성으로써 이들을 보편적 주체성(subjectivity)으로 규정할 때, 타 인종과 지역, 그리고 여성은 차별과 억압의 대상이었다고 말하며, 이러한 경계를 해체한 새로운 포스트휴먼을 기존 인간의 생명에 복잡한 물질계가 결합한 존재라고 이해한다.[13] 더 나아가, 헤일즈는 이러한 혼종의 포스트휴먼이 관계적 주체성을 지향하는 존재라고 주장한다.

이러한 주체성 개념을 사용한 또 다른 포스트휴머니즘 이론가인 브라이도티(Rossi Braidotti) 역시 백인과 남성이 인간 주체의 중심을 이루었던 근대 서양의 휴머니즘을 비판하며, '구조적인 관계성'(structural relational capacity)을 가진 관계적 자아(relational self)로서의 새로운 인간 주체인 포스트휴먼을 주창한다.[14]

그녀는 포스트휴먼이 존재론적인 관계성으로 결속된, 말하자면 횡단적인 자아들(transversal selves)이며, 다중 방향적이며 다중 규모적인 방식으로 운행되는 관계성이 그 핵심 키워드가 된다고 말한다. 앞서 존재들 간의 경계로 제시한 여러 경계들을 무시하고 넘나드는 자아들이 곧 포스트휴먼이라고 할 수 있다.

이경란은 브라이도티의 포스트휴머니즘을 관계성의 입장에서 조망하며, 이렇게 말한다.

> 브라이도티는 한편으로는 차이의 문제를 젠더 차이만이 아니라 자아와 타자, 유럽과 외국인, 인간과 비인간 등 다양한 이분법적 구분의 문제로 확장하고, 다른 한편으로는 상처받고 박탈당하는 과정에서 겪기 마련인 체념과 수동성을 넘어 나아가는 유목적 윤리를 강조하면서 변화와 변혁에 관한 정치적 열정을 윤리에 연결시킨다.[15]

---

13 Hayles, *How We Became Posthuman*, 26-29.
14 Braidotti, *The Posthuman*, 40-60.
15 이경란, "로지 브라이도티의 포스트휴먼: 포스트휴먼 주체와 비판적 포스트휴머니즘을

인간과 비인간 사이의 관계성을 추구하는 것이 포스트휴머니즘의 궁극적 지향점이며, 그 이유는 고전적 휴머니즘의 인간 존재론을 넘어 근대 사회 전반에 담긴 이분법적 구조에서 발생하는 권력과 차별 때문이란 점을 강조하는 것이다.[16]

국내 학자들에게서도 비슷한 주장을 어렵지 않게 찾을 수 있다.

김재희는 역사적인 관점에서 포스트휴머니즘의 등장 배경을 두 가지, 즉 구조주의와 포스트 구조주의의 연장선에서 고전적 휴머니즘의 인간 주체를 비판적으로 해체하려는 시도와 첨단 과학 기술의 발전이 구체적인 인간의 새로운 삶에 주도적인 조건으로 등장하면서 새로운 인간 주체의 가능성을 말한다.[17]

이어 '로고스-남근-서구-인간 중심주의'에 불과한 것으로 밝혀진 자유주의 휴머니즘, 즉 고전적인 근대 휴머니즘은 결국, 타자(인간 내에서의 타자-젠더, 인종, 장애인; 인간 외에서의 비인간적 타자)를 배제하며, 인간 이하로 취급했다는 면에서 포스트휴머니즘은 성립한다고 주장한다.

서보명은 역사적인 관점에서 포스트휴머니즘의 출현을 논의하며, 후기 구조주의나 앞서 살폈던 반-휴머니즘의 선상에서 앞선 근대 휴머니즘의 보편적 인간 중심, 자아 중심적 태도나 인간과 동물, 인간과 자연의 이분법적 분리 자체가 문제가 아니고, 그로 인해 발생한 억압과 파괴적 세상에 대한 문제의식이라는 점을 잘 지적한다.[18]

서보명은 특히, 포스트휴머니즘이 휴머니즘을 비판하는 실질적인 문제가 존재 간의 경계 자체가 아니라 그 경계로 인해 발생하는 차별과 억압이라는 것을 다음과 같이 분명히 밝힌다.

향하여," 36.
16 이경란, "로지 브라이도티의 포스트휴먼: 포스트휴먼 주체와 비판적 포스트휴머니즘을 향하여," 43-49.
17 김재희, "우리는 어떻게 포스트휴먼 주체가 될 수 있는가?" 215-216.
18 서보명, "포스트휴머니즘의 사상사적인 이해: 휴머니즘과 신학의 사이에서," 215.

> 휴머니즘의 '구분'(distinctions)이 포스트휴먼 시대에 문제가 되는 것은 포스트휴머니즘이 인간과 기계의 구분이 없는 시대를 전제하고 있기 때문이다. 휴머니즘의 문제는 '구분'의 문제가 아니라 실질적인 차별과 억압의 문제라 할 수 있다.

한편 트랜스휴머니즘과 대비되는 입장의 포스트휴머니즘, 즉 비판적 포스트휴머니즘의 입장에선 트랜스휴머니즘이 근대적인 고전적 휴머니즘의 존재가 경계적 요소에 대한 비판적 성찰이 부족하다고 폄하하지만, 결국 트랜스휴머니스트들이 지향하는 포스트휴먼 역시 광의의 포스트휴머니즘의 실현에 강력한 동력이 되고 있음을 기억해야 한다.

요컨대, 근대 서양의 고전적 휴머니즘의 전통은 백인과 남성 중심, 동물과 자연을 대상화하는 인간 중심성을 근거로 존재 간의 경계가 구조적으로 정당화되었으며, 이로 말미암아 발생하는 차별과 억압, 착취와 수탈의 당위를 부여하는 근거로 기능했다는 반성적 비판에서 포스트휴머니즘은 경계를 해체해야만 하는 이유를 찾은 것이다.

그러나 세상에 나타나는 차별과 억압의 현상은 앞서 제시한 존재 간의 차이, 즉 경계로 인한 것이 아니다. 이는 그 차이를 악하게 사용하는 인간의 타락한 본성 때문이다. 선악과를 범한 사건은 '선한 인간'(the good man)이 하나님과의 존재론적인 근본 차이, 근본 경계를 무시한 결과로 생겨난 새로운 인간, 즉 '악한 인간'(the evil man)이 탄생한 사건이다.

포스트휴머니즘은 인간의 타락한 본성을 무시한 채, 여전히 그 존재 간의 경계가 주는 구조적 부당성에 집중하여, 그 구조 자체를 해체하려고 한다. 실상 인간 존재에 대한 근본적인 질문은 인류가 생겨난 이래로 멈추지 않았던 것이며, 시대마다 인간 개념을 대체하거나 또는 초월하려고 하는 시도는 항상 있었다. 선악과로 타락한 인간의 본성이 하나님과의 경계를 해체하고자 하늘에 닿으려고 바벨탑을 쌓는 악한 인간의 모습에서 다시 드러나듯이 말이다.

새로운 시대의 인간 개념은 결국, 이전 시대의 인간 개념을 해체하지 않고서는 어려운 일이다. 이런 면에서 포스트휴머니즘은 고전적 휴머니즘과의 연속선상에서 있다고 할 수 있으며, 역시 시대적 사상인 포스트모더니즘의 해체주의적 성격과 맞닿아 있다고도 할 수 있다.

아무튼, 인간이 인간 개념을 끊임없이 새롭게 정립하려는 그 시도는 이 시대에 포스트휴머니즘이라는 이름을 가지고 구체적인 실체로 떠오르게 되었다. 포스트휴먼의 이유를 살펴본 지금, 그 당위와 부당의 논의는 조금 뒤로 미루고, 결국 포스트휴먼이 시도하는 존재 간 경계의 해체가 어떻게 가능한 것인지 살펴볼 차례이다.

2. 경계를 해체하는 수단-과학주의

포스트휴머니즘의 담론은 앞선 제2장에서 살펴본 대로, 과학 기술이 중요한 조건이 된다. 특히, 손화철이 지적한 대로, 포스트휴머니즘의 전체 담론의 성격상 포스트휴머니즘이든 트랜스휴머니즘이든 그 스펙트럼과 상관없이 과학 기술의 발전을 상수(constant)로 두게 된다.[19]

"인간 이후의 인간을 지향하건, 그 과정을 통해 자유주의적 휴머니즘이 극복되는 과정에 집중하건 그 과정을 주도하는 것이 과학 기술이라는 점과 과학 기술의 진보를 거의 필연적으로 받아들인다는 점에서는 굳이 두 흐름을 구분할 필요가 없을" 것이다.

이처럼 포스트휴머니즘 담론의 주요 상수는 과학 기술의 발전이고, 과학 기술의 발전으로 포스트휴머니즘이 가능하나. 그러나 그 상수 자체가 문제가 있다면, 포스트휴머니즘에 대한 모든 담론은 처음부터 다시 해야만 한다. 이 때문에 이 책에서 과학주의(scientism)에 대한 논의는 매우 중

---

19 손화철, "기술의 자율성과 포스트휴머니즘," 12.

요한 부분을 차지한다. 과학주의에 대한 논의는 사실 진부한 편에 속한다. 기독교 전통은 물론이고 일반 철학과 심지어 과학계에서 조차 과학주의에 대한 부정적인 시각을 확고히 공유한다.

그런데도 과학주의를 다시 논해야 하는 분명한 이유는 포스트휴머니즘이 단순한 '과학 기술의 발전'이라는 기능적 차원이 아닌 과학주의라는 사상적 차원에 의존하기 때문이다. 즉, 포스트휴머니즘이 인간과 비인간의 존재적 경계를 해체하는 수단으로 발전된 과학 기술을 이야기하지만, 실상 그들이 의존하는 수단은 과학주의라는 것이다.

1) 과학과 과학주의

과학주의(scientism)을 이해하기 위해서는 먼저 과학(science)에 대한 선이해가 필요하다. 일반적으로 과학은 세부 분류상 자연 과학, 사회 과학, 인문 과학으로 나눌 수 있으며, 이 책에서 지칭하는 과학은 특히, 자연 과학(natural science)을 의미한다.

과학은 일반적으로 "보편적인 진리나 법칙의 발견을 목적으로 한 체계적인 지식. 넓은 뜻으로는 학(-logy)을 이르고, 좁은 뜻으로는 자연 과학(natural science)"을 일컫는다.[20] 혹은 "사물의 구조, 성질, 법칙 등을 관찰 가능한 방법으로 얻어진 체계적이고 이론적인 지식의 체계"를 의미하기도 한다.[21]

현대적인 의미에서 과학은 학문 분야의 하나로 정의될 수도 있다. 학문으로서 과학의 본질을 설명하는 주요한 세 가지 특성은 경험성, 객관성, 합리성에 있다.[22] 델 라치(Del Ratzsch)는 이 세 가지 특성을 바탕으로 과학

---

[20] 국립국어원 표준국어대사전 http://stdweb2.korean.go.kr/ '과학'으로 검색
[21] 인터넷 위키백과 웹사이트 https://ko.wikipedia.org/wiki/ '과학'으로 검색
[22] Del Ratzsch, *Science & Its Limits: The Natural Sciences in Christian Perspective,* (2000), 김영식, 최경학 역, 『과학 철학: 자연 과학에 대한 기독교적 조망』(서울: IVP, 2002): 17-18.

을 '일반적인 제약 조건 내에서 자연 현상을 객관적으로 기술하는 이론적, 설명적 학문'이라고 정의한다.

한편 과학을 정의하는 데 있어 '기술'(technology)과 구별하는 것은 중요하다. 이 책을 비롯해서 통상 과학과 기술을 붙여서 '과학 기술'(science-technology) 또는 '기술 과학'(technoscience)라고 통칭하여 구별 없이 부르지만, 엄연히 다른 개념이다. 과학과는 달리 기술은 "과학 이론을 실제로 적용하여 자연의 사물을 인간 생활에 유용하도록 가공하는 수단" 또는 단순히 "사물을 잘 다룰 수 있는 방법이나 능력"을 말한다.[23]

그런데도 이 책에서는 과학, 기술, 공학과 같은 세부적인 차이점에 큰 의미를 부여하지 않고 하나로 묶어서 다룰 것이다. 그 이유는 실질적으로 이 세 용어를 거의 구별하지 않고 사용하는 데다가 이 세 영역이 매우 유기적이어서 서로 구별하기도 쉽지 않기 때문이며, 더 나아가 이 책에서 다룰 포스트휴머니즘에 대한 논의에서 크게 중요하지 않기 때문이다.[24]

그렇다면, 과학주의는 무엇인가?

제임스 P. 모어랜드(James P. Moreland)는 과학주의를 "화학, 생물학, 물리학, 천문학 등의 자연 과학이 유일하게 실재에 대한 진정한 지식을 제공하는 지적 권위를 가진다는 견해"라고 소개한다.[25] 그러나 보다 심화하여 과학주의는 "과학, 특히, 자연 과학이 인간의 학문 중에서 가장 소중한 부분으로 이것이 가장 권위 있거나 진지하거나 유익하기 때문이라는 신념"이다.[26]

코넬대학교의 로버트 뉴먼(Robert Newman) 역시 유물주의 또는 자연주의와 비교하여 과학주의를 "과학을 참된 진리를 발견할 수 있는 유일한 수단으로써 절대성을 부여받은 사상"이라고 정의한다.[27]

---

23 국립국어원 표준국어대사전 http://stdweb2.korean.go.kr/ '기술'로 검색
24 Ellul, *Le Systeme technicien,* 92-94.
25 Moreland, *Scientism and Secularism,* 30.
26 Tom Sorell, 1991, 1; James P. Moreland, *Scientism and Secularism,* 30에서 재인용
27 Robert Newman, "Scientific Problems for Scientism," Presbyterion, 21(2), 1995: 73.

사전적 정의 역시 이를 뒷받침한다. 과학주의는 "과학적 지식이나 기술에 무한한 전능성이 있다고 하는 믿음이며, 과학에 대한 일종의 맹신이 빚어낸 하나의 이념 체계"이다.[28] 흥미롭게도 최초로 과학주의(scientism)라는 용어가 사용된 것은 전혀 다른 맥락이다. 1914년 판 『A New English Dictionary on Historical Principles』에서 찾을 수 있는 'scientism'의 의미는 "The habit and mode of expression of a man of science"(과학자의 표현 양식이나 습관)이라고 되어 있다.[29]

다시 말해, 과학자가 과학이라는 학문, 혹은 보다 넓게는 세상을 대하는 내재적인 태도나 관점을 뜻한다고 말할 수 있다. 물론 이러한 의미가 더욱 개진되어 사상적인 면모로 확장된 것이 과학주의라고도 할 수 있지만, 지금과 같은 의미의 과학주의와는 다소 거리가 있다고 할 수 있다.

지금과 같은 의미의 과학주의라는 의미로 등장한 최초의 문헌은 버나드 쇼(George Bernard Shaw)의 1921년 작품 『Back to Methuselah』이며, 이 작품 속에서는 "The iconography and hagiology of Scientism are as copious as they are mostly squalid"(과학주의의 도상학과 성인 연구학은 그들이 가장 불결한 것만큼이나 풍성하다)라는 문장에서 사용하였는데, 이를 인용한 옥스퍼드 사전(Oxford English Dictionary III)에서의 정의는 "A term applied to a belief in the omnipotence of scientific knowledge and techniques"(과학적 지식과 기술의 전능성에 대한 용어)이다.[30]

여기서는 '전능성'(omnipotence)이라는 용어를 통해 과학에 사상적, 종교적 면모를 입혔다는 점에서 분명히 지금과 같은 과학주의의 성격을 담은 구체적인 용례라고 할 수 있다.

---

[28] 인터넷 위키백과 웹사이트 https://ko.wikipedia.org/wiki/'과학주의'로 검색
[29] Sir James A. H. Murray Ed., *A New English Dictionary on Historical Principles* VIII, (London: Oxford University Press, 1914): 222.
[30] R. W. Burchfield Eds., *A Supplement to the Oxford English Dictionary* III, (NY: Oxford University Press, 1982): 1541-42.

지식과 신념, 즉 인식론적 방법론과 종교적 신념에 있어서 과학에 대한 유일성과 절대성을 주장하는 과학주의는 그 정도에 따라 다시 강한 과학주의와 약한 과학주의로 나뉘는데, 그 정도라 함은 과학의 권위에 대한 유일성과 절대성의 정도이다.[31] 강한 과학주의는 이렇게 믿는다.

> 성공적으로 검증되었고 적절한 과학적 방법에 따라 사용되고 있는 과학적 주장만이 진리이며, 합리적으로 입증된다.

반면, 약한 과학주의는 과학 밖에도 진리가 있음을 인정한다. 그러나 약한 과학주의 역시 과학이 인간의 지식에 있어서 가장 높은 권위를 부여하고 있기에 실질적인 면에서는 거의 차이가 없으며, 결국 가장 큰 문제는 강한- 또는 약한- 과학주의는 하나의 종교적 이데올로기로서 기능한다는 것이다.[32] 여기에 과학과는 전혀 다른 과학주의의 위험이 있다.

모어랜드와 마찬가지로 존 호우트(John J. Haught) 역시 과학주의에 대해서 이렇게 지적한다.

> 종교나 계시가 충돌하는 것은 과학 그 자체가 아니라 과학주의와 물질주의(materialism)에 있다.[33]

리처드 미들턴(Richard Middleton)과 브라이언 월쉬(Brian Walsh)도 역시 과학주의의 종교적인 특성을 간파하였는데, 그들 역시 다음과 같이 과학주의를 정의하며, 그 종교적 위험성을 경고한다.[34]

---

31 Moreland, *Scientism and Secularism*, 36-7.
32 Moreland, *Scientism and Secularism*, 37.
33 John F. Haught, "Science and Scientism: The Importance of a Distinction," Zygon, 45(2), 2005: 365.
34 Richard Middleton and Brian Walsh, *The Transforming Vision: Shaping a Christian World View*, (1984), 황영철 역, 『그리스도인의 비전: 기독교 세계관과 문화 변혁』 (서울: IVP,

> 인간의 이성, 특히, 그것이 과학적 방법이라는 형태로 자연 세계와 인간 세계에 대한 모든 지식을 망라해서 제공할 수 있다는 깊은 종교적 신념이다.

정리하면, 과학과 과학주의는 엄연히 구별되며 전혀 다른 것인데, 과학은 인간과 인간을 둘러싼 자연현상을 경험적, 객관적, 합리적으로 관찰하고 연구하여 일관된 체계를 이론적으로 기술하는 학문적 체계를 의미한다. 반면, 과학주의는 과학이 인간과 인간을 둘러싼 자연현상에 대한 참된 진리를 밝혀 줄 수 있는 유일한 수단이라고 믿으며, 학문으로써의 과학을 넘어 절대성을 부여받은 일종의 종교적인 신념이라고 할 수 있다.

따라서 과학주의는 과학의 본래적 성격과는 상당히 거리가 먼 개념이며, 심지어 전혀 무관하다고까지 할 수 있을 것이다. 더 나아가, 과학주의의 종교적 특성은 심지어 일종의 파시즘적 절대주의에 비견되기도 한다는 사실은 시사하는 바가 크다.

그렇다면 이러한 과학주의가 성립하게 된 역사적인 배경은 무엇인가? 그리고 그것이 포스트휴머니즘을 이해하는 데 있어 어떤 의의가 있는 것일까?[35]

2) 과학주의의 역사와 의의

과학주의의 종교적 혹은 이데올로기적 성격은 최근에 더욱 두드러지게 드러났지만, 그 역사는 훨씬 더 오래되었다. 과학주의의 역사적 기원은 일반적으로 과학의 역사, 특히 근대 과학혁명(Science Revolution) 이후의 흐름 속에서 찾을 수 있는데, 따라서 실상 휴머니즘의 역사와 그 궤를 같이한다고 볼 수 있다. 즉, 휴머니즘과 과학주의는 서로 정적 상관관계(positive

---

1987): 162-63.
[35] 정연교, "배타적 과학주의와 전면적 상대주의 비판:H. Putnam의 논거를 중심으로," 114-15.

relationship)를 가진다고 할 수 있는데, 그 면밀한 분석은 이 책의 주제 범위를 벗어나기에 약술하여 그 상관관계를 고찰하되 특히, 포스트휴머니즘의 과학주의적 성격을 논하는데 필요한 수준으로 정리를 하고자 한다.

과학주의를 이해하는 데 있어 중요한 것은 과학적 방법론의 철학적 발전에 있다. 근대 과학혁명 이후 과학주의의 중요한 흐름의 시작은 귀납적 방법론의 토대를 놓은 영국의 철학자 프란시스 베이컨(Francis Bacon)에서 찾을 수 있다.[36]

물론 과학의 경험주의적 특성과 귀납적 방법론이 제시된 것은 더 이전 세대이지만, 베이컨의 네 가지 우상이론, 즉 종족의 우상, 동굴의 우상, 시장의 우상, 극장의 우상은 객관적 관찰과 해석을 위해 배제되어야만 하는 일종의 편견이나 선입견들인데, 이와 같은 우상들이 과학이라는 이름으로 포장된 것이 일종의 과학주의라는 것이다.[37]

또한, 눈여겨보아야 하는 인물은 뉴턴(Issac Newton)으로 그는 베이컨에 의해서 태동된 근대 과학을 실질적으로 정립한 인물이다. 특히, 『자연철학의 수학적 원리』(Philosophiae Naturalis Principia Mathematica, 1687)는 뉴턴이 1687년 출간한 것으로 흔히 말하는 뉴턴의 운동법칙을 비롯하여 서양 근대 과학혁명의 집대성이자 기폭제의 역할을 한 걸작으로 알려졌다. 베이컨과 뉴턴은 공히 서양의 근현대사에 과학의 혁명적 발전과 더불어 그 위상을 한껏 높여줌으로 과학에 절대성을 부여하는 데 큰 기여를 했다.

르네 데카르트(Rene Descartes) 역시 짚고 넘어가야 할 중요한 인물이다. 근대 과학의 시조와 같은 역할을 한 갈릴레오 갈릴레이(Galileo Galilei)는 세상, 즉 자연이 수학이라는 언어로 쓰여 있다고 주장하면서 과학적 방법론에 있어 수학의 중요성을 언급했다.[38] 그런데 그 수학에 기초하여 과학적

---

[36] Charles E. Hummel, *The Galileo Connection: Resolving Conflicts between Science & the Bible*, (1986), 황영철 역, 『과학과 성경, 갈등인가 화해인가?』 (서울: IVP, 2000): 178-79.

[37] 박영철, "과학주의와 진화론의 한계," 「진리논단」 제14호, (2006): 314-15.

[38] 이용주, "슈퍼 인공 지능 신화를 넘어서: 지능, 싱귤래리티[특이점], 그리고 과학 미신," 258.

방법론을 최초로 구축한 것이 데카르트이며, 인간 이성 중심의 회의적 방법론으로 구체화시킨 것이다. 그런 의미에서 근현대 과학의 철학적 기원을 데카르트에서 찾기도 한다.[39]

데카르트의 회의적 방법론은 20세기 초반 빈학파를 중심으로 한 논리 실증주의(logical positivism)로 이어지며, 이는 당시 과학 철학의 방법론적 주류인 귀납적 방법론에 근거한다. 논리 실증주의는 반증주의(falsificationism)를 주장한 포퍼(Karl Popper)와 확률적 귀납 논리(probabilistic inductive logic)의 카르납(Rudolf Carnap)에 의해서 비판적으로 계승되는데, 이 흐름에 큰 변화를 준 것이 토마스 쿤(Thomas Kuhn)이다. 쿤은 과학의 통시적 관점에서 고정된 불변의 진리가 있다기보다는 역사적 헤게모니를 잡은 정상과학의 패러다임(paradigm)은 혁명적으로 변할 수 있으며, 그에 따라 이전의 과학적 진리 또는 그 의미가 변화될 수 있다는 참으로 혁명적인 주장을 했다.[40]

쿤이 소개한 과학혁명 이론 이후 과학 철학의 흐름은 어떤 한 가지 이론이 주류를 형성하기 보다는 다양한 층위의 학자들이 저마다의 이론을 내세우며, 매우 혼잡한 지경이 된다. 이런 형국 속에서 대표적인 현대 과학 철학자인 파이어아벤트(Paul Feyerabend)는 과학적 지식의 성장에 있어서 인간 이성에 따른 모든 기존의 과학적 방법론의 절대성을 부정하고, 방법론적 무정부주의를 주장하기에 이른다.[41]

이와 같은 근·현대 과학과 과학 철학의 흐름 속에서 주목해야 하는 것은 과학 또는 과학적 방법론에 부여했던 학문적 혹은 인식론적 방법론의 절대성은 그 근거를 상실했다는 것이다. 그 때문에 현대 과학에서 실질적인 과학의 정의는 오히려 훨씬 더 단순해진다. 과학의 명제는 오직 자연

---

[39] Hans-Georg Gadamer, *Vernunft im Zeitalter der Vissenschaft*, (1976), 박남희 역, 『과학 시대의 이성』 (서울: 책세상, 2009): 20-21.

[40] Thomas Kuhn, *The Structure of Scientific Revolutions*, (1962), 김명자, 홍성욱 공역, 『과학혁명의 구조』 (서울: 까치, 2013).

[41] Paul Feyerabend, *Against Method: Outline of an Anarchistic Theory of Knowledge*, (London: New left Books, 1975): 1.

적인 것과 그 자연 속에 일어나는 물리적 과정들만 언급해야 하며, 신적인 어떤 초자연적인 영역은 그 대상으로 삼지 않는다는 것이다.[42]

한편, 근대 전통적 휴머니즘 시대의 계몽주의와 절대주의의 해체, 그리고 인간 실존에 대한 고뇌가 더해져 모든 것을 상대화 시키면서 다양화된 흐름이 과학 철학에도 큰 영향을 주었다는 것을 확인할 수 있는데, 포스트모더니즘이라는 상대주의와 다원주의의 거대한 소용돌이는 지난 수 세기 동안 서양의 주류 사상을 지배해 온 과학의 절대성을 붕괴시킨 것이다. 최소한 과학적 진리의 절대성을 담보할 철학적 근거, 즉 과학주의의 근거는 상실했다고 할 수 있는 것이다. 그 때문에 일반 철학과 과학계에서도 더 이상 과학주의의 맹목적 주장에 귀를 기울이지 않게 되었다.

그런데도 왜 과학주의는 여전히 살아있는가?

그 이유는 우선 서구사회의 근대화가 과학의 발달, 특히 과학의 발달로 가능하게 된 기술적 산물과 불가분의 관계에 있다는 점에서 찾을 수 있다. 18세기 산업혁명은 필연코 이전 시대부터 촉발된 과학혁명을 전제한다. 뉴턴에 의해서 확립된 역학법칙은 에너지 기관의 혁명적 발달에 이론적 토대를 제공하였다. 산업혁명에 의한 경제적 재화의 폭발적인 증가는 다시 과학 기술의 발달에 사용될 자양분으로 선순환 되었다.

여기에 기름을 부은 것은 생물의학의 비약적인 발전에 있었다. 찰스 다윈(Charles Darwin)의 『종의 기원』(The origin of species, 1852)에 주장된 진화적 자연선택설과 그레고어 멘델(Gregor Mendel)의 유전학 이론, 그리고 루이 파스퇴르(Louis Pasteur)와 로버트 코흐(Robert H. Koch)에 의해서 정립된 세균학 등 생물의학의 발전은 인간의 건강과 생명 연장의 꿈을 부풀게 만들어 주어 과학 기술에 대한 기대를 한층 끌어올리게 되었다.

---

[42] National Academy of Science, "Teaching about Evolution and the Nature of Science," (Washington DC: National Academy Press, 1998): 42.

이와 같은 과학 기술의 발달과 경제적, 생물·의학적 결실 사이의 상호 호혜적 사이클은 인류에게 큰 깨달음을 주었다. 인간의 생활이 전반적으로 향상되는 데 있어서 과학 기술이 지대한 영향을 준다는 것이다. 눈부시게 발달하는 과학 기술은 실질적으로 인간의 배고픔의 문제는 물론이고, 인류 전반의 삶의 질을 높여주게 되었다.

휴머니즘 시대의 인류는 과학 기술의 발전은 곧 인간의 보편적인 삶의 발전을 의미하는 것으로 받아들였고, 일부는 이러한 과학에 절대적인 가치를 부여하는데 망설이지 않았다. 과학주의가 여전히 살아있는 이유이다. 그리고 이 시점에서 한번 짚어야 할 것은 이처럼 발달하는 과학 기술은 인간을 둘러싼 다른 존재의 변화는 물론 인간 자신의 변화 역시도 가능하다는 비밀스러운 암시를 주고 있다는 것이다. 이는 나중에 살펴겠지만, 포스트휴머니즘의 수단적 근거가 되는 것이다.

그렇다면 실질적으로 과학주의가 인류에게 주는 의의는 무엇인가?

엄밀한 의미에서 과학주의의 긍정적인 의의는 사실상 과학이 가지는 의의를 넘지 못한다. 상대적으로 과학주의는 부정적인 의미로 사용되기에, 과학주의의 부정적인 의의를 찾는 것이 좀 더 의미가 있을 것이다.

과학주의는 학문적 체계로서의 중립적인 가치를 가지는 과학에 지나친 절대성과 맹목적인 믿음을 부여한 신념 체계이기 때문에 과학이 가지고 있는 분명한 학문적, 실존적 한계를 넘을 수가 없다. 더 나아가, 과학주의만의 제한적 특성에 경도되는 경우 그 부정적인 한계를 인식하지 못하고 균형을 잃을 수도 있다. 심지어 어떤 선을 넘어 과학을 왜곡되게 강요하는 태도, 말하자면 과학주의적 태도는 과학의 긍정적인 의의마저도 왜곡시킬 수 있으며, 과학 자체의 토대마저도 허물어 버리는 결과를 초래할 수 있다.[43]

과학 자체가 가지고 있는 한계는 결국, 과학주의의 근거를 무력화시키는데, 과학의 일반적인 한계는 내가 이전에 발표한 논문을 참고하되, 이

---

[43] Moreland, *Scientism and Secularism*, 75-76.

책에서는 이를 간략하게 약술하는 것으로 대신한다.[44]

첫째, 과학은 그 대상에 있어서 분명한 인식론적 한계를 가진다.

과학은 학문적으로 인간의 감각 또는 인간이 만든 기술에 의해서 확인 가능한 자연 현상을 대상으로 한다. 인간의 감각이나 인간이 만든 기술, 즉 장비들로 확인할 수 없는 것은 결코 과학의 대상이 되지 못한다. 특별히 과학은 형이상학적 현상을 그 학문적 대상으로 여기지 않으며, 인간의 정신이나 영적, 신적 대상과 같은 비물질적 존재를 대상으로 할 수는 없다. 예컨대 버나드 램(Bernard Ramm)은 과학이 인간 정신을 관장하는 뇌의 유기적인 신경망이 가진 복잡성을 지나치게 단순화시키는 환원주의적 편견을 조심해야 한다고 경고한다.[45]

둘째, 과학은 방법론에서 분명한 한계를 가진다.

근대 과학은 소위 '한계 질문' 또는 '극한 질문', 예컨대, 우주의 기원 또는 신의 존재와 같은 질문에 대해서도 답하기 위해서 노력하지만, 이에 대해서 답할 수 없다.[46] 방법론적인 분명한 한계를 가지고 있기 때문이다. 또한, 과학의 방법론은 '자연의 객관성'을 근거하는데, 이러한 자연의 객관성은 '존재하고 있지 않음'과 같은 것은 증명할 수 없으며, 형이상학적이며 잠정적인 어떤 것에 대해서는 객관적으로 증명할 수 없다. 즉, 앞서 언급한 과학의 학문적 대상이 가진 한계는 과학적 방법론의 한계와 밀접하게 맞닿아있는 것이다.[47]

---

[44] 임준섭, "현대 과학주의에 대한 개혁주의 신학적 고찰: 죽산 박형룡의 과학관에 근거하여," 목회학석사 학위, 총신대학교 신학대학원, 2017.

[45] Bernard Ramm, *The Christian View of Science and Scripture,* (1954), 박지우 역, 『과학과 성경의 대화』 (서울: IVP, 2016): 61-63.

[46] Ian G. Barbour, *When Science Meets Religion,* (2000), 이철우 역, 『과학이 종교를 만날 때』 (서울: 김영사, 2016): 54-55.

[47] Jacques Monod, *Le Hasard et la Necessite,* (1970), 조현수 역, 『우연과 필연』 (서울: 궁리, 2010): 38-39; Hummel, *The Galileo Connection: Resolving Conflicts between Science & the Bible,* 186.

한편 논리 실증주의에 입각한 과학 철학적 방법론도 분명한 한계를 지니는데, 쿤(Thomas Kuhn)이 주장한 소위 정상과학의 역사적 중첩에 의해 형성된 패러다임의 이론은 논리 실증주의의 과학적 합리성의 전제에 심각한 타격을 주었으며, 논리 실증주의의 바탕이 되는 검증이론은 퍼트남(Hilary Putnam)에 의해서 그 검증 가능성에 대한 자가당착적 모순이 파헤쳐졌다.[48]

셋째, 과학은 그 방법과 결과에 있어서 윤리적인 한계를 가진다.

버나드 램은 과학이 과학자의 연구 작업이나 태도, 또는 그 결과에 있어서 소위 윤리적 규범의 요소가 충돌할 때, 오작동할 가능성이 있으며, 이는 곧 과학주의로 연결될 수 있다고 경고한다.[49]

넷째, 과학자는 인간이 가진 기본적인 한계를 넘지 못하는데, 자연 과학은 과학자의 실험과 검증을 통해서 객관적인 원리를 도출해야 하므로, 과학자의 항구적인 객관성을 요구하지만, 이는 불가능한 일이다.[50]

과학주의는 이상에서 언급한 과학의 네 가지 한계를 전제하며, 이 한계를 간과하는 태도가 곧 과학주의적 태도이다. 여기서 짚고 넘어가야 할 분명한 사실은 과학 자체가 아니라 과학주의가 문제라는 것이다. 과학 그 자체는 내재된 한계를 인식하고 바람직하게 사용할 때, 인류에게 긍정적으로 사용될 수 있음이 분명하다. 다만 과학의 긍정적인 측면에 도취되어 그 한계를 망각하면 과학주의에 빠지게 되는 것이며, 결국 과학주의는 과학이 가진 한계가 부정적으로 극대화되어 표출되는 것이다.

이 사실은 후에 포스트휴머니즘을 극복하기 위해서도 중요한 시사점을 제공한다. 과학주의가 아닌 과학의 균형 잡힌 이해와 사용이 우리에게 포

---

[48] 정연교, "배타적 과학주의와 전면적 상대주의 비판: H. Putnam의 논거를 중심으로," 118-21.
[49] Ramm, *The Christian View of Science and Scripture*, 60-61.
[50] Hummel, *The Galileo Connection: Resolving Conflicts between Science & the Bible,* 183-84; 정진우, "과학주의 무신론에 대한 과학적 유신론 비판 연구: R. Dawkins와 A. McGrath를 중심으로," 신학박사 학위, 호서대학교, 2011: 37-38.

스트휴머니즘의 담론을 지혜롭게 헤쳐 나갈 수 있는 중요한 단서가 되기 때문이다. 그렇다면 이제 구체적으로 과학주의가 어떻게 인간과 인간이 접하는 세계들의 존재들 간의 경계를 해체하는데 수단으로 사용될 수 있는지 살펴보자.

3) 경계를 해체하는 과학주의

앞서 언급한 대로, 포스트휴머니즘의 담론에 참여하는 모든 사람이 전제하고 있는 상수(constant)가 있는데, 그것은 과학 또는 기술의 '발전'이다. 과학 기술이 발전하지 않을 수 없다는 전제, 즉 과학 기술의 발전은 포스트휴머니즘 담론의 함수에 언제나 상수로 기능한다.

그리고 또 많은 포스트휴머니스트들은 대체로 과학 기술이 인간에게 이로울 것이라는 막연한 기대를 하고 있다. 적어도 인간의 합리적 이성 또는 그 이성의 집합체로서의 인간이 발전된 과학 기술의 오용을 피할 수 있다고 비합리적 낭만주의의 이상을 품고 있으며, 과학 기술을 통해 심지어 인간 본성의 변화(포스트휴머니스트들에게는 대부분 '향상'을 의미한다)는 물론 신적 영역인 영생에 이를 수도 있다고 여긴다.[51]

그러나 앞서 정리한 대로 이러한 믿음은 본질상 과학이 아닌 과학주의적 태도에 해당한다. 여전히 이전 시대의 강한 합리주의와 휴머니즘의 연속선상에서 포스트휴머니즘이라는 흐름이 발생했다는 것을 기억해야 한다. 김진석은 이런 흐름 속에서 여전히 과학적 방법이나 인간의 이성에 근거한 비판적 사고, 그리고 일종의 종교적 믿음을 수정하는 열린 태도에 모두 헌신할 수 있다고 생각하는 포스트휴머니스트들을 비판한다.[52]

---

[51] 신상규, "과학 기술의 발전과 포스트휴먼," 『지식의지평』 제15권, (2013): 129-131; Ian Curran, "The Incarnation and The Challenge of Transhumanism; Becoming godlike?" Christian Century, Nov, 2017: 23.

[52] 김진석, "약한 인공 지능과 강한 인공 지능의 구별의 문제," 『철학연구』 117호, (2017):

이용주 역시 인공 지능과 같은 포스트휴먼을 낙관하는 이들은 인간을 '계산하는 동물'이라고 보고, 인간의 본질을 '논리 연산 능력'에서만 찾는 지극히 과학주의적이고 지극히 단순한 생각이라고 지적한다.[53]

포스트휴머니스트들은 휴머니즘과 합리주의 그리고 과학 기술에 대한 무한한 낙관주의적 태도, 즉 과학주의를 자신들에게 편리한 방식으로만 주장하고 있다고 여겨진다. 결국, 이러한 과학 기술이 인간과 기계, 즉 비인간의 경계를 허무는 결과를 낳을 것이라고 주장한다.

그렇다면 과학주의는 포스트휴머니즘과 어떻게 연결되어 있고, 또 인간과 비인간적 존재들 사이의 경계를 어떻게 해체하는가?

포스트휴머니즘이 과학주의에 의존한다는 사실은 포스트휴머니즘에 녹아있는 과학주의적 요소를 밝히는 것으로 드러날 것이다. 먼저 유념해야 하는 것은 포스트휴머니즘이 휴머니즘과의 연속선상에 있다는 것이며, 그 이유 중 하나는 결국, 인간 발전의 근거를 과학 기술에서 찾는다는 점이다.

그런데 과학주의 역시 휴머니즘적 성격, 즉 인간의 가능성을 여전히 과학의 발달에서 찾는다. 하지만 여기서 간과하기 쉬운 진짜 문제는 포스트휴머니즘이 단순히 순수한 과학의 발전에만 의지하지 않는다는 데 있다. 소위 제4차 산업혁명의 시대에 과학은 외딴섬의 학문이 아니며, 특히 인간의 윤리적 문제와 밀접한 관계가 있다.

예컨대, 앨리스터 맥그래스(Alister McGrath)는 제1차 세계대전에 참전했던 톨킨(J. R. R. Tolkin)이 인간에 대한 낙관적 가능성을 포기할 수밖에 없었다고 진단한다. 그 이유는 눈에 보이지 않는 원거리의 인간 생명을 무차별로 뭉개버리는 '기계'(machine) 때문이었다. 전쟁에 사용된 각종 살인 기계의 개발은 과학의 발전에 필연코 뒤따른다. 과학의 발전으로 발달한 기

126-127.
53 이용주, "슈퍼 인공 지능 신화를 넘어서: 지능, 싱귤래리티[특이점], 그리고 과학 미신," 252.

계는 인간이 인간을 억압하기 위한 지배와 권력의 상징이다.[54] 결국, 인간에 대한 낙관적 가능성, 즉 휴머니즘의 이상을 가능케 했던 과학의 발전과 인간의 지배욕, 이 두 가지 미신적 맹목은 과학주의의 토대일 뿐만 아니라 포스트휴머니즘까지 이어지고 있다.

그렇다면, 포스트휴머니즘에 담긴 과학주의적 요소에는 어떤 것이 있을까?

뉴먼에 의하면 과학주의는 자연주의(naturalism), 물질주의(materialism), 혹은 진화론(evolutionism)과 혼용되곤 하는데, 자연주의는 순전히 자연적인 힘으로 세계가 충분히 설명될 수 있다는 믿음으로 어떤 신적 개입, 즉 기적(miracles)의 가능성을 부정하는 것으로 무신론과 연결된다.

또한, 물질주의는 궁극적인 실재가 모두 물질로 구성되었다는 믿음이며, 진화론은 세상에 존재하는 모든 것은 우연의 과정으로 인해 발전된다는 믿음이다.[55] 이에 따르면 과학주의는 모두 세 가지 요소, 즉 자연주의의 진화론적 요소, 물질주의적 요소, 그리고 무신론적 요소로 구성되었다고 볼 수 있다. 이는 포스트휴머니즘에서 공히 발견되는 요소이기도 하다.

첫째, 포스트휴머니즘은 인간의 진화를 주장하며, 과학주의의 진화론적 요소를 공유한다. 포스트휴머니즘은 인간 존재의 본성에 대한 재고이며, 인간과 비인간 존재의 경계에 대한 의심에서 비롯되었다.

이는 곧 앞서 제시한 두 번째 존재들 간의 경계인 물리적 또는 생물적 경계에 대한 의심이라고 할 수 있으며, 인간을 중심으로 볼 때는 인간적 경계에 대한 의심이라고 볼 수도 있다. 인간이 아닌 것이 인간이 될 수 있다거나 혹은 인간이 인간이 아닌 것이 될 수 있다는 극히 오래된 신화는 1852년 발표된 다윈의 『종의 기원』(*The origin of species*, 1852)으로 실체적 근

---

[54] McGrath, *The Great Mystery; Science, God and the Human quest for Meaning*, 277.
[55] Newman, "Scientific Problems for Scientism," 73.

거를 얻었다. 물론 인간이 아닌 다른 생물종이 인간종이 되었다는 가설은 아직 그 어떤 연구실에서도 실험적으로 보여주었거나 자연 상태에서 발견되어 과학적 진리로 증명된 적은 없다. 그러나 예상치 못한 더욱 극단적인 형태의 인간 진화의 증거를 포스트휴머니스트들은 발견한다. 생물도 아닌 비생물, 비유기체인 기계가 인간이 될 수 있다는 것이다.

포스트휴머니스트들에게 인간은 진화적인 '향상'(enhancement)이 가능한 존재이며, 이는 더 이상 '자연에서 일어나는 자연의 자연적인 방법'(natural way of nature in the nature)에 의지하지 않아도 되는 적극적이며 능동적인 방식이다. 곧 '실험실에서 일어나는 과학자의 인위적인 방법'(artificial way of scientist in the lab)이다. 인간의 생물학적 요소는 전적으로 진화론적인 관점에서만 해석되기에 얼마든지 새롭게 갱신될 수 있으며, 적당한 방법으로 그 요소들이 해체되고 재조합 된다면 이전보다 훨씬 더 향상된 성능을 보일 수 있는 것이다.

이와 같은 포스트휴머니즘과 진화론 사이의 상관성을 포스트휴머니스트들의 주장에서 찾아보는 것은 그리 어렵지 않다. 포스트휴머니즘은 이전의 인간종의 진화에서는 찾아볼 수 없었던 '급격한 진화'라고 할 수 있으며,[56] 인간에 의한 생명 공학과 컴퓨터 공학 및 기계공학 등 각종 과학 기술의 급격한 발전이 이를 가능케 했다.

이전 휴머니즘 시대의 과학 기술은 인간 삶의 영역 중 사회적 존재로서의 영역에만 국한된 영향을 주었다면, 제4차 산업혁명 시대의 현대 과학 기술은 자연적 존재인 '자연 생명체'로서의 인간에 대한 개념, 즉 생물 진화의 개념에도 영향을 주었다.[57]

캐서린 헤일즈(K. Hayles)는 살아있는 생물이 생물학적 속성으로써 신체화하게 되는 것은 필연이 아닌 역사적인 우연, 즉 진화의 산물로 이해하는

56　Herbrechter, *Posthumanism*, 288.
57　김민수, "포스트휴먼 시대의 기독교 교육의 방향," 11.

데, 그녀에게 포스트휴먼의 몸은 자연이 아닌 인간 스스로가 다른 비생물적 요소들을 사용하여 신체화시킬 수 있는 것이며, 이러한 혼종화(hybridity)는 곧 '역사적 우연'에 참여하는 것이다.[58]

해러웨이도 생명체에 대한 인위적인 조작으로 얼마든지 어떤 가능한 형태로든 만들어질 수 있는 존재이며, 충분한 환경과 시간만 주어진다면 목재나 돌, 철과 같은 것으로 개조될 수 있다고 여긴다.[59] 트랜스휴머니즘 계열의 포스트휴머니스트들 역시 진화론을 적극적으로 수용한다. 트랜스휴머니즘의 철학적 기초에 대해서 맥스 무어(Max More)는 다음과 같이 말한다.

> 트랜스휴머니즘은 과학과 기술을 통해서 현재의 인간 형태와 인간 한계를 넘어 지능적 생명체 진화(evolution of intelligent life)의 지속(continuation)과 가속(acceleration)을 추구하는 생명에 대한 철학 중 한 가지이며, 이것은 '생명-증진의 원리'(life-promoting principles)와 가치에 의해서 이루어지는 것이다.[60]

트랜스휴머니스트들의 입장을 적극적으로 표현하는 'Humanity+'에서도 그 기관의 사명(mission) 부분에서 인간 능력의 확장을 언급하며, 다음과 같이 인간을 정의한다.

> 인간은 생물학적 동물(biological animal)이며, 대략 20만 년 전에 인간의 아종(subspecies)인 '호모 사피엔스 사피엔스'(Homo sapiens sapiens)로 진화된 것이다. 서구 세계는 인간의 생물학, 수명, 지능 및 심리학의 '정상'(normal)에

---

58 Hayles, *How We Became Posthuman*, 24-26.
59 Dona Haraway, *The Biological Enterprise: Sex, Mind, and Profit from Human Engineering to Sociobiology*, Radical History Review, 20, 1979: 206.
60 Max More, "Transhumanism: Toward a Futurist Philosophy," Extropy, 6, 1990: 6.

> 대해서 합의하여 확고한 선례(precedent)를 구축했다. 이러한 선례를 벗어
> 난 인간은 '비정상적'(subnormal)이거나 '정상을 넘어선'(beyond normal) 것으
> 로 간주된다. (이 때문에) 신체적 고통, 정신 질환 또는 퇴행성 질환으로 고
> 통받는 사람은 정상 범위를 벗어난 것으로 간주된다. 마찬가지로, 생리적
> 활동이나 인지 능력이 향상되었거나, 또는 인간의 최대 수명인 122-123년
> 이상을 산 사람은 정상 범위를 벗어난 것으로 여겨진다. 이와 같은 '정상'
> 에 대한 결정은 기술이나 과학의 발전을 따라가지 못하고 있다.[61]

이처럼 그들은 인간이 진화된 존재라는 사실을 분명히 하면서, 기존에 생물학적으로 정의되고 합의된 규정안에 인간 존재를 제한하지 않으려고 한다. 곧 인간적 경계의 범위를 물리적 또는 생물적 경계의 범위와 구별하지 않는 것이다. 오히려 그 합의된 '정상' 규정들은 발전하고 있는 과학 기술에 의해서 개정되어야 할 여지가 있음을 암시하며, 자연적 진화가 아닌 인공적 진화의 '인간 향상'(human enhancement)을 주장하는 것이다.

정윤경 역시 포스트휴머니즘의 배경에는 새로운 인간 진화를 가능케 하는 과학 기술의 발달이 있다는 것을 밝히고 있다.[62] 인간을 물리적으로 조작하여 고성능의 인간으로 개조할 수 있을 뿐 아니라 그러한 개조 작업이 바람직하고 또 진화론적으로 불가피하다고 믿는 소위 트랜스휴머니스들, 그들은 인간의 마음을 다른 물리적 기반을 통해 반복적으로 재현함으로써 궁극적으로 죽음까지도 극복할 수 있다고 믿는다.

일부 포스트휴머니즘은 심지어 좀 더 진보된 진화론을 주창하는데, 즉 생물적 진화보다, 좀 더 급진적인 '포스트-진화'(post-evolution)를 말한다. 인간의 생물학적 진화를 사이보그적 진화로 변형하는 문화 현상을 분석한 마이클 필라(Michael Filas)는 발전된 과학 기술로 가능케 된 혼종화(hybrid-

---

[61] Humanity+ 웹사이트 https://humanityplus.org/about/mission/ 2020년 8월 13일 검색
[62] 정윤경, "포스트휴머니즘과 휴머니즘에 기반한 교육 재고," 118.

ization)가 '포스트-진화'(post-evolution)라고 해석하고 있으며, 포스트휴머니즘 담론의 선구자 중 한 사람인 해러웨이(Dona Haraway) 역시 인간과 자연적이며 기술적인 세상 사이의 혼종 중간체(hybrid intersection)로써 사회적-기술적 관계의 주체로써 포스트휴먼을 정의한다.[63] 기존에 제기된 생물학적 진화, 자연주의적 진화론을 극복하는 것이 포스트휴머니즘의 진화론인 것이며, 그 과학주의적인 성격이 분명한 것이다.

둘째, 포스트휴머니즘은 물질주의에 근거하며, 이는 명백한 과학주의적 요소이다. 포스트휴머니즘은 인간과 기계의 혼종 인간(hybrid human)이나 기계적 인간 존재에 대해서 적극적으로 열려있다.

이 역시 물리적, 생물적 경계와 인간적 경계를 혼화시키는 것이다. 포스트휴먼은 인간의 신체에 부분적인 기계 보철(prosthesis) 또는 프로그램 업로드 등의 비유기적 방법을 통해 유기체인 인간의 변형을 추구하며, 물질적인 신체, 즉 몸(body)에 주목한다.

이와 같이 물질 자체에 주목하는 포스트휴머니즘은 신물질주의(new materialism)와 밀접한 관계를 맺고 있다.[64] 신물질주의는 1990년대 등장하여 새로운 밀레니엄에 두드러지기 시작한 물질주의의 새로운 사조로서, 카렌 바라드(Karen Barad), 마뉴엘 데란다(Manuel DeLanda), 로지 브라이도티(Rosi Braidotti) 등에 의해서 처음 사용되어진 용어인데, 특히, 존재론적 또는 물질적 전환(material turn)에 대한 담론이다.[65]

신물질주의는 또한, 간학문적이며, 이론적, 정치적으로 회자되는 연구 분야로서 주로 페미니즘과 인간과 과학의 관계에 대한 논의이기도 하다.

---

[63] Michael Filas, "Cyborg Subjectivity," Ph. D. diss., University of Washington. 2001: 2-3; Haraway, *A Cyborg Manifesto: Science, Technology, and Socialist-Feminism in the Late Twentieth Century*, 24.

[64] Ferrando, "Posthumanism, Transhumanism, Antihumanism, Metahumanism, and New Materialisms: Differences and Relations," 30-31.

[65] Susan Yi Sencindiver, "New Materialism. In. Oxford Bibliographies; Literary and Critical Theory," (Oxford: Oxford University Press, 2017)

페미니즘이나 인간과 과학의 관계 등에 대한 지대한 관심은 물론 브라이도티 외에도 엘리자베스 그로즈(Elizabeth Grosz), 제인 베넷(Jane Bennett), 비키 커비(Vicki Kirby) 또는 주디스 버틀러(Judith Butler) 등에서도 찾을 수 있다. 이들 페미니스트이면서 포스트휴머니즘 계열의 학자들이 모두 여기에 포함된다는 사실은 물질주의에 대한 포스트휴머니즘의 사상적 토양을 잘 보여준다고 할 수 있다.

이처럼 포스트휴머니즘이 인간의 물질성에 주목하는 것은 무슨 이유인지에 대해 이제부터 알아보자. 물질 자체에 주목하고 그 의미를 재개념화하는 물질적 전환에 대한 실질적인 시도는 있지만, 실상 포스트휴머니즘의 물질성(material character)이 무엇을 의미하는지는 분명하게 제시되지 않는다.[66] 그런데도 포스트휴머니즘에서 다루어지는 물질의 전환 논의에서 찾을 수 있는 물질성의 특징은 다음과 같다.

① 물질성은 종종 언어와 대비된다. 물질성에 대한 관심은 포스트 구조주의가 담고 있는 '언어적 전회'와 '담론적 전환'의 비물질적 특성과 대비되는데, 포스트 구조주의가 '언어' 또는 '담론'을 중시했다면, 포스트휴머니즘은 신체라는 물질성에 주목하는 것이다.
② 물질성은 인간의 고유한 특성이 아니라고 간주되었지만, 신물질주의에서는 인간 역시 실제 행위에서 비인간들과 그 물질성에 있어서 얽힐 수밖에 없다고 여긴다.
따라서 인간과 비인간의 경계선이나 물질과 정신의 경계선을 그리는 것이 항상 분명한 것이 아님을 인정한다. 즉, 인간은 비인간적 존재와 얽힐 수밖에 없고 그 경계 역시 분명하지 않다.[67] 포스트휴머니즘은 문화 역시 물질적으로

---

66 김환석, "사회 과학의 '물질적 전환(material turn)'을 위하여," 「경제와사회」 112호, (2016): 210.
67 정윤경, "포스트휴머니즘과 휴머니즘에 기반한 교육 재고," 128.

구성된다고 생각하며, 유기체적 생물학도 문화적으로 영향을 받고, 그 상호 관계성 안에서 이해됨으로, 생물학과 문화의 경계를 해체하는 것으로 이어진다.

결국, 이런 입장은 인간과 물질, 인간과 기계, 생명과 경계를 허락하지 않으며, 존재론과 인식론을 결합하는 존재론적 인식론(Onto-epistemology)을 구성하는 것이다.[68] 요컨대 포스트휴머니즘의 물질주의적 성격은 인간 존재와 비인간 존재의 경계를 해체하는 데 크게 기여하고 있다는 것을 알 수 있다.

역사적인 맥락에서 신체와 정신의 이분화된 인식 주체로서의 데카르트적 인간 존재조차 포스트휴먼에서는 일원화된 물질로 취급하여 물질 그 자체에 주목하는데, 이러한 포스트휴머니즘의 사고는 서구 지배적인 이원적 관점에 저항하는 것으로 데카르트의 이원론에 비판적인 스피노자(Baruch Spinoza)의 일원론적 관점까지 거슬러 올라간다.[69]

스피노자에 의하면, 인간은 내적인 비물리적 정신과 외적인 물리적 사물과의 관계 속에서 구성되는 존재이다. 인간의 정신은 초월적인 것이 아니며, 인간의 신체에서 독립된 것도 아닌데, 따라서 인간은 본성적으로 자연 전체와 상호 연결된 것이다.[70] 이지영에 의하면 스피노자의 이론은 이미 17세기에 전형적인 심신 이원론적 인간관을 뛰어넘고 있는데, 아이러니하게도 그의 생각은 포스트휴먼이 담지하는 기계론적 자연관을 벗어나는 데 도움이 될 수도 있다.

한편, 데카르트로부터 시작된 기계적 인간관은 줄곧 이어져 근현대에 이르러서는 더욱 강화되었다. 미국의 소설가인 마크 트웨인은 인간이란 곧 기계이며, 이는 몸(body)에만 국한된 것이 아니라, 생각(mind)까지도 그

---

[68] 김은혜, "포스트휴먼 시대의 되기의 기독교윤리," 「신학과사회」 제32권 2호, (2018): 219.

[69] Iris van der Tuin and Rick Dolphijn, "The transversality of new materialism," Women: a Cultural Review, 21(2), 2010: 153.

[70] 이지영, "포스트휴머니즘과 과학 기술 윤리의 문제; 스피노자를 중심으로," 「한민족문화연구」 제59호, (2017): 248.

렇다고 담대하게 주장한다.[71] 그리고 몸도 마음도 모두 외재적인 힘과 압력이 아니라면 스스로는 전혀 어떻게 할 수 없이 자동적으로 움직이는 기계에 불과하다고 말한다. 이는 현대 포스트휴머니즘의 생각과 그리 다르지 않은 것이다. 이처럼 포스트휴머니즘의 물질에 대한 관심과 그 사상적 배경 역시 제법 오래된 것으로, 진화론적 관점과 더불어 포스트휴머니즘의 과학주의적 성격을 잘 보여준다고 할 수 있다.

③ 포스트휴머니즘은 과학주의의 무신론적 요소를 가지고 있다.

포스트휴머니즘을 비롯한 모든 시대의 휴머니즘은 결국, 인본주의적 사상이다. 모든 인본주의 사상은 시대를 막론하고 인간의 역사에서 신을 제거하려 한다.

그러나 르네상스의 휴머니즘, 즉 고전적 휴머니즘 시대까지 그러한 노력은 사실상 아무런 실효를 거둘 수 없었다. 하나님 중심의 거대한 사상 체계로부터 인간 중심의 사상 체계로의 혁명적 대전환을 선포하기는 했지만, 결국 시간의 흐름 속에 노쇠하여 결국, 죽음에 이르고 마는 유한한 인간에게 영원한 전능자 하나님은 대체 불가능한 존재였다. 모두 고만고만한 인간들의 사회가 혼란을 겪지 않으려면, 태양계의 중심인 태양과 같은 절대적인 존재가 필요했다.

그런데도 고전적 휴머니즘 시대의 인간은 두 가지 방향에서 서서히 신을 제거해 나가기 시작했고, 그 흐름의 끝에 포스트휴머니즘을 만나면서 숙원을 이루는 듯 보일 것이다. 인간적 경계의 범위를 물리적, 생물적 경계의 범위를 넘어 초월적 경계의 범위로까지 확산시킬 수 있다는 것이다. 존재들 간에 어떤 경계도 더 이상 의미가 없게 만드는 것이다.

우선 인식론적으로 인간은 절대적인 진리, 곧 신과 같은 존재를 인식할 수 있는 오감의 능력을 소유하고 있지 못하며, 사실상 헛된 짓에 불과하다는

71　Mark Twain, *What is Man*, (1906), 노영선 역, 『인간이란 무엇인가』 (서울: 이가서, 2011): 21-23.

회의적인 시각을 키워나갔다.[72] '신은 죽었다'고 외친 니체의 회의론적 실존주의는 철저히 무신론적이었으며, 그의 뒤를 이은 자크 데리다(Jacques Derrida) 역시 어차피 어떤 존재인지 알 수도 없고, 통제도 안 되며, 실상 어떤 역할을 하는지도 몹시 의심스러운 신은 인간의 역사에 더 이상 필수적인 존재가 아니라고 생각한다. '신은 없다'라고 굳게 믿는 사회도 여전히 붕괴하지 않으며, 인간의 자유의지에 맡겨도 세상은 나름 돌아가는 것이다.[73]

신을 제거하고자 하는 무신론적 노력의 또 다른 방향은 예상치 못하게 일어난다. 르네상스 이후 발발한 과학혁명의 일부 선두 주자들은 과학의 발전이 신과 같은 형이상학적 절대 진리도 명징하게 밝힐 수 있으리라 기대했다. 심지어 과학주의의 사상적 출발에 기여했던 프랜시스 베이컨(Francis Bacon)이나 데카르트(Rene Decartes)조차 유신론자였다. 베이컨이 '아는 것이 힘이다'(ipsa scientia potestas est)라고 할 때, 그 전제는 하나님의 존재에 있었다. 베이컨의 인식론에 있어 유신론적 전제에 대해서 양창삼은 "피조계와 그 안에서 일어나는 모든 과정은 우리가 탐구하도록 하시고 그 힘을 인간의 유익을 위해 사용하도록 하신 합리적인 하나님이 운영하시는 것"이라는 근거에서 '아는 것이 힘'이라는 명제가 도출되었다고 설명한다.[74]

그러나 과학의 발전은 이들의 예상과는 전혀 다른 엉뚱한 가능성을 인간에게 안겨 주었다. 인간의 피할 수 없는 한계, 즉 노화와 죽음을 극복할 수 있는 여지를 준 것이다. 이 땅에서의 삶은 더 이상 유한하지 않으며, 영원한 삶을 약속하는 신은 더 이상 필요하지 않게 되었다. 그 신의 대체자로 과학이 등장한다. 이미 언급한 대로, 포스트휴머니즘은 바로 이러한 과학자들의 노력이 의도치 않게 맺은 열매이다.

인간의 역사에서 신을 제거하고자 하는 인본주의, 즉 세속적 휴머니즘의 두 가지 노력은 결국, 과학주의로 귀결되어 포스트휴머니즘의 사상적

---

[72] 서양근대철학회, 『서양근대철학의 열 가지 쟁점』 (서울: 창비, 2004): 360-361.
[73] Harari, *Homo Deus*, 306-308.
[74] 양창삼, "휴머니즘에 관한 기독교적 인식 문제", 230.

원천이 된다. 유발 하라리(Yuval Harari)는 신 중심의 신본주의적 종교는 이제 인간 중심의 인본주의적 종교에 그 권위를 물려주게 되었고, 종교적 권위의 원천은 성경에서 과학으로 바뀌게 되었다고 주장한다.[75]

성경은 유전 공학, 인공 지능에 대해 아무런 정보도 주지 못하며, 대부분의 성직자는 생물학과 컴퓨터 공학 등 각종 과학 분야에서 무슨 일이 일어났는지 전혀 이해하지 못한다. 결국, 포스트휴머니즘 시대의 인간에게 신은 더 이상 필요 없으며, 심지어 신을 위한 모든 구조도 무용하다. 결국, 과학주의에 기대어 극단적인 진화론을 주장하는 리처드 도킨스(Richard Dawkins)와 같은 인물은 인간과 세상을 위해 '더 이상 신은 필요 없다'고 강변한다.[76]

하라리나 도킨스와 같이 도발적이지는 않더라도, 다른 포스트휴머니스트들 역시 하나님과 같은 신적 존재에 대해 더 이상 관용적이지 않다. 예컨대, 닉 보스트롬(N. Bostrom)은 또 다른 트랜스휴머니스트인 페레이도운 M.에스트판디어리(Fereidoun. M. Estfandiary)의 말을 빌려서 과학 기술로 인해 향상된 트랜스휴먼의 미래에는 더 이상 종교적 믿음이 필요하지 않을 것이라고 예상하면서 무신론적 입장을 암시했으며, 종교적 신앙에 공통적으로 포함된 죽음이라는 자연 질서를 인간의 욕망으로 극복할 수 있다는 그의 주장은 이를 더욱 확신케 한다.[77]

인간과 비인간의 경계를 흐리는 과학 기술의 전지전능함과 자기초월에 대한 유사 종교적인 환상을 나타내는 포스트휴머니즘의 경향은 결국, 인간의 영생불사를 주장하는 세속적인 무신론과 다름 아닌 것이다.[78] 요컨대, 포스트휴머니즘은 인간의 역사에서 신을 제거하려는 휴머니즘 전통의 연속선상에서, 그리고 신이 필요했던 인간의 한계를 과학으로 극복할 수 있다는 과

---

75 Harari, *Homo Deus*, 306-384.
76 Richard Dawkins, *The Selfish Gene*, (1976), 홍영남 역 『이기적 유전자』(서울: 을유문화사, 2006).
77 Bostrom, "A history of transhumanist thought," 7.
78 하상복, "새로운 주체의 가능성-포스트휴머니즘과 윌리엄 깁슨의 뉴로맨서를 중심으로," 「새한영어영문학」 제49권 4호, (2007): 123.

학주의적 믿음에 근거하여 그 무신론적 성격을 공고히 하는 것이다.

정리하면, 포스트휴머니즘이 존재 간의 경계를 해체하기 위해 사용하는 수단, 더 나아가 그렇게 할 수 있으리라는 확신은 발전하는 과학 기술에 대한 무한한 기대에서 비롯되었으며, 이는 과학주의라는 극히 위험한 사상에 닿아있다. 포스트휴머니즘의 과학주의적 성격은 진화론적인 요소와 물질주의적 요소 그리고 무신론적 요소를 공히 포함하고 있다는 것에서 분명히 알 수 있으며, 때문에 포스트휴머니즘의 사상적 토대는 위험한 것은 물론 그 자체로도 몹시 위태롭게 보인다.

3. 경계를 해체하는 방식-인간화와 비인간화

미국의 화이트헤드-MIT 센터의 유전체 생물학자인 에릭 란더(Eric Lander)는 인간 게놈 프로젝트(Human Genome Project)의 완성 이후, 인간의 질병 유전자를 규명해내면서 "우리는 가장 근본적인 수준에서부터 생물학적인 문제들을 따져볼(tackle) 수 있을 것이다"라고 말했다.[79]

현대 생물학적 기술은 인간의 가장 근본적인 수준에서부터 해체할 수 있는 능력을 가지게 되었고, 이것은 곧 포스트휴머니즘이 인간과 인간 이외의 존재의 경계를 해체할 수 있는 실질적 가능성을 믿게 된 이유이다. 앞서 살펴본 대로 포스트휴머니즘은 인간을 물질적 요소에 기반하여 이해하며, 인간 이외의 다른 생물과는 DNA라는 생물 정보의 기초 단위를 근본적으로 공유한다. 인간적 경계와 물리적 경계, 그리고 초월적 경계는 더 이상 경계로서 아무런 의미가 없어진다. 결국, 아무런 차이가 없으며, 경

---

[79] International Consortium Completes Human Genome Project; All Goals Achieved; New Vision for Genome Research Unveiled, April 14, 2003, <https://www.genome.gov/11006929/2003-release-international- consortium-completes-hgp>. 2020년 8월 7일 접속.

계를 둘 이유도 없고, 차이와 경계로 인한 차별과 억압에 대한 제거의 당위를 얻을 수 있을 뿐이다.

물론 포스트휴머니즘이 해체를 시도하는 대상 경계는 이 책에서 제시한 세 가지 주된 경계, 즉 인간적 경계, 물리적 또는 생물적 경계, 그리고 초월적 경계 외에 인간 내에서도 존재한다. 남자와 여자의 경계와 같은 것이 그것이다. 그러나 인간 내에서의 경계, 좀 더 극명한 차이의 경계를 해체하는 시도가 적극적으로 이루어진다면, 다소 차이가 덜한 인간 내에서의 경계 해체는 그다지 어렵지 않을 것이다.

특별히 포스트휴머니즘은 앞서 언급한 대로 인간의 신체(body)에 대한 관심이 많다. 포스트휴머니즘의 문화적인 개념이 처음 시작된 것은 주디스 M. 할버스탐(Judith M. Halberstam)과 아이라 리빙스턴(Ira Livingston)이 1995년에 발표한 『포스트휴먼 신체』(Posthuman Bodies, 1995)라고 할 수 있는데, 그 제목에서만 보아도 포스트휴먼이 신체에 주목하고 있다는 것을 분명하게 알 수 있다.[80]

이 책에서 포스트휴먼은 인간 존재의 진화(evolution) 또는 퇴화(devolution)를 반드시 의미하는 것은 아닐지라도 그 차이와 동질성의 재분배에 참여하는 존재로써 설명되는데, 인간과 비생물적 기계 사이의 물리적 경계를 해체하는 것이 포스트휴머니즘이 시도하는 경계 해체의 주된 대상이라면, 이 경계를 해체하는 방식은 인간을 중심으로 크게 두 가지 방향에서 일어나고 있다.

첫째, 인간화(humanization)의 방식, 즉 인간이 아닌 것을 인간화시키는 방식

둘째, 비인간화(dehumanization)의 방식, 즉 인간을 인간이 아닌 것으로 비인간화시키는 방식

---

[80] Andy Miah, *Posthumanism: A Critical History*, Eds., Gordijn, B. & Chadwick, R., Medical Enhancements & Posthumanity, (New York: Routledge, 2007): 6-7.

이제 이 두 가지 방식에 대해서 살펴보자.

1) 인간화

인간과 비인간의 존재적 경계, 즉 물리적 또는 생물적 경계를 해체하는 첫 번째 방식은 비인간을 인간화(humanization)시키는 방식이다. 인격체가 아닌 것에 인격을 부여하는 인격화의 방식이라고도 할 수 있다. 비인간을 인간화시키는 방식은 매우 고전적인 방식이며, 유아적인 방식이라고도 할 수 있다.

고전적인 방식이라는 의미는 전-포스트휴머니즘의 방식, 즉 휴머니즘의 방식이기 때문이다. 유아적이라는 표현은 장난감 인형이나 애완동물 등의 비인간에게 어린 유아가 대하는 방식과 유사하기 때문이다. 비인간을 인간화시키는 방식은 문학적인 방식이기도 하다. 시나 소설과 같은 문학에서는 비인간을 인간화시키는 방법이 빈번하게 사용된다. 의인화시키는 것이다. 이렇게 보면, 인간이 아닌 존재를 인간화시키는 방식은 매우 익숙하며, 우리에게 낯설지 않은 것이다.

포스트휴머니즘에서도 이와 같은 인간화의 방식을 적극적으로 활용한다. 포스트휴머니즘에서 발견하기 가장 쉬운 예는 동물의 인간화이다. 소위 '동물 전환'(Animal turn)이라는 표현이 등장했으며, 인간과 동물의 역사에서 특히, 동물의 지위는 날로 격상되었다. 짐승(beast)은 반려동물(companion animal)이 되어 어느덧 인간과 함께 먹고 자며, 함께 기뻐하고 함께 슬퍼하는 존재가 되었다. 동물 존재에 대한 이런 획기적인 인식 변화에 대해서 송충기는 다음과 같은 세 가지 이유가 작용한다고 주장한다.[81]

---

[81] 송충기, "역사학에서 '동물로의 전환(Animal Turn)'; 짐승의 사회문화사에서 포스트휴머니즘 역사로," 「서양사론」 제139호, (2018): 226-227.

첫째, 인공 지능 등 과학적 발전이 가져온 휴머니즘에 대한 비판과 반성이다. 과학 기술의 발전은 인간 존재의 고유한 본성에 의문을 제기했으며, 인간과 동물의 경계가 흐릿해지고, 그 '명확한' 구분에도 변화가 생겼다.

둘째, 분자유전학적으로 인간과 동물의 간극이 좁혀졌다. 유전 공학의 발전으로 인간과 동물의 유전자에 대한 분석이 가능하면서 생물학적으로 인간과 동물의 차이가 그리 크지 않으며, 심지어 인간의 차별적 본성이라고 여겨졌던 언어에서도 동물의 언어가 연구되며 그 차별성이 약화되었다.

셋째, 철학적으로도 인간과 동물의 관계를 재규정하기 시작했으며, 데리다(Jacques Derrida)와 아감벤(Giorgio Agamben)이 대표적이다. 이들은 모두 공히 휴머니즘을 극복하고자 인간과 동물 사이의 차이를 해체한다. 이 세 가지 이유는 모두 앞서 우리가 논의한 포스트휴머니즘 담론이 특징짓는 모든 것이다. 포스트휴머니즘이 인간과 동물의 존재적 경계인 인간적 경계를 해체하기 위해 동물의 위상을 높여 인간화하는 것이다.

또 다른 예는 물론 기계를 인간화시키는 것이다. 포스트휴머니즘은 도구적 기계를 인간 신체의 일부에 포함하면서, 기계적 인간을 '완만하게' 인간화시킨다. 대표적으로 보스트롬은 현재의 인간은 좀 더 발전 또는 향상될 수 있는 존재로서, 인간의 신체 조건의 근본적인 개선을 위해 '신체 형태의 자유'(morphological freedom)와 심지어 '자손증식 변형의 자유'(reproductive freedom)을 허용해야 한다고 주장한다.[82]

이를 위해서 적극적으로 공학적 기술 체계, 즉 기계를 인간 신체에 적용하려고 한다. 앞서 언급한 것처럼 브라이도티는 자신은 로봇이 아니지만, 자기 친구들, 즉 포스트휴먼은 그러하다고 하면서, 포스트휴먼을 '너무나도 인간적'(all too human)이라는 표현으로 포스트휴머니즘의 인간화 방식을

---

82 이원봉, "포스트휴머니즘은 휴머니즘이 될 수 있는가?: 포스트휴머니즘 논쟁을 통해 본 휴머니즘의 의미와 한계," 57-83.

상징적으로 표현하였다.[83] 도나 해러웨이(Donna Haraway)나 슈테판 헤어브레히터(Stephen Herbrechter)가 선언하는 기계적 사이보그의 이미지 역시 인간과 기계의 결합된 존재로써, 생물기계 또는 유기적기계의 존재로써 기계를 기꺼이 인간의 모습으로 희화화한다.

원래 기계는 인간이 사용하는 도구의 기능을 감당할 뿐이었으며, 도구적 기계를 사용할 수 있다는 것은 인간 고유의 본성으로써, '호모 파버'(Homo Faber)로 불리기도 한다. 그러나 포스트휴머니즘의 인간은 기계를 인간과 분리된 기계가 아닌 인간화된 도구로서의 기계가 된다. 이를 김광연은 다음과 같이 표현한다.

> 도구나 기술은 그것을 사용하는 주체와 구분되어 신체의 바깥에 있는 대상적인 것을 가리키는 것으로 이해되었다. 그렇지만 타자로서 놓여있는 대상으로서의 도구가 아니라 우리의 신체와 '이음매 없이(seamless)' 인간의 신체와 하나가 되는 '제2의 신체'가 된다.[84]

여기서 '제2의 신체'는 앞서 언급했던 인공적 기계 보철로써 인간 신체 일부를 기계로 만든 장치들을 말하며, '프로스테시스'(prosthesis)라 불린다. 이는 기능적, 형태적으로 손상된 신체 일부를 대신하는데, 의족이나 의수와 같이 우리에게 익숙한 장치는 물론 인공신장이나 인공심장, 혈관과 같은 인체 내부의 인공장기들도 여기에 속한다.

자연적 인간의 신체와 기계적 인간의 프로스테시스의 비율적 차이에 따라 어느 정도까지 인간이며, 어느 정도까지 기계인지 구분이 되지 않는 이러한 '인간-기계' 혼종은 결국, 기계의 인간화를 암시하며, 인간과 기계의 경계를 해체하는 방식으로 사용된다.

---

83 Braidotti, *Posthuman Knowledge*, 5.
84 김광연, "트랜스휴머니즘과 인간 양식의 변화에 나타난 윤리적 문제들; 인공 지능시대에 삶의 미정성과 유한성이 주는 가치," 「한국개혁신학」 제54호, (2017): 146.

물리적 신체를 대신하는 기계의 인간화 방식 이외의 또 다른 측면에서 주목해야 하는 것은 '인간-컴퓨터 인터페이스' 혼종에 관한 연구이다. MIT의 노버트 위너(Norbert Wiener)는 정보의 소통이라는 차원에서 보면 인간과 동물과 기계가 동일한 원리를 따른다고 보았다.[85] 따라서 인간과 기계는 서로 구분되지 않는다고 할 수 있는데, 만약 인간이 특수한 정보처리 기계라고 할 수 있다면, 정보 기계 역시 특수한 인간으로 간주할 수 있다는 것이다.

이처럼 물리적 기계가 아닌 비물리적 정보의 차원에서 비인간화는 특히, 인공 지능 연구에서 두드러진 현상이며, 레이 커즈와일(R. Kurzweil)이 주장하는 '특이점'(singularity)이 상징적인 표현이다. 커즈와일은 그의 대표작 『특이점이 온다』(The Singularity is Near, 2005)에서 지구의 역사를 여섯 개의 시대로 분류하여 다음과 같이 설명한다.

> 최초의 시대는 빅뱅으로 시작하여 전자, 양자, 원자가 출현하고, 수억 년에 걸쳐 서서히 유기물이 만들어지는 시대다. 두 번째는 생명 탄생의 시대로, DNA와 세포, 즉 조직을 가진 생물이 출현한다. 세 번째는 고도로 발달한 뇌와 지능을 가진 생물이 탄생하는 시대로, 그 시대의 마지막 단계에 인류가 등장한다. 네 번째는 역사 시대로서 인류가 발명한 테크놀로지가 경이로운 속도와 규모로 발전했다. 현재 인류는 이 네 번째 시대를 끝내고, 다섯 번째 시대로 들어가려고 하고 있다. 이 다섯 번째 시대에서는 인간이 만든 기계가 자율성을 가지고 스스로 진화하는 단계를 거친다. 그리고 그 기계는 스스로 유기물과 결합하여 사이버 생물이나, 기술적으로 능력을 확대한 인간을 만들어낼 수 있게 된다. 인간을 낳은 것이 아니라 인간을 만드는 시대가 오는 것이다. 마지막 여섯 번째 시대에는 정신성이 개화될 것이다. 우주는 각성하고, 주로 테크놀로지에 바탕을 둔 새로운 지성

---

[85] Norbert Wiener, *The Human use of Human beings: Cybernetics and Society*, (London: Free Association Books, 1989): 29-31.

체가 우주를 가득 채울 것이다. 인간 대신에 테크놀로지가 군림하는 시대가 오는 것이다.[86]

인공 지능이 고도로 발달하면 현재 수준의 인간 또는 인공 지능을 뛰어넘는 초지능, 슈퍼지능이 출현할 것이며, 이와 같은 지능을 프로세싱하는 컴퓨터 인터페이스를 장착한 인간은 이전 시대와는 비교할 수 없이 향상된 인간이 될 것이다. 커즈와일은 이처럼 컴퓨터 지능이 인간의 지능을 뛰어넘는 특이점이 2039년이면 도래하리라 전망하며, 심지어 한스 모라벡(Hans Moravec)은 인간의 마음까지도 프로그램화하여 업로드 또는 다운로드 함으로써 영원한 삶을 살아가는 시대가 올 것이라고 전망하고 있다.[87]

요컨대, 포스트휴머니즘은 인간이 아닌 기계나 컴퓨터 프로그램과 같은 비인간적 존재가 인간과의 혼합을 시도하면서 인간이 아닌 존재를 인간처럼 변형하는 인간화를 향상이나 발전, 혹은 개선과 같은 표현을 통해서 그 의미와 가치를 부여하고 정당화한다. 그러나 결국, 이러한 인간화는 인간과 비인간적 존재 간의 본질적인 경계라고 할 수 있는 인간적 경계와 물리적 또는 생물적 경계를 모호하게 하는 수단으로 사용될 뿐이다.

2) 비인간화

포스트휴머니즘이 인간 존재와 인간 이외의 존재 간 경계를 해체하는 또 다른 방식은 비인간화(dehumanization)이다. 인간을 비인간화시키는 방식이며, 인간화의 방식좀 더 급진적이다. 인간이 더 이상 인간이길 거부하는 것이며, 인간이 누구인지(who is)를 묻는 것이 아니라 인간이 무엇인지(what is)를 묻는 포스트휴머니즘의 문제의식은 인간을 비인간화시키는데

---

[86] 이용주, "슈퍼 인공 지능 신화를 넘어서: 지능, 싱귤래리티[특이점], 그리고 과학 미신," 242.
[87] 이재숭, 2018, 22.

망설임이 없다. 꼭 일반적인 포스트휴머니스트가 아니더라도 즉 여전히 휴머니즘의 전통에 있는 사람들이더라도 비인간화의 방식에 어느 정도 노출이 되었던 것은 사실이다.

예컨대, 도킨스는 그의 기념비적인 저작 『이기적 유전자』(*The selfish gene*, 1976)에서 인간을 생존을 위한 이기적인 기계이며, 로봇 운반자에 불과하다고 하여 많은 이를 놀라게 했다.[88] 물론 이기적 기계인 인간 개체는 협의나 협정을 집단 이익을 도모하는 것처럼 시행하지만, 이는 개인의 생존을 염두하고 하는 것이다. 여기서 도킨슨의 흥미로운 주장은 인간의 이러한 이기적 본성은 어떤 보이지 않는 비물질적 의도나 감정이 아니라 철저히 기계적인 유전자 법칙, 즉 이기적 유전자로 인해서 발생한다는 것이다.[89]

그런데 인간을 비롯한 모든 동물은 한결같이 바로 이 유전자에 의해서 조작된 기계에 불과하기 때문에, 인간은 동물과 본질상 전혀 차이가 없는 '비정한' 존재에 불과하게 되는 것이다.[90] 이와 같은 도킨슨의 주장이 너무도 도발적이었던 것은 인간을 비인간화시키는 방식을 너무도 극명히 보여주었기 때문이다.

인간의 비인간화 방식은 인간화 방식과 반대의 방향이며, 실상 인간화의 방식에 비해서 훨씬 어색하다. 물질이 생물이 되고, 그 생물 진화의 긴 역사는, 결국 인간을 향한다는 아주 오래된 진화의 개념이 인간화의 방식에 녹아있는 반면, 가장 존엄하며 가장 높은 위상을 가졌던 인간의 지위를 거꾸로 내리는 방식은 인간 중심적인 인류 역사의 전통에 그다지 부합하지 않는 것이다.

어떤 식으로든 인간 중심의 휴머니즘은 다른 모든 존재보다 우월한 인간의 본성을 지켜왔으며, 사실상 휴머니즘의 본질은 인간 존재의 절대적 우월성에 있다고 해도 과언이 아니다. 이 때문에 전통적인 휴머니스트들

88　Dawkins, *The Selfish Gene*.
89　Dawkins, *The Selfish Gene*, 140-172.
90　Dawkins, *The Selfish Gene*, 42.

에게 비인간화는 그렇게 유쾌한 방식이 아니다. 그러나 포스트휴머니즘 시대에는 기꺼이 인간을 비인간화시킨다.

이미 앞서 여러 포스트휴머니스트들을 통해 직·간접적으로 비인간화의 방식을 언급했지만, 아마도 비인간화 방식에 가장 적극적인 포스트휴머니스트는 독일의 철학자인 피터 슬로터다이크(Peter Sloterdijk)일 것이다. 그는 국내에 방문해 "인간 자체를 조작할 수 있는 생명 공학의 등장은 교육과 도덕, 상징으로 인간을 교화시키려 했던 고전적 인본주의(휴머니즘)의 붕괴를 낳았습니다."라는 말로 대중적으로 눈길을 끌었으며, 대표작 『인간농장을 위한 규칙』(Regeln fur den Menschenpark, 1999)을 통해서 생명 공학의 발달로 더 이상 휴머니즘은 설 자리가 없고, 새로운 이상적 휴머니즘, 곧 포스트휴머니즘이 도래할 것이라고 예언한다.[91]

슬로터다이크에 의하면, 휴머니즘 시대의 인간은 길들여지며 사육되는 존재에 불과하며, 단지 어떤 교육적 수단으로만 이상적 인간을 만들어낼 수 있다는 것이 휴머니즘의 믿음이었다고 주장하는데, 결국 이는 실패했다고 고발한다.[92]

그러나 최근 발달한 생물 공학, 유전 공학을 이용하여 인간의 신체적 강화는 물론 도덕적 능력도 강화할 수 있으며, 심지어 유전자 조작을 통해 초인적 인간도 생산이 가능하다고 주장한다.[93] 슬로터다이크의 주장과 그의 언어에서 분명히 확인할 수 있는 것은 인간 존재의 비인간적 특성의 강조이다. 인간은 동물과 같이 길들여져야 하는 존재이며, 심지어 사육되는 존재이다. 만약 과학 기술의 도움이 아니라면, 실상 인간은 동물과 하등

---

[91] 동아일보 인터넷판, [학술]獨슬로터다이크 '생명 공학시대 휴머니즘은 죽었다.' 입력 일자: 2004-10-28 18:52, <https://www.donga.com/news/It/article/all/20041028/8122015/1>. 2020년 8월 13일 접속. ; 김응준, "만들어지는 인간, 만들어지는 정체성. 포스트휴먼 정체성?" 「인문 과학」 제52집, (2013): 48-49.

[92] 김응준, "만들어지는 인간, 만들어지는 정체성. 포스트휴먼 정체성?" 49.

[93] 이지영, "포스트휴머니즘과 과학 기술 윤리의 문제; 스피노자를 중심으로," 251; 김응준, "만들어지는 인간, 만들어지는 정체성. 포스트휴먼 정체성?" 49.

다를 바가 없는 것이며, 그 경계는 모호하다 못해 오히려 역전되어 있다.

슬로터다이크의 주장은 인간의 동물적 특성을 두드러지게 보이는 것으로 이는 곧 '동물 전환'(animal turn)이 '동물에서의 전환'(turn from animal)이 아니고, '동물로의 전환'(turn to animal)까지 내포하는 의미임을 암시한다.[94] 최근 생물학의 발전은 인간과 동물의 차별성보다는 유사성을 좀 더 분명하게 보여주고 있는데, 역사적으로 인간과 동물은 하등 차이가 없었을 뿐 아니라 동물은 인간에게 심지어 성스러운 숭배의 대상인 적도 있었다는 것이다. 휴머니즘 시대에 이르러서야 인간과 동물의 차이가 현격히 드러났으나, 실상 휴머니즘 시대 이전의 인간은 '하찮은 인간' 즉 '호모 라피엔스'(Homo rapiens)이며,[95] 동물을 비롯한 타자를 약탈하는 존재에 불과하다는 것은 인간의 비인간화 현상을 극단적으로 보여 주는 것이다.

인간의 본질적 본성, 그 존재의 고유한 정체성은 인간 스스로에 의해서 만들어지거나 형성되는 것이 아니며, 변하는 본질이 아닌 변하지 않는 본질이어야 본질이 된다. 포스트휴머니즘은 그러나 인간의 본질적인 고유한 존재의 본성이 얼마든지 변할 수 있는 것으로 생각한다. 그리고 그것이 변해야 더 나은 인간이 될 수 있으며, 또한 다른 존재와 더 나은 관계를 형성할 수 있다고 믿는다. 이 때문에 포스트휴머니즘은 발달된 과학기술에 맹목적인 기대를 하고 인간을 비인간화시키거나 인간이 아닌 존재를 인간화시키는 방식으로 인간을 비롯한 모든 존재의 본성에 메스를 가한다.

결국, 포스트휴머니즘의 믿음에 의해 인간과 비인간 존재의 본질적 경계는 흐려지고 해체되고 있다. 그 결과가 과연 그들이 믿는 대로 될지는 두고 보아야 알 수 있겠지만, 확실한 건 상당한 혼란이 지속될 것이며, 어

---

[94] 송충기, "역사학에서 '동물로의 전환(Animal Turn)'; 짐승의 사회문화사에서 포스트휴머니즘 역사로," 212-241..

[95] John Gray, *Straw dogs: thoughts on humans and other animals*, (2010), 김승진 역, 『하찮은 인간, 호모 라피엔스』(서울: 이후, 2010).

쩌면 그 혼란은 그들이 주장하는 특이점이 한참 지난 뒤에도 끝나지 않을 수 있다는 것이다.

지금까지 본 장에서는 포스트휴머니즘이 인간과 인간 이외의 존재들 간의 경계를 해체하는 근거와 수단, 그리고 그 방식에 대해서 살펴보았다. 인간을 둘러싼 세계의 존재들 간 경계는 인간적 경계, 물리적 또는 생물적 경계, 그리고 초월적 경계로 나눌 수 있는데, 포스트휴머니즘이 이러한 존재 간 경계를 해체하려고 시도할 수 있는 주요한 근거는 궁극적으로는 인간을 둘러싼 모든 세상의 존재들 간의 차별과 억압을 제거하고자 하는 것이다.

그러나 이 땅에 존재하는 차별과 억압은 단순히 존재 간 경계적 차이로 인해서가 아닌 인간의 타락한 본성에서 비롯되었기에 근거의 타당성을 찾기가 어렵다. 포스트휴머니즘이 경계를 해체하려는 수단 역시 표면적으로는 발전된 과학 기술이 언급되지만, 실상은 사상적 과학주의에 기대고 있으며, 포스트휴머니즘에서 찾을 수 있는 진화론적, 물질주의적, 무신론적 요소 등을 통해서 이를 밝혔다. 포스트휴머니즘이 경계를 해체하는 방식은 인간 존재를 중심으로 두 가지 방향, 즉 인간화와 비인간화가 있다.

인간화는 비인간적 존재로부터 인간으로의 방향으로 타 존재와의 경계가 해체되는 방식이며, 비인간화는 반대 방향, 즉 인간으로부터 비인간적 존재로 경계가 해체되는 방식이다. 이상에서 우리가 분명히 확인할 수 있는 것은 포스트휴머니즘의 인간은 더 이상 고유한 인간으로서의 정체성이 몹시도 약화되었다는 것이다. 마치 선악과를 범하여 눈이 흐릿해져 하나님과의 경계마저도 허물어버려 인간의 자리를 벗어난 아담처럼 포스트휴머니즘의 인간은 스스로 인간의 자리를 떠나고 있는 것 같다. 그렇다면 과연 포스트휴머니즘이 말하는 인간은 무엇인가?

이제 포스트휴머니즘의 인간관과 그 존재론적 의의를 살펴보자.

제4장

포스트휴머니즘의 인간관

> 무지한 말로 생각을 어둡게 하는 자가 누구냐 너는 대장부처럼 허리를 묶고 내가 네게 묻는 것을 대답할지니라 내가 땅의 기초를 놓을 때에 네가 어디 있었느냐 네가 깨달아 알았거든 말할지니라(욥 38:2-4).

인간은 인간 스스로 인간 존재에 대한 질문에 답할 수 없다. 인식의 한계가 너무도 분명하기 때문이다. 존재와 인식은 분리될 수 없으며, 인식의 불완전성은 곧 존재의 불완전성을 의미한다.

하나님의 '전지성'(全知性)은 인간이 공유할 수 없는 것이며, 피조물인 인간과 창조주인 하나님 사이의 분명한 경계가 된다. 창조주와 하나님의 형상인 인간 피조물의 이 분명한 경계는 세상에 존재하는 모든 존재됨의 이해에 기초가 되며, 인간됨의 이해의 출발점이 되는 것도 당연하다.

앞선 장에서 우리가 살펴본 포스트휴머니즘의 가장 강력한 동기는 인간과 타자간의 경계를 해체하는 것으로 차별과 억압이 사라지고, 결국 모든 존재의 관계가 향상되는 것은 물론 궁극적으로 인간의 인간됨에 대한 정의와 실체가 달라지는 것이다. 포스트휴머니즘의 인간은 세상과 관계하는 인간이며, 세상과 차이가 없는 인간이다. 기독교적인 인간관과는 분명히 다르다는 것을 알 수 있다.

그렇다면 포스트휴머니즘의 인간관, 즉 포스트휴먼의 정체는 무엇인가?

이 질문에 대한 진지한 기독교적 고찰이 선행되면, 이제 우리는 포스트휴머니즘 시대에 제시할 기독교적 인간관을 고려할 수 있을 것이다.

포스트휴머니즘은 인식과 존재의 상관성을 인정하면서도, 그 상관성의 실천적 상호 작용을 물질화의 과정으로 이해하며, 인간과 비인간 존재의 경계를 이해하는 틀로써 새로운 인식론을 주창한다.[1] 특히, 휴머니즘 시대까지 이어진 길고긴 이원론에 대한 집착에 의문을 제기하는데, 이런 점에서 이것은 기존의 경계가 허물어지고 혼종성을 특성으로 하는 포스트휴먼의 등장을 이해할 수 있는 하나의 틀이 될 수 있을 것이다.[2]

문제는 포스트휴먼이 스스로와 세상을 아는 것은 불완전한 인간과 타락한 세상의 상호 관계에 근거하고 있다는 것이며, 그로 인해서 나타나는 결과적 현상들, 즉 수많은 윤리적 문제들에 대한 적절한 대답이 용이하지 않다는 것이다. 이러한 문제의식과 선행하여 살펴본 포스트휴머니즘의 특징들을 비판적으로 고찰하여, 다음과 같은 네 가지로 포스트휴머니즘 인간관을 정리하고자 한다.

첫째, 경계를 해체하는 관계 지향적 인간이다.

포스트휴머니즘은 인간과 상호 관계하는 모든 존재의 존재론적 경계를 해체한다. 인공 지능은 인간이 되려 하고, 인간은 인공 지능이 되려 한다. 이를 통해 포스트휴머니즘이 지향하는 것은 존재 간의 관계성을 한없이 높이는 것이다.

둘째, 인간의 형상으로 신이 된 인간이다.

인간은 무한히 발전하는 과학 기술을 통해서 영원히 죽지 않는 영생의 인간을 지향하는 것으로 인간 한계의 궁극인 죽음을 부정한다. 스스로 신이 되는 것이다.

---

1 Karen Barad, *Meeting the universe halfway*, 185; 장세룡, "신물질론과 포스트휴먼 기획: 여성주의 물질론을 중심으로," 「로컬리티 인문학」 제18호, (2017): 263-306에서 재인용

2 정윤경, "포스트휴머니즘과 휴머니즘에 기반한 교육 재고," 127.

셋째, 무생물적 물질로 역진화된 인간이다.
포스트휴머니즘은 과학 기술에 대한 극단적 낙관주의를 지향하며, 인간 존재의 유기체성을 부정한다
넷째, 포스트휴머니즘은 윤리적 본성이 해체된 인간관을 가진다.
포스트휴머니즘은 인간 존재의 인간됨을 포기하고, 비인간의 인간화와 인간의 비인간화를 통해 인간의 윤리적 본성마저도 해체해 버린다.

이 장에서는 이 네 가지 포스트휴머니즘의 인간관을 비판적으로 고찰하고자 한다.

1. 경계를 해체하는 관계 지향적 인간

앞선 장에서 우리는 포스트휴머니즘의 목표가 대체로 분명하다는 사실을 알았다. 포스트휴머니즘은 한편 인간과 동물, 인간과 기계, 인간과 자연 등 인간과 비인간 존재의 차이로 인한 차별과 억압, 부조리한 사회-문화적 구조들의 해체와 존재 간의 새로운 관계성을 증진시키거나(비판적 포스트휴머니즘 또는 광의의 포스트휴머니즘), 혹은 인간과 기계 또는 유기체적 생물과 무기체적 기계의 혼종화를 통한 인간 존재의 향상을 통해 증진된 관계성으로 더욱 나은 삶을 추구하는 것(트랜스휴머니즘)이다.

포스트휴머니즘의 여러 스펙트럼에서 이 경계에 대한 인식과 고전적 휴머니즘과의 연속성 여부 등 다소간 차이는 있지만, 그런데도 결국, 포스트휴먼은 이전 시대 휴머니즘이 인간에게만 제한된 주체의 원리를 동물, 무기물적 기계 또는 비물리적 존재 등의 비인간적인 존재에게도 확장시킨 것으로 '확장된 관계적 자아'라고 할 수 있다.[3]

---

3   Thweatt-Bates, "The Cyborg Christ: Theological Anthropology, Christology, and the

이러한 포스트휴먼 주체의 '관계성'은 인간만이 아니라, 인간의 형상이 아닌 다른 비인간 존재들에게도 포함되며, 결국 포스트휴먼은 인간과 비인간의 존재적 경계를 해체한다. 그러나 남성은 여성과 너무도 분명한 구조적, 기능적 경계를 가지며, 심지어 동물은 인간과 그 질적으로 넘을 수 없는 무한한 경계를 가진다는 것은 자명하다(창1:26-28; 2:21-22, 3:16-17; 전3:21).[4] 그런데도 포스트휴머니즘은 관계성을 지향하기 위해 경계를 해체한다. 결국, 포스트휴먼은 관계 지향적인 인간이며, 이를 위해서 망설이지 않고 존재 간 경계를 해체하려고 하는 것이다.

그렇다면 정말로 경계의 해체는 관계의 향상을 담보하는가?

포스트휴먼의 관계 지향을 위한 경계 해체의 시도는 과연 가능한 것이며, 온당한 것인가?

인간 존재는 외부 환경과 관계를 맺으며, 휴머니즘 전통에서 인간의 의미는 이 관계를 통해서 가치를 찾는다. 타자의 인식 안에 규정되어 표현되는 자아는 그 의미를 타자의 인식에 제한받게 되어 있다. 이는 상관적인 것이며, 일방적이지 않다. 그런데 이러한 인식의 상관성은 필연적으로 자존과 타존 사이의 경계를 전제한다.

결국, 모든 휴머니즘의 인간학은 경계와 관계의 존재론에 근거하며, 이 두 요소, 즉 경계성(boundary factor)과 관계성(relationship factor)은 일종의 함수적 관계를 갖는다. 포스트휴머니즘의 큰 의의 중 하나는 바로 이 함수 관계에 대한 분명한 인식에서 찾을 수 있다.

포스트휴머니즘은 이전 시대의 고전적 휴머니즘의 실패가 바로 이 함수 관계를 잘못 이해 또는 사용한데서 비롯되었다고 고발한다. 경계성과 관계성의 상관성에 대한 함수적 관계는 다음과 같이 설명될 수 있다. 경계성과 관계성은 각각 경계 변수(boundary variable)와 관계 변수(relationship

---

Posthuman," 41-44; Braidotti, *The Posthuman*, 81.

4 Hermann Bavinck, *Gereformeerde Dogmatiek,* (1895), 박태현 역, 『개혁교의학: 개정증보판』(서울: 부흥과개혁사, 2011): 308C.

variable)로 변환할 수 있는데, 경계 변수는 곧 경계성을 나타내는 지표이고, 관계 변수는 관계성을 나타내는 지표이다. 경계 변수를 독립변수인 x축에 두고, 관계 변수를 종속변수인 y축에 둘 때, 독립변수인 경계 변수의 변화는 종속변수인 관계 변수의 변화를 가져온다. 예컨대, 휴머니즘은 다음과 같은 가설(Humanism Hypothesis)을 토대로 발흥된 사상이다.

[표 1] 휴머니즘의 가설

<휴머니즘의 가설>
경계 변수의 증가는 관계 변수를 증가시킨다.

[그림 2] 휴머니즘의 경계 변수와 관계 변수의 가설 함수

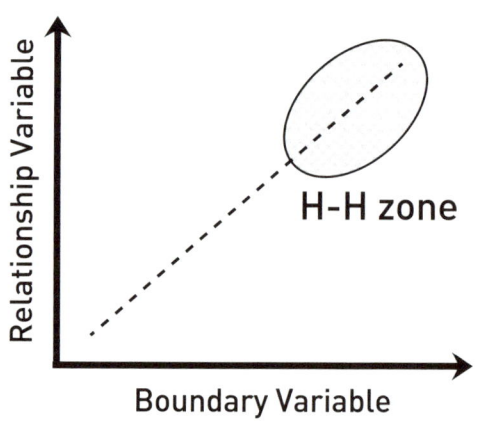

일반적으로 휴머니즘 전통은 공정하고도 온전한 세상, 즉 사실상 관계 변수의 증가를 항구적 목표로 삼는다.[5] 물론 타락한 인간성은 관계성의 근거인 이타를 쉽사리 허용하지 않지만, 그런데도 휴머니스트들은 언제나 존재 간의 관계 변수를 높이기 위해서 갖은 방책을 고안하며, 대체로 그

---

[5] 서보명, "포스트휴머니즘의 사상사적인 이해: 휴머니즘과 신학의 사이에서," 215.

조건을 경계 변수의 증가에서 찾았다. 예컨대, 남자는 남자답고 여자는 여자다워야 한다. 그 '다움'을 지킬 때, 인간의 관계 맺음은 평안했다. 요컨대, 휴머니즘의 경계 변수와 관계 변수의 함수는 양적 비례관계를 가진다는 전제를 가지며, 이에 따르면 휴머니즘 시대에 관계 변수를 높이기 위해서 사용한 방법은 경계 변수를 증가시키는 것이며, 위 그림 2의 그래프 일 사분면의 우상면에 지향점을 둔다(Humanism Hypothesis zone; H-H zone). 그러나 포스트휴머니즘은 이러한 휴머니즘의 가설은 결국, 실패하였다고 진단한다. 포스트휴머니즘이 진단한 휴머니즘의 결과는 다음과 같다.

[표 2] 휴머니즘의 검증된 결과

<휴머니즘의 검증된 결과>
경계 변수의 증가는 관계 변수를 감소시켰다.

[그림 3] 휴머니즘의 경계 변수와 관계 변수의 결과 함수

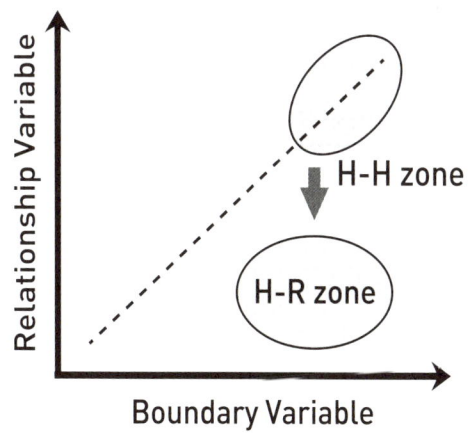

경계 변수의 증가는 인간은 물론 서로 '차이'가 있는 모든 존재 간의 '차별'을 불러왔으며, 존재들 간의 갈등과 다툼을 야기했다. 결국, 휴머니즘이 세운 관계성을 증가시키기 위한 가설은 폐기되고, 새로운 가설을 토대

로 한 사상으로 대체되어야 했다. 그리고 등장한 것이 포스트휴머니즘이다. 포스트휴머니스트가 목격한 현실은 경계 변수의 증가에 따른 관계 변수의 현격한 하락이었다(그림 3; Humanism Real zone; H-R zone). 주지하다시피 포스트휴머니즘 역시 휴머니즘과 마찬가지로 존재 간의 관계성을 향상시키는 것이 목적이다. 그러나 포스트휴머니즘은 휴머니즘이 가정한 경계 변수와 관계 변수의 양적 비례 함수(Humanism Function: H- Function)가 잘못되었다고 생각했으며, 부적 비례 관계(Posthumanism Hypothesis zone: PH-H zone)를 가정하였는데, 다음과 같이 이해 할 수 있다(그림 4).

[그림 4] 휴머니즘과 포스트휴머니즘의 경계 변수와 관계 변수의 함수 비교

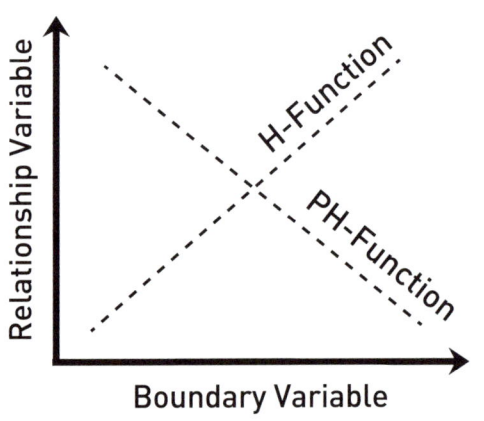

경계 변수와 관계 변수의 함수를 부적 비례 관계로 가정하였기 때문에 관계 변수를 증가시키기 위해서 포스트휴머니즘이 시도한 것은 경계 변수를 감소하는 것이다. 경계 변수를 증가시키면 오히려 관계 변수는 감소하기 때문에 휴머니즘의 시도는 실패하였다고 생각한 것이다. 오히려 경계 변수를 감소시키는 것이 관계성의 증가에 도움을 줄 것이라 생각했다. 그리고 다음과 같은 가설을 세웠다.

[표 3] 포스트휴머니즘의 가설

> <포스트휴머니즘의 가설>
> 경계 변수의 감소는 관계 변수를 증가시킨다.

당연히 포스트휴머니스트들은 이러한 가설에 따라 경계 변수를 감소시키기 위해서 노력하고 있으며, 앞서 살펴본 대로 과학주의적 발상을 통해 인간화 또는 비인간화의 방식으로 인간 존재와 다른 존재들 간의 경계를 해체하는 것으로 경계 변수를 감소시킨다.

문제는 이미 살펴본 대로 포스트휴머니즘이 경계 변수를 지나친 수준으로 감소, 즉 해체시키려 한다는 데에 있으며, 이를 통해서 실질적인 관계 변수의 증가 지점(Posthumanism Hypothesis zone: PH-H zone)에 다다를 수 있다고 믿는다(그림 5). 즉, 그들의 실제적인 시도는 따라서 다음과 같다.

[표 4] 포스트휴머니즘의 실행

> <포스트휴머니즘의 실행>
> 경계 변수의 '현격한' 감소가 관계 변수를 증가시킬 수 있다.

[그림 5] 포스트휴머니즘의 경계 변수와 관계변수의 가설 함수

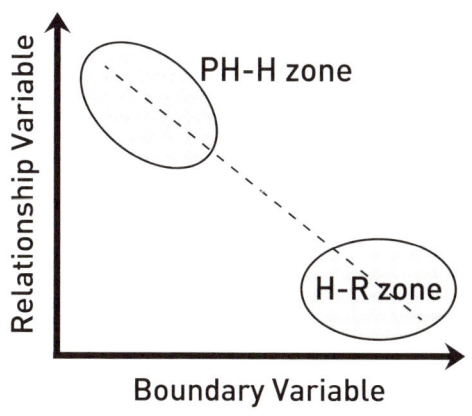

위 가설에 따르면, 포스트휴머니즘은 x축의 경계 변수를 낮추는 것으로 y축의 종속변수인 관계 변수, 즉 관계성을 높일 수 있다는 것이다. 아직 포스트휴머니즘의 실행은 진행 중이지만, 이런 의미에서 휴머니즘이 관계 변수를 증가시키는데 실패한 이유는 경계 변수의 '현격한' 증가에 있다고도 할 수 있다. 이에 대한 반작용으로 포스트휴머니즘이 택한 방식은 경계 변수의 '현격한' 감소이다. 그리고 이를 통해서 관계 변수의 획기적인 증가를 꾀하는 것이다.

그러나 관계를 지향하기 위해서는 경계를 '해체'하는 것이 아니라 경계를 적절히 '조정'하는 것이 훨씬 더 타당하다. 이는 매우 자연스럽게 받아들일 수 있는 직관적 통찰이며, 더 나아가 일반적인 철학에서조차 잘 알려진 사실이다.

근현대 인간의 삶을 정치사회적으로 가장 잘 조명한 여류철학자로 알려진 한나 아렌트(Hannah Arendt)는 고대의 인간관을 기준으로 현대적 인간이 인간 존재로써 의미를 찾을 수 있는 고유한 조건을 세 가지로 제시한다.[6]

노동(labor), 작업(work) 그리고 행위(action)이 그것이다. 노동은 생물학적 인간으로서, 작업은 개인으로서 인공적 산물을 만들어내는 창의적 인간으로서, 그리고 끝으로 정치, 사회적 맥락에서 인간의 고유한 조건은 행위로서 드러나는데, 아렌트는 이 행위의 조건을 가장 고유한 인간의 조건으로 여긴다.[7]

아렌트의 인간관을 분석한 일본의 나카마사(Masaki Nakamasa)는 행위 조건의 전제를 '복수성'(pluarlity)라고 말하며, 이는 한데 뭉친 어떤 무리 전체의 의미가 아닌 무리를 이루는 개별 개체 간의 '사이'(in-between)라는 공간을 전제하는 개념임을 강조한다.[8] 특히, 언어와 몸짓으로 다른 사람을 설득하는 이 '행위'는 다음과 같은 '사이'를 전제로 상호 작용을 추구한다는 것을 분명히 하고 있다.[9]

---

[6] Hannah Arendt, *The Human Condition, 2nd Ed*, (1998), 이진우 역, 『인간의 조건』 (서울: 한길사, 2019).

[7] Masaki Nakamasa, *Imakoso Arendt Wo Yominaosu*, (2009), 김경원 역, 『왜 지금 한나 아렌트를 읽어야 하는가?』 (서울: 갈라파고스, 2015): 92-94.

[8] Nakamasa, *Imakoso Arendt Wo Yominaosu*, 95.

[9] Nakamasa, *Imakoso Arendt Wo Yominaosu*, 95-96.

한나 아렌트의 '사이'는 사람과 사람을 심적으로 결부시키는 끈인 동시에 거리를 설정한다는 의미도 내포한다. 거리를 설정한다는 것은 물리적 폭력이나 동물적 충동 따위에 의해 '일체'가 되어 움직이는 것이 아니라 언어적 커뮤니케이션을 매개로 인격적으로 상호 작용한다는 뜻이다. 언어에 의한 '행위'는 사물에 대한 사람들의 관점을 다양화시킨다. 당연히 '행위'에 참가하는 각자도 타자와 복합적으로 의견을 교환함으로써 다각적인 관점이 형성된다. 그런 뜻에서 '복수성'은 '다원성'으로 번역할 수도 있다.

나카마사의 분석대로라면 아렌트가 전제한 인간 존재의 중요한 조건은 사람 사이의 거리, 즉 경계이며, 이 경계를 분명히 전제할 때, 인격적 상호 작용이 가능한 것이다. 또한, 이는 나와 타자의 주체성의 복수성을 인정하는 다원성으로서 더욱 풍성한 관계성을 가능하게 하는 것이다. 그는 또한, 휴머니즘의 시대, 즉 모던 시대의 전체주의가 가져다준 폐단으로 아렌트의 사상은 다음과 같은 우려를 담고 있다고 전한다.[10]

한나 아렌트는 『전체주의의 기원』(*The Origins of Totalitarianism*, 1951)에서도 대중사회에서 원자화된 상태로 살아가는 사람들의 고독과 전체주의 체제에 의해 최종적으로 파괴되는 '복수성'의 문제를 다루고 있다. 원자화되어 주위에서 버려졌다는 감정을 품은 사람들을 하나의 세계관으로 다시 한번 '하나'로 묶어 세우려는 전체주의는 이질적인 의견을 가진 사람들이 복수의 전망을 갖고 서로 토론하고 관점을 다원화시킬 수 있는 여지, 즉 '사이'를 부수는 것이나 다름없다 … '복수성'을 상실한 '인간'은 타자와 (자기 사이에) 진정한 의미의 대화를 할 수 없게 된다.

요컨대, 존재들 간의 '사이'를 전제해야 '복수성'이 담보된다는 것이며,

---

10 Nakamasa, *Imakoso Arendt Wo Yominaosu*, 96–97.

인간의 고유한 조건으로서 행위는 이러한 '사이'와 '복수성'을 전제해야 한다는 것이다. 그리고 이 전제들, 곧 존재들 간의 '사이', 곧 경계가 인간 존재와 타 존재의 진정한 관계를 위해 반드시 지켜져야 한다는 것이다.

한편 기독교적인 관점에서 인간의 타락은 하나님과의 언약적 관계의 파괴이며, 더 나아가 인간과 인간 사이의 관계와 인간과 세상과의 관계를 파괴한 것이다(롬 8:19-22).[11] 첫 사람 아담이 하나님과의 더 친밀한 관계를 위하는 의도가 조금이라도 있었는지에 대해서는 회의적이지만, 선악과를 범한 사건, 즉 아담의 타락은 인간이 하나님과 구별되는 경계를 넘어 하나님이 되고자 했던 사건이며, 경계와 관계의 상관성에 대한 무지와 교만에서 비롯된 경계 해체 시도의 첫 번째 역사적 장면이다.[12]

분명한 사실은 아담이 하나님과의 경계를 무시하는 순간 관계는 깨어졌다는 것이다. 관계를 위해 분명한 경계에 손을 대는 것은 관계에 결코 도움이 되지 않는 것이 성경의 관점이다. 이후에도 줄곧 타락한 인간 본성이 시도하는 것은 하나님과의 경계에 대한 도전이며, 바벨탑 사건은 이를 다시 한번 드러내는 사건이다. 인간은 하늘에 닿고자 탑을 쌓았다. 그리고 이때 인간이 의도한 또 다른 한 가지는 인간의 '흩어짐'을 면하는 것이었다(창 11:4).

이 사실을 기록한 창세기 11장 4절은 인간이 자기의 이름을 하늘만큼 높이는 것과 인간 존재의 '흩어짐'을 방지하는 두 가지 서로 다른 의도가 동전의 양면처럼 한 사건, 즉 하늘과 땅의 경계를 넘는 탑을 쌓는 것으로 드러낸다. 하나님과 같이 되고자 하는 인간의 교만은 그 경계의 해체와 인간 집단의 관계 유지에 밀접한 연관이 있는 것이다.

제언하지만, 인간과 비인간 존재의 관계성을 지향하는데 있어 나 역시 반론을 할 마땅한 이유가 없다. 그러나 그 근거와 수단에 있어서 포스트휴머니즘이 가지고 있는 순진함과 과격함은 받아들이기 어렵다. 가장 큰 이유는 포

---

11 Bavinck, *Gereformeerde Dogmatiek,* 340C.
12 Calvin, 1559a, 2.1.4; Bavinck, *Gereformeerde Dogmatiek,* 307C.

스트휴머니즘이 내세우는 경계 해체의 근거와 수단을 통해서 예상할 수 있는 인간관은 결코 그들이 의도하는 이상을 실현할 수 없기 때문이다.

결국, 포스트휴머니즘 담론에 있어서 수면 위로 오른 가장 중요한 논쟁은 전통적인 인간과 기계적 인간의 존재, 즉 인간과 기계에 대한 존재론적 고찰이다.[13] 존재 사이의 경계를 강조하면 관계성이 감소하며, 결국 존재는 고립된다. 반대로 존재 사이의 관계를 강조하면 경계성이 감소하며, 결국 존재는 무의미해진다.

그렇다면 이에 대한 적절한 대안은 무엇인가?

특히, 경계와 관계에 대한 기독교적인 대안은 무엇인가?

결론적으로, 경계와 관계 어느 한 쪽을 일방적으로 강조하는 것은 신학적인 혹은 존재론적인 불균형을 초래하여 이단적 사상 더 나아가 종교성으로 발전하게 마련이다. 이 때문에 기독교, 특히 개혁주의는 이 양자 어느 한쪽으로 기울어진 불균형이 아니라, 적절한 균형을 유지하는데 애를 썼다. 이를 경계 변수와 관계 변수의 함수로 표시하면 다음과 같다 (그림 6, Reformed Christianity zone: RC zone).

[그림 6] 개혁주의 인간관의 경계 변수와 관계변수의 함수

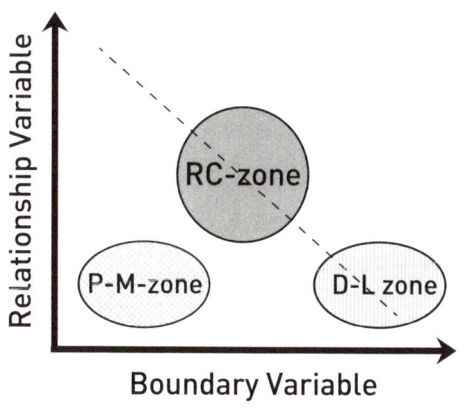

---

13 이창익, "인간이 된 기계와 기계가 된 신: 종교, 인공 지능, 포스트휴머니즘," 71.

우선 그래프에서 보듯이 기독교 신학의 경계 변수와 관계 변수의 상관성은 포스트휴머니즘과 마찬가지로 부적 비례를 따른다고 볼 수 있다. 예수 그리스도가 하늘과 땅의 경계를 허물고 이 땅에 오신 사건은 결국, 인간의 타락으로 훼손된 하나님과 인간의 관계를 회복시키기 위함이다. 그러나 성경에서 분명히 밝히는 것은 이 경계를 넘어 관계할 수 있는 것은 오직 하나님밖에 없으며, 하나님이신 예수님의 성육신 사건이 그 절정이라고 할 수 있다(요 1:14; 롬 8:3; 빌 2:7).

세상에 실재하는 모든 존재의 경계와 관계의 함수는 하나님과 인간의 경계와 관계의 함수에서 그 원형을 찾아야 한다. 하나님과 인간의 경계와 관계 함수의 이해는 개혁 신학적 입장에서 볼 때, 양극단의 두 가지 양상으로 잘못 전개될 수 있다. 하나님과 인간 사이에서 관계를 강조하여 인간의 한계를 무시하고 다다를 수 없는 하나님의 신성에만 집중하면 경계는 사라지고 범신론적 신비주의(Pantheismic Mysticism; P-M-zone)가 나타난다.

실상 포스트휴머니즘이 의도하는 좌상면의 위치를 의도하지만, 하나님과의 경계를 넘을 수 있는 권리와 능력은 오직 그리스도 외에는 없다. 하늘과 땅의 경계를 넘어 성육신하신 그리스도의 중보 사역을 외면하는 범신론적 신비주의는 오히려 유일하신 하나님과의 관계를 완전히 훼손하고 만다.

반대로 하나님과 인간 사이의 경계를 강조하면 이신론적 자유주의(Deismic Liberalism; D-L-zone)가 대두되며, 하나님보다 인간 존재 자신에 집중하게 되면서 경계는 무한해지고, 하나님과의 관계는 소원해진다. 그러나 결국, 이 둘은 동전의 양면과 같이 서로 일원론적 견해를 유지한다는 점에서 유사하다.[14] 범신론은 비물리적인 상부 세계가 존재한다고 믿으며, 물리적 세계는 단지 신적 실체의 약한 투영물에 불과하다. 반대로 이신론은 상부 세계는 아예 존재하지 않고, 물리적 세계만이 실체로서 존재한다고

---

14 Michael Horton, *The Christian Faith: A Systematic Theology for Pilgrims on the Way*, (2012), 이용중 역, 『언약적 관점에서 본 개혁주의 조직신학』(서울: 부흥과개혁사, 2012): 40-41.

믿는다. 결국, 어느 한쪽을 희생하던 일원화된 세상을 믿으며, 중요한 사실은 두 입장 모두 피조적 물리 세계를 초월하면서 그 피조 세계의 존재들과 자유롭게 관계를 맺으시는 인격적인 존재로서의 하나님은 거부한다는 사실이다.

호튼(Michael Horton)은 특히, 현대 사회에서 과학과 마술, 물질주의와 영성이 통합되는 경향을 보이면서, 범신론적 신비주의는 발달하는 과학 기술과 영합하는 추세가 강하다고 지적한다.[15] 하여간 어느 쪽으로든 경계성과 관계성의 상반성이 증가하면, 결국 한쪽으로 균형이 무너지게 된다. 결론적으로 적절한 경계성이 유지되어야 적절한 관계성이 담보되는데, 이것이 실제로 한계가 분명한 인간이 취할 수 있는 유일한 선택이 된다.

개혁주의(RC zone)는 이 점을 분명히 인식하고 적절한 경계 변수와 적절한 관계 변수의 균형을 유지하는 선에서 그 위치를 유지한다. 개혁주의의 경계와 관계의 RC zone이 그래프의 중앙에 있는 것은 바로 이런 이유 때문이다. 경계 변수를 중심으로 볼 때, 완전한 경계 변수의 감소(그래프의 좌면)는 그리스도의 재림으로 열릴 재창조에 성취될 수 있다. 그리고 이 때 비로소 관계 변수는 완전히 회복되어 하나님과 인간 사이에 무한히 멀어진 관계는 무한히 가까워진다(그래프의 좌상면). 그리스도로 말미암아 얻은 완전한 육체와 영혼은 곧 '그가 내 안에, 내가 그 안에 거하는' 질적으로 무한히 가까워진 관계의 로고스적 표현이다(요 15:5).

이제 마지막으로, 하나님과 인간의 경계와 관계성의 함수 관계를 모든 피조 세상의 존재 간 함수 관계의 원형적 모델로 비추어 포스트휴머니즘을 살펴보자. 포스트휴머니즘은 인간과 비인간 존재들의 경계를 허물면서 포스트휴먼 주체를 복잡한 네트워크 속에 방치하기 때문에 인식의 주체와 대상 간 분리는 불가능하게 된다. 정윤경은 자타의 구분, 인식 주체와 대상의 구분 등이 모호한 행위 실재론(agential realism) 차원에서 포스트

15　Horton, *The Christian Faith: A Systematic Theology for Pilgrims on the Way*, 45.

휴먼을 인간 주체와 세계가 상호간 지속적인 '되기' 과정 중에 위치한다고 주장한다는 것이다.[16]

관계항으로서 인간의 행위는 곧 관계의 대상인 세계로 되어가는 과정에 있는 것이다. 물론 이 '되기' 과정은 인간이 아닌 비인간적 물질성까지 포함된다. 이것은 휴머니즘 시대의 인간이 누려온 특별한 지위와 기득권을 포기해야 하는 것이며, 포스트휴머니즘이 주장하는 인간관이 의도하는 것이기도 하다.

그런 의미에서 기독교적 '되기'를 강조하는 김민수의 기독교적 인간관은 자칫 위험한 발상일 수도 있다.[17] 비록 그리스도의 성육신 과정을 '되기'의 전형이며, 모범의 유일한 성경적 예로 근거를 제시하지만, 인간은 결코 그리스도가 될 수 없으며, 그의 행위를 모사할 수는 있지만, 복사할 수는 없다.

요컨대, 아직 진행형이라고 할 수 있는 포스트휴머니즘의 의도는 범신론적 신비주의와 유사해 보인다. 그들의 가설은 앞서 설명한 대로 경계 변수의 현격한 감소는 곧 관계 변수의 현격한 증가로 이어진다고 예상한다. 그러나 기독교적 관점, 특히, 개혁주의적 관점에서 조망하는 경계성과 관계성의 함수에서 인간이 취할 수 있는 최선은 적절한 균형과 그 균형을 유지하는 적절한 경계와 관계의 절묘한 근사값이다.

2. 인간의 형상으로 신이 된 인간

휴머니즘의 역사는 곧 인간 중심의 인본주의적 사상의 연속선에서 이해할 수 있으며, 이는 언제나 신본주의적 인간관과 대척점에 서 있었다. 포스트휴머니즘은 비록 휴머니즘과의 차별성을 강조하며 더욱 부각되었지

---

[16] 정윤경, "포스트휴머니즘과 휴머니즘에 기반한 교육 재고," 130.
[17] 김민수, "포스트휴먼 시대의 기독교 교육의 방향."

만, 그 중심에는 휴머니즘의 인본주의적 사상과 연결된 연속성이 분명히 새겨져 있다. 언제나 문제는 인간이 세상의 중심이 되기엔 인간의 능력은 턱없이 부족했고, 그 한계는 너무도 분명했다는 점이다. 신이 되고자 했던 인간의 시도는 번번이 실패했으며, 특히 죽음이라는 결정적인 벽은 인간이 도저히 넘을 수 없는 벽이었다.

그러나 포스트휴머니즘은 그 벽을 넘을 수 있는 실체를 손에 거의 넣은 듯 보인다. 과학 기술이 선사한 기계적 인간이 그것이다. 하나님을 믿지 않는 이들에게 구원의 영생은 기계를 통해 구현될 수 있다. 즉, 기계가 된 인간만이 신이 될 수 있다. 더욱 놀라운 사실은 모든 기계는 신이 되고자 한다는 것이다.[18] 대표적인 포스트휴먼의 실체적 아이콘인 인공 지능은 인간의 형상으로 영생하는 신이 된 새로운 인간 종이 되며, 지능의 신으로 추앙하는 데이터교라는 신흥 종교의 교주가 되고, 생물학과 컴퓨터 과학은 새로운 신학이 된다.[19]

포스트휴머니즘이 꿈꾸는 새로운 종교의 구체적인 설계도를 테그마크(Max Tegmark)만큼 잘 그린 사람도 없을 것이다. 스웨덴의 물리학자인 테그마크는 도래할 약 1만 년 후의 미래를 과학 기술이 가져다 줄 자유주의적 유토피아로 그린다.[20] 이곳은 인간과 사이보그, 업로드와 초지능이 평화롭게 공존하는 세상이다. 전지전능한 인공 지능이 자애로운 독재자가 되어서 사회를 엄격한 규칙과 통제로 지배하며, 인간의 행복을 보호하는 신과 같은 존재이다.

그러나 전지전능한 인공 지능은 그것을 가둬놓고 기술과 부를 창출하는 인간의 노예에 불과한 신이며, 사실상 신은 인간이 된다. 인공 지능의 주인인 인간은 전지전능한 인공 지능을 이용해서 다른 인간을 동물

---

18 이창익, "인간이 된 기계와 기계가 된 신: 종교, 인공 지능, 포스트휴머니즘," 71.
19 Harari, *Homo Deus*, 503-511.
20 Max Tegmark, *Life 3.0: Being Human in the Age of Artificial Intelligence*, (2017), 백우진 역, 『맥스 테그마크의 라이프 3.0』 (서울: 동아시아, 2017): 223-276.

원과 같은 곳에 가두기도 하고, 심지어 제거하기도 한다. 테그마크는 이처럼 다양한 설계도를 단순히 미래에 도래할 수 있는 시나리오 정도로 제시하는데, 놀랍도록 충격적인 것은 거의 대부분이 매우 종교적이라는 점이다.

그리고 그 종교의 최상에는 전지전능한 인공 지능과 그것을 소유한 인간의 신격화라는 것을 알 수 있다. 포스트휴머니즘이 경계를 해체하는 주요한 수단으로 차용한 과학주의는 자연주의적 무신론을 배경으로 강력한 물질주의를 표방한다. 역사적으로 물질주의는 또 다른 형태의 우상숭배와 다름이 없었다. 2세기 초대 교회 중 하나였던 서머나 교회의 지도자였던 폴리갑은 잘 알려진 대로 당시 로마정에 의해서 순교 당했다. 흥미롭게도 폴리갑을 죽였던 이들이 폴리갑의 죽음에 대해서 외쳤던 구호는 이렇다.

'무신론자들에게 죽음을!'[21]

여기서 그들이 폴리갑을 무신론자라고 부른 것은 '눈으로 볼 수 있는 신'을 섬기지 않았다는 의미에서 비롯된 것이다. 로마인들은 '눈에 보이는 신' 즉, 물질적인 신 이외의 신은 인정하지 않았다. 가현적 물질만이 절대자의 자격을 부여받는 것이며, 물질은 곧 우상이 된다. 이는 마치 출애굽 한 히브리 민족이 눈에 보이는 지도자 모세를 산에 올려보낸 뒤, 눈에 보이는 신을 만들어 달라며 떼를 쓰는 모습을 보는 것 같다. 기억해야 하는 것은 그들이 신을 믿지 않은 것이 아니라, 눈에 보이지 않는 신에 대한 확신이 없었다는 것이다.

게다가 그들은 인간도 아닌 고작 '소'의 형상을 신으로 섬겼다. 인간의 형상이 신이 되지 말라는 법은 없다. 역사적으로 인간이 지속적으로 시도했던 신격화는 그 방향성에 있어서 인간화의 방식과 동일하다는 것을 기억해야 한다. 비인간이 인간으로 향상되는 방향성은 인간이 신으로 향상하는 방향

---

[21] Justo L. Gonzalez, *The Story of Christianity*, (1984), 엄성욱 역, 『초대교회사』(서울: 은성 출판사, 2012): 79-80.

성과 유사하다. 인간 이외의 무생물, 동식물, 사물 등을 사람처럼 표현하는 소위 '의인화'라고 일컬어지는 인간적 능력은 인간이 자신과 다른 생명체를 자신처럼 여길 수 있는 유일한 길이다.[22] 오직 물질적 존재로만 인정되는 포스트휴먼이 얼마든지 인간의 형상으로 우상이 될 수 있는 것이다.

하나님을 인정하지 않는 포스트휴머니즘이 택하는 또 다른 방식은 불완전하고도 모호한 인간 존재에 대한 인식을 위해서 인식 자체에 대해서 수정하거나 혹은 그 존재의 불완전성을 인식 대상에서 제거해 버리는 것이다. 후자는 칸트에서 비롯되어 현재까지도 대다수 일반적인 무신론적 철학자들이 취하는 방식이며, 형이상학적 실체를 거부하는 것이다.

예컨대, 셸리 케이건(Shelly Kagan)은 "(인간은 물론 로봇에 이르기까지) 감정을 설명하기 위해 굳이 영혼에 의존할 필요는 없다. 순수하게 물리적인 존재들도 얼마든지 감정과 느낌이 들 수 있다. 그렇기 때문에 영혼의 존재를 받아들여야 할 이유는 없다"고 말한다.[23] 인식할 필요가 없거나, 인식 대상으로 부적합하다는 변명은 결국, 인간이나 기계의 인식 능력의 부족을 인정하는 것에 불과하지 않지만, 그것을 인정하기에는 여전히 인간은 존엄한 존재이다. 그런 의미에서 이런 입장은 여전히 고전적인 휴머니즘의 냄새가 난다. 그러나 포스트휴머니즘은 전자의 입장에 서는 것으로 차별화한다. 포스트휴머니즘의 사상적 기초를 제공한 사람 중 한 명인 캐런 바라드(Karen Barad)는 우리의 지식이 세계 밖에서 얻어지는 것이 아니라 인간 자체가 세계의 일부이기 때문에 인식이 가능하다고 주장한다.[24] 인식론과 존재론의 분리는 인간과 비인간, 주체와 객체, 마음과 신체, 물질과 담론 사이에 본래적 차이가 있다고 가정하는 형이상학의 반영이기에 거부하며, 인식과 존재를 구별하지 않는다. 이런 면에서 포스트휴머니즘의 사상은 기독교 사상과

---

[22] 김종엽, "인간 존엄성-인간 중심적 사고의 부활인가?" 54.
[23] Shelly Kagan, *Death*, (2012), 박세연 역, 『죽음이란 무엇인가』 (서울: 엘도라도, 2012): 59.
[24] Karen Barad, *Meeting the universe halfway*, (Durham: Duke Univ. press, 2007): 185.

연결되는 부분이 있다. 문제는 그 존재와 인식의 가능성을 어디에서 찾느냐는 것이다. 결국, 포스트휴먼은 존재됨의 인식적 가능성을 스스로에게서 찾을 뿐만 아니라 그 기원 역시 스스로에게 두고 있다는 점에서 하나님을 대체하려고 하는 것이다.

전언했듯이 인간이 참된 인간일 수 있는 것은 인간 자신의 존재에 대한 명확한 인식에서 비롯된다. 실상 인식, 즉 앎의 실천은 존재와 분리될 수 없다. 인간이 누구인지를 묻는 것과 누구인지를 아는 것은 서로에게 영향을 준다. 기독교적인 인간은 그 존재의 기원에 있어 하나님이 행하신 창조의 역사를 잘 안다. 그러하기에 하나님 안에서 존재와 인식은 구별되지 않으며, 영과 육도 서로 유기적인 소통을 이룬다. 구별되지만 분리되지 않고, 결합되지만 이질적이지 않다. 이것이 가능한 것은 불완전한 인간 존재나 인식에 기댄 것이 아니라 완전하신 하나님에 의지하기 때문이다.

포스트휴머니즘이 기독교적 신을 지우고 그 위치에 인간을 올려놓기 위해서 취하는 또 다른 방식이 있는데, 그것은 종교적 용어와 실체 대신에 비종교적 용어와 실체로 치환하는 것이다. 트랜스휴머니즘의 철학적 기초를 쌓은 맥스 모어(Max More)는 기독교적 휴머니즘에 대항하는 세속적 휴머니즘을 주창하여 그것으로도 충분하다고 주장하는 폴 커츠(Paul Kurtz)를 인용하며 이렇게 말한다.[25]

> 트랜스휴머니즘은 세속적 인본주의자인 폴 커츠(Paul Kurtz)가 만든 비종교적 철학의 한 가지인 '유프락소피'(eupraxsophy)로 설명될 수 있다. 이 철학은 신앙(faith), 예배(worship), 초자연적인 것(the supernatural)에 매인 삶을 거부하며, 대신에 이성(reason), 과학(science), 진보(progress)에 입각한 생활로 향하는 의미 있고 윤리적인 접근 방식과 우리 현재 삶의 존재적 가치를 강조하는 것이다.

---

25 More, "Transhumanism: Toward a Futurist Philosophy," 4.

앞에서 언급한 대로 존재론적 인식론의 일원화된 방법론적인 접근이 아니라 존재적 실체의 인식을 위한 언어를 치환하는 것으로 종교의 존재적 실체를 거부하고, 눈에 보이는 삶의 존재적 실체를 윤리적인 가치로만 부각하여 강조하는 것이다. 그러나 인간의 역사는 성령의 감동이 아니면 깨달을 수 없는 보이지 않는 실체적 존재에 의해서 실질적으로 이루어진다. 실상 진정한 인간의 역사는 곧 하나님 앞의 역사이다.[26]

독일의 개혁주의 신학자 헬무트 틸리케(Helmut Thielicke)는 인간 역사의 수평적 차원과 수직적 차원의 실존을 말한다. 수평적 차원에서 인간은 역사성의 주체이며, 보편적 존재로서 실존의 존재론적 영역을 차지한다. 이는 분명하나 성령의 감동 없이는 인정할 수 없는 영역이다.

그러나 또 한편 인간은 수직적 차원의 실존으로 눈에는 보이지 않으나 역사의 주관자이며 섭리하시는 영적 실존인 하나님 없이는 역사적 기원과 의미, 그 가치를 찾을 수 없다. 보이지 않으나 살아 계시며, 느낄 수 없으나 일하고 계신 초월적인 하나님에 대한 신앙과 그분을 향한 예배는 그렇기 때문에 인간 이성이나 물질에 국한된 과학으로는 대체될 수 없는 것이다.

3. 무생물적 물질로 역진화된 인간

사이보그나 인공 지능과 같은 포스트휴먼의 궁극적 실현은 인간을 닮은 인간의 형상이다. 인간은 살아 있는 생명체이며, 탄생과 죽음의 역사를 이어가는 존재이다. 인간은 살아 있는 하나님의 형상으로 하나님이 친히 그 생기(the breath of life)를 넣어 주심으로 생령(the living being), 즉 살아 있는 존재가 되었다(창 2:7).

---

[26] Helmut Thielicke, 1999, 35; 김영한, 『헬무트 틸리케-종교개혁적인 성경론적 신학』 (서울: 살림, 2005): 25에서 재인용

인간은 진화의 어떤 과정적 존재가 아닌 것이 너무도 분명하다. 그러나 다른 한편에서 인간은 오랜 역사의 진화적 산물이며, 생물 진화의 정점에 있다고 말한다. 포스트휴머니즘의 휴먼은 그 진화의 연속선상에 등장한 현재적 진화의 산물이며, 새로운 인간 종이다. 이런 면에서 어떤 식으로든 진화의 산물로 인간을 규정하는 것은 기독교적 입장에서 쉽지 않은 일이다. 포스트휴먼 역시 마찬가지이다. 그러나 포스트휴머니즘의 인간관에서 포스트휴먼은 일반적인 진화론으로도 받아들이기 어려운 면이 있다.

가장 중요한 질문은 이것이다. 포스트휴먼은 살아 있는가?

생물학에서 무생물과 생물, 즉 살아 있다는 것은 무엇으로 증명되는가? 일반적으로 생물학에서 '살아 있음'을 나타내는 중요한 기준으로 삼는 것은 다음과 같은 다섯 가지이다.[27]

첫째, 성장하는가?(Is it growing?)
둘째, 생식하는가?(Is it reproducing?)
셋째, 물질대사를 하는가?(Is it metabolizing?)
넷째, 외부 자극에 대해서 반응을 하는가?
　　　(Is it responding against the external stimuli?)
다섯째, 항상성을 유지하는가?(Is it maintaining the homeostasis?)

이 다섯 가지에 대해서 모두 '그렇다'라는 긍정이 살아있는 생물의 지표가 된다. 각각의 개괄적인 의미와 포스트휴먼과의 개연성을 살펴 보자.

첫째, 살아있는 생물은 성장(growth)한다.

여기서 성장의 의미는 단순히 양적인 성장만을 의미하지 않는다. 질적인 성장, 즉 보다 복잡해지며, 더욱 체계적인 구조를 형성해 간다는 측면에

---

[27] Russell et al., *Biology; the dynamic science*, 2-7.

서 성장이다. 그러나 포스트휴먼은 성장하지 않는다. 기계화된 포스트휴먼은 일반적으로 그 제작자에 의해서 만들어진 그대로 그 상태를 유지한다. 외형적인 성장은 물론 좀 더 고차원적인 성장을 하지는 않는다. 물론 단순한 지식이나 정보의 증가는 이룰 수 있으나, 이것은 일반적인 생물학적 성장과는 분명한 차이가 있다.

둘째, 살아있는 생물은 자기 종을 유지하기 위하여 생식(reproduction)한다.

생식의 중요한 생물학적 의미는 종의 고유한 유전 정보(genetic information)를 세대에 걸쳐 전달하고 종 내의 유전적 다양성을 확보하면서 보존하는 것이다. 모든 생물종을 고려하면 생식하는 방법도 다양하지만, 인간의 경우 생식을 위해서 반드시 남성(male sex)과 여성(female sex)의 구별된 생식세포(reproductive cell; gamete)의 결합이 선행된다. 즉, 남성의 정자(sperm)과 여성의 난자(egg)가 만나야 하며, 이 둘의 결합의 생물학적 의의는 남성의 유전 정보와 여성의 유전 정보의 결합에 있다.

그러나 사이보그와 같은 포스트휴먼은 생식하지 않는다. 기계화된 포스트휴먼은 인간이나 다른 생물이 가지고 있는 유전 정보 자체를 가지고 있지 않다. 모든 생물의 유전 정보는 DNA(Deoxyribo-Nucleic Acid)라는 물질에 담겨 있다. DNA는 부모 세대의 유전 정보를 자녀 세대에게 전달해 줄 수 있도록 하나님이 개발하신 유일무이한 물질이다. 포스트휴먼은 이와 같은 의미의 생식에는 전혀 관계가 없는 존재이다.

셋째, 생물이 살아있다는 강력한 동인은 에너지를 만들고 소비하는 물질대사(metabolism)에서 발생한다.

모든 살아있는 생물은 생명 활동을 위한 에너지원이 필요하다. 모든 생물의 에너지원은 ATP(Adenosine Tri-Phosphate)라는 생화학적 유기물이며, 이를 생산하고 소비하는 것은 생물종의 독특하면서도 복잡한 생화학적 반응 경로를 통해서 이루어진다. 그러나 기계적 포스트휴먼은 물질대사를 하지 않는다. 물론 포스트휴먼도 기능하기 위해서 에너지원을 필요로 하며, 그 에너지를 사용해서 다양한 기능을 한다.

그러나 두 가지 측면에서 포스트휴먼은 살아 있는 인간과는 다르다. 먼저 사용하는 에너지원의 종류가 다르다. 엄밀하게 말해서 그 기원도 다르고 그 종류도 현저히 다르다. 인간은 생화학적 에너지이나, 아마도 대부분의 포스트휴먼은 전기에너지를 사용한다. 또한, 인간은 복잡한 유기적 시스템(organic system)인 복잡한 물질대사를 이용하지만, 포스트휴먼은 무기물적(inorganic) 시스템, 즉 기계적 시스템(mechanic system)을 사용한다. 둘 사이에 현격한 차이가 있는 것이다.

넷째, 생물은 외부에서 주어지는 자극에 적합한 반응을 한다.

이것은 생물이 한 개체의 내적 생명 활동에 국한되지 않고 개체 외부의 환경과 끊임없이 상호 작용한다는 것을 의미한다. 특히, 살아있는 생물은 외부에서 주어지는 자극의 종류를 구별하여 그 자극에 따라 적합한 반응을 하게 된다. 일반적으로 외부 자극에 대해 정해진 특정 반응이 사라지는 것은 그 생물 개체의 죽음을 의미한다.

그렇다면 포스트휴먼, 예컨대 인공 지능은 외부 자극에 대해 적합한 반응을 하는가?

물론 외부에서 인공 지능에 도입한 다양한 프로그램에 의해서 일정한 자극에 대해 일정한 반응을 할 수 있다. 예컨대, 인공 지능 로봇은 다양한 표정을 지을 수 있고, 여러 가지 말을 할 수 있다. 이를 이용해서 상대방과 대화하면서 상대방의 말과 태도에 적절한 반응을 할 수 있다. 그러나 인공 지능은 받아들일 수 있는 자극과 그 반응이 지극히 제한적이다. 인간이 보이는 수많은 물리적, 생리적, 화학적 자극과 반응의 복잡한 시스템은 인공 지능이 도저히 따라 할 수 없는 것이다.

다섯째, 생물이 무생물과 대조되는 가장 중요한 특징 중에 하나는 앞서 소개한 자극과 반응이 보다 정밀하게 조직화된 시스템이다.

생물은 외부의 환경이 변화무쌍하더라도, 즉 그 자극의 종류와 크기가 변하더라도 생명 활동에 필요한 내부 조건을 변함없이 일정하게 유지한다. 이것을 항상성(homeostasis)라고 한다. 생물이 항상성을 통해서 유지하는 것으로 예컨대, 체온과 같은 것이 있다. 인간은 외부 온도의 변화에 관계없이 항상 36.5℃ 정도의 체온을 유지하게 된다. 이외에도 인체에는 혈당(blood sugar), 산성도(pH), 체내 수분량, 그리고 일주기(circadian rhythm) 조절 등이 있다. 인공 지능과 같은 포스트휴먼은 항상성에 있어서도 지극히 제한적이다.

물론 포스트휴먼은 그 용도에 따라 제한적으로 프로그램된 부분에 한해서는 항상성과 같은 비슷한 시스템을 가질 수 있다. 그러나 이 역시 인간이 가진 유기적인 시스템과는 본질상 전혀 다른 기계적인 시스템의 항상성이다.

결론적으로 포스트휴먼의 인간은 살아 있는 생물로써의 인간의 특징 다섯 가지 중에서 그 어떤 것도 만족시키는 것이 없다. 포스트휴먼은 살아 있는 생명체(the living being)라고 하기에 부족하다. 포스트휴먼은 생물학적으로 죽은 존재이며, '살아 있는 인간'의 죽은 형상일 뿐이다.

앞서 제언한 인간적 경계 또는 생물적 경계를 무시할 수 없는 것이다. 기본적으로 생물학은 인간 존재의 물질적인 부분, 즉 포스트휴먼의 물질적인 영역에 대한 존재론적 이해에 제한되어 있다. 이 때문에 포스트휴머니즘은 물질주의적 진화론과 깊은 관계가 있다고 할 수 있다. 실상 포스트휴먼은 인간 진화의 최신판으로 가장 놀라운 점은 이전까지 진화 이론으로는 설명할 수도 없었고, 그럴 이유도 없었던 새로운 영역의 진화라는 사실이다.

먼저 언급한 마이클 필라(Michael Filas)는 미국 웨스트필드주립대학의 교수이자 문화비평가이며 작가인데, 그의 문화적 해석에 따르면, 발전된 과학 기술로 가능하게 된 사이보그의 혼종화(hybridization)는 기존의 생물학적 진화가 아닌 '포스트-진화'(post-evolution)이며, 포스트휴먼을 진화적 산물로써 이해한다.[28]

---

[28] Filas, "Cyborg Subjectivity," 2-3.

이전 시대에는 인간의 진화를 생물학적으로만 접근했다면, 그는 포스트휴머니즘 시대의 인간 진화는 사이보그적 진화로 변형된 문화적 현상으로 분석한다.

앞서 언급한 테크마크(Max Tegmark)는 우주 생명의 진화는 모두 세 단계에 걸쳐 이루어졌으며, 첫 번째 단계는 단순한 생물적 진화(Life 1.0; 약 40억 년 전 등장)라면, 두 번째 단계는 문화적 진화(Life 2.0; 약 10만 년 전 등장)이고, 세 번째 단계는 기계의 소프트웨어는 물론 하드웨어마저도 극적으로 재설계할 수 있는 기술적 진화(Life 3.0; 다음 세기)이라고 주장한다.[29]

아직 이 세 번째 단계는 도래하지 않았지만, 인간은 더 이상 생물학적 진화의 산물이 아닌 과학 기술적 진화, 즉 포스트 진화적 산물로써 새롭게 정의가 되어야 한다는 것이다.

물론 생물학적으로 주어진 몸을 지나치게 신성시해서 어떠한 과학 기술의 개입도 용납하지 않는 태도도 문제이지만, 과학 기술의 힘을 빌려서 몸을 원하는 대로 바꾸거나 그럴 수 있다고 믿는 태도도 문제이다. 우리의 몸은 하나님의 형상의 일부로서의 고유함과 하나님의 성전으로서의 정결함도 담고 있지만, 후패하여 흙으로 돌아갈 한시적인 물질성 역시 가지고 있다.

몸은 억압이나 착취의 대상도 아니지만, 숭배의 대상도 아니다. 사이보그와 같은 포스트휴먼적 존재는 인간이 만든 것이지만 그렇다고 해서 인간이 온전히 통제하거나 예측할 수 있는 것은 아니다. 물질적인 측면으로만 본다면, 포스트휴먼과 인간의 관계는 휴먼의 몸과 인간의 관계와 유사하다.[30]

물질적 페미니즘이나 생태철학 등이 포스트휴먼의 담론에서 인간과 비인간의 관계에 대한 주요한 접근법으로 소개되는 이유도 여기에 있다.

이들은 고전적 휴머니즘의 종주의(speciesism)와 인간 중심주의(anthropocentrism)를 넘어서기 위해 인간의 생물학적 경계의 요소를 취소하고, 생물적 유기물과 무생물적 무기물의 사이존재inter-being), 종간존재interspe-

---

29 Tegmark, *Life 3.0: Being Human in the Age of Artificial Intelligence*, 41-49.
30 임소연, "휴먼 바디를 가진 포스트휴먼, 사이보그는 어떻게 탄생하는가," 138.

cies-being) 양식을 지향한다. 포스트휴머니즘의 외연이 신물질적 페미니즘, 사물이론, 행위자 네트워크론(Actor-Network Theory; ANT), 신경험론, OOO('Object-Oriented Ontology'의 줄임말로 '객체 지향 존재론' 또는 '사물 지향 존재론), 동물연구, 생태적 관계성 접근 등이 포함되는 상이한 접근법으로 확장되는 것도 이 때문이다.[31] 이처럼 포스트휴머니즘은 진화론 증명에 새로운 패러다임을 제공하고 있다.

그러나 진화론의 핵심 개념은 무생물적 물질이 생물이 되고, 생물 역시 가장 단순한 형태의 생물에서 점점 복잡한 형태의 생물로의 발전, 그리고 결국, 인간이 탄생했다는 것이다. 이를 단순 도식화하면 다음과 같다.

[표 5] 일반적인 진화론적 패러다임

'물질(무생물) --> 생물(일반 동식물) --> 인간'

진화론을 주장하는 모든 사람은 이 두 단계의 도약을 증명하기 위해서 갖은 노력을 해왔다.

첫째 단계의 도약을 증명하기 위해서는 무생물적 물질을 적당히 섞어 외부에서 에너지를 가하면, 유기물이 되고 결국, 가장 간단한 형태의 단세포 생물이 만들어질 수 있다는 것을 실험적으로 보여야 한다.

둘째 단계의 도약을 증명하기 위해서는 결국, 최종적인 형태의 유인원 종류가 인간과 같은 존재로 '진화'할 수 있다는 것을 보여야 한다. 실싱 현대 과학은 이 두 단계의 도약을 증명하는 데 여전히 실패하고 있다.

---

[31] Carol A. Taylor, "Edu-crafting a cacophonous ecology: cacophonous ecology: posthumanist research practices for education," Eds., Taylor, Carol. and Hughes, Christina, Posthuman research practices in education, (NY: Palgrave macmillan, 2016): 13.

앞서 제시한 경계의 종류로 볼 때, 첫 번째 단계는 물리적 또는 생물적 경계를, 두 번째 단계는 인간적 경계를 의미하는데, 결국 이 두 경계의 해체를 시도하는 포스트휴머니즘은 과학적으로 중요한 근거를 여전히 얻지 못하고 있다는 것이다.

마찬가지로 신상규에 의하면, 발전된 과학 기술로 생겨난 포스트휴먼 존재가 현재의 전형적인 인간과는 매우 다른 특성과 인과적 기제를 가지고 있을 것임은 쉽게 추측할 수 있는데, 진화이론의 관점에서 포스트휴먼은 인간종의 하나로 간주할 수 있는 여지는 계통적인 연속선상에 있다는 정도이며, 그러한 계통적 연속성의 잣대만으로 동일한 인간종의 일원으로 간주하기는 어렵다고 말한다.[32]

포스트휴머니즘은 이러한 방향성, 즉 무생물적 무기물질에서 생물적 유기물로의 진화의 방향성을 역행했다고 할 수 있다. 이는 곧 '역진화'(reverse-evolution)된 인간이며, 포스트휴먼은 생물적 존재의 '물질적 전환'(material turn)의 현현이라고 할 수 있다.

사회 과학에서 물질을 중시하는 물질적 전환은 물질에 비해 정신만을 중요시해 온 종교나 철학의 오랜 전통뿐 아니라, 인간과 비인간 및 정신과 물질의 위계적 이분법을 당연한 것으로 간주했던 근대주의적 학문에 대한 과감한 시도라고 볼 수 있다.[33] 이들이 보이는 공통점은 물질성이 배경을 이루는 것이 아니라 물질성에 대한 경험과 행위를 전면에 내세우며 관심을 기울인다는 것이다.

요컨대, 포스트휴머니즘은 기존에 주장되어온 진화론과 인간을 비롯한 모든 존재가 현상적으로 드러내는 물질성에 갇힌 한계에 공통성을 가지면서 물질에서 인간으로의 일방향적 접근과는 다른 역방향성의 차별성을 보인다.

---

[32] 신상규, "과학 기술의 발전과 포스트휴먼," 「지식의지평」 제15권, (2013): 141-142.
[33] 김환석, "사회 과학의 '물질적 전환(material turn)'을 위하여," 208-231.

인류의 역사적인 맥락에서 역시 포스트휴먼의 진화론적 요소는 과학주의와 마찬가지 연장선, 특히 포스트휴머니즘이 표방하는 차별과 억압이라는 경계를 해체하려는 그 선한 윤리적 의도에 심각한 의문을 제기한다. 다윈의 진화론을 '인간종'에게 직접적으로 적용한 헤켈(Ernst Haeckel)이 인종 간 차별의 해석적 근거가 되는 인종 분류(classification of human races)를 최초로 시도하여 가장 문명화된 '코카시언'(Caucasian)과 가장 야만적인 '니그로'(Negro)를 처음 구별했다는 사실은 역시 인종주의 등 인간 중심적 차별을 해체해야 한다고 주장하는 포스트휴머니스트들에게는 아이러니한 일인 것이다.[34]

트랜스휴먼이라는 용어를 처음 사용했던 줄리언 헉슬리(Julian Huxley)는 누구보다 강력한 진화론자이며, 우생학(eugenics)의 옹호론자였다는 사실에서도 역시 진화론에 기대어서 수많은 인간을 차별하고 억압하였을 뿐만 아니라 '홀로코스트'(Holocaust)까지 일으킨 우생학(eugenics)의 향기가 포스트휴먼에게서도 풍기는 듯한 느낌은 지울 수가 없다.

생물학적 자연인과 기계적 인공 지능 또는 사이보그 로봇, 또는 자연적 인간과 증강된 인간의 혼종은 강자와 약자 사이의 사회적 격차를 더욱 벌어지게 할 뿐만 아니라 시민사회 전체의 근간, 심지어 (포스트휴머니즘을 포함한) 모든 휴머니즘의 근간을 흔드는 것이다.[35] 이처럼 포스트휴먼의 진화적 본성은 결국, 윤리적인 인간의 본성에 큰 영향을 준다.

4. 윤리적 본성이 해체된 인간

유기체로서의 생물이 아닌 물질로서의 진화적 산물로 인간을 정의하는 포스트휴먼은 결국 발전하는 과학 기술의 위업에 의지하고 있다. 이미 우

---

[34] Gustav Jahoda, *Images of Savages: Ancient Roots of Modern Prejudice in Western Culture*, (London: Routledge, 1999): 83.
[35] 백종현, "과학 기술의 발전과 휴머니즘," 「철학과현실」 제120호, (2019): 172.

리는 포스트휴먼이 의지하는 과학 기술은 궤도를 벗어난 과학주의의 포장지에 불과하다는 것을 살펴보았다. 과학주의적 산물인 포스트휴먼은 필연코 과학 기술의 발전에 따르는 책임, 특히, 윤리적 책임을 벗어날 수 없는 존재이다. 그 이유는 브레이크 없는 기관차처럼 발전하는 과학 기술은 필연코 엄청난 기술 권력을 소유한 자들을 만들어 내고, 이 권력은 그에 합당한 책임과 새로운 윤리를 요구하기 때문이다.[36]

요나스는 현대 과학 기술이 유발하는 행위들, 예컨대 포스트휴먼 주체의 행위가 너무도 새롭기 때문에 기존의 윤리적 틀로써는 이를 파악할 수 없다고 하며, 새로운 윤리적 틀을 주장한다.[37]

휴머니즘 시대에 인간의 윤리가 가능했던 이유는 적어도 고정된 인간의 본성이 절대적 기준이 될 수 있다고 믿었던 순진한 믿음에 있었다. 비록 왜곡된 믿음이더라도 이 믿음에 절대성을 부여할 때, 최소한의 윤리적 기준으로 자리할 수 있었다. 그러나 포스트휴머니즘은 인간의 본성 자체에 해머를 가함으로써 더 이상 기댈 수 있는 윤리적 준거마저 해체시켜 버렸다.

도나 J. 해러웨이(Donna J. Haraway)와 캐서린 헤일즈(Katherine Hayles) 등은 인간 주체와 육체 사이의 경계는 선험적인 것이 아니라, 하나의 구성물임을 주장하면서 남녀의 이분법에 기초한 여성성을 폐기하고, 규범적인 젠더, 계급, 인종의 개념을 해체한 포스트휴먼의 육체를 주장한다. 즉 포스트휴먼의 육체는 다중적 정체성을 뜻하며, 혼종성(hybridity), 이질성(heterogeneity), 차이(difference)를 그 특징으로 삼는다.

따라서 포스트휴먼의 이러한 육체성은 그동안 우리가 당연시해왔던 남녀의 이분법적 성(性) 정체성에 도전하면서, 이원론의 경계, 관습적인 육

---

[36] Hans Jonas, *Das Prinzip Verantwortung : Versuch einer Ethik fer die technologische Zivilisation*, (1979), 이진우 역, 『책임의 원칙. 기술시대의 생태학적 윤리』(서울: 서광사, 1994): 5-10.

[37] Jonas, *Das Prinzip Verantwortung : Versuch einer Ethik fer die technologische Zivilisation*, 33.

체의 경계, 그리고 자아와 타자의 구분에 전제된 모든 것들을 뒤흔들어 새로운 주체성을 꿈꾸고, 인간이 '자율적 주체'라는 환상에서 벗어나 '관계적 주체'로서 다시 태어날 것을 요구한다.[38]

그러나 관계적 주체로서 인간과 인간 외 모든 존재적 경계를 해체한 포스트휴머니즘은 그것이 동물과 같은 생물이건 아니면 물리적 자연환경이건 간에 그것에 대한 인간의 윤리적 책임을 최소한 재고하게 만들었다. 심지어 같은 인간으로써 자아와 타자의 경계를 해체함으로써, 타자에 대한 윤리적 책임을 얼마든지 회피할 수 있게 되었다.

그리고 그 책임 대신에 은근히 타자에 대한 '존중'이라는 말로 사실상 관계를 끊어버리는 역설적 결과를 낳게 만든다. 더욱 무서운 것은 이들이 의지하는 과학 기술은 이 부분에 아무런 책임이 없다는 것이며, 타인에 대한 의무와 자유, 관용과 같은 관계적 가치들에 대한 해체적 변화를 맹목적인 신앙으로 받아들이게 되어서, 결국 모든 적극적인 윤리적 가치의 미니멀리즘을 이룩하게 된다.[39]

과학주의는 실상 아동에 대한 성희롱이나 인종차별과 같은 차별적 악에 대해서 윤리적으로 항의할 기준이 없다. 그것을 윤리적으로 책임져야 할 것으로 고발하기에 앞서 그것이 '존중'받아야 할 관용의 대상인지 아닌지를 먼저 판단해야 하기 때문이다. 포스트휴머니즘이 포스트휴먼을 지지하는 것은 모든 존재의 존재적 지위에서 차별과 억압을 없애는 지극히 윤리적인 결과를 의식한 것이라는 사실을 기억할 때, 놀랍게도 그들이 실제로 지지하는 포스트휴먼은 윤리적 본성이 해체된 비윤리적 인간이라는 사실은 충격적이다.

우리는 포스트휴머니즘이 과학주의에 근거한다는 사실을 잊지 말아야 한다. 포스트휴머니즘을 포함한 모든 휴머니즘이 관계를 지향한다는 것은

---

[38] 이은경, "디지털 데이터 사회의 포스트휴먼을 위한 교육," 「신학사상」 제183집, (2018): 146.
[39] Moreland, *Scientism and Secularism*, 42-49.

결국, 그 목적이 존재들의 평화와 행복에 있다. 당연히 인간은 행복을 추구한다. 그리고 그 행복 추구의 수단은 시대에 따라 변했다. 포스트휴먼의 시대에 그들이 발견한 수단은 과학 기술이다. 그러나 단순히 수단으로만 사용되는 과학 기술은 오직 발전해야만 하는 그 '성장 가능성'을 제외하면, 실질적인 궁극목적을 가지고 있지 못하다.[40]

과학 기술은 하늘을 날며, 달나라를 여행하고, 질병을 퇴치하여 결국, 영원히 살 수도 있으리라는 꿈을 목적으로 제시하지만, 이는 모두 신중하지 못한 것이며, 그나마 누구나 직관적으로 받아들이는 과학 기술의 목적은 '인간의 행복을 보장한다'는 것이었다. 그런데 문제는 과연 이 '인간'이 무엇인가라는 점이라고 자끄 엘륄은 지적한다.[41]

그리고 이 질문에 대해서 포스트휴머니즘은 '이상적인 로봇'인 포스트휴먼이라고 대답하며, 이것은 정확히 엘륄이 염려한 바로 그 무지하며 맹목적인 인간이다. 엘륄은 바로 이 이상적인 로봇의 정체를 노벨상 수상자인 생물학자 헤르만 멀러(Hermann Muller)의 말을 빌려 고발한다.

> 전체적인 면에서 인간은 자신의 가장 훌륭한 실현에 걸맞도록 향상되어야 하는데, 가장 훌륭한 실현이란 무엇인가? 평범한 인간이 학자들이 발견했던 세상을 이해할 수 없다면, 또 평범한 인간이 인간의 대단한 시도에 대한 의식적인 참여를 고양하는 데 관여하지 않고 거기서 역할을 하는 데 만족을 발견할 수 없다면, 그는 일련의 광대한 기계인 점점 덜 중요한 톱니바퀴의 상황 속으로 떨어질 것이다.[42]

이것이 포스트휴먼이 제시하는 유일한 인간 모델이며, 기계의 입장에서도 덜 중요한 톱니바퀴인데, 윤리적 가치를 부여할 수 있는지 매우 의심스

40　Ellul, *Le Systeme technicien*, 430-431.
41　Ellul, *Le Systeme technicien*, 433.
42　Ellul, *Le Systeme technicien*, 435.

러울 뿐이다. 포스트휴먼의 개념과 그 발전상을 보면, 생각하며 학습할 수 있는 인간이 되기 위한 기계의 노력, 아니 그 이면에 있는 인간의 멈추지 않는 욕구를 만나게 된다. 궁극적인 포스트휴먼의 지향점은 인간과 구별할 수 없는 지적 능력을 갖춘 기계적 존재를 말한다. 이런 기본적 전제에 대한 인식이 결여된 포스트휴먼 연구는 인간을 절멸로 몰아가는 기계 주의의 폭주로 끝날 수 있다.[43]

페트르 프리세카루(Petre Prisecaru)는 로봇과 인공 지능의 발전은 인간의 삶이 비인간화될 수 있으며, 감성, 영감, 공감과 같은 인간의 독특한 가치에 영향을 주어 도덕성과 윤리적 문제가 커질 것이라 경고하고 있다.[44]

세계경제포럼(World Economic Forum)조차도 인류에 많은 혜택을 주면서도 심각한 피해를 줄 수 있는 분야로 인공 지능과 로봇공학 그리고 생명공학을 예시하고 있다.[45] 끊임없는 진보에 대한 낙관으로 점철된 과학 기술이 비인간화를 초래하며, 인간의 원죄를 근본적인 선함 및 물질적, 도덕적 진보의 불가피성으로, 그리고 윤리를 단순한 실리주의로 전락시킨 인본주의의 정점에 있음을 잊지 말아야 한다.[46]

포스트휴머니즘과 같은 신물질주의자들을 포함한 물질주의자들에게 인간을 포함하여 상호 관계를 맺는 모든 관계적 존재들의 윤리적 결계를 유지하는 것은 결국, 타자에 대한 책임과 배려 등의 '상호의존성'을 근거한다.

그러나 존재론적 경계가 무시된 상태에서 '책임과 배려'를 담보하는 것은 무엇인가?

---

[43] 이용주, "슈퍼 인공 지능 신화를 넘어서: 지능, 싱귤래리티[특이점], 그리고 과학 미신," 235.
[44] Petre Prisecaru, "Challenges of the Fourth Industrial Revolution," Knowledge Horizons-Economics, 8(1), 2016: 58.
[45] World Economic Forum. "Global Risks Report, 12th ed.," (Geneva: World Economic Forum, 2017).
[46] John Stott, *New Issues Facing Christians Today,* (1984), 정옥배 역, 『현대 사회 문제와 그리스도인의 책임』 (서울: IVP, 2005): 81-83.

인간이 자연물이라면, 자연물의 산출 또한, 자연물인 만큼, 인간의 지능과 손을 거쳐 나온 인공 지능과 같은 포스트휴먼의 온갖 인공적 조작도 실은 일종의 자연물이라 해야 할 것이다. 이쯤 되면 '인공적'(artificial)이라는 말이 적용될 대상은 없다. 자연 안에 있는 모든 것은 다 '자연적'(natural)'인 것이니 말이다. 이로써 자연인과 인공인간의 본질적 구별도 사라진다. 그러니까 자연인이 인격체라면 로봇도 사이보그도 인격체이다. 자연인이 대체 불가능성을 근거로 윤리적 가치와 그 존엄성을 주장하는 것은 근거를 상실한다.[47]

이원봉 역시 과학 기술에 대한 포스트휴머니즘의 낙관주의적 기대와는 달리 과학 기술을 비판하는 입장에 따르면, 과학 기술은 인간성을 완성하는 것이 아니라 인간을 조작할 수 있는 자연물의 일부로 취급함으로써 인간의 존엄성을 파괴한다고 주장한다.[48] 그 때문에 타자에 대한 책임과 배려는 이론적 차원에서 당위이지만, 실천적 차원에서는 자아에 대한 이기와 욕망에 의해서 종종 아니 매우 자주 밀려나는 것을 볼 수 있다.

휴머니즘의 종말을 고했던 1-2차 세계대전과 한국전쟁 등을 포함한 냉전 시대 수많은 국제적 분쟁들은 결국, 서로에 대한 책임과 배려가 아닌 자신에 대한 이기와 욕망이 더 앞서기 때문이 아닌가?

숱한 개인 삶의 현장에서 우리는 책임과 배려보다 너무도 거대한 이기와 욕망을 마주하지 않는가?

최근 대한민국 사회는 물론 전 세계를 놀라게 한 영화 <기생충>(*parasite*, 2019)은 바로 그 타자에 대한 인간 자아의 충만한 이기와 욕망을 그려내고 있지 않은가?

---

[47] 백종현, "인간 개념의 혼란과 포스트휴머니즘 문제," 147.
[48] 이원봉, "포스트휴머니즘은 휴머니즘이 될 수 있는가?; 포스트휴머니즘 논쟁을 통해 본 휴머니즘의 의미와 한계," 57-83.

포스트휴머니즘이 간과한 인간의 타락한 본성은 경제적인 수준에서 특히, 그 결함이 극명하게 드러날 것이라는 예상도 있다. 테그마크는 인공 지능과 같은 포스트휴먼이 가능케 되는 기술의 권력은, 결국 경제적인 불평등으로 심화되어 나타날 것을 부정적인 예측으로 드러낸다.[49] 사유 재산권을 없앤다는 낭만적 환상 또는 이념적 제언으로 그것을 누르기에는 역부족으로 느껴지며, 심지어 감정조차 프로그램으로 업로드된 기계마저 고통받는 디스토피아적 미래를 그린다.

한편, 포스트휴머니즘의 경제적 긍정성을 예상하면서도 그 윤리적 약점을 고발한 내용도 있다. 손화철은 포스트휴먼의 가능성에 대한 논의는 흔히 인간됨 자체에 대한 도전보다는 새로운 경제적, 산업적 도약의 계기에 초점이 맞추어져 있다고 주장한다.[50]

더 나아가 우리나라에서는 그 정도가 더 심하여, 인공 지능과 같은 포스트휴먼을 활용한 산업의 가능성에만 주목하는 경향이 있으며, 이 때문에 야기될 경제적 문제는 과도기적으로 해결해야 할 문제로만 취급될 뿐 인간됨의 차원, 즉 윤리적 차원에서는 깊이 있게 논의되지 않는다고 우려하면서 다음과 같이 말한다.

> 인간과 기계가 지금보다 더 밀접하게 연결될 가능성, 인간 의식의 많은 부분이 전자적인 제어의 대상이 될 가능성을 배제할 수 없고, 그 가능성 앞에서 인간의 자리가 어디이며 인간의 정체성을 어떻게 이해할 것인지에 대해 논의하는 것은 매우 중요하다. 그러나 포스트휴머니즘이 현대기술의 발달 과정에서 초래될 여러 가지 문제들을 간과하고 기술발전의 최종 결과로 생겨날 수도 있는 상황에만 집중하며 그에 대한 윤리적인 평가를 내리기 주저하거나 그 상황을 바람직한 것으로 받아들인다면, 그 이론 전체

---

[49] Tegmark, *Life 3.0: Being Human in the Age of Artificial Intelligence*, 226-232.
[50] 손화철, "포스트휴먼 시대의 과학 기술 거버넌스,"「현상과인식」제43권 2호, (2019): 145; 김환석, "인공 지능 시대를 보는 이론적 관점들," 57.

가 기술담론의 허세가 된다.[51]

이지영 역시 포스트휴먼 시대에 제기되는 가장 큰 문제점으로 경제적 불평등과 이로 인한 인간 본성의 상실을 우려한다.[52] 먼저 포스트휴먼과 관련된 자연 과학 기술은 주로 시장의 경제 원리에 따라 발전하고 전파된다는 것이다. 포스트휴머니즘이 주로 지능, 수명(건강), 신체 능력 강화 등을 가능하게 하는 첨단 과학 기술과 관련된 만큼 해당 기술의 사용 여부를 결정하는 경제적 차이가 사회, 경제, 정치 등의 심각한 불평등 상황으로 이어질 것이라고 우려한다.

이는 결국, 우리 인간이 만들어 낸 기술, 기계에 인류가 압도당하여 인간 본성을 상실하거나 상황 통제 불능의 상태에 이를지도 모른다는 비관적 미래에 대한 두려움으로 이어진다는 것이다.

포스트휴먼의 주체적 본성이 가난한 고아와 과부 그리고 나그네를 무시할 수밖에 없을 것이며, 선한 사마리아인의 가치를 이해하지 못할 것이라는 것은 기우에 불과할 것인가?

윤리적인 문제에 있어서 이전 시대의 휴머니즘 전통은 포스트휴머니즘보다 오히려 더 우월한 모습을 보인다. 휴머니즘 시대의 고전적인 상호의존적 관용이 인간 본성의 이기와 욕망을 억제할 수 있었던 것은 최소한의 도덕 지식과 그 양심, 즉 인격이 실재한다는 믿음이 있었기 때문이다.

고전적 휴머니즘의 인간은 하나의 인격체로써 다른 존재들과 전적으로 구별된다는 것을 임마누엘 칸트(Immanuel Kant)는 이렇게 표현한다.

> 인간이 자기의 표상 안에 '나'를 가질 수 있다는 사실은 그를 지상의 여타의 모든 생물 위로 무한히 높이 세운다. 그로 인해 인간은 하나의 인격이

---

51 손화철, "기술의 자율성과 포스트휴머니즘," 18.
52 이지영, "포스트휴머니즘과 과학 기술 윤리의 문제; 스피노자를 중심으로," 263.

며, 그에게 닥치는 모든 변화에도 불구하고 의식의 통일성에 의해 하나의 동일한 인격이다. 다시 말해 인간은 사람들이 임의대로 처분할 수 있는, 이성 없는 동물들과 같은 그러한, 물건들과는 지위와 존엄성에서 전적으로 구별되는 존재자이다.[53]

서구 유럽의 지적 전통은 휴머니즘을 대체로 옹호해왔으며, 휴머니즘의 실현을 문화적 이상으로 삼았다. 이때 휴머니즘은 에마뉘엘 레비나스(Emmanuel Levinas)의 말을 빌리자면 "어떤 무엇으로 환원할 수 없는 본질이 인간에게 있다고 보는 세계관"이다.[54]

이러한 휴머니즘의 한가운데 데카르트의 철학이 있다. 기계적 세계관과 과학주의의 태동에 큰 역할을 한 데카르트가 고전적 휴머니즘을 대표하는 또 다른 인물이라는 사실을 기억해야 한다. 데카르트에 의하면 인간의 본질은 사유에 있고, 사유 가운데에서도 자기 사유, 즉 자기의식이야말로 인간을 다른 모든 사물과 구별해서 인간을 가장 인간답게 하는 특징이다.

인간은 각자 이러한 자기의식의 내면성을 갖는 한 인간으로서 가치가 있다. 인간은 곧 자기 사유의 인간이기 때문에 동일한 존엄성을 가진다는 생각은 종교적 관념일 수도 있고 인간 중심적인 편견일 수도 있지만, 그것이 보편적이고 도덕적인 인식의 기초가 된다는 사실은 부인할 수 없다.[55]

따라서 인간의 보편적 본성이라는 개념은 인간의 윤리적 가치 위에 설립된 것이라는 논리는 타당한 것이다. 다만, 휴머니즘이 간과한 것은 인간 본성의 인식적 한계이며, 이를 극복하지 못하는 인간이 궁극적인 윤리 표준의 절대적 가치를 본성으로 가지지는 못하다는 것이다.

---

[53] Immanuel Kant, 2014; 백종현, "인간 개념의 혼란과 포스트휴머니즘 문제," 135에서 재인용.
[54] 강영안, 이상헌, "포스트휴머니즘에 관한 철학적 성찰," 「지식의지평」 제15권, (2013): 154.
[55] 서보명, "포스트휴머니즘의 사상사적인 이해: 휴머니즘과 신학의 사이에서," 221.

인간 존재에 대한 우리 인간의 인식에 한계와 그 가능성을 표현한 맥그래스(A. McGrath)는 이 사실을 정확히 지적한다.

> 인간의 본질에 대한 결정적인 수수께끼는, 더 가치 있는 것, 더 갈망해야 할 것이 무엇인지 우리가 인식한다는 사실인데, 우리는 이 가치와 갈망을 성취하기에는 무력해 보인다. 그런 초월적 목표는 우리 역량으로는 이룰 수 없어 보이지만, 그런데도 우리는 그 목표를 가치 있고 칭송할 만한 것으로 인식한다.[56]

포스트휴머니즘의 관점에서 인간의 윤리적 본성은 결국, 인간 존재 자체의 여러 한계와 포스트휴먼이 의지하고 있는 과학 기술의 한계, 즉 과학주의 요소들로 인해서 약화될 수밖에 없다.

정리하면, 포스트휴머니즘의 인간관은 기본적으로 존재적 경계를 해체하여 그 관계를 향상시키고자 지향하는 인간관에 기초한다. 이는 인간과 비인간 존재의 경계 차이가 타 존재의 차별과 억압으로 이어지기 때문이며, 이에 따라 존재 간의 관계는 무한히 멀어진다. 이 관계를 회복시키고 향상시키기 위해서는 그 차별과 억압의 요소인 경계를 허무는 수밖에 없는 것이다.

이러한 포스트휴머니즘의 지향점은 두 가지 인간관으로 이어진다. 먼저는 과학주의적 기초에서 비롯된 물질주의적 진화론의 산물로써, 특히, 물질에서 생물, 생물에서 가장 상위의 생물 존재인 인간으로의 일반적 진화론의 방향이 아닌, 기꺼이 비인간적 존재인 기계로 역진화하는 것을 마다하지 않는 역진화론적 존재이다.

더 나아가, 포스트휴머니즘은 발전된 과학 기술이 보여 주는 놀라운 성취로 인간의 능력을 넘어선 초지능, 초능력의 포스트휴먼을 지향하게 되

---

[56] McGrath, *The Great Mystery; Science, God and the Human quest for Meaning*, 56.

었고, 생물학적인 인간의 한계, 즉 죽음까지도 극복할 수 있으리라는 기대를 안겨 준다. 결국, 최후의 적은 죽음이다(고전 15:26). 이에 따라 영원한 생명을 주는 신의 경지에 다다른 인간, 그 신이 될 수 있는 포스트휴먼의 인간관을 가지게 되었으며, 이는 자연주의적 무신론에 근거한 인간관이라 할 수 있다.

그리고 끝으로 앞선 정리한 세 가지 포스트휴먼은 결국, 윤리적 본성이 결여된 인간이라 할 수 있다. 존재 간 경계의 해체는 사회에 만연한 차별과 억압의 부조리를 없앤다는 윤리적 측면의 문제의식에서 정당성을 얻기에 포스트휴머니즘이 윤리적 본성을 상실한 인간관으로 귀결된다는 사실은 매우 충격적이다.

포스트휴머니즘은 이 시대 가장 두드러지는 세속적 인간관이며, 본 장에서 고찰한 대로 다양한 층위에서 문제점을 안고 있다. 그러나 문제점을 고발하는 것으로 충분치 않으며, 포스트휴머니즘의 세속적 인간관에 대한 개혁주의적 기독교의 인간관을 대안적으로 제시하는 것이 필요하다. 다음 장에서는 이를 다루고자 한다.

제5장

포스트휴머니즘 시대의 기독교적 인간관

> 하나님이 이르시되 빛이 있으라 하시니 빛이 있었고 빛이 하나님이 보시기에 좋았더라 하나님이 빛과 어둠을 나누사(창 1:3-4).

하나님이 창조하신 세상의 중요한 질서는 여러 가지 상대적인 두 존재의 대비에서 찾을 수 있다. 빛과 어둠, 바다와 뭍, 태양과 달, 무생물과 생물, 그리고 남자와 여자가 그렇다. 타락한 이후의 세상에도 역시 마찬가지여서, 인류가 접하는 세상을 해석하는 방식에도 많은 상대적인 두 존재가 경계를 이루었으며, 이는 곧 인류 역사의 작업이기도 하다.

소크라테스와 소피스트, 플라톤과 아리스토텔레스, 스콜라와 에피쿠로스, 근대 유럽의 합리론과 경험론, 그리고 현대 서양의 실존주의와 실증주의. 이런 상대적 두 존재의 질서는 심지어 동양의 역사적 현자들도 파악하여 음(陰)과 양(陽)이나 이(理)와 기(氣)의 원리로 정립하였다.

이처럼 하나님을 모르는 사람들도 이 질서를 이해한다. 그리고 개혁주의 기독교는 이 질서를 하나님이 창조하신 세상의 본성적 본질로 받아들인다. 이제 포스트휴머니즘 시대를 맞은 기독교가 그 인간관을 정립하는 데 있어 먼저 두 가지 중요한 사실을 인정할 필요가 있기에 이에 대해서 분명히 해 두려고 한다.

먼저 인간 존재와 비인간 존재 사이의 경계는 인간은 물론 우주적 존재들의 본성적 본질이다. 이를 지켜야 하는 기독교적 당위는 분명하다. 그러나 당위가 현상을 막지는 못한다. 악한 사탄과 비진리는 기독교적 또는 성경적으로 옳지 않다는 당위적 주장이 그 존재적 현상을 사라지게 할 수는 없다. 선과 악, 진리와 비진리는 공존한다. 그 '공존성'을 인정할 때, 포스트휴머니즘의 담론에 기독교, 특히, 개혁주의의 입장이 적극적으로 참여할 수 있다. 지금까지 포스트휴머니즘 담론에서 개혁주의의 입장이 편협한 배타주의로 오용되고 오인되었기에 내부적인 혼란은 물론 외부적인 외면까지 초래하게 된 것이다.

또한, 경계와 관계의 상관관계에 있어서 개혁주의 기독교가 지향하는 것은 사실상 '균형'(balance)이다. 혹시나 비기독교인이나 비개혁주의파 기독교인이 이 글을 읽는다면, 분명히 밝히는 것은 경계성을 유지하자는 논리가 곧 관계성을 무시하거나 중요하지 않다는 것이 아니라는 사실이다. 오히려 개혁주의는 언제나 관계를 지향했으며, 누구보다 좀 더 관계의 온전한 회복을 욕망한다. 다만, 타락한 이 땅에서 그 실천성에 한계가 있다는 것이 성경을 근거로 한 개혁주의의 입장이다.

그렇다면, 기독교적 전통에서 포스트휴머니즘의 인간관에 응답하는 대안적 인간관은 무엇인가?

다시 말해서, 경계를 해체하지 않고, 그 차이의 구조를 유지하면서도 관계를 지향할 수 있는 근거는 있는가?

먼저 특히, 개혁주의 전통에서 경계를 유지하며 관계를 지향하는 인간관(앞선 장에서 RC zone의 인간관)에 대한 신학적, 철학적 원리를 정리해 보자.

정통 칼빈주의적 시각을 삶의 체계로의 사상적 확대를 꾀한 아브라함 카이퍼(Abraham Kuyper)와 헤르만 도예베르트(Herman Dooyeweerd) 등을 통해 경계를 유지하며 관계를 지향하는 관점의 원리를 도출할 것이다.

반대로 존 칼빈(John Calvin)과 니콜라스 월터스토프(Nicholas Wolterstorff) 등을 통해 관계성의 측면에서 경계를 이해하는 관점을 살펴볼 것이다. 이어 성경에 나타난 존재의 경계성과 관계성의 예를 찾아보고, 성경에 근거한 기독교적 인간관은 분명히 존재 간의 관계성을 지향하지만, 그만큼 경계의 중요성도 소홀히 여기지 않는다는 사실을 밝힐 것이다.

관계를 지향하는 측면에서의 공통점과 경계에 대한 접근의 차이점은 곧 포스트휴머니즘과 기독교, 특히 개혁주의의 차이점이다. 이에 경계에 대한 개혁주의의 이해는 무엇이며, 이것을 경계성과 관계성의 차원에서 어떻게 이해해야 하는지 성경적인 접근에서 기독교적 휴머니즘을 모색할 것이다. 이후 마지막으로 원리적 측면에서 정리된 개혁주의 입장의 기독교적 인간관을 제시할 것이다.

1. 하나님 주권의 청지기로서 인간-경계를 지키는 인간

하나님은 세상을 창조하실 때, 인간을 그 창조의 으뜸으로 세우시며, 자신의 대리인으로써 다른 존재들을 지배하며 다스리는 청지기로 세우셨다. 이 소명은 하나님이 피조 세계를 축복하시기 위해서 인간을 동역자로 삼으셨다는 것을 의미하며, 이로 인해 인간은 또한, 서로의 품격과 그 존엄성을 인정하며 보호해 주는 당위를 얻는 것이다.[1]

초월적 경계를 전제한 하나님과 인간의 관계는 곧 인간과 다른 피조물의 관계와 밀접한 관련을 갖는다. 하나님과 인간 사이의 경계와 관계의 이해는 모든 다른 존재 간 경계와 관계에 대한 이해의 원리적 기준이 된다. 하나님의 주권적 통치를 대리하는 인간은 청지기로써 다른 피조물을 축복한다. 하나님과 인간, 그리고 세계는 이 관계 속에서 분명한 서로의 경계를 유지하도록 되어 있다.

개혁주의는 이러한 하나님 주권의 청지기로서의 인간관을 분명하게 견지한다. 그리고 청지기적 사명이란 곧 경계를 지키는 것이다. 이제 경계에 대한 이해를 구체적으로 제시하는 개혁주의의 근거를 찾고자 한다.

---

[1] John H. Stek, *Studies of Old Testament: Text and Interpretation*, (2000), 류호준 편역, 『구약신학-본문과 해석』(서울: 솔로몬, 2000): 126-127.

이 부분에서 주목해야 하는 개혁주의자는 네덜란드의 신학자이며 소위 신칼빈주의(Neo-calvinism)를 일으킨 아브라함 카이퍼(Abraham Kuyper)이다. 그는 본래 자유주의 신학 전통의 레이든대학(Leiden University)에서 공부했으나, 목회 활동 중에 신학적 회심을 거쳐 칼빈주의로 안착한 인물이다. 카이퍼가 중요한 이유 중 하나는 칼빈주의를 단순히 신학의 한 주류 정도가 아닌 인간 전 존재의 삶의 영역을 포괄적으로 해석할 수 있는 사상 체계로 확장시켰다는 것이다.

1898년 미국 프린스턴대학의 스톤 강좌를 통해서 소개한 그의 『칼빈주의 강연』(Lectures On Calvinism, 1898)은 삶의 체계로서의 칼빈주의를 드러냈다. 이외에도 수많은 강연과 저작들을 통해서 카이퍼는 곧 칼빈적 개혁주의 세계관을 세웠으며, 다른 모든 인본주의적 세계관에 대안적인 기독교 세계관을 제시했다. 카이퍼가 제시한 세계관의 핵심 중 하나는 세상을 구성하는 모든 존재의 다양성을 근거로 한 반정립(antithesis)과 영역 주권(sphere sovereignty) 사상이다.

카이퍼의 사상들은 이후 수많은 개혁주의 신학자들과 철학자들에게 막대한 영향을 끼쳤는데, 반정립과 영역 주권 사상을 철학적으로 승계하여 존재론적 체계를 발전시킨 헤르만 도예베르트(Herman Dooyeweerd)도 그 중 한 명이다. 카이퍼의 세계관을 우주 법 철학(Philosophy of the Cosmonomic Idea)이라는 사상체계로 발전시킨 도예베르트는 그의 양상 이론(the theory of the modal aspects)을 통해 피조 세계는 곧 열다섯 가지의 존재양상으로 이루어졌다고 설명하며, 존재들 간의 경계와 관계를 효과적으로 설명한다.

1) 반정립적 경계

포스트휴머니즘의 중요한 사상적 배경은 휴머니즘의 극복 또는 발전이었으며, 특히, 반-휴머니즘의 정서적 영향을 받아 근대적 체계에 대한 의심과 해체를 주장한다. 포스트휴머니즘 이전의 휴머니즘은 앞서 다룬대로 두 가지 휴머니즘 흐름에서 비롯되었는데, 종교개혁과 르네상스의 중첩기에 서구 사상은 로마 가톨릭에서 기독교로 이어지는 말하자면 기독교적 휴머니즘과 이제 계몽주의과 과학혁명으로 이어지는 흐름 속에서 크게 세를 얻은 세속적 휴머니즘의 두 거대한 대립적 사상이 그것이다.[2]

휴머니즘만이 아니다. 모든 세상에 대한 이해, 인간에 대한 이해는 언제나 어떤 대립적인 구도를 깨닫게 한다. 시간과 공간, 물과 불, 남과 여, 이데아와 그림자, 질료와 형상, 이성과 감각, 합리론과 경험론 등의 대립 구도가 그러하며, 동양에도 역시 음(陰)과 양(陽), 인(仁)과 예(禮), 물(物)과 아(我), 이(理)와 기(氣), 그리고 지(知)와 행(行)의 사상이 인간과 자연 세상을 이해하는 구조의 틀로 제시된다. 세상은 대립이다.

성경에서도 마찬가지의 대립을 찾을 수 있다. 선과 악, 옛것과 새것, 영과 육, 양과 염소, 천국과 지옥과 같은 대립적 이미지와 실재를 무수히 찾을 수 있다.

어디 그뿐인가?

아벨과 가인으로부터 시작하여 에서와 야곱, 사울과 다윗과 같은 실재 인물의 대립은 물론이거니와 의인과 악인이나 교만한 자와 겸손한 자와 같은 대립적 인물관을 찾는 것 역시 어렵지 않다. 세상을 이해하고 인간을 이해하는 데 있어 이러한 대립의 구조를 이해하는 것은 매우 중요하나, 그 대립의 세상에서 어떤 위치에서 어떻게 사느냐에 대한 질문은 가볍지 않다. 그러나 무엇보다 가장 먼저 그 대립의 존재를 인정하는 것은 중요하다.

세상은 대립이며, 세상은 서로 다른 두 가지 거대한 사상이 충돌한다. 개혁주의적 입장에서 그 두 가지 사상은 헬레니즘과 헤브라이즘, 하나님의 도성과 땅의 도성 그리고 신본주의와 인본주의 등 서로 다른 이름으로 불리며, 지금까지 내려왔다. 이와 같은 입장을 견지한다면, 포스트휴머니즘의 무신

---

2 McGrath, *The Great Mystery; Science, God and the Human quest for Meaning*, 243-251.

론적인 특성은 상당히 헬레니즘적이며, 땅의 도성에 사는 인본주의자들의 흐름을 떠오르게 한다. 그렇다면 필요한 것은 헤브라이즘적이며, 하나님의 도성을 기다리는 신본주의자들의 인간관이다. 그래야 균형을 갖출 수 있다.

무엇보다 우리가 먼저 살펴야 하는 것은, 바로 이 대립적 구도에 대한 이해와 인정에 있다. 대립의 구도는 언제나 '경계'를 전제하기 때문이다. 거듭 강조하지만, 관계가 중요하지 않다는 것이 아니라, '경계'를 전제할 때, 온전한 균형을 바탕으로 건강한 관계 역시 찾아갈 수 있다.

세상의 대립적 구도를 정확히 인지하고, 이에 대한 개혁주의적 입장의 세계관을 제시한 가장 두드러진 인물이 바로 카이퍼(Abraham Kuyper)이다. 네덜란드의 신학자이며, 무엇보다 수상까지 역임한 정치가로 알려진 카이퍼는 무엇보다 칼빈에서 시작된 개혁주의를 인류의 거대한 대립의 역사 속에 정치시킨 인물로 평가받아야 한다. 그는 19세기 전후 서유럽의 거대한 인본주의적 흐름이 인간 삶의 모든 영역에서 강력하게 신본주의를 밀어내고 있음을 간파했다.

인본주의와 신본주의의 대립이라는 이 구조를 이해하고 인정한 아브라함 카이퍼의 분명하면서도 독특한 신학적 특성은 반정립(antithesis) 사상이다. 그는 세상이 매우 이분법적으로 나뉘었다는 것을 이해했으며, 이는 모든 인간 삶의 존재적 영역의 경계를 세우는데 기초가 되는 원리로 기능한다는 것을 깨달았다. 카이퍼의 사상을 집대성했다고 할 수 있는 『칼빈주의 강연』에서 그는 자신의 반정립 사상을 다음과 같이 표현하였다.

> 의심할 나위 없이 기독교는 크고 심각한 위험 때문에 위태롭게 되었다. 두 삶의 체계가 목숨을 걸고 서로 싸우고 있다. 현대주의는 자연인의 자료로 자신의 세계를 세우고 자연의 자료로 인간 자신을 세우고자 한다. 반면에 그리스도께 경건히 무릎을 꿇고 그를 살아 계신 하나님의 아들로 하나님

으로 경배하는 모든 사람은 '기독교 유산'을 건지는데 열심이다.³

이처럼 카이퍼는 이 세상에는 반정립적인 두 부류의 사람들, 곧 구속받은 사람들과 구속받지 않은 사람들이 있다고 말한다.⁴ 더 나아가, 이러한 반정립을 통해서 필연적으로 두 종류의 인간의 삶과 삶의 체계, 그리고 두 종류의 서로 다른 과학과 세계관이 용인된다. 신학적으로 카이퍼가 칼빈주의 속에서 새롭게 재정립한 반정립은 거듭난 그리스도인들이 거듭나지 않은 세속의 사상에서 드러나는 극명한 차이, 곧 경계를 발견하고 인정할 때, 현실에서 가능한 기독교를 만나게 한다.

세상이나 세상에 속한 것들이 무엇인지 알아야, 그 세상을 사랑하지 않고 오직 하나님과 하나님에 속한 것을 사랑할 수 있지 않겠는가?(요일 2:15)

카이퍼는 현대주의라는 거대하고도 포괄적인 삶의 체계의 원리에 대하여 기독교적인 삶의 체계로서의 원리로 대항해야 한다고 주장한다. 그리고 그러한 기독교적인 삶의 체계적 원리를 제공할 수 있는 유일한 기독교 신학을 칼빈주의, 곧 개혁주의라고 말한다. 여기서 현대주의라고 하는 것은 당시 카이퍼가 가장 염려한 '프랑스혁명'(French Revolution, 1789-1794)과 독일에서 발원한 무신론적 실존주의, 그리고 다윈의 진화론 등 곧 세속적 인본주의를 의미한다.

카이퍼는 당대 로마교나 루터교보다 개혁주의만이 기독교적 이념을 훨씬 더 순수하고 정확하게 구현하여 세속적 현대주의, 곧 휴머니즘과 맞설 수 있다고 생각했다. 심지어 정치적 정당의 이름마저 '반혁명당'(anti-revolutionary party)으로 지을 만큼 당시 인본주의 바탕의 혁명적 사건들에 반정립적인 개혁주의적 세계관으로 대치하길 바랐다. 무엇이 되었던지 이

3　Abraham Kuyper, *Lectures on Calvinism*, (1898), 김기찬 역, 『칼빈주의 강연』 (서울: CH북스, 2017): 19.
4　Abraham Kuyper, 1954, 154; Richard Mouw, *Abraham Kuyper: A Short and Personal Introduction,* (2012), 강성호 역, 『아브라함 카이퍼』 (서울: SFC, 2015): 94에서 재인용.

땅에 존재하는 것들 중 절대적인 것은 없다. 다시 말하면, 모든 피조 세상은 반정립의 구도로 구성되며 작동하며, 반정립은 곧 이 대립적 삶의 체계 사이의 균형을 지향하는 것이다. 어느 하나의 존재, 어느 하나의 방법, 어느 하나의 사상으로 일원화된 세상은 존재할 수 없으며, 이것을 먼저 인정하고 반정립적 세계관으로 세계를 조망해야 한다.

카이퍼의 반정립 사상을 드러내는 대표적인 표현 중 하나는 그의 고국 네덜란드의 특성을 차용한 '제방과 댐'이며, 더 나아가 직접적으로 『경계들 허물기』(The Blurring of the Bourdaries)라는 짧은 글을 쓰기도 했다.[5] 여기서 카이퍼는 인간의 타락 그 자체가 기본적인 경계선, 즉 피조물이 넘지 말아야 할 경계선 넘었다고 지적하고, 이로부터 모든 다른 우상숭배가 발원하였다고 주장한다. 아브라함 카이퍼의 후학으로서 그에 대한 전문가로 잘 알려진 리처드 마우(Richard Mouw)는 이것을 다음과 같이 설명한다.

> 가끔씩 우리는 하나님을 자연의 일부에 포함시킴으로써, 신성한 존재를 이 땅으로 끌어 내리려고 시도한다. 이로부터 자연 세계를 초월하는 것은 무엇이든 거부하는 갖가지 자연주의가 나온다. 또 다른 경우 우리는 우리 자신을 신성한 영역에 두려고 한다. 우리는 이것을 랄프 왈도 에머슨(Ralph Waldo Emerson)의 '초월적 인본주의'(transcendental humanism)라는 유형에서 확인할 수 있고, 더 최근에는 '더 높은 형태의 의식'(higher forms of consciousness)을 추구함으로써 유한한 인간의 실체를 '신격화'하려고 시도하는 뉴에이지 운동(New Age Movement)의 유형으로 이것이 나타나고 있다.[6]

놀랍게도 마우를 통해서 언급된 카이퍼의 사상은 정확히 포스트휴머니즘이 시도하는 존재적 경계의 해체와 매우 유사한 경향성을 당대 세속 사

---

5 Abraham Kuyper, *The Blurring of the Boundaries: in Abraham Kuyper: A Centennial Reader*, Ed. James D. Bratt. (Grand Rapids: Edrdmans, 1998b)
6 Mouw, *Abraham Kuyper: A Short and Personal Introduction*, 52-53.

회에서 발견하여 지적하고 있는 것이다. 초월적 인본주의가 시도하는 신격화는 곧 포스트휴머니즘이 시도하는 기계의 인간화와 혼종인 포스트휴먼의 신격화와 놀랍도록 유사한 것이다.

또한, 결국 자연주의적 성격이나 뉴에이지 운동은 포스트휴머니즘의 범신론적 성격과 연결되는데, 이는 19세기 미국의 사상계에 큰 영향을 주었던 유니테리언 계열의 범신론적 초월주의자인 랄프 왈도 에머슨(Ralph Waldo Emerson)을 언급한 마우의 지적에서도 잘 드러난다.

요컨대, 카이퍼는 창조주 하나님과 인간의 근본적인 경계, 즉 초월적 경계를 유지해야 한다는 생각을 반정립 사상에 드러내고 있으며, 이러한 관점을 견지하지 않으면, 인간이 상호 작용하고 있는 수많은 존재들을 구분하는 경계, 즉 물리적, 생물적 경계와 인간적 경계가 허물어질 것으로 우려했다. 카이퍼의 반정립 사상은 그러나 그의 고유한 것이 아니다. 그는 종종 자신은 새로운 것이 아니라, 기존의 칼빈주의를 다시 발견하였을 뿐이라고 말하는데, 반정립 사상도 마찬가지이다.[7]

예컨대, 칼빈은 '땅의 일'과 '하늘의 일'을 반정립적으로 묘사하며, 하늘의 일은 하나님과 진정한 의의 본성, 또는 하늘나라의 신비에 대한 순수한 지식을 의미하지만, 땅의 일은 이러한 하나님 나라와 공의, 내세에 대한 어떤 것에도 속하지 않으며, 현세에 관해서만 의미 있는 일을 말한다.[8]

마우(Richard Mouw)는 카이퍼의 사상에서 가장 두드러진 특징이 바로 이 반정립이라고 말하며, 그의 반정립 사상이 칼빈에서 기원했다는 것을 다음과 같이 설명한다.

> 에베소서 2장의 사도 바울의 말을 인용하면서, 칼빈은 반정립(antithesis)-아주 다른 두 실체의 극단적인 반목-이라는 면에서 타락한 아담과 그리스도

---

[7] Louis Praamsma, *Let Christ Be King*, (1985), 이상웅, 김상래 역, 『그리스도가 왕이 되게 하라』(서울: 복있는 사람, 2011): 218; 233.

[8] Calvin, 1559a, 2.2.13

의 길 사이의 차이점을 설명한다. 카이퍼는 '반정립'이라는 용어를 가져다 자기 사상의 두드러진 특징 한 가지를 만들었다. 그는 자신이 자주 '그러한 반정립'이라고 언급했던 현실을, 타락한 인류의 삶과 생각의 유형들과 하나님이 구속하신 공동체의 삶과 생각으로 뜻하신 유형들의 사이에서 유지되고 있는 근본적인 반목으로 간주했다.[9]

칼빈도 역시 인간과 세계의 이해에 있어서 분명한 반정립 사상을 가지고 있었다고 할 수 있는데, 특히 칼빈은 하나님과 하나님의 뜻과 그 뜻에 따른 인간의 순종에 대한 원칙과 관련된 하늘의 일과 대립적으로 땅의 일에 속한 것을 '정치와 경제, 모든 기계 공작 및 기술과 문예'(government, household management, all mechanical skills, and the liberal arts)와 같은 것이라 말한다.[10]

이러한 땅의 일은, 결국 세네카(Seneca)가 말한 '사회적 동물'로서의 인간이 영위하는 사회적 공동체 안에서 공정성과 질서를 위한 일이다. 칼빈이 지적하길, 이러한 땅의 일에는 '분쟁과 충돌'(dissension and conflicts)은 피할 수 없는 것이며, 이러한 반정립이 하나님의 살아계심을 부인하는 것이 아니며, 오히려 인간의 무력한 지성을 드러내고, 사회 질서의 씨앗, 곧 사회를 구성하는 인간과 모든 존재의 관계에 대한 지향이 있음을 증명해 주는 것이다.

이 점에 있어서, 카이퍼가 반정립을 넘어 궁극적인 종합, 즉 관계를 지향했다는 사실은 매우 중요하다.[11] 카이퍼는 당대 윤리주의 신학이나 심지어 로마 가톨릭에 대해 때론 양가적 대응을 보여 혼란을 주기도 했는데, 그 이유는 신학적인 면에서의 분명한 대립과는 달리 정치·사회적인 면에서 그들과 동맹을 맺을 때도 있었기 때문이다.

그러나 그는 당대의 현대적 윤리 신학이 범신론적 문제를 유발하며, 창조주와 피조물 사이의 경계선을 애매모호하게 만들어 버린다고 주장했다.

---

9 Mouw, *Abraham Kuyper: A Short and Personal Introduction*, 94.
10 Calvin, 1559a, 2.2.13
11 Praamsma, *Let Christ Be King*, 342.

그러나 이와 같은 반정립 사상으로 모든 세상 존재의 경계를 누구보다 분명하게 인식했던 카이퍼이지만, 그가 누구보다 존재들의 조화와 관계를 중요하게 생각했다는 것은 재차 강조할 만큼 중요하다.

> 내가 목표하는 것은 적절한 조화의 회복이었다. 나는 우리 그리스도인들의 존재의 조화로운 발전을 강조했다. 나는 많은 그리스도인의 올바른 균형을 깨뜨리는 것들을 제거하기를 원했다. 나의 간절한 소망은 우리의 사고와 감정과 활동이 조화를 이루어 동등하게 강조되는 산물로서, 더 높은 경지의 사랑을 불러일으키는 것이다.[12]

카이퍼가 의도한 것은 적절한 조화, 존재의 조화로운 발전이었다는 것이 분명하다. 이것은 분명히 더 높은 경지의 사랑을 말씀하시는 예수님의 가르침이기도 하다. 예수님은 인간 존재의 모든 지체가 각기 분량대로 균형 있게 성장해야 하며, 어느 한쪽으로 쏠려서 균형을 잃는 것을 원하지 않으셨다. 카이퍼는 이 점을 이렇게 말한다.

> 예수님이 우리에게 우리의 마음과 생각과 영혼과 능력을 다해 하나님을 사랑하라고 명령하셨다. 후회가 되는 것은, 우리의 하나님을 향한 사랑이 너무나 자주 여기서 한 가지 혹은 두 가지만 끌어오고, 다른 요소들은 태만하게 생각하거나 전혀 사용하지 않는다는 점이다. 이것은 모자라는 것이며, 불완전하며, 한 쪽으로 쏠린 성장이다. 우리가 추구해야 하는 것은 그리스도 안에서 장성함인데, 이것은 "각 지체의 분량대로 역사할 때"(엡 4:16) 가능한 것이다.[13]

---

[12] Abraham Kuyper, Drie Kleine vossen, 1901; Praamsma, *Let Christ Be King,* 247에서 재인용.

[13] Abraham Kuyper, Drie Kleine vossen, 1901; Praamsma, *Let Christ Be King,* 247에서 재인용.

이것은 인간 존재의 내적 조화만을 의도하는 것이 아니다. 인간 존재는 물론 모든 만물의 존재 역시 그러하며, 이것은 예수 그리스도께서 하나님을 사랑하며 또한, 이웃을 사랑하라는 그 십자가 사랑의 균형을 말하는 것이 분명하다.

무엇보다 그리스도의 신성과 인성은 대립이 아닌 균형이며 조화가 아니던가?

더 나아가, 삼위일체 하나님, 성부와 성자와 성령은 서로 조화로운 가운데 관계하며 역사하시는 하나님이시지 않은가?

카이퍼는 인간 생활의 근본적인 세 가지 관계를 설명하는데, 각각은 하나님과 인간의 관계, 인간과 인간의 관계, 그리고 세계와 인간의 관계이다.[14] 그 관계적 원리의 출발점을 하나님과 인간의 관계로 보며, 더 나아가 모든 그리스도인의 삶의 체계로서 작동해야 함을 다음과 같이 역설한다.

> 그런 삶의 체계가 하나님과 우리의 관계에 대한 하나의 특별한 해석에서 출발점을 발견해야 할 것이라는 첫 번째 요구가 있다. 이는 우연적인 것이 아니라 필연적인 것이다. 그런 행위로 우리의 모든 삶에 영향을 미치려 하면, 먼저 우리의 삶이 뻗어나가는 포도 덩굴이 아닌, 포도 덩굴이 나오는 뿌리에서 여전히 나누어지지 않았고 통일성 가운데 포괄되어 있다는 사실에서 출발해야 한다. 물론 그 점은 인간 생활 안의 유한한 모든 것과 그 생활 뒤의 무한자 사이의 대립에 놓여 있다. 오직 여기서 우리는 인간 생활의 다양한 흐름이 구별되어 솟아 나오는 공통의 원천을 발견한다.[15]

여기서 우리는 하나님과 인간의 관계는 곧 유한자와 무한자의 대립에 기초한다는 것을 다시 한번 확인해야 한다. 관계가 필연적이라면, 대

---

14 Kuyper, *Lectures on Calvinism*, 29.
15 Kuyper, *Lectures on Calvinism*, 29-30.

립, 즉 경계 역시 필연적이다. 이 경계와 관계의 필연이 모든 인간 생활의 다양한 흐름과 경계와 관계의 이해에 대한 기초가 되어야 하는 것이다. 이 원리에 기초할 때, 인간과 인간의 관계, 그리고 인간과 세계의 관계에서 인간이 타자에 대해 어떤 존재이며, 어떻게 행해야 하는지가 결정되는 것이다. 카이퍼는 이 관계에 대해 우선 다음과 같이 그 경계성을 분명히 전제한다.

> 인간 가운데는 통일성이 없고, 끝 간 데 없는 다양성이 있다. 피조계 자체에 남자와 여자 사이의 차이(경계)가 수립되어 있었다. 물리적 영적 은사와 재능 때문에 사람은 서로 다르다. 부자와 가난한 자의 사회적 지위는 너무 다르다. 그런데 이런 차이점은 모든 일관된 삶의 체계에 의하여 특정한 방식으로 약화되거나 두드러진다.[16]

이어서 카이퍼는 이교와 이슬람교, 로마교 및 현대주의가 이러한 차이, 즉 경계를 어떻게 이해하고 다루는지 설명하는데, 특히 현대주의에 대해서 아래와 같이 말한다.

> 모든 차이(경계)를 부인하고 폐지하는 현대주의는 결국, 여자를 남자로 남자를 여자로 만들고, 모든 구별을 공통의 수준에 놓으면서 삶을 통일성의 금지령에 따르게 하여 말살시킨다. 하나의 유형이 모든 것이 해답이 되어야 한다. 삶의 획일성, 하나의 위치, 하나의 동일한 발전이 있어야 한다. 그리고 그것을 넘어서는 것은 무엇이든지 공통의 의식에 대한 모욕으로 본다.[17]

16　Kuyper, *Lectures on Calvinism*, 36-37.
17　Kuyper, *Lectures on Calvinism*, 37.

하나님이 창조적 질서로 재정하신 경계성, 예컨대 남자와 여자의 경계적 차이마저 부인하고 폐지하는 현대주의를 고발하며, 카이퍼는 그러한 획일성과 동일성을 인정하지 않는다. 그리고 칼빈주의에서 인간과 인간 사이의 평등한 관계에 대해 다음과 같이 정리한다.

> 칼빈주의가 전체 인간 생활을 바로 하나님 앞에 놓는다면, 그 결과 남자든 여자든, 부자든 가난한 자든, 약한 자든 강한 자든, 멍청한 자든 재능 많은 자든 하나님의 피조물이며 길 잃은 죄인으로서 다른 사람을 지배할 수 있는 근거로 아무 것도 내세울 만한 것이 없으며 우리가 동등한 자로서 하나님 앞에 있으며 따라서 사람으로서 서로 동등하다. 그래서 우리는 하나님이 주신 것 말고 사람 사이에 무슨 차별을 인정할 수 없다.[18]

카이퍼는 칼빈주의에서 이해하고 주장하는 바, 인간과 타자 사이의 관계는 하나님이 주신 경계적 차이를 제외한 그 어떤 차별도 인정하지 않는다는 것이다. 그리고 그 비차별적 평등의 관계성은 전능하신 창조주 '하나님 앞'에서 세워진 것이기에 다른 그 어떤 사상적 체계보다도 탁월한 우위의 권위를 부여할 수 있는 것이다. 하나님과 인간의 관계는 모든 다른 존재들 상호간 관계의 기초가 된다.

하나님과 인간의 관계 그리고 인간 상호간의 관계를 이어 마지막으로 인간과 세계의 관계를 다루면서 카이퍼는 다음과 같은 정연한 말로 이들의 상관성을 정리하는데, 다소 길지만 매우 눈여겨 볼 만 하다.

> 칼빈주의는 이원론적 사회 상태에서 출현하여 사상과 개념의 세상에 일대 변화를 이루었다. 칼빈주의는 하나님 앞에서 그런 일을 하면서 사람이 하나님의 형상을 닮았다고 해서 존중했을 뿐만 아니라 세상도 하나님의 피

---

[18] Kuyper, *Lectures on Calvinism*, 38.

조물로 존중하여, 동시에 구원을 이루는 특별은혜(special grace)와 하나님이 세상 생활을 유지하면서 세상에 임한 저주를 완화하고 부패 과정을 붙들고 그리하여 창조주로서 자신을 영화롭게 할 목적으로 우리 생활의 자유로운 개발을 허용하려고 베푸시는 일반은혜(common grace)가 있다는 위대한 원리를 전면에 내세웠다.… 그래서 칼빈주의는 모든 인간 실존의 세 가지 근본 관계 즉 우리와 하나님과의 관계, 사람과의 관계, 세계와의 관계에 대하여 나름대로 뚜렷이 규정된 출발점을 갖고 있는 것으로 드러난다. 우리와 하나님과의 관계: 사제나 교회와 독립된 인간과 영원자의 직접적 교제. 인간과 인간의 관계: 모든 사람 안에 있는 인간적 가치를 인정함. 이 가치는 인간이 하나님의 형상대로 창조되어 유지하는 것이며, 따라서 하나님과 행정관 앞에서 모든 인간은 평등함. 우리와 세상과의 관계: 온 세상 안에서 은혜로 저주가 억제되어 세상 생활이 독립적으로 존중되며, 우리가 모든 영역에서 하나님이 자연과 인간 생활에 감추어 두신 보호를 발견하고 잠재력을 개발해야 한다는 인식.[19]

여기서 우리가 주목해야 하는 것은 인간을 포함한 세계의 모든 관계들을 '영역'(sphere)이라는 개념에 묶어 두고 있다는 것이다. 카이퍼의 반정립 사상은, 결국 모든 존재의 경계성과 관계성을 이해하기 위해서 기초가 되는 원리인데, 이 반정립적 세계가 가능할 수 있는 것은 하나님의 '일반적인 은혜 또는 은총'(common grace) 때문이다. 그리고 '영역 주권'(sphere sovereignty) 사상은 하나님의 일반은혜의 실질적인 기능을 거시적인 틀에서 조망하여 개혁주의적인 방식으로 정리한 것이라 할 수 있다.

---

[19] Kuyper, *Lectures on Calvinism*, 41-43.

2) 하나님 주권 아래 있는 영역들의 경계

인간이 존재하는 이 세상은 하나님이 창조하신 물리적 자연이며, 창조 이후 그 자연을 통해서 이룩한 인간의 사회·문화적 산물이 더해져 구성되어 있다. 이 모든 존재는 다양한 영역으로 나뉘는데, 그 구체적인 영역들은 서로 독립된 책임과 기능을 가지고 있기에 다른 영역들과 구분되지만, 또한 상호 간에 긴밀히 영향을 주고받는다. 세계가 단일한 존재의 단일한 영역으로 국한된 것이 아닌 다양한 존재들의 다양한 영역으로 구성된다는 어찌 보면 지극히 당연해 보이는 이 같은 사실을 주목한 사람이 아브라함 카이퍼이다.

실상 현대적 의미의 다원주의와 상대주의를 표방하는 것이 포스트모더니즘이라면, 카이퍼는 가장 초기의 포스트모더니스트라고 할 수 있다. 아브라함 카이퍼는 세상의 다양성에 주목하였으며, 구조적이며 기능적인 다양성에만 치중하는 일단의 포스트모더니즘과는 달리 물질적인 이 땅의 국한된 물질적 영역을 넘어 비물질적인 초월적 영역까지 고려하여, 가장 풍성하게 피조된 세상을 이해한 인물이다.

카이퍼가 자신의 영역 주권 사상을 정리하여 세상에 구체적으로 내놓은 것은 앞서 인용한 『칼빈주의 강연』보다 거의 20여 년 앞선 1880년 10월 20일이다. 이 때는 카이퍼가 그토록 소망하던 자유대학교(Free university)가 설립되어 개교식을 할 때였고, 카이퍼는 개교 연설을 담당하게 되었다. 이후 이 연설의 원고를 『영역 주권』(*Souvereiniteit in Eigen Kring; sphere sovereignty*)이라는 이름으로 출간하게 되었는데, 국내에는 2014년 박태현에 의해서 번역되어 두 차례에 걸쳐 「신학지남」에 소개되었다. 이 글이 원래 자유대학교의 개교 연설문이었기 때문에 학문적인 내용이 주로 다루어졌으나, 기본적으로 칼빈주의의 '하나님의 주권' 사상이 어떻게 이 땅에서 실현되는지에 대한 주제를 다룬 것이기에 포괄적인 성격을 띠고 있다.

이 글에서 카이퍼는 다음과 같은 세 가지의 소주제를 다룬다.

첫째, 우리 학교 기관의 국가적 의미
둘째, 학문적 목적들
셋째, 개혁파적 성격의 특징을 보여 주는 영역 주권

카이퍼는 각 주제를 '영역 주권'이라는 단일한 개념으로 개혁주의적인 답을 제시한다. 영역 주권은 그 개념상 앞서 언급한 반정립 사상을 잘 드러내 준다. 카이퍼의 영역 주권 개념에서 '영역'은 일차적으로 하나님의 다양한 창조 세계로서 국가, 교회, 문화, 학문, 예술 등의 일상적 사회생활의 범주를 의미하지만, 더욱 넓은 의미로 확장하면 '영역'은 다른 세계관을 가진 사람들이 서로 어울려 사는 사회 공동체를 나타낸다.

곧, 기독교적 세계관과 비기독교적 세계관이 대립하여 충돌하는 반정립적 세상을 보여 주는 것이다. 카이퍼는 이 반정립적 세계가 다음과 같은 인간 삶의 고유한 영역들로 나뉜다고 말한다.[20]

> 우리가 "도덕적 세계", "학문적 세계", "상업적 세계", "예술적 세계"를 말하듯 우리는 더 정확하게 각자 고유한 범위를 지닌 도덕적 영역, 가정의 영역, 사회적 삶의 영역을 말할 수 있습니다. 주권자가 일정한 법칙에 따라 물질에 대해 능력을 행사하는 자연의 범위가 있습니다. 하지만 그와 같이 또한, 개인적인, 가정적인, 학문적인, 사회적인, 그리고 교회적인 삶의 범위도 있는데, 이것들은 자신의 삶의 법칙에 복종하고 모두 고유한 통치권 아래 존재합니다. 또 그 어떤 법칙도 지배할 수 없고, 오직 논리만이 지배할 수 있는 사유의 범위, 거룩하신 분 자신 외에 그 누구도 주권적 명령을 할 수 없는 양심의 범위가 있습니다. 마지막으로 오로지 개인 자신만이

---

[20] 박태현, "아브라함 카이퍼의 영역 주권," 「신학지남」 제318호, (2014a): 189.

> 주권자로서 신앙을 통해 자신의 가장 본질적 존재를 헌신하는 신앙의 범위가 있습니다.

기준에 따라 세계이건, 영역이건, 범위이건 인간의 삶의 영역이 어떤 원리에 의해 나뉘어 구성되어 있다는 것이다. 이 영역의 실체는 무엇이며, 어떻게 기능하는지를 신학적으로 설명한 것이 영역 주권 사상이라고 할 수 있으며, 그 실체와 기능을 표현한 것이 바로 '주권'(sovereignty)이다. 카이퍼에 의하면, "주권은 자기의 뜻에 반대하는 모든 저항을 쳐부수고 복수하기 위한 권한과 의무를 지니고 권세를 발휘하는 권위이며, 또한 본래의 완전한 주권은 그 어떤 피조물에 기초하는 것이 아니라, 반드시 하나님의 위엄과 일치"해야 하는 것이다.[21]

그런데 이 주권에 관하여, 카이퍼 당시 네덜란드와 서구 사회는 모두 심각한 문제를 떠안고 있었으며, 그 주권의 문제에 대해 카이퍼는 진지한 신앙적 문제의식을 가지고 있었다. 카이퍼에 의하면, 주권의 문제는 주권을 지닌 자, 곧 예수 그리스도가 하늘과 땅의 모든 권세를 가졌다는 사실을 인정하는지 여부에 따라 둘로 나뉘는데, 하나는 주권자이신 예수를 구원의 진리로 인정하는 자이며, 반대는 이는 원초적인 거짓이라고 하는 입장이다.[22]

결국, 주권의 문제는 모든 정신적, 인간적, 국가적 존재의 세계를 다시 무수히 갈라놓는데, 이를 통해서 드러나는 반정립의 구도를 파악한 카이퍼는 그의 영역 주권 사상 전반에서 세계를 구성하는 존재론적 경계성을 곳곳에서 드러낸다.

첫째, 카이퍼는 영역 주권을 받아들이는 데 있어서 전혀 다른 두 가지 인간적 존재가 넘을 수 없는 경계를 두고 있음을 말한다. 이는 두 가지 서

---

21 박태현, "아브라함 카이퍼의 영역 주권," 191.
22 박태현, "아브라함 카이퍼의 영역 주권," 192.

로 다른 신앙고백, 즉 앞서 언급한 절대 주권자이신 예수 그리스도를 인정하는 자와 인정하지 못하는 자, 다르게 표현하면, 구원받은 자와 구원받지 못한 자라 할 수 있는데, 카이퍼는 이들을 '계시 영역 안에 사는 자'와 '계시 자체를 부정하며 사는 자'로 나누면서 다음과 같이 말한다.

> 영역 주권을 받아들이는 데 있어 서로 다른 두 개의 신앙고백이 대치합니다. '계시의 영역 안에 사는 자'는 모든 주권은 하나님 안에 기초하며, 살아 계신 메시아인 그리스도가 실질적인 주권자로서 사역하신다고 믿습니다. '계시 영역의 실재를 부정하는 자'들은 주권의 문제를 신앙의 문제로부터 절대적으로 분리해야 한다고 주장하는데, 이것은 민족의 발전을 가로막는 골치 아픈 자기 기만(欺瞞), 재난을 초래하는 교리, 어리석은 망상에 불과합니다.[23]

계시 영역을 믿으며, 그 영역 안에서 사는 자는 말하자면 기독교적 세계관을 가진 사람이다. 반대로, 계시 영역 그 실재를 부정하는 사람들은 반기독교적인 세계관을 가진 자이며, 이 양자 사이에는 넘을 수 없는 차이, 즉 경계를 가지게 된다.

둘째, 세계를 구성하는 다양한 영역은 각자의 고유한 원리를 가지며, 또한 고유한 권위를 가진 자들에 의해 독립된 경계를 갖는다. 카이퍼는 고린도전서의 '각각 자기 차례대로 되리니'(고전 5:23)라는 말씀을 인용하며, "각각의 주변 영역은 중심점인 고유한 원리에서 시작된 일정한 반경에 의해 그려지며," 각기 영역은 인류 역사의 흐름에 따라 형성되었다고 말한다.[24]

카이퍼에게 각 영역의 주권은 곧 창조의 질서 속에 생겼으며, 인류 역사의 궤와 항상 함께했는데, 그 결정체는 절대 주권자인 그리스도이다. 그러

---

23 박태현, "아브라함 카이퍼의 영역 주권," 195 (저자 편집).
24 박태현, "아브라함 카이퍼의 영역 주권," 193.

나 계시 영역을 부정하는 자들에 의해서 특히, 국가라는 새로운 주권이 등장하여, 본래의 주권자를 위협하였고, 실상 국가의 주권은 눈에 띄게 증가하였으며, 가시적으로는 그리스도를 십자가에 못 박았다. 그러나 인간의 왕인 아우구스투스가 아닌 하나님의 아들이요 참된 왕이신 그리스도에 의해서 세상의 운명은 결정될 것이며, 가이사가 아니라 그리스도가 승리했다. "각각 자기의 왕들을 지닌 해방된 나라들이 다시금 자신의 영역들을 지닌 왕들의 영토에 그리고 자신의 자유를 지닌 이 영역들 가운데 등장"했으니, 이들을 통해 각 영역은 그 고유한 주권을 행사했으며, 다른 영역이 이 경계를 침범할 수 없는 것이다.[25]

영역 주권 사상에서 가장 독특한 위치를 차지하는 것이 국가의 주권인데, 이는 반기독교적인 세계관을 가진 사람들에게 최고의 주권이며, 그리스도의 왕적 주권이 실질적으로 기능하는 영역 주권에 대치된다. 국가 주권이 독특하면서도 위협적인 것은 영역들의 고유한 주권적 경계에 '법적'으로 관여할 수 있기 때문이다.[26]

국가는 이미 있는 경계를 흐릴 수도, 없는 경계를 만들 수도 있는 법적 권한으로 기독교적 또는 반기독교적인 기능을 할 수 있다. 국가의 주권적 힘이 가지는 이 독특하면서도 위협적인 특성 때문에, 기독교적 세계관을 투철하게 가진 사람이 국가의 지도자가 되느냐 마느냐는 인류 역사에 영역 주권이 제대로 기능할 수 있느냐에 결정적인 영향을 주는 것이었고, 카이퍼가 목사직을 버리고 정치에 뛰어든 이유도 여기에 있다고 할 수 있다.

셋째, 카이퍼가 다루었던 여러 영역 중에서 학문적 영역은 가장 중요한 위치를 차지한다. 카이퍼는 학문적 영역의 특징을 다음과 같은 네 가지로 정리한다.[27]

---

[25] 박태현, "아브라함 카이퍼의 영역 주권," 197.
[26] 박태현, "아브라함 카이퍼의 영역 주권," 201.
[27] 박태현, "아브라함 카이퍼의 영역 주권," 201-204.

① 모든 삶의 각 영역 주권 중에서 학문의 영역은 하나님이 자유를 보존하도록 부여한 저항의 수단들 가운데 최전선에 서 있다.
② 참된 학문은 빛의 천사로서 자신에 대해서만 아니라 우리 자신 밖에 존재하는 것에 대한 선명한 의식에 도달하게 한다.
③ 학문을 위한 이성은 우리 인간 존재에 대한 하나님의 영광스러운 조치이며, 지혜를 소유한다는 것은 우리 존재 안에 있는 신적인 흔적이다.
④ 학문은 진리가 주권자인 자신의 삶의 영역을 형성하고, 그 어떤 환경에서도 그 삶의 법칙이 위배되거나 침해받아서는 안 되며, 이것을 침해하는 것은 하나님 앞에 죄이다.

크게 두 가지 함의를 찾아내야 하는데, 각 영역들이 그 고유한 영역적 경계를 지키는 데 있어서 학문의 주된 역할이 있으며, 또한 학문을 통해 인간 존재의 이성적 본성은 신적인 흔적으로서 그 역할을 감당할 수 있는 수단이 된다는 것이다. 이처럼 학문이 영역 주권의 경계성을 지켜야만 하는 것은 앞서 언급한 국가 주권의 특징 때문인데, 영역 주권에서 이 학문적 영역과 국가 주권은 영역의 경계성을 두고 독특한 역학적 특성을 가진다.

학문을 포함한 모든 삶의 영역은 영역 경계선 외부로의 확장은 자유에 대한 억제를 시도하는 국가에 의해서, 내부로는 각 영역의 도덕적 장력에 의해서 국가에 의해 위협을 받을 수 있다는 것이다. 그러므로 각 영역에 대한 자유의 침해에 대해서는 국가에 저항을 할 수 있으나, 죄에 의해서 자체의 의무를 망각하여 도덕적 타락을 범하는 경우에는 영역 자신의 주도권을 상실한다.

그러나 카이퍼의 영역 주권 사상에는 이 영역들의 긴밀한 관계성, 그 유기체적 속성을 놓치지 않는다. 아니 오히려 이것은 영역을 이해하는 핵심이기도 하다. 먼저 카이퍼는 인간의 모든 삶의 영역의 복잡성을 다음과 같이 표현한다.

> 우리의 인간적 삶, 즉 전면에 나타나는 가시적인 물질적 삶과 배후에 있는 비가시적인 영적인 삶을 지닌 우리의 인간적 삶은 단순하거나 획일적인 것이 아니라 무한히 복잡한 하나의 유기체를 형성합니다. 그래서 개인은 오로지 단체로 존재하고 그 단체안에서만 전체가 드러날 수 있도록 복잡하게 형성되었습니다.[28]

인간 삶의 모든 영역은 '무한히 복잡한 하나의 유기체'이다. 영역들은 끊임없이 유기적으로 소통하고 관계한다. 영역들을 구성하는 모든 존재, 인간 존재들은 물론 인간 이외의 모든 존재가 사실상 관계하는 유기체이다. 이러한 유기체적 관계성이 매우 두드러지기 때문에 오히려 영역들의 고유한 경계성이 흐려 보이기도 하는데, 이처럼 영역의 경계성이 선뜻 드러나지 않는 것은 그 복잡성에 있는 것이다.

영역 주권 사상에서 각 영역들의 관계성을 표현하는 두 가지 중요한 서술이 있다.

> **첫째,** 이 모든 영역들은 '서로 밀고 당기는 상호 작용'을 통해 풍부하고 다양한 인간의 삶을 형성한다.
> **둘째,** 이러한 삶 가운데 하나의 영역이 다른 인접한 영역을 침해하는 위험도 발생할 수 있다.[29]

사실 이처럼 복잡한 영역들의 관계성 때문에 국가 주권이 성립하게 될 뿐만 아니라 그 힘이 세지는 것인데, 카이퍼는 국가의 주권적 권력이 영역의 관계성에 다음과 같이 관여한다고 설명한다.

---

28 박태현, "아브라함 카이퍼의 영역 주권," 193.
29 박태현, "아브라함 카이퍼의 영역 주권," 194.

첫째, 주권자는 "공의로 나라를 견고케 한다"(잠 28:4)라는 말씀에 근거하여 영역 간의 갈등을 중재해야 한다.

둘째, 국가의 주권은 개인을 보호하고 가시적인 삶의 영역들에서 상호 정당한 관계를 규정하는 권세로서, 명령권과 강제력으로 이 모든 영역들 위에 탁월한 것이다.

셋째, 그러나 각각의 영역 안에서는 이 주권이 적용되지 않는데, 각 주권 영역 내에서는 다른 권위가 지배하기 때문이다. 이 권위는 국가와 상관없이 하나님으로부터 내려온 것으로 국가에 의해 부여된 것이 아니다.

요컨대, 카이퍼의 영역 주권 사상은 세계를 구성하는 모든 존재 사이에 분명한 경계가 있으며, 그런데도 모든 영역들은 그 경계를 유지하며 끊임없이 서로 소통하고 관계하는 유기체라는 것이다. 세계는 다양하고 복잡한 양상으로 구성되어 있어서, 아담의 타락으로 흐려지고 더러워져서, 무질서해 보이기도 하고 아무런 원리도 없이 아무렇게 늘어서 있는 것 같지만, 만물의 창조주이며 섭리하시는 절대 주권자이신 그리스도의 통치 아래에 있음이 분명하다(골 1:15-17).

결국, 카이퍼의 선언처럼, "우리의 사고 세계 가운데 그 어떤 부분도 다른 부분들로부터 물샐틈없이 완전히 분리될 수 없으며, 우리 인간 삶의 모든 영역에서 만유의 주재이신 그리스도께서 '나의 것이다'라고 외치지 않는 영역은 한 치도 없다!"[30]

3) 우주를 구성하는 양상 간 경계

아브라함 카이퍼의 영역 주권 사상은 신학계는 물론이고, 여러 계층의 지식인들에게 큰 영향을 주었다. 특히, 카이퍼의 사상은 철학계에 큰 영향

---

30 박태현, "아브라함 카이퍼의 영역 주권," 194-195.

을 주고, 카이퍼의 후학 중에는 철학적 사상가들이 상당히 많이 포진해 있다. 가장 대표적인 인물이 헤르만 도예베르트(Herman Dooyeweerd)이며, 그는 카이퍼가 설립한 자유대학교의 철학 교수로서 칼빈과 카이퍼를 잇는 정통 칼빈주의를 철학적으로 승화시킨 주요한 인물이다. 소위 우주법철학(philosophy of the cosmonomic Idea)이라고 하는 그의 철학에서 찾을 수 있는 중요한 원리가 양상 이론(the theory of the modal aspects)이다.

헤르만 도예베르트에 따르면, 모든 피조물의 존재 이전에 창조주이신 하나님의 선재적 의미(meaning)가 있음을 주장한다.[31] 인간은 의미론적 존재이며, 존재에 의해서 결정되는 것이 아니라 하나님이 창조하신 의미에 의해서 결정된다. 인간은 물론 하나님에 의해서 피조된 모든 창조 세계, 즉 자연 만물이 그러하다. 땅을 가득 메운 수많은 식물과 동물, 하늘을 나는 새들과 곤충들, 바다의 헤아릴 수 없이 많은 해양 생물, 심지어 눈에 보이지 않는 각종 미생물 역시 그들 존재의 의미를 하나님에 의해서 부여받았다.

어디 살아 있는 생명체뿐인가?

하늘의 해와 달과 별은 그 존재 이전에 하나님에 의해 부여된 독특한 의미가 있으며, 이 땅의 수많은 무생물도 역시 그 존재의 의미가 있다.

요컨대, 이 세상 모든 자연 세계는 생물과 무생물을 막론하고 하나님으로부터 그 의미가 주어졌기에 존재한다. 모든 존재는 선재적 의미에 의해서만 존재의 본질을 찾을 수 있는 것이다. 그런데 도예베르트는 피조 세계의 모든 의미적인 존재의 실재를 15가지 양상(modal aspects)으로 나눈다.

15가지 양상은 수적(arithmetic), 공간적(spatial), 운동적(kinematic), 물리적(physical), 생물학적(biotic), 감각적(sensitive), 분석적(analytical), 역사적(historical), 언어적(lingual), 사회적(social), 경제적(economic), 미적(aesthetic), 법적(juridical), 윤리적(ethical), 그리고 신앙적(pistic or credal)이다. 이 양상들 사이의

---

[31] Herman Dooyerweerd, *Introduction in A New Critique of Theoretical Thoughts,* (1953), 김기찬 역, 『이론적 사유의 신비판 서론』 (서울: 크리스챤다이제스트, 1995): 26.

기본 질서는 각각의 양상들 사이에 교호적으로 치환될 수 없으며, 실재는 각각의 양상들 중 어느 하나의 고유한 위치를 가진다. 이것은 곧 우주법이 실현되는 양상이며, 여기에는 다음과 같은 세 가지 원리가 작동한다.[32]

첫째, 사상의 선(先) 이론적 태도이다.
이것은 이해의 출발점이요 이론적 사상을 가능케 하는 것이다.
둘째, 본질적으로 종교적 실재의 본질에 관해 다른 전제(근본 동기들)에 뿌리를 두는 것이다.
셋째, 의미는 존재나 과정보다도 더 근본적이라고 본다.

15가지 양상의 법적 질서에 있어서 중요한 것은 이들 모든 양상 중, 전(前) 양상의 존재가 후(後) 양상의 기초를 이루며, 전 양상은 후 양상에 의해서 심화되어 개현되는 것인데, 이러한 양상 간의 역동성을 개현 과정(opening process)라고 부른다.[33]

결국, 법적 질서를 따르는 모든 양상은 하나님의 창조에 그 기원을 두고 있으며, 그 기원에는 의미의 총체성(meaning totality)라는 뿌리가 자리한다. 세상의 모든 존재에 대한 이해는 의미의 총체적인 기원에 근거하지 않으면 안 되는데, 그것이 곧 하나님의 선재적 의미이며, 인간 존재를 비롯한 모든 존재의 관계성의 기원도 여기에 있다.

요컨대, 도예베르트가 사용한 '법(law)은 곧 하나님과 우주 사이를 구분 짓는 경계(boundary)'이며, 우주에 드러나는 15개의 양상은 곧 피조물 간의 경계이다.[34]

어떠한 피조물도 우주의 법을 초월하여 하나님께로 넘어갈 수 없다. 모든

---

[32] J. M. Spier, *An Introduction to Christian Philosophy*, (1954), Trans. David Hugh Freeman. 문석호 역, 『기독교 철학 개론』 (서울: CH북스, 1994): 45-59.
[33] 한상진, "도예베르트의 인간교육 철학," 「복음과 교육」 제5호, (2009): 59.
[34] Spier, *An Introduction to Christian Philosophy*, 47.

존재는 법의 경계 중 바로 이 세상 편에만 존재해야 한다. 만일 경계 이 쪽의 존재가 경계를 넘어가려 한다면, 곧 스스로 신격화를 시도하는 것이다.

도예베르트의 양상 이론은 이처럼 우주, 곧 세계라는 존재의 경계, 즉 앞서 말한 반정립에 대한 분명한 문제 의식에 있었다. 도예베르트는 반정립이 카이퍼 등에 의해 처음 고안된 것이 아니라, "그리스도인으로서의 삶을 살고, 성경을 이해하는 사람은 누구나 그것을 안다"고 말하며, 반정립은 교회의 역사, 복음의 역사만큼 길다고 강조한다.[35]

우선 그는 서구 문명의 발전을 이끈 근본적 힘이 되는 원리적 동기를 다음과 같이 제시한다.

> **첫째**, 로마의 임페리움 이념과 제휴하고 있는 '형상-질료'(form-matter)라는 고대 그리스의 근본 동인.
> **둘째**, 창조, 타락, 그리고 성령과의 교제 속에서 예수 그리스도를 통한 구속이라는 기독교의 성경적 근본 동인.
> **셋째**, 위의 두 동인의 결합을 추구하는 '자연-은총'(nature-grace)이라는 로마 가톨릭의 근본 동인.
> **넷째**, 위 세 근본 동인을 인간 인격성의 가치에 집중된 종교적 종합으로 인도하려고 시도하는 '자연-자유'(nature-freedom)라는 근대 휴머니즘의 근본 동인.[36]

서로 다른 네 개의 근본 동인이 있지만, 결국 기독교의 근본 동인을 제외한 나머지 세 근본 동인은 살아계신 초월적이며 인격적인 하나님, 즉 경계와 관계의 균형의 하나님을 제외시킨, 본질상 인간 중심의 사상이다.[37]

---

35 Herman Dooyeweerd, *In the Twilight of Western Thought,* (1960), 신국원, 김기찬 역, 『서양 사상의 황혼에서』 (고양: 크리스챤다이제스트, 1994): 22.
36 Herman Dooyeweerd, *Roots of Western Culture,* (1994), 문석호 역, 『서양 문화의 뿌리』 (고양: 크리스챤다이제스트, 2002): 36-37.
37 Dooyeweerd, *Roots of Western Culture.*

고대 그리스의 형상-질료의 동인은 인간의 삶과 죽음이라는 순환적 굴레 속에 갇혀서, 특히 로마 시대에는 '임페리움의 신격화'를 통해 인간 황제의 권력을 종교적 동인으로 삼았다.[38]

로마 가톨릭의 자연-은총의 근본 동인은 고대 희랍과 초기 기독교의 위대한 종합을 추구했으나 결국, 성경의 본질적 의도에서 떠나 시간적 경계에 갇힌 인간 사회의 '영혼'을 제도적 교회와 동일시하는 것으로 하나님의 위치에 교회를 올려놓음으로써 실패했다.[39]

도예베르트의 역사 속에서 반기독교적인 마지막 인간의 종교는 휴머니즘이었다. 헌신을 주장하는 모든 신앙으로부터의 '자유'와 인간의 인격성이 그 자체가 법이라는 '자연'에 대한 허황된 기대가 동인이 되어, 기꺼이 인간을 신앙하는 것이 고전적 휴머니즘이었다.[40]

그리고 이는 결국, '종교적'인데, 기독교적이건, 비기독교적이건 관계없이 전 포괄적이라는 말이다. 하나님의 종교이거나 인간의 종교이거나 둘 중 하나이다. 그리고 기독교적 동인을 제외한 나머지 세 가지 근본 동인의 공통점은 모두 변증법적 성격으로 대립되는 두 근본 동인의 종합을 시도한다는 것이다.[41]

특히, 근대 휴머니즘은 도저히 합치될 수 없는 두 근본 동인들의 합치를 시도하는 이론적 또는 과학적 변증법은 결국, 어느 한 쪽을 우월한 것으로 높여 우상화시키지 않는 한 불가능하다. 즉, 경계를 해체하는 것도 안 되지만, 변증법적 종합으로 관계성을 높이는 것도 안 된다는 것이다. 오직 기독교적인 변증법으로만 모든 존재 또는 양상들의 반정립적 갈등을 해결할 수 있는데, 이는 같은 시간적 경계 내에 존재하는 피조물에서는 근거를 찾을 수가 없다.

---

[38] Dooyeweerd, *Roots of Western Culture,* 37-50.
[39] Dooyeweerd, *Roots of Western Culture,* 184-190.
[40] Dooyeweerd, *Roots of Western Culture,* 184-190.
[41] Dooyeweerd, *In the Twilight of Western Thought,* 39.

도예베르트가 지적하는 반정립은 영적으로는 하나님의 영과 흑암의 영 사이의 전쟁이며, 실체적으로는 기독교의 원리와 휴머니즘의 원리의 충돌이다. 그리고 결국, 기독교의 근본 동인을 제외한 나머지 세 가지의 동인은 역사적으로 서로 껍데기만 다르게 뒤집어쓴 것으로 앞서 말한 세 가지 근본 동인, 곧 고대 그리스-로마의 문명과 기독교 정신, 그리고 근대의 휴머니즘 정신이다.

이러한 반정립의 세계관은 그의 모든 철학, 곧 우주법 철학의 출발점이며, 이는 창세기 1장 1절에 근거하여 창조주이신 하나님은 자충족적(self-sufficient)이며, 피조된 우주는 시간적이며 창조주에 의존할 수밖에 없다.[42] 곧 '만물이 주에게서 나오고, 주로 말미암고, 주에게로 돌아감' (롬 11:36)의 성경적 원리에 따라 모든 피조물의 존재적 의미는 '그 의미를 부여하시는 하나님'(God as the meaning-Giver)에게 철저히 의존하고 있다. 창조주 하나님을 통해 존재의 목적이 가능하며, 세계 만물의 기원, 존재의 근거, 그리고 궁극적 목적이 분명히 제시된다. 이것을 가장 잘 보여 주는 것이 인간의 본질이다.

인간은 하나님의 고유한 형상이다. 인간은 우주적이고 시간적인 피조 세계 안에서 모든 양상의 총체성을 스스로 표현하는 유일한 피조물이다. 그리고 스스로 자아를 표현하는 인간의 독특한 유일성은 하나님의 형상으로서 표현된 유일한 존재이기에 가능한 것이다.[43]

이런 면에서 인간은 물론 하나님의 피조 세계는 단순한 물질의 구성에 의해서만 이루어진 것이 아니며, 과학주의의 유물론과 환원주의로는 설명할 수 없는 존재이며, 당연히 진화론적 관점에서도 그러하다. 그런데도 휴머니즘은 이러한 하나님의 주권적 통치를 거부하며, 하나님으로부터 벗어나 자유하며 자율적인 인간의 인격성의 자연에 대한 '완전한 지배'를 이상

42　Spier, *An Introduction to Christian Philosophy*, 45-46.
43　Dooyerweerd, *Introduction in A New Critique of Theoretical Thoughts*," 30.

으로 품고 있으며, 그 이상이 가능한 근거는 역시 르네상스를 거친 근대인들의 과학적인 성취에 있으며, 완전한 지배의 이상은 '새로운 과학의 이상'에 근거한 것이다.[44]

도예베르트는 카이퍼와 마찬가지로 네덜란드의 국내 사정을 통해 이러한 반정립을 이해했는데, 당시 신앙과 불신앙의 대립에 문제를 제기한 네델란드 국민운동(Nederlandse Volksbeweging)에 의해 주창되던 성급한 종합, 즉 반정립의 해체를 인정하지 않았으며, 휴머니즘의 관계적 지향을 부정하고, 모든 세상의 관계의 근원을 하나님에게 두었다.[45]

실상 도예베르트는 휴머니즘에 기반한 실존주의적 관계론의 한계에 대해, 그리고 형이상학적 존재를 배제한 내재철학의 한계에 대해 분명한 문제의식을 가지고 있었고, 그에 대한 기독교적 원리의 대안을 제시했다.

예컨대, 도예베르트에 의하면, 마르틴 부버 등이 주창한 '나-너'(I-thou)의 상호인격적인 관계론은 우리 인간 존재의 내적 의식과 본질에 대한 근본적인 수수께끼를 해결해 줄 수 없기에 그 근거를 찾을 수가 없는 불완전한 사상이다.[46]

그 이유는 피조물인 인간 존재는 동일한 시간적 경험의 지평 안에 있으며, 동시에 피조 세상의 다양한 양상 의미, 즉 다양한 사회적 구조에 얽혀 있기에 '상호 인격적'이라는 관계의 근거가 상대적이라는 것이다. 이 때문에 틸리히(Paul Tillich)는 '나-너'의 '나'는 타자와 완전한 관계를 갖지 못하며, 인간과 다름없는 하나님 또는 나무나 다른 사물과 다름없는 인간으로서 '대상'에 머무를 수밖에 없다고 비판한다.[47]

그러나 인간은 본질상 공통적인 기점, 즉 아르키메데스 기점과 중심 관계를 맺고 있는데, 이는 곧 종교적인 관계, 즉 하나님과의 관계이며, 이 관

---

[44] Dooyeweerd, *Roots of Western Culture*, 246-249.
[45] Dooyeweerd, *In the Twilight of Western Thought*, 17-20.
[46] Dooyeweerd, *Roots of Western Culture*, 34-35.
[47] 신영철, 『기독교 철학자들의 문화관』(성남: 북코리아, 2011): 200-201.

계가 모든 인간의 실존적인 관계의 한계를 넘을 수 있도록 한다.[48]

심지어 이웃 사랑과 같은 기독교의 당위적 정언 역시 인간 자아의 본질적인 본성이 중심이 아니라, 그 신적 기원, 곧 하나님에게 있기에 가능한 것이며, 기능할 수 있는 것이다. 창조주 하나님과 인간 존재의 관계적 기원이 모든 관계의 기초가 되는 기독교적 근본 동인이 되며, 앞서 말했듯이 휴머니즘의 근본 동인으로서는 설명되지 않는 것이다.

흥미롭게도 최근 학자들은 도예베르트의 연구들을 정리하면서, 포스트휴머니즘과의 연관성을 드러냈는데, 곧 인간과 비인간 존재의 양상적 이해를 구체적으로 비교한 것이다.[49] 이에 따르면, 인간 존재이든 비인간 존재이든 모두가 시간적 존재, 즉 경계 이쪽의 존재이지만 다각적이다.

예를 들어, 식물과 인간은 모두 생물학적 측면에서 기능하는 신체이며 컴퓨터와 인간은 모두 조형 및 언어 측면에서 기능하며, 동일한 양상 국면을 나타낸다. 그러나 차이도 분명하다. 곧 인간은 미적, 법률적, 윤리적 및 신앙 측면에서도 기능한다는 것이다.

도예베르트 철학은 본질적 측면에서 객관주의적인 접근도 중요하지만, 존재들의 기능적인 측면도 무시하지 않으며, 이들의 통합적인 성격을 지향한다. 다시 말해서, 비인간 존재들조차도 다양성의 측면에서 자신에게 주어진 기능적인 실행은 감당하는 것이다. 요컨대, 인간과 비인간 모두 기능은 다수의 법 영역 또는 양상으로 구성된 다양한 공통분모를 가질 수 있다는 것이다.

더 나아가 도예베르트는 제3의 휴머니즘, 그러나 포스트휴머니즘과는 분명히 다른 휴머니즘에 대해서 언급하는데, 이는 곧 인본주의적 휴머니즘에 대해 광범위하며 통렬한 내재적 비판을 가하면서, 앞서 언급한 세 가지 서로 다르나 공통적인 근본 동인, 즉 그리스적, 로마 가톨릭적, 그리고

---

[48] Dooyeweerd, *Roots of Western Culture*, 37.
[49] 인터넷 The Dooyeweerd Pages; www.dooy.info/subject.object.html; 2020년 8월 17일 검색

고전적 휴머니즘적인 사상과는 전혀 다른 새로운 휴머니즘을 제안한다. 그것은 곧 온전히 성경에 근거한 기독교적 휴머니즘이 된다.

정리하면, 도예베르트의 양상 이론은 하나님과 우주 세계의 분명한 경계적 차원을 인간의 존재론적 이해는 물론 모든 피조물의 실천 양상을 이해하는데 매우 근본적인 원리를 제공한다. 경계 이쪽의 피조물이 경계를 무시하고 하나님에게 넘어가려고 한다면, 이는 곧 스스로 신이 되겠다는 신격화의 표현이며, 이 경계는 철저히 지켜져야 하는 것이다.

그러나 인간의 역사는 하나님의 존재를 부정하고, 경계 이쪽만을 인정하는 무신론(atheism)이나 경계 이쪽의 우주를 부정하는 반우주론(a-cosmism), 또는 하나님을 우주라는 세계 내에 종속시켜 피조물을 보다 높이는 범우주론(pan-cosmism), 세계를 하나님 안에 포섭시켜버리는 범신론(pantheism)이라는 중단없는 경계 해체를 통한 관계 지향적 일원화를 시도했다.[50]

도예베르트의 사상을 정리한 J. M. 스피어(J. M. Spier)는 하나님과 우주 사이 경계의 존재를 부정하는 일원론자들을 이처럼 비판하는데, 우리에게는 포스트휴머니즘의 섣부른 경계 해체와 관계성을 지향하며 종합적 일원화에 대한 그들의 시도를 떠올리게 한다. 그러나 일원론자들 못지않게 역시 잘못된 이원론자들도 있다. 이들은 하나님이 자신의 말씀 안에 규정하신 경계선을 그대로 인정하지 않고, 너무 높게 설정하거나 아니면 너무 낮게 설정하는 것이다.

전자의 경우에는 신적 존재의 부분이 피조물의 세계에 함몰되고, 후자의 경우에는 피조물이 신격화된다. 결국, 이신론적이든 범신론적이든 하나님과 피조물의 경계를 무분별하게 해체하거나, 하나님의 말씀의 범위를 벗어나 인간의 의도대로 잘못 조정한다면, 그 관계성도 보장받지 못하는 것이다. 휴머니즘의 역사 가운데 놓인 포스트휴머니즘 역시 이러한 경향

---

50 Spier, *An Introduction to Christian Philosophy*, 48.

과 이론들의 연장선에 있음은 두말할 나위 없다. 결국, 이들은 모두 하나님의 주권을 정당화시키지 못한다. 특히, 선부른 일원화나 종합과 같은 경계의 해체적 시도가 아닌 오히려 반정립적 경계를 지키는 것이 올바른 관계를 유지하는 유일한 방법이라는 것을 기억해야 한다.

2. 샬롬을 추구하는 인간-관계를 지향하는 인간

앞서 우리는 경계를 유지하며 관계를 지향하는 기독교적 인간관의 한쪽 균형추를 바로 잡았다.

> 기독교적 근본 동인은 우리의 삶 속에서 이원론적 양극성 곧 '둘 사이에서 머뭇머뭇하는'(왕상 18:21) 것을 허용하지 않는다는 사실을 깨닫게 되기를 소망한다.[51]

도예베르트의 이 말처럼, 경계의 유지는 경계 자체를 고집하자는 것이 아니라 궁극적으로 관계를 지향한다는 측면에서 이해되어야 한다. 앞서 다룬 아브라함 카이퍼와 헤르만 도예베르트는 물론 개혁주의의 전통은 이 점을 분명하게 견지하고 있다. 제언하자면, 이들이 결국 말하고 싶은 것은 관계라는 사실이다. 다만, 하나님을 부정하거나 왜곡하는 세상의 도전은 끊임없이 이 경계를 부정하거나 왜곡하는 시도였다는 것이다.

물론 그 이유는 관계에 있었으며, 평등이나 화해, 일원화 또는 종합이라는 다양한 표현을 사용하여 경계의 해체를 정당화하려고 하였다. 포스트휴머니즘의 사상적 근거 역시 여기에 있다는 것은 더 이상 강조하지 않아도 너무 분명하다.

---

[51] Dooyeweerd, *Roots of Western Culture*, 155.

그러나 하나님의 구원 역사는 창조와 인간의 타락에 뒤따르는 일이다. 기독교는 언약으로 이 땅에 오신 화목제인 그리스도 이전에 하나님이 창조하신 법과 이 법을 무시한 아담의 타락으로 깨어진 관계를 전제한다. 샬롬은 전쟁을 전제하며, 균형은 갈등을 전제한다. 곧 관계성은 경계성을 전제하며, 경계성은 관계성을 담보한다.

그러나 구원의 기쁜 소식은 새 하늘과 새 땅을 통해 사자들이 어린 양과 뛰어 놀고, 아이들이 뱀 굴에 손을 넣어도 해가 없는 모든 존재의 경계를 허무는 소식이다. 그리고 결국, 하나님과 인간의 막힌 담이 허물어져 관계가 완전히 회복되어, 영원히 함께 사는 하늘나라를 소망한다. 기독교는 샬롬의 종교이며, 관계의 종교이다. 개혁주의는 이 부분을 분명히 강조한다.

다시 말해 경계로부터 관계가 아니라, 관계를 추구하며 경계를 인정하는 방향으로 접근하는 견해들이 있다. 거듭 말하지만, 개혁주의는 균형의 신학이다. 앞서 살펴본 균형추가 경계에서 관계로의 균형추라면, 이제 우리는 관계에서 경계로의 균형추를 바로 잡을 때이다.

개혁주의의 역사에서 누구보다 이 방향성을 잘 인지한 것은 다름 아닌 칼빈(John Calvin)이다. 그는 누구보다 엄격한 경계성의 인물로 인식되지만, 실상 너무도 따뜻한 관계성의 인물이었다. 그것을 분명히 알 수 있는 것은 칼빈의 사상 속에 묻어나는 사회적 '정의'와 '관용'에 대한 가치, 즉 사랑과 정의, 평등에 대한 성경적인 가치에 있다.

칼빈의 관용에 대한 사상을 좀 더 현대적인 관점에서 정립한 것이 니콜라스 월터스토프(Nicholas Wolterstorff)의 샬롬의 정의(正義)에 대한 정리이다. 월터스토프는 앞장에서 다룬 반정립에 대한 분명한 인식과 인정을 넘어 그리스도인의 사회적 정의의 실천적인 측면에서 관계성을 강조한다.

어거스틴 이후, 개혁주의 전통에서 강조된 두 도성의 반정립적 사상을 현대적으로 확장하여 적용한 월터스토프는 두 도성의 경계에 사는 그리스도인의 실존적인 삶을 강조하면서, 어떻게 현대 그리스도인이 경계를 지키며, 무엇보다 다른 모든 타자와의 관계를 회복하며 지향할 수 있는지에 대한 혜안을 제공한다.

1) 관용으로 실천되는 자유와 사랑의 관계

종교개혁자 중, 칼빈은 가장 냉철하며 이성적인 인물로 이해되곤 한다. 신학자이기 이전에 칼빈은 법학을 전공한 인물이었고, 무엇보다 기욤 뷔데(Guillaume Budé)로부터 받은 날카로운 법학적 지성으로 무장하였기에 쉽사리 그런 오해를 받는다. 그런데도 한편 칼빈은 당대 탁월한 인문주의자였던 데시데리위스 에라스무스(Desiderius Erasmus)의 따뜻한 인문학적 감성도 동시에 이어받은 인물이며, 기본적으로 인문주의적 따뜻함을 가슴에 품은 사회적인 휴머니스트였다.[52]

칼빈의 이해 속에 인간은 결코 홀로 떨어진 외톨이가 아니며 언제나 사회적 공동체 속에서 의미를 찾을 수 있는 존재이다. 비엘레는 칼빈의 인간관에 대해서 이렇게 말한다.

> 칼빈의 휴머니즘은 기본적으로 사회적 휴머니즘이다. 인간은 본래 다른 인간과 함께 벗하며 살아갈 때만 진정으로 인간일 수 있기 때문에 그렇다. 인간은 다른 인간과 함께 관계하고 살아갈 때만 온전한 인간이 된다. 칼빈은 말하기를 '하나님은 인간이 교제의 존재가 되도록 인간을 창조하셨다.' 고 하였다 … 인간은 관계를 갖고 살도록 부름을 받았는데, 그 대표적인 예가 부부, 가족, 그리고 노동조합이나 회사다. 그러나 인간의 존재 자체처럼 이러한 근본적인 사회질서가 매우 심각한 동요를 겪어 왔다.[53]

---

[52] Andre Bieler, *L'humanisme social de Calvin*, (1961), 박성원 역, 『칼빈의 사회적 휴머니즘』 (서울: 대한기독교서회, 2003): 26.
[53] Bieler, *L'humanisme social de Calvin*, 35-36.

무엇보다 칼빈의 입장에서 하나님과의 관계에 근거하지 않은 인간 존재는 전혀 인간적이지 않다. 따라서 인간을 창조주이신 하나님과 관계된 피조물로 보지 않는 휴머니즘은 진정한 휴머니즘이 아니라고 할 수 있다. 또한, 인간은 결코 홀로 존재하지 않기 때문에 언제나 관계를 전제한 사회 공동체에 속하며, 진정한 휴머니즘은 사회적 휴머니즘일 수밖에 없으며, 이는 기독교적 휴머니즘의 중요한 일면이다.

한편 비엘레는 칼빈의 휴머니즘을 통전적 휴머니즘으로 정의하면서, 다음과 같이 인간의 인간됨을 손상시키는 무신론적 휴머니즘을 경고한다.

> 우리는 우선 전적으로 기술 과학적 인간 개념에 직면하고 있는데 이런 사고의 영향력이 날로 더욱 커져 가고 있다. 이 기술 과학적 휴머니즘은 경이적인 과학의 발견으로 인간의 가치를 수치와 양으로 재어 보고 평가하는 물체로만 보려고 하는 경향이 있다. 하나님이 인간에게 주신 생명과 그 독창성의 신비에서 인간을 떼어내어 날마다 더 무미건조하고 희망이 없는 한낱 실험실의 추출물로 만들고 말았다. 또 한편으로 우리는 인간을 한 사회적 구성요소로 볼 정도로 인간을 격하시킨 무신론적 휴머니즘과도 직면하고 있다.[54]

여기서 '기술 과학적 휴머니즘'은 곧 우리가 당면한 포스트휴머니즘과 다름 아니며 결국, 이는 무신론적 휴머니즘이다. 그러나 칼빈은 하나님으로부터 유래한 인간에 대한 지식과 인간으로부터 유래한 인간의 지식을 균형 있게 받아들이면서, 우리로 하여금 과학을 불신하지도 않으면서 하나님의 계시를 경시하지도 않는 통전적인 휴머니즘을 제시한다.

이는 곧 "인간의 통전성을 고려하는 휴머니즘이며, 한편으로는 하나님의 계시에 의해 형성되고 다른 한편으로는 과학에 의해 형성된 휴머니즘"

---

54 Bieler, *L'humanisme social de Calvin*, 105-107.

이다. 이 휴머니즘은 다시 말해서 관계를 지향하나 경계를 유지하는 휴머니즘이라고 할 수 있다.

그렇다면 칼빈에게서 찾을 수 있는 인간 존재의 관계성의 핵심은 무엇인가?

16세기의 유럽은 말 그대로 격변의 전장이었고, 원래 법학을 전공하며 인문학에 관심이 많았던 칼빈은 하나님이 주시는 무한한 영적 자유에 근거한 참된 신앙의 본질을 깨닫게 된다. 진정한 그리스도인은 하나님의 완전한 노예로써 그분이 주시는 은혜와 진리 안에서 참된 자유를 누릴 수 있는 것이다. 칼빈이 깨달은 그리스도인의 참된 자유와 그 자유에 근거한 평등 사상, 그리고 그 사상적 적용점인 관용의 정의가 곧 칼빈의 인간관에 있어서 그 관계성을 파악하는 핵심이다.

흥미로운 것은 칼빈은 인간의 타락에 의해 더욱 벌어진 하나님과의 경계성 보다 하나님을 신앙하며 관계하는 참된 자유에 더 강하게 반응했다는 것이다. 회심한 자들의 '자유', 즉 그리스도인의 자유에 대한 칼빈의 주장은 그의 역작 『기독교 강요』(Institutes)의 초판(1542, 프랑스어)부터 최종판(1559, 라틴어)까지 시종 사라지지 않은 것이다.

거듭된 『기독교 강요』의 개정판 속에서 '그리스도인의 자유'라는 독립된 장의 위치와 구성은 눈여겨 볼만 한데, 초판에서는 윤리적 영역에서 다루어지고, 그 마지막은 그리스도인의 삶으로 마무리한다. 그러나 최종판에 가서 '그리스도인의 자유'는 기독교의 핵심 교리인 구원론의 영역으로 넘어가게 되어, 이신칭의를 다루는 장의 바로 다음에 이어 등장하게 된다.[55]

---

[55] John Calvin, *Institutes of the Christian Religion,* (1541), 박건택 역, 『칼빈 기독교 강요: 프랑스어 초판』 (용인: 크리스천르네상스, 2015): 5, 이후 "Calvin, 1541: 페이지"으로 표기; John Calvin, *Institutes of the Christian Religion,* (1559b), 고영민 역, 『기독교 강요: 라틴어 최종판 1-4권』 (서울: 기독교문사, 2008): 18-21, 이후 "Calvin, 1559b: 페이지"으로 표기; 박건택, 『칼빈의 자유사상』 (서울: 솔로몬, 2013): 290-292.

흥미로운 것은 최초에는 가장 후반부에 부록처럼 붙어있던 '그리스도인의 자유'는 최종판에서는 어느덧 전체 책의 구성에서 가장 중반에 위치하고 있고, 그 내용의 큰 변화는 없으나 신과 인간의 지식에 대한 전반부와 구원과 삶에 대한 후반부의 중심부를 차지하고 있다는 것이다. 그만큼 칼빈에게 있어서 구원받은 그리스도인의 참 자유와 이를 바탕으로 한 참된 경건은 중요한 교리가 되는 것이다.

칼빈에게 있어서 '자유'란 주제는 무척이나 중요한 것이었음이 틀림없으며, 실상 개혁신학의 중심 교리는 '그리스도인의 자유'에 따른 진리 추구의 결과로 세워진 것이라 할 수 있다.[56] 그런데 비엘레에 따르면, 인간의 자유에 대한 교만한 탐욕은 결국, 모든 관계성의 파괴로 이어진다.

> 인간은 자기의 자유를 확보한다고 하면서 자기 자신을 하나님으로부터 분리시켰고 그래서 자기 자신만을 파괴한 것이 아니라 사회적 관계성의 본질까지 변질시켰다. 인간은 사회적 생활과 경제적 활동자체를 왜곡시켰다. 인간은 하나님 밖에서 자기의 자유를 찾는다고 생각하면서 사실상 노예화와 결합하는 대로 침몰하고 말았다.[57]

인간이 하나님과의 경계를 무너뜨리며 분리되고자 하면서 자신의 자유에 대한 잘못된 본성, 즉 성과 감정과 일의 노예가 된 것이다. 그리스도인의 자유라는 것은 결국, 죄의 종된 신분에서의 자유를 말하며, 이는 곧 하나님과의 온전한 관계의 회복을 의미하는 것이다.

칼빈이 이해한 자유에 대한 개념은 내적 자유와 외적 자유로 나눌 수 있다.[58] 먼저 외적 자유는 물리적 영역에서 취해지는 자유이다. 이는 다시 다음과 같이 두 가지로 이해된다.

---

[56] 박건택, 『칼빈의 자유사상』 63.
[57] Bieler, *L'humanisme social de Calvin*, 35.
[58] 박건택, 『칼빈의 자유사상』 285.

첫째, 교회적 권력에 대한 자유
둘째, 세속적 권력에 대한 자유

내적 자유는 영적인 영역에서 취해지는 자유인데 율법에 대한 자유이며 죄에 대한 자유라고 할 수 있다.

박건택에 의하면, 여기서 내적 자유는 곧 하나님과 인간 사이의 '사랑'으로, 외적 자유는 인간 상호 간의 '정의'로 구분하여 실천적인 삶에서 적용될 수 있다.[59] 특히, 외적인 자유사상은 시민으로서의 자유, 즉 개인이 속한 공동체의 일원으로서의 자유를 의미한다. 말하자면 칼빈은 당시 그리스도인의 자유의 외적인 발현이 '정의'와 매우 밀접한 관계가 있음을 알았다.

그런데 '정의'라는 개념은 아리스토텔레스 이후로 줄곧 본질상 '평등'이라는 개념을 안고 있거나 혹은 대등하게 다루어져 왔으며, '정의'는 '평등'의 실현 특히, 법적인 실현에 근거한 가치이다. 아리스토텔레스는 정의의 본질이 평등이라고 주장하면서 정의를 '평균적 정의'와 '일반적 정의'와 '배분적 정의'로 구분했다.[60]

그렇다면 평등은 무엇인가?

평등은 어원적으로는 라틴어 '*aequitas*'에서 비롯되었으며, '평등' 외에도 '공평', '공정', '정의'와 혼용되는데, 이러한 용어들의 내적 의미와 연관성이 있음을 암시한다.[61] 평등의 가치는 칼빈 당시와 같은 전근대의 시기나 혹은 지금과 같이 인간 사회 전 분야에 심각한 불평등과 그에 의한 차별과 억압이 만연할 때 크게 부각된다.[62]

송호근은 만연한 불평등은 급기야 모든 사람들의 인식에 뿌리 깊은 불신을 심어놓게 되고, 이는 왜곡된 평등주의를 습관처럼 삶의 모든 분야에

---

[59] 박건택, 『칼빈의 자유사상』 286-290.
[60] 인터넷 위키백과사전 https://ko.wikipedia.org/wiki/ '정의'로 검색
[61] 선우현, 『평등』 (서울: 책세상, 2012): 28.
[62] Bieler, *L'humanisme social de Calvin*, 26.

적용하게 되어 결국, '기회의 평등'나 '능력의 평등'이 아니라 '결과의 평등'을 요구하게 된다고 경고한다.[63]

한국인의 경우, 왜곡된 결과적 평등주의 심성이 오히려 한국 사회에 해가 된다고 지적한 송호근은 이러한 왜곡된 평등주의를 수정할 수 있는 네 가지 대안을 제시한다.

첫째, 건전한 평등주의의 장점을 되짚어 보기
둘째, 경제 지대에서의 공정성 확보
셋째, 다원적 평등 논리의 이식
넷째, 관용의 수준을 높이는 것

그리고 이 모든 것에 대한 사회적 합의가 전제해야 한다는 것을 강조한다. 이들 중에서 개인적 차원의 대안은 '관용의 수준을 높이는 것'이며, 이를 통해 부정적 측면의 평등주의적 심성이 저절로 가라앉게 될 것이라고 예측한다.[64]

흥미롭게도 그가 개인적 차원에서 관용의 수준을 높일 수 있는 구체적인 방법론으로 제시한 것이 독일 등을 예로 든 시민교육이다. 즉, 이 대안은 개인적 차원의 관용의 수준을 높이기 위해 공동체적 차원, 더 나아가 국가적 차원에서 장치를 마련해야 한다는 것이다. 그런데 이와 같은 관용에 대한 의미와 중요성을 인식하고 교육적인 차원에서의 이러한 대안을 처음으로 제시했던 사람은 놀랍게도 칼빈이었다.

칼빈은 관용에 대한 교육 정책을 제안했을 뿐만 아니라 실천한 최초의 인물이라고 할 수 있다. 칼빈의 처녀작은 다름 아닌 세네카의 '관용론 주석'이며, 외적 자유의 정의를 불평등 시대의 관용의 원리에 접목시키기도

---

63 송호근, 『한국의 평등주의, 그 마음의 습관』(서울: 삼성경제연구소, 2006): 11-13.
64 송호근, 『한국의 평등주의, 그 마음의 습관』 133-157.

했다. 신학에 헌신하기 이전에 인문주의자이며 국가 공동체에 대한 관심이 지대했던 칼빈은 복음주의와 인문주의를 함께 아우르며, 세상의 중심적인 것과 주변적인 것 사이에 관용을 베풂으로서 관계를 지향하기 위해 애썼다고 할 수 있다.[65]

더 나아가 칼빈은 참 신자된 시민의 자유를 위해 종교적 개혁은 물론이고, 국가·사회적 개혁을 위해서 통치 기반으로 참된 기독교를 세우고자 했으며, 이를 위해서 제네바 당시 칼빈이 교회 교육은 물론 일반교육에도 지대한 관심이 있었다고 알려져 있다.[66]

그렇다면 칼빈의 사상 속에 평등에 대한 구체적인 요소는 있는가? 이 부분에 있어서 칼빈의 다음 말에 주목해야 한다.

> 사치를 부릴 만한 사람들 가운데서 연회와 의상과 과도하게 화려하고 거창한 건물로 즐기지 않는 사람, 이런 것들에 관해 다른 모든 사람들 사이에서 매우 안락하게 보이지 않는 사람, 자신의 웅장함을 놀라울 정도로 기뻐하지 않는 사람은 거의 없다. 이 모든 것이 그리스도의 자유라는 구실로 옹호되고 변명된다. 그들은 이것들이 아무래도 좋은 것들이라고 말한다. 나는 그것들이 공평하게(indifferently) 사용될 경우 그것을 인정한다.[67]

여기서 칼빈은 영적 자유에 있어서 두 가지 과오를 우려한다. 먼저는 자유를 개인의 쾌락을 위해 오용하는 것이고, 그다음은 때와 장소를 불문하고 자유를 남용하는 것이 진정한 자유를 누리는 것이라 오해하는 것이다. 위에 인용한 글은 첫 번째 과오를 지적한 내용에서 언급된 것이다.

여기서 실상 칼빈은 자유를 가장한 개인의 방종적 행동이 공평하게 사용되지 않는다면 인정할 수 없다고 했다. [현실에서 가능한지 여부를 떠

---

[65] 이양호, "칼빈의 '세네카 관용론 주석' 연구," 「신학논단」 제19호, (1991): 99-101.
[66] 오형국, "칼빈의 종교개혁 사상과 인문주의," 교육학박사 학위, 한국교원대학교, 2005.
[67] Calvin, 1541: 848.

나] 공평하게 사용된다면 그 자유의 행동은 방종이 아니며 허용될 수 있는 것이다. 여기서 우리는 '공평', 곧 평등이라는 개념이 칼빈에게서 자유와 밀접하게 연결되어 있음을 발견할 수 있다.

그리고 안드레 비엘레(Andre Bieler)는 칼빈의 인간론이 그 원래의 인간성의 회복이 아닌 사회 구성원으로서의 인간이 그 다양한 존재 양식의 회복을 추구한다고 말하면서, 사회에 존재하는 불평등은 사회를 구성하는 구성원들, 곧 인간 존재들 사이의 호혜적인 사랑을 실현하는 하나님의 도구라고 주장한다.[68] 즉, 사회적 불평등이 끊임없이 실천되는 사랑에 의해서 극복되는 것이다. 그런 면에서 우리에게 우선 필요한 것은 '불평등'에 대한 인정, 즉 관용이다.

그리고 불평등 그 자체가 부조리가 아니며, 하나님의 정의에 대한 도전의 이유가 될 수도 없다. 오히려 불평등은 그리스도와 연합하여 참 자유를 누리는 그리스도인이라면 당연히 실천하게 되는 사랑의 법이 더욱 드러나게 되는 선한 도구가 되는 것이다. 그런 면에서 참된 그리스도인은 불평등에 대한 '관용'을 수렴해야 하며, 이는 다시 그리스도인의 자기 부정을 바탕으로 한 인내와 관대함을 강조한 칼빈의 지적을 떠올리게 한다.[69]

결과적으로는 개인의 종교적 회심, 철저한 자기 부정에 근거하여 공동체를 함께 이루는 타자와의 관계에서 발생하는 불평등을 우선 인정하며 관용해야 하는 것이다. 거기에서 하나님의 정의와 사랑을 실천할 수 있는 온전한 양심과 자유로운 의지가 발동할 수 있다.

요컨대, 칼빈이 지향하는 일종의 사회적 휴머니즘, 곧 통전적인 기독교적 휴머니즘은 개인의 내/외적 자유의 균형이라는 원리에 근거하여, 하나님의 사랑 안에서 누리는 내적 자유가 인간 존재는 물론 모든 다른 존재를 향한 외적 자유의 정의로 실현되는 것이다.

---

68 Bieler, *L'humanisme social de Calvin*, 41
69 Calvin, 1541: 940-944.

칼빈이 지향하는 인간관은 하나님 앞에 단독자로 관계하는 개인에서 출발하여, 타락한 인간 사회의 불평등을 관용하며, 하나님이 주신 선한 의지로 이웃을 사랑하여 정의를 실천하는 공동체적 인간 존재로 발전한다. 하나님과의 관계 속에서 인간은 자유를 누리는 진정한 인격의 인간이 될 수 있으며, 이러한 인간됨은 인간의 가치를 수치나 양으로만 평가하거나 일종의 물질적 구성요소로만 판단하려는 과학주의적 포스트휴머니즘의 포스트휴먼과는 차원이 다른 통전적이며 균형 잡힌 인간이라고 할 수 있다.

놀라운 것은 칼빈에게 있어서 전적으로 타락하여 하나님으로부터 무한하리만치 멀어져버린 인간의 한계보다도 죽을 수밖에 없는 인간을 차별 없는 사랑으로 구원하시고자 하는 그 관용에 더 큰 관심이 있다는 것과 하나님과 인간의 관계를 기초로 사회적 공동체의 일원으로서 그리스도인이 먼저 지향해야 하는 것은 바로 그 사랑과 관용에 근거한 관계라는 점이다.

2) 변화를 추구하는 샬롬의 관계

원리는 간단하지만, 적용은 복잡하다. 반정립은 단순하지만, 세상은 다양하다. 우리가 실존으로 겪는 세계는 다중적이며, 우리가 겪는 위기 역시 다중적이다. 마치 아무런 관련이 없어 보이는 존재와 현상도 마치 나비효과와 같이 어느 틈엔가 서로에게 막대한 영향을 주고 받는다. 먹이사슬과 같이 복잡하게 얽혀 있는 세계 속에서 인간 개인은 인식의 유무와 관계없이 자신의 의미와 본질에 대해서 근원적인 질문을 안고 산다.

클라렌스 욜더스마(Clarence W. Joldersma)는 다음과 같이 말한다.

> 그리스도인들은 점점 더 파편화되고, 외관상 포스트-기독교 사회의 모습을 가진 이 사회와 우리의 관계는 어떠해야 하며, 우리는 사회의 다중적 문제를 완화하기 위하여 어떤 기여를 해야 할 것인가?

> 우리는 누구인가?
> 우리는 무엇을 위해 여기에 있는 것인가?[70]

이 질문에 대해서 성경적 가치에 근거한 매우 설득력 있는 대답을 제공한 것이 니콜라스 월터스토프(Nicholas Wolterstorff)이다. 그는 기독교적 인식론과 형이상학에 큰 공로가 있는 철학자로써, 또한 기독교 교육에 중요한 철학적 원리를 제공한 교육자로써, 무엇보다 앞서 다룬 칼빈과 카이퍼를 거쳐 계승되는 개혁주의 신학의 실천적 철학자로써 우리에게 '샬롬'의 가치를 강조한다. 샬롬은 인간의 번영에 대한 하나님의 창조적 비전이다.[71]

우리에게 중요한 것은 월터스토프가 말하는 샬롬이 사람들이 하나님과 자기 자신, 이웃, 자연과 올바른 관계 속에서 살아가며 그 속에서 기쁨을 누리는 것을 의미한다는 것이다.

한 개인에게 있어서 샬롬은 각자가 경험하는 창조 세계에서 존재의 의미를 찾으며, 하나님이 부여하신 잠재적 가능성을 실현하는 것을 즐거워하며, 하나님의 선하심에 대해서 감사함으로 응답하고 있음을 스스로 인식하는 것을 의미한다. 하나님과의 샬롬의 관계는 곧 개인을 넘어 공동체로 향하며, 공동체적인 샬롬은 모든 구성원이 충만하고 안전한 거처를 가지는 윤리적인 공동체를 지향하는 것이다.

이처럼 샬롬은 창조 세계에 대한 하나님의 구속을 포함하면서 창조 세계를 '절대 포기하지 않는' 섭리적 관점을 가지고 있으며, 아브라함 카이퍼의 일반 은총과 영역 주권에 대한 견해를 수용하여 발전시키는 것을 볼 수 있다. 월터스토프의 샬롬에 대한 사상을 보다 구체화시켜서 이해하기 위해서는 그가 제시하는 샬롬의 교육을 대안으로 제시하게 된 선(先) 문제의식에 있다. 월터스토프는 기존에 제시된 고등교육의 네 가지 모델을 소개

---

70 Nicholas Wolterstorff, *Educating for Shalom*, (2004), 신영순 등 공역, 『샬롬을 위한 교육』 (서울: SFC 2014): 19-20.

71 Wolterstorff, *Educating for Shalom*, 22-23.

하면서, 이 네 가지 교육모델이 함의하는 것은 곧 인류 또는 세계 전체의 보편적 존재로서의 인간이 세계와의 관계 속에 놓인 존재라는 것이다.[72]

첫째, 미카엘 오크쇼트(Michael Oakeshott)의 자유를 위한 교육에서는 세상과 인간 자신을 이해하고 해석하여 인간이 된다는 것은 세상 안에서의 그 어떤 의미적 존재라는 것을 깨닫는 것이며, 결국 인간 존재 자신 안으로만 함몰되어가는 독립과 고독으로부터의 자유를 강조한다. 인간은 세계 공동체의 단순한 구성 부품이 아니라 다양한 존재들의 상호 이해의 관계들 속에 참여하며, 물리적, 정신적, 영적, 역사적인 다양한 측면에서 다른 존재들과 관련되어 있음을 인식하는 가운데, 인간이 되는 것이다.

둘째, 인간 존재의 단독자로서의 고립된 성격보다 보편적 존재로서의 해방이며, 이 해방의 주제는 두 번째 모델로 제시하는 젤레마(William Harry Zellema)의 기독교 인문주의와 연결된다. 젤레마는 교육에 있어서의 중립성은 없으며, 본질상 종교적일 수밖에 없는데, 기독교 인문주의는 기독교가 인간의 '보편적' 의식과 문화의 유산에 참여함으로써 기독교만의 '특수성'에서 해방되도록 함으로써 다양한 종교적 특징을 띠는 세상 속에서 유일한 기독교의 본성을 지키는 것이다.

젤레마는 아우구스티누스의 '두 도성'(two cities), 즉 하나님의 도성과 세상의 도성 사이의 상호 작용에 관심을 두는데, 이 상호 작용은 곧 인간 개인이 선택하는 그 어떤 지점을 의미한다. 젤레마는 어떤 개인이던지 모든 인간 존재의 근거는 하나님과의 관계에 있으며, 모든 인간은 두 도성 중 어느 한 쪽을 종교적인 의미에서 선택하기로 결단하게 된다.

물론 인간의 실존은 결국, 어느 한 쪽 극단이 아닌 그 사이 어디쯤에 위치하기 마련이지만, 중요한 것은 어떤 도성을 선택할 것이냐의 종교적인 결단에 있다.

---

72 Wolterstorff, *Educating for Shalom*, 54-73.

셋째, 성숙 또는 사회화 모델은 특히, 교육에 있어서 교육 현장과 사회 현장 사이의 이음매 없는 연결성을 강조하는 것이며, 즉 교육을 '사회화' 자체로 대체하려는 노력이라고 볼 수 있다. 이는 특히, 전문 직업 준비를 위한 교육으로 실현되는 현상을 보인다.

넷째, 이 모델 역시 교육과 관련하여 분과 학문 모델이라고 부르는 인데, 교육 목적이 분과 학문을 소개하고, 그 이론과 실천을 가르치되, 특별히 기독교적 관점을 부과하는 모델이다. 이는 대체로 자연 과학 또는 사회과학 분야의 학문 분야에 실천적으로 적용될 수 있다.

이들 중 마지막 두 가지 모델은 앞선 두 모델에 비해서 매우 실천적인 성격을 가지기는 하지만, 학문적 영역에 국한해서 보자면, 기독교의 관점으로 일반 학문의 영역을 조망하고 바라봐야 한다는 면에서 존재의 영역을 제한하지 않고 서로 관계해야 한다는 원리적 측면이 드러난다. 월터스토프의 말대로 "각각의 모델은 자신의 본 영역을 넘어서도 호소력"이 있다.[73] 그러나 이 모델들은 모두 분명한 한계를 가지며 불충분한데, 그 이유를 이렇게 설명한다.

> 이 모델들 중 어느 것도 인간의 상처들(특별히, 도덕적 상처들)에 대해 적절하게 반응하지 않는다. 그 어떤 것도 우리의 울부짖음과 눈물에 충분하게 대답하지 않는다. 분과학문 모델은 과학과 예술을 통해 창조 세계의 잠재가능성을 발전시키라는 문화 명령을 상기시켜준다. 그러나 포로가 된 자를 자유롭게 하라는 해방의 명령에 대해서는 무엇을 하는가?
> 기독교 인문주의 모델은 인류의 위대한 문화적 대화에 그리스도인으로서 참여하기 위하여 우리의 문화적 특수성으로부터 자유로워야 한다는 사실을 강조하고 있다. 그러나 음식을 먹지 못해서 대화할 기력마저도 없는 사람들

---

[73] Wolterstorff, *Educating for Shalom*, 73.

에 대해서는 무엇을 하는가?
기독교 사회화 모델은 학생들을 그들의 직업적 소명 안에서 그리스도인으로서 일하도록 훈련해야 한다는 사실을 강조한다. 그러나 오랫동안 일자리를 찾으려고 애를 써도 직장을 구하지 못하는 사람들에 대해서는 무엇을 하는가?
전통적인 모델들은 이 세계의 불의에 대해서는 거의 아무런 이야기도 하지 않으며, 우리의 자비와 정의의 소명에 대해서도 거의 아무런 이야기도 하지 않는다.[74]

월터스토프가 주목한 것이 이 네 가지 모델 모두 원리적, 학문적 성격에 있어서 상당한 의미와 가치가 있지만, 실천적, 기능적 의미에서 과연 그 대상들에 대한 배려가 있었느냐는 것이다. 포로된 자, 가난한 자, 실업자 등 소외되어 누구도 관심을 두지 않는 사람들의 상처를 돌아보는 참된 정의와 평등의 소명이 실천되고 있느냐에 대한 도전적인 질문인 것이다.

우리의 지속되는 맥락에서 보건대, 월터스토프가 세계를 보면서 품게 된 문제의식은 정확히 포스트휴머니스트들이 격렬하게 질문하고 있는 것이며, 그들의 포스트휴먼에 대한 당위와 이유이기도 하다. 세상에 만연한 존재들 간의 차별과 억압 속에서 상처받은 이들의 아픔을 해결해 줄 수 있는 것은 결국, 차별과 억압을 가능케 한 그 다름과 차이, 존재 간의 경계를 없애는 것이며, 그것이 정의이다.

그러나 월터스토프에게 정의는 다른 관점에서 이해되며 실천되는데, 그것은 바로 샬롬이다. 월터스토프는 하나님과 인간, 그리고 인간과 모든 세계의 존재들의 관계는 결국, 샬롬이어야 한다고 말하는데, 그 특징은 다음과 같다.

---

[74] Wolterstorff, *Educating for Shalom*, 74.

첫째, 월터스토프는 샬롬이 곧 하나님의 창조 목적, 곧 비전이라고 말한다.[75] 하나님은 말씀으로 이 세상을 창조하시면서 모든 피조물에게 그 목적을 가지고 계셨다. 특히, 인간에게 바라시는 것은 인간의 번영과 우리의 예정된 운명에 대한 비전으로 이는 곧 특별은혜의 측면에서 구원과 일반은혜의 측면에서 문화명령이다. 월터스토프는 이 비전이 "탈현실적이고 개인적인 하나님을 묵상"하는 것이 아니며, 따라서 그것은 "비록 하늘로부터 오는 비전이기는 하지만, 저세상에 관한 비전"은 아니라고 말한다.

샬롬에 대한 비전은 구약 성경의 시가서와 예언서에서 처음 나타난 비전으로 이방 국가의 포로된 이스라엘에게 전쟁이 그치고, 성전으로 돌아오는 회복의 비전이며, 신약에서는 '에이레네'(*eirene*)라는 이름으로 성소의 휘장을 찢고 하늘과 땅의 경계를 넘어 영원한 화목제가 되신 그리스도로 구체화된 비전이다.

더 나아가 이 샬롬은 구체적인 교육의 현장에서 실현되는 목적이어야 한다고 강조한다.[76] 과학을 가르치는 목적에는 과학을 통해 얻은 실재에 대한 지식이 샬롬이라는 하나님의 창조적 번영을 위한 것이 담겨 있으며, 예술에는 그 지식과 실천에 있어서 절름발이와 같은 삶을 방지한다는 차원에서 샬롬이라는 번영의 방식에 기여한다. 다른 시대나 장소에서 살던 인간이 어떤 모습과 생각으로 존재했는지에 대한 지식으로서 역사는 인간 존재의 본성을 유지한다는 측면에서 역시 샬롬의 번영에 참여하며, 경건한 예배에 대한 교육 역시 온전히 균형 잡힌 샬롬의 가치에 기여하기에 교육 과정에 포함되어야 한다.

마지막으로, 불의와 타락을 인식하고, 그로 인해 상처 입은 사람들을 위해 무엇을 해야 하는지, 즉 정의는 과연 무엇인지에 대한 올바른 인식을 위해서 정의에 대한 교육을 해야 한다. 특별히 이 점에 있어서 월터스토프

---

[75] Wolterstorff, *Educating for Shalom,* 75.
[76] Wolterstorff, *Educating for Shalom,* 77-79.

는 단순히 정의가 무엇인지 그것에 '대해서'(about)가 아니라 그 실천적 의미로 정의를 '위해서'(for) 가르쳐야 한다고 분명히 지적한다. 이와 같은 샬롬의 비전은 곧 정의라는 가치와 연결된다.

둘째, 따라서 샬롬의 가치는 정의의 실현이라는 전제에 근거한다.

월터스토프는 샬롬은 단순히 하나님의 비전으로 머물지 않으며, 이 땅에서 실현되는 샬롬이어야 하는데, 그 이유는 지금 여기 인간이 자리한 타락한 세상 가운데는 아픔과 고통과 상처가 가득하기 때문이다. 정의의 실현으로서 샬롬은 월터스토프에게는 명령이 된다. 그에게 샬롬이라는 비전이 이처럼 강렬하게 다가온 이유 중 하나가 바로 정의의 실현이 곧 하나님의 명령이며, 자신의 소명이라는 깨달음에 있는데, 그것은 '아파르트헤이트'(apartheid)로 유명한 남아프리카 공화국에서의 기억 때문이다.

> 나는 이런 정의를 향한 외침에 깊은 감동을 받았을 뿐 아니라, 내가 하나님께 소명을 받았다고 확신했다. 나는 하늘에서 어떤 음성을 들은 것은 아니다. 하나님이 흑인과 유색인들의 연설을 통해 내게 말씀하신 것이다. 하나님께 충성한다면, 나는 그런 불의의 희생자들을 위해 적절한 방식으로 목소리를 높여야 했다.[77]

1975년 남아공의 포페르스트룸대학교에서 개최된 국제학술대회에 참석했던 월터스토프에게 그 학술대회는 학문적 논쟁이 아닌 인종 대결의 장이었다. 아파르트헤이트를 반대하는 네덜란드인과 찬성하는 아프리카인들 사이의 분명한 반정립적 대결 속에서 월터스토프가 주목한 것은 남아공 출신의 흑인과 유색인 학자들의 학문적 발표가 아닌 그들의 고통과 상처에 대한 울부짖음이었다.

---

[77] Nicholas Wolterstorff, *Journey toward Justice*, (2013), 배덕만 역 『월터스토프 하나님의 정의』 (서울: 복있는사람, 2017): 32-33.

예술철학을 가르치고 발표하던 월터스토프가 정의 그리고 샬롬에 대해 인식하고 자신의 사명임을 깨달은 것은 남아공에서 펼쳐졌던 인종차별에 의한 부조리였다.[78]

샬롬은 불의가 가득한 사회에서 살아가는 인간 모두에게 주어진 하나님의 명령이며, 특별히 그리스도인들에게 인류 공동체와 사회, 세계에 인간의 번영을 가져오도록 분투할 것을 강력히 요청한다. 샬롬의 명령은 타락한 인간 존재의 상처와 긍휼하심으로 눈물 흘리시는 하나님의 상처를 동시에 회복시키기 위한 그리스도인들의 거대한 실천적 소명이다. 이처럼 월터스토프에게 있어서 정의에 대한 소명은 샬롬의 비전에 대한 거룩한 기반이 되며, 그리스도인들의 소명에 따른 실천적 행동은 그것을 가능하게 하는 수단이 된다.[79]

정의에 대한 호소는 그리스도인들 자신들만의 고유한 영역에 대한 날선 요청이 아니라, 인류의 보편 속에 자리한 '고아와 과부, 이방인들'을 향한, 바로 지금 이 세상, 이 땅에서의 요청이다. 타고난 본래적 본성의 차이가 아니라, 타락한 인간의 비뚤어진 교만과 욕심에서 비롯된 차별과 억압에 대한 강력한 포괄적인 요청이다. 결국, 월터스토프는 다음과 같이 일반적 정의를 뛰어넘는 성경적 샬롬의 가치를 설명한다.

> 그러나 샬롬은 정의를 넘어선다. 샬롬은 일반적으로 올바른 관계들, 정의가 요구하는 것의 여부와는 관계없이, 하나님과 이웃, 자연, 자기 자신과의 올바른 관계들을 포함한다. 샬롬 공동체는 단순히 정의로운 공동체가 아니라 그 속에서 다차원적인 우리 존재가 하나님의 법에 복종하는 책임 있는 공동체이다.[80]

---

[78] Wolterstorff, *Journey toward Justice*, 176-177.
[79] Wolterstorff, *Educating for Shalom*, 24-25.
[80] Wolterstorff, *Educating for Shalom*, 75-76.

이것은 우리에게 무척이나 중요한 샬롬의 정의(正意)이다. 월터스토프의 정의의 실현, 샬롬의 비전은 인종이나 사회 계층, 민족적 혈통, 성별, 언어, 종교, 성적 지향성을 이유로 소외된 자들이 더 이상 차별받지 않는 정도의 차원을 넘어서기 때문이다. 한 차원 더 높은 샬롬의 비전은 다음과 같은 특성을 갖는다.

셋째, 샬롬의 비전은 곧 관계의 번영에 관한 비전이며, 이는 사회공동체적 변화, 즉 변혁의 힘으로 작용한다.

월터스토프에게 샬롬은 단순히 평화라는 의미에서, 즉 갈등과 분쟁이 없다는 의미에서 머무르지 않으며, 존재 간의 적대감이 사라지는 것으로 만족하지 않는다. 샬롬은 곧 번영에 관한 비전이며, 관계의 회복을 통한 번영이 곧 샬롬이다.

> 샬롬은 단지 평화가 아니라 번영이기도 하다. 우리 존재의 모든 차원에서의 번영, 즉 우리와 하나님과의 관계에서, 우리와 동료 인간들과의 관계에서, 우리와 우리 자신과의 관계에서, 우리와 창조 일반과의 관계에서 말이다.[81]

샬롬의 비전은 창조주 하나님과 피조물인 인간 존재의 관계의 회복, 곧 번영을 포함하는 것이다. 이 샬롬에 기초하여 인간 존재는 서로 간의 관계 속에 번영을 추구하는 것이며, 그것은 더 나아가 우리 인류와 피조된 자연환경의 모든 존재의 관계 속에 번영을 포함한다. 하나님의 거룩한 산 모든 곳에서 해 됨도 없고 상함도 없을 것이며, 정의와 공의가 이 땅에 실현되어 참된 화평의 열매를 맺고, 영원한 평안과 안전이 도래할 것이다 (사 11:9; 32:16-17).

이는 창조주 하나님의 섭리적 역사이며, 성령 하나님의 위로하심으로 기쁨이 충만케 되는 역사이기에, 세상이 이해할 수 없는 말하자면 인본주

---

[81] Wolterstorff, *Journey toward Justice,* 178.

의적 메마른 평등의 이상과는 일종의 반정립의 샬롬이다.

> 샬롬은 심지어 그 이상의 것이다. 우리 모두가 정당하게 책임 있게 행동해 왔음에도 불구하고, 여전히 샬롬을 놓치고 있을 수 있다. 왜냐하면, 공동체에 기쁨이 결여되었기 때문이다. 한 국가는 주변 다른 국가와 정의롭고 평화로울 수는 있지만 그 구성원들은 여전히 가난으로 비참할 수 있다. 샬롬은 이것의 반정립(antithesis)이다. 샬롬은 관계 속에서 기쁨을 포함한다. 샬롬 안에 거하는 것은 하나님 앞에서 올바로 살면서 기쁨을 누리고, 물리적 환경 안에서 살면서 기쁨을 누리고, 그 이웃과 함께 거하면서 기쁨을 누리고, 자신과의 삶에서 기쁨을 누리는 것이다.[82]

이러한 기독교적 샬롬의 비전은 인류 사회 공동체를 기쁨으로 변화시키는 변혁의 힘을 포함하는 것이다. 이 변혁의 힘과 성격을 더 구체적으로 이해하기 위해서, 월터스토프가 정리한 샬롬과 정의의 개혁주의 신학적 가치의 배경을 이루는 여섯 가지 주제들을 살펴보아야 한다.[83]

그것은 곧, 선한 창조, 죄와 타락의 총체적 본질, 구속의 총체적 본질, 신앙 곧 중생에 대한 총체적 이해, 하나님의 절대 주권, 그리고 하나님의 통치 즉 정치적 성격이다. 각각의 부분을 나름 다루는 것도 의미가 있겠지만, 여기서는 이 여섯 가지를 아우르는 보편적인 두 가지 원리를 정리하고자 한다.

첫째, 월터스토프는 앞서 언급한 대로, 인간을 비롯한 피조 세상의 '샬롬'을 강조한다.

그는 먼저 창조주 하나님을 강조하는데, 하나님의 창조의 역사는 선하신 의도에 따라 인류가 세상에서 번성하여 '샬롬'을 이루는 것이다.

---

82   Wolterstorff, *Educating for Shalom*, 76.
83   Wolterstorff, *Educating for Shalom*, 536-543.

월터스토프는 카이퍼(Abraham Kuyper)를 인용하며, 하나님의 창조질서를 두 가지의 '포기하시 않으심'으로 설명한다. 하나는 하나님의 섭리로써 창조 세계를 포기하지 않고 '보존'하신다는 것이다. 다른 하나는 하나님은 선택된 자들을 위한 특별 은혜만이 아니라 모든 자들을 위한 일반 은혜도 허락하셨으며, 이를 통해 창조 세계를 궁극적인 완성으로 '발전'시킨다는 것이다. 앞에서 다루었던 카이퍼의 영역 주권 사상은 바로 이 일반 은혜의 교리에 크게 빚고 있다는 것을 기억해야 한다.

일반 은혜는 섭리적 보존을 초월할 뿐만 아니라 하나님의 주권적 통치가 모든 피조 세계에 동일하게 영향을 준다. 하나님은 차별이 없으신 것이며, 모든 존재의 관계성에 있어 궁극의 샬롬을 지향하신다.

둘째, 월터스토프는 죄와 타락, 구속과 중생에 대한 총체적 성격을 강조한다.

인간의 죄와 타락도, 하나님의 구속과 중생의 역사도 모두 총체적이다. 월터스토프의 말에 따르면, 이는 인간은 물론 피조 세상의 존재적 특징이기도 하다.

> 죄와 악의 "총체적인" 영향이란 말이 확실히 이상하게 들린다. 내가 말하고자 하는 것은 죄와 악의 영향을 받는 인간 존재 영역들과 영향을 받지 않는 영역들 사이를 구분하여 선을 그으려는 모든 시도를 거부하는 것이 개혁주의적 전통의 특징이라는 점이다. 개혁주의자는 직관적으로 죄와 그 영향력이 모든 영역의 경계들을 초월하여 총체적으로 영향을 미친다는 것을 본다.[84]

마찬가지로 그리스도의 구속의 범위 역시 총체적으로 이해하며, 마찬가지로 신앙에 대한 총체적 이해, 즉 "그리스도인을 특징짓는 중생(new birth)

---

[84] Wolterstorff, *Educating for Shalom*, 539.

에 대한 총체적인 이해"를 강조한다.[85] 이러한 총체성은 단지 잃어버린 영혼에 대한 구원을 넘어 총체적으로 삶을 새롭게 갱신하는 것이며, 나아가 모든 창조 세계를 새롭게 하는 것이다.

여기에서 우리는 개혁주의가 지향하는 관계의 샬롬에 있어서 중요한 본성을 찾을 수 있다. 그것은 새롭게 하는 것, 즉 변화이다. 존재 간의 관계를 지향하는 샬롬은 관계에 참여하는 존재들을 새롭게 변화시키며, 세상을 변화시키는 궁극적인 변혁의 모티프가 된다. 변화와 변혁이 없는 샬롬은 거짓된 샬롬이며, 죽은 샬롬이다. 관계를 통한 문화적 변혁이라는 관점에서 샬롬의 추구는 실체적, 기능적 의의를 갖는다. 개혁주의의 문화관이 결국, 관계를 통한 변혁적 관점이라는 것은 너무도 잘 알려진 사실이다.[86]

김재윤은 특히, 세상과 관계하는 교회를 통해서 세상 문화의 변혁이 이루는 것이 개혁주의적 관점임을 주장한다.[87] 모든 만물을 통치하시며 다스리시는 권세와 능력의 주님이시요 모든 세상에서 일컫는 모든 이름 위에 뛰어난 이름이신 그리스도께서는 창세로부터 성부 하나님과 함께 창조의 역사에 관여하셨을 뿐만 아니라 모든 만물이 그리스도 안에서 통일되며, 더 나아가 교회의 머리시며 만물의 주인이시다(엡 1:21-22; 골 1:15-17). 그리스도의 역사는 몸된 교회를 세상에 세우신 것으로 세상을 변화시키신다.

앞서 다룬 카이퍼는 모든 삶의 영역에서 교회의 의미 있는 주도성을 확보하기 위해서 자신의 모든 삶의 영역에서 세상을 변화시키는 교회에 열정을 쏟았으며, 개혁주의적 문화관의 주요한 기초를 세운 끌라스 스킬더(Klass Schilder)는 그리스도와 그리스도의 몸 된 교회 안에서 전파되는 복음과 관련 없는 세속적 문화 활동을 경계하며 카이퍼보다 더욱 반정립적인 문화관을 내세워 세속 문화를 강하게 비판하고, 복음으로 무장한 기독교

---

[85] Wolterstorff, *Educating for Shalom*, 540-541.
[86] 김재윤,『개혁주의 문화관』(서울: SFC, 2015): 23-24.
[87] 김재윤,『개혁주의 문화관』43-47.

인의 문화 변혁에 대한 강력한 책임을 촉구한다. 요컨대, 개혁주의에서 지향하는 관계의 샬롬은 결국, 모든 존재가 어울려 공동체를 이루는 세상의 모든 인간 문화를 복음적으로 변혁하는 강력한 힘으로 기능한다.

정리하면, 월터스토프는 개혁주의 기독교가 분명하게 견지하고 있는 샬롬이라는 가치가 하나님의 창조로부터 줄곧 포함되어 있다는 것을 말한다. 샬롬은 인간이 하나님과의 관계, 인간 자신과 타자와의 관계, 그리고 피조세계와의 관계 속에서 결국, 번영을 추구하는 비전이다. 이는 존재들의 어떤 차이나 경계를 무시하거나 왜곡하는 것으로 실현되는 것이 아니라, 오히려 이와는 반대로 그 차이를 다양성의 차원, 즉 반정립적으로 이해하며, 발생할 수밖에 없는 모든 불의와 부조리를 극복하기 위해서 기꺼이 샬롬을 행동하며 실천하도록 하는 것이다.

주목해야 하는 것은 앞서 다룬 칼빈은 물론 월터스토프 역시 인류 사회에 만연했던 불평등과 차별의 요소들에 대해 분명하게 인식했으며, 이를 성경적인 시각으로 조망하여 개혁주의적 대안으로 적극적인 반응을 하였다는 것이다. 이들은 존재들의 관계를 지향하는 것이 개혁주의 인간관의 핵심이며, 그러나 존재들의 반정립적 경계를 무시하지 않는다는 측면에서 경계를 유지하며 관계를 지향하는 기독교적 인간관의 다른 한 균형추를 잡아 준다.

한편 월터스토프는 샬롬의 비전을 분명한 기독교 교육의 목적으로 제시하며, 그것이 우리가 지향해야 할 비전임을 분명히 하였다는 점에서 중요한 의의를 가진다. 이제까지 인간과 세계의 존재론적 이해를 위한 개혁주의적 원리를 살펴보았는데, 이제 이를 토대로 경계를 유지하며 관계를 지향하는 기독교적 인간관을 정리할 차례이다.

3. 포스트휴머니즘 시대의 새로운 기독교적 인간관

우리가 사는 이 시대의 인간 존재는 이전 시대에 비하면 몹시도 왜소해 졌다. 인지 혁명과 농업혁명, 그리고 과학혁명을 이룩했음에도 불구하고 그다지 중요하지 않은 동물의 한 종에 불과한 처지로 전락하였으며, 자신이 만든 기계 인간에 의해서 지배당하는 피지배자로 동물원에 갇혀서 그저 식량만 낭비하는 존재로 취급당하기도 한다.[88]

인간 존재에 대한 가장 참혹한 주장은 모든 피조물 가운데 유일하게 가지고 있는 영원에 대한 갈망과 그 가능성마저 거두어가 버린다는 것이다.[89] 물론 이 땅의 삶은 불완전하다. 어떤 의미에서 완전한 축복은 불가능할 것이다. 그러나 그것은 만물의 주인이신 하나님의 불완전함이 아니요, 그 하나님의 일을 측량할 수 없는 인간 존재의 한계이다.

영원의 가능성이 분명하다면 그리고 그 영원의 삶이 이 땅에서는 감히 상상할 수 없는 완전한 삶이라면, 선택하지 않을 사람이 누구일 것인가?(전 3:11).

그런데도, 인간이 지속적으로 왜소해지는 이유는 고대로부터 가지고 있던 본질적인 질문 곧 우리가 '어디서 와서 어디로 가는지'를 분명히 깨닫지 못하기 때문이다.[90] 인간 존재에 대한 질문은 곧 인간 기원에 대한 질문이다.

포스트휴머니즘의 담론은 이 오랜 인간 존재와 기원에 대한 존재론적 의미에 다시 관심을 돌리는 중대한 기회가 되고 있다. 포스트휴머니즘의 인간론은 인간을 절대적인 존재가 아닌 상대적인 존재로 그 지위를 축소

---

[88] Yuval Harari, *Sapiens: A Brief History of Humankind,* (2011), 조현욱 역, 『사피엔스』 (서울: 김영사, 2015): 18-22; Tegmark, *Life 3.0: Being Human in the Age of Artificial Intelligence,* 261-262.

[89] Kagan, "Death," 334-351.

[90] Plato, *Phaidros in The Dialogues,* 조대호 역, 『파이드로스』 (서울: 문예출판사, 2004): 9.

시키며, 존재론적 지위의 축소는 곧 세속적 휴머니즘의 재고를 의미한다. 인간의 존재론적 지위의 상대화를 통해서 생겨난 존재론적 여백을 포스트휴머니즘은 과학 기술로 채우려고 한다.

포스트휴머니즘은 과학 기술의 발달이 남성이나 여성, 백인과 유색인종과 같은 인간 존재 상호 간, 또는 인간 존재와 비인간 존재, 더 나아가 자연과 문화 등의 근대의 이분법적 경계를 해체할 수 있다고 믿는다.[91] 이를 통해서 발생하는 인간과 세계의 경계와 범주의 혼란 속에서 인간이 누려온 인간의 우월한 지위에 대해 반성하고 비판하면서 기존에 정리된 존재들의 상호 관계성을 새롭게 정립하고자 하는 것이다.

이러한 움직임은 분명히 기독교 내부에서도 진행되고 있다. 복음주의를 대표하는 일단의 학자들, 예컨대 존 콜린스(John C. Collins; Covenant Theological Seminary), 마이클 리브스(Michael Reeves; Wales Evangelical School of Theology), 윌리엄 에드거(William Edgar; Westminster Theological Seminary), 그리고 한스 마두에미(Hans Madueme; Covenant College) 등은 첫 사람인 아담을 궁지로 몰아넣으며, 인간 존재의 기원에 대해서 제기되는 여러 의문에 대한 설득력 있는 대답을 논의하고 있다.[92]

아담이라는 인간의 존재적 역사성과 그로부터 기원한 원죄의 실재성은 뗄 수 없는 불가분의 관계이며, 이를 통해서 조망하는 하나님과 인간, 그리고 세계에 대한 상(像)은 다양한 층위에서 지대한 영향력을 행사한다. 이런 영향력 중에서 우선적으로 환영해야 할 분명한 점이 한 가지 있다. 철학은 물론 심지어 신학마저도 잠시 한쪽으로 밀어두고 있었던 인간의 형이상학적 존재론에 대한 진지한 질문과 성찰을 다시 시작하게 되었다는 것이다.

---

[91] 정윤경, "포스트휴머니즘과 휴머니즘에 기반한 교육 재고," 130.
[92] Hans Madueme et al., *Adam, the Fall and Original Sin: theological, biblical, and scientific perspectives*, (2014), 윤성현 역, 『아담, 타락, 원죄: 원죄에 대한 신학적 성경적 과학적 관점』(서울: 새물결플러스, 2018): 11-19.

아이러니하게도 형이상학은 다른 두 가지 큰 줄기의 철학, 즉 인식론과 가치론의 근거이며 바탕임에도 불구하고, 꽤 오랜 시간 동안 한지로 밀려나 있었다. 그러나 형이상학적 존재론에 따라 다른 모든 철학적 사유는 이미 재단당하는 것이기에 언제나 진지하게 질문되어야 한다.

예컨대, 인간 존재의 유한성을 전제할 때만, 기독교 철학은 인간 존재가 마주치는 인식론적, 가치론적 딜레마에 대한 정당한 접근을 할 수 있는 것이며, 반대로 인간 존재의 유한성이나 인간과 비인간 존재의 본질적 차이를 받아들이지 않는 입장, 즉 인본주의의 입장에서는 전혀 다른 접근을 피할 수가 없게 된다.

그렇다면, 경계성과 관계성의 상관성에 기초하여 볼 때, 포스트휴머니즘의 인간 존재 이해에 대응할 수 있는 이 시대의 기독교적, 특히 개혁주의적 인간 이해가 무엇인지 살펴보자. 나는 이 질문에 대한 교육적 접근, 즉 기독교 교육적 대안이 중요하다고 믿는다. 기독교 교육을 포함한 모든 교육에서 인간에 대한 이해는 가장 기초가 되는 토대이다.

따라서 이제 앞서 정리한 개혁주의 전통의 인간 이해를 바탕으로 존재론적 경계와 유기체적 관계의 조건을 갖춘 기독교적 인간관, 이 시대의 기독교 교육의 기초가 되어야 하는 기독교적 인간에 대해서 정리해 보자.

1) 경계와 관계의 균형에 기초한 기독교적 인간

앞서 살펴본 과학주의적 포스트휴머니즘은 그들이 해체하고자 하는 경계는 물론 그들이 목표하는 관계마저 모두 무너뜨린다. 포스트휴머니즘은 과학주의라는 수단을 통해 인간 존재와 타 존재 간의 경계를 해체하면서 궁극적으로 존재 간 관계를 향상시키기 위한 사상이다. 즉, '경계를 해체하는 관계'(boundary deconstructing relation)를 지향한다.

그러나 앞서 살펴본 대로 개혁주의에 근거한 기독교적 인간관에서는 인간을 비롯한 피조 세상의 존재들 사이의 경계적 차이를 분명하게 드러낸다. 포스트휴머니즘의 인간관을 경계를 해체하는 관계적 인간관이라고 한다면, 상대적으로 성경에서 그리는 기독교적 인간관은 '경계를 유지하는 관계'(boundary sustaining relation)를 지향하는 인간관이다. 양자 모두 관계를 지향한다는 측면에서는 차이가 없다.

앞선 장에서 우리가 사용한 경계와 관계의 변수에 따른 함수를 생각한다면, 포스트휴머니즘과 기독교적 인간관은 다음과 같은 세 가지 공통점을 가진다.

[표 6] 포스트휴머니즘과 기독교적 휴머니즘의 공통점

> a. 인간 존재는 다른 존재들과 경계성과 관계성의 함수 관계를 가진다.
> b. 인간 존재는 다른 존재들과의 관계를 향상시키려는 본성을 가진다.
> c. 인간 존재와 다른 존재들간의 경계성과 관계성은 부적 비례관계를 가진다.

반대로 양자 사이의 차이점은 무엇인가?

가장 명징한 차이점은 관계를 향상시키기 위해서, 즉 관계성을 높이기 위해서는 경계성을 낮추어야 하는데, 경계성을 낮출 수 있는 그 수단과 수준에 있다. 포스트휴머니즘은 과학주의라는 수단을 통해서 경계성의 수준을 현격하게 낮출 수 있으며, 이에 따라 관계성 역시 현격하게 높일 수 있다고 생각한다. 심지어 경계성을 없애려고 한다는 것이 본래 의도라고 할 수 있다. 이러한 의도는 모든 휴머니즘의 실질적인 의도였으나, 이전 시대까지는 실천적인 수단이 부재했기 때문에 이룰 수가 없었다.

그러나 금세기 들어 인간은 놀랍도록 발전한 과학 기술을 통해 그 오랜 꿈의 현실을 기대할 수 있게 되었고, 그것이 과학주의라는 사상으로 발전하게 된 것이다. 기독교의 인간관은 이 부분에서 양보할 수 없는 이견을 가지고 있다. 실상 모든 휴머니즘은 존재 간의 관계성을 지향한다는 공통점이 있다. 기독교적 인간관 역시 존재 간의 관계성을 지향한다는 면에서는 포스트휴머니즘은 물론 모든 휴머니즘 전통과 맥락이 같다고 할 수 있다. 따라서 관계를 지향하는 기독교적 인간관은 달리 말하면, 기독교적 휴머니즘(Christian humanism)이라고 할 수 있다.

휴머니즘의 역사를 개관하면서 살펴본 바, 우리는 중세 이후 종교개혁의 사상적 배경에 인간의 존엄성을 강조한 인문주의자들, 즉 초기 휴머니스트들이 있었으며, 이들은 대부분 '기독교적'이었다.[93]

그렇다면 기독교적 휴머니즘은 경계와 관계를 어떻게 이해하고 있는가?

기독교적 인간관, 즉 기독교적 휴머니즘을 포스트휴머니즘의 인간관과 비교하기 위해 앞 장에서 사용한 함수 관계를 이용해 보자. 포스트휴머니즘은 경계 변수의 현격한 감소를 통해 관계 변수를 현격히 증가시킬 것으로 보았다면, 기독교적 휴머니즘은 경계 변수를 적절히 유지하는 것을 관계 변수 역시 적절한 수준으로 유지하는 것이라 할 수 있다.

이미 언급한 대로, 기독교적 휴머니즘의 경계 변수와 관계 변수의 함수 관계를 이해하기 위해서는 무엇보다 하나님과 인간의 관계 속에서 그 원형을 찾아야 하며, 인간과 피조 세상의 모든 타 존재들과의 경계와 관계의 함수적 이해는 이 원형에서 뽑아낸 원리로 이해해야 한다. 그리고 그 원리를 쉬운 한 마디로 말하면 '경계 변수와 관계 변수의 균형을 유지'하는 것이다. 포스트휴머니즘과 기독교적 휴머니즘이 각각 지향하는 경계와 관계 함수의 영역을 비교하면 다음과 같이 표현될 수 있다.

---

[93] Jacques Maritain, 1968; 양창삼, "휴머니즘에 관한 기독교적 인식 문제," 233에서 재인용; Kirk Summers, "Reformation Humanism: Reading the Classics in the New Theology," REFORMATION & RENAISSANCE REVIEW, 20(2), 2018: 134; McGrath, *The Great Mystery; Science, God and the Human quest for Meaning*, 243-245.

[그림 7] 포스트휴머니즘과 개혁주의 기독교적 휴머니즘의 경계 변수와 관계 변수의 함수 비교

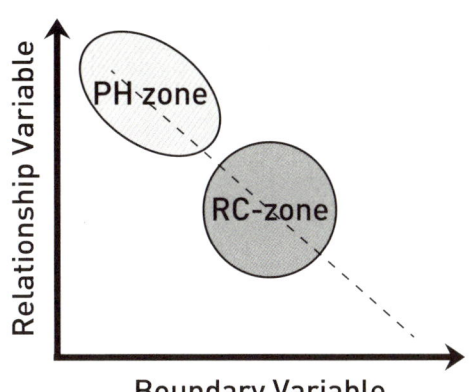

앞 장에서 밝힌 대로, 이 함수 그래프에서 개혁주의 기독교의 인간관은 부적 비례관계의 경계 변수와 관계 변수의 함수에서 중간 위치의 영역(RC zone)을 지향한다. 포스트휴머니즘이 지향하는 영역(PH zone)은 이 땅에서 유한한 인간이 다다를 수 없으며, 궁극적으로는 예수 그리스도를 통해서만 성취될 수 있는 수준이다. 물론 이 경계와 관계의 함수를 이해하는데 기준이 되는 것은 하나님과 인간의 경계와 관계에 있으며, 다른 모든 존재의 경계와 관계를 이해하는데 원형적 기준이 된다.

따라서 기독교적 휴머니즘은 이 경계성을 잘 유지하고 지키는 것으로 특징지어진다. 예컨대, 하나님과 인간은 그 존재적 차이가 무한하며, 결코 그 경계를 뛰어넘을 수 없다. 그러나 또 다른 특성인 '관계'적인 면을 고려해야 하는데, 창조주 하나님과 피조물인 인간은 넘을 수 없는 현격한 경계가 있음에도 불구하고 너할 수 없이 친밀한 '관계'를 가지는 것이다. 하나님이 창조하신 타락 전의 세계, 즉 에덴에서는 하나님과 인간의 거리감을 전혀 찾을 수 없다. 하나님은 아담에게 말씀하시며, 나타나시며, 또한 함께 거하셨다.

그러나 첫 사람 아담은 창조주이신 하나님과의 유일한 경계 요소인 선악과를 탐하는 것으로 타락하였으며, 타락으로 인한 죄는 거룩한 하나님과의 넘을 수 없는 경계를 만들었고, 관계는 파괴되었다. 그런데도, 아담이 타락하고 에덴에서 추방당한 이후에도, 하나님은 여전히 인간에게 말씀하시며, 나타나시며, 또한 함께 거하시길 원하신다. 객관적으로는 하나님과 인간 곧 세계 사이에는 깊고도 넓은 틈이 생겼으나, 결국 하나님과 세상은 서로 경계를 두고 분리된 채 존재할 수 없는 불가분의 관계이다.[94]

기독교적 휴머니즘에서 경계성과 관계성의 이해는 여기서부터 시작되며, 카이퍼와 도예베르트를 통해서 특히, 경계성에 주목하여 관계성을 조망했고, 칼빈과 월터스토프를 통해서는 특히, 관계성에 주목한 것이다.

그러나 기독교적 휴머니즘의 인간관을 정립하기 위해서 가장 먼저 주목해서 살펴야 할 것은 단연코 성경이다. 개혁주의적 입장에서 성령으로 감동된 무오한 성경의 권위를 모든 지식, 즉 하나님에 대한 지식은 물론 피조된 세상과 인간에 대한 지식을 구함에 있어 수위에 두어야 하며, 이는 기독교 교육에 있어서도 마찬가지이다.[95]

성경에서 모든 존재의 관계에 기초가 되는 것은 창조주이신 하나님과 인간의 관계에 있다. 하나님과 인간의 관계는 인간 서로의 관계는 물론이고 인간과 비인간적 존재의 관계를 이해하는데 기초가 된다. 하나님의 창조 역사에서 인간의 위치는 특별하다. 하나님은 인간을 자신의 모든 창조 작품 중에서 가장 뛰어난 표본으로 삼으셨으며, 화려한 미와 위대한 은사들로 장식해 주셨다.[96]

창조하신 첫 번째 인간인 아담은 피조물로써 창조주이신 하나님과 도저히 넘을 수 없는 현격한 거리가 있다. 창조주와 피조물의 '경계'는 분명하다. 피조물인 인간은 결코 창조주 하나님이 될 수 없다. 그런데도 성경은

---

[94] Bavinck, *Philosophy of Revelation*, 193-194.
[95] Calvin, 1559a, 1.6.1.; Bavinck, *Gereformeerde Dogmatiek*, 111-112; 함영주, "개혁신학의 관점에서 성경의 영감과 무오교리가 기독교 교육학에 주는 함의," 「복음과교육」 제15집, (2014): 73-98.
[96] Calvin, 1559a, 1.14.20

이 '경계'를 넘고자 하는 인간의 시도를 여러 사건을 통해서 고발한다.

가장 첫 번째 사건은 앞서 언급했던 선악과를 범한 아담의 시도이다. 하나님은 아담에게 에덴의 모든 실과를 먹을 것으로 허락하셨으며, 아담은 이 부분에서 완전히 자유했다(창 2:16). 다만 하나님은 아담에게 오직 한 가지를 금하셨는데, 그것은 선과 악을 구별할 수 있는 선악과이다. 이것이 결국, 생명에 연결되었다는 것은 중요한 사실인데, 결국 선과 악은 생명의 가부를 결정하는 기준이다(창 2:17).

그리고 어떤 피조물도 감히 흉내낼 수 없는 지고의 선은 오직 하나님께 속한 것이며, 모든 선의 근원은 하나님께 속한 것이다(막 10:28).[97] 물론 하나님의 선한 인격은 인간 존재에게도 공유되는 품성이나 이는 특수자로써 제한된 인간이 보편자, 즉 지고의 보편자이며 궁극적인 실재이신 하나님의 유한한 형상에 불과하기에 본질적인 본성이 될 수는 없다.

더 나아가, 하나님의 선은 하나님의 사랑과 은혜, 긍휼, 그리고 오래 참으시는 모든 도덕적 품성의 원천이며, 모든 피조물들이 고대하는 기쁨이며 소망일 뿐 아니라, 무엇보다 하나님의 선은 생명의 원천이다(시 36:9). 곧 생명은 하나님께 기원한다. 선악과를 금하신 이유는 그것이 생명의 원천으로 생과 사의 경계를 나누는 표지이기 때문이다. 그러하기에 하나님은 선악과를 범한 아담을 에덴에서 추방하신 이유를 생명나무의 열매를 통한 영생에 대해 염려하시기 때문이라 하셨으며, 그 생명나무로 가는 길에 그룹들과 두루 도는 불 칼로 막아 분명한 경계를 세우신 것이다(창 3:22-24).

아담의 타락은 결국, 하나님과 세상의 경계를 더욱 확고하게 했으며, 그 거리는 좁힐 수 없을 만큼 넓어졌다. 우리가 여기에서 분명히 기억해야 할 것은 아담이 왜 선악과를 범했느냐는 것인데, 그 이유는 분명히 '하나님과

---

[97] Louis Berkhof, *Systemic Theology*, (1941), 권수경, 이상원 공역, 『벌코프 조직신학』(서울: 크리스찬다이제스트, 2000): 258; 265-266.

같이 되기'였다(창 3:5; 3:22). 하나님과의 같은 존재가 되는 것, 그 존재적 경계를 허물기 위한 시도가 바로 선악과를 범한 사건이었고, 이는 곧 포스트휴머니즘이 시도하는 바로 그것이며, 휴머니즘이 원했던 바로 그것이다. 휴머니즘의 입장에서 아담의 타락은 '인간 이성의 위험스런 첫 번째 모험, 도덕적 생활의 시작, 문화의 기원, 인간 역사에서 가장 행복한 사건'이었다.[98] 헤르만 바빙크(Herman Bavinck)는 이 사건을 현대적인 의미에서 다음과 같이 해석한다.

> 선악을 아는 지식은 또한, 자의식과 이성에로의 자각이나 양심의 발단을 의미할 수 없다. 하지만 인간에게 금지되었던 선악을 아는 지식은, 사람들이 말하기를, 지적인 것으로 이해될 수 있으며, 유익한 지식과 해로운 지식 사이의 구별, 자신을 도와 타인에게 항상 의존하지 않는 독립적인 통찰력, "지적인 세계 지식, 사물들의 연관성, 인간을 위한 사물들의 가치나 무가치, 그 유익이나 손해에 관한 형이상학적 지식"이다. 다른 말로 하면, 이 지식은 지혜, 세상을 지배하는 기술, 즉 인간으로 하여금 하나님으로부터 독립하여 하나님과 같이 되게 하는 문화를 가리킨다.[99]

바빙크는 이어서 이 문화, 즉 기술이 언제나 죄악된 것은 아니지만, 기술 자체가 아니라 기술을 통해 하나님과 같이 되고자 하는 인간의 욕망, 역으로 말하면 하나님이 없어도 되는 그 잘못된 자유에의 의지가 타락이라고 말한다. 인간이 하나님과 같이 되고자 했던 아담의 시도는 사탄적인 오만한 행동이며, 자기 스스로 프로메테우스가 되고자 하는 것이었다.[100] 그리고 결국, 죄와 죽음으로 연결된다. 하나님으로부터 벗어나고자 했던 이 욕망은 참된 생명도, 참된 행복도 줄 수 없는 것이다.

---

[98] Bavinck, *Gereformeerde Dogmatiek*, 3:28-29.
[99] Bavinck, *Gereformeerde Dogmatiek*, 3:30.
[100] Stek, *Studies of Old Testament: Text and Interpretation*, 128-129.

선악과 이후 타락한 인간에게서 찾을 수 있는 경계 해체의 시도는 창세기 11장의 바벨탑 사건에서도 찾을 수 있다. 우선 눈여겨보아야 하는 것은 바벨탑 사건 이전에 땅의 사람들은 노아 홍수 이후에 노아의 자손들에 의해서 편만해지는데, 창세기 10장은 이들이 땅에 퍼져서 나뉜다는 이야기로 마무리가 된다는 것이다(창 10:32; 행 17:26). 사람들은 나누어져(divided), 각각의 경계를 두게 되었다는 것인데, 실상 이 현상은 다음 장에 소개되는 바벨탑 사건의 결과에 해당한다.

바벨탑 사건으로 흩어진 인간들의 군상을 먼저 소개하는 것인데, 결국 다음에 등장하는 바벨탑 사건은 인간관계의 완전한 깨어짐의 원인이 되는 것이다.[101] 그 바벨탑 사건은 한 언어로 소통하여 함께 시날 평야에서 모인 것으로 시작한다(창 11:1-2). 바벨탑을 쌓는 인간의 시도를 그린 이 사건에서 우리에게 의미가 있는 두 가지는 그 목적과 수단이다. 먼저 목적을 살펴보자. 성경은 바벨탑을 쌓고자 하는 목적에 대해 세 가지로 말한다.

첫째, 하늘에 닿는 것
둘째, 인간 스스로의 이름을 내는 것
셋째, 목적은 땅에서 흩어짐을 면하자는 것

탑으로 번역된 '미그돌'(*migdol*)은 '위대한', '큰'라는 의미를 가진 '가돌'(*gadol*)과 같은 어원을 가진다는 것을 기억할 때, 하늘에 닿고자 탑을 쌓고 인간의 이름을 내자는 것은 위대하신 하나님의 자리를 넘보며, 하나님을 대적하고 하나님을 미워하는 본성상 죄이다.[102] 따지고 보면, 이 죄는

---

[101] Victor Hamilton, *The Book of Genesis: Chapters 1-17 in NICOT*, (1990), 임요한 역, 『창세기 I in NICOT』 (서울: 솔로몬, 2016): 390-391.
[102] Hamilton, *The Book of Genesis: Chapters 1-17 in NICOT*, 397; Berkhof, *Systemic Theology*, 449.

하나님과 인간의 존재론적 차이에 도전하는 것인데, 결국 하나님으로부터 멀어지며 분리되는 시도에 지나지 않는다.

더욱이 아이러니는 생육하고 번성하라는 하나님의 문화명령에 반하며, 탑을 쌓는 것으로 흩어짐을 면하자는 그들이 의도한 목적은 결국, 뿔뿔이 흩어지게 되는 것으로 엇나가게 되고, 사람은 물론 언어까지도 혼잡케 되는 결말에 이르게 되었다는 점이다(창 11:9).[103] 사람이 스스로 인생을 계획할 지라도, 그 걸음을 인도하시며 역사를 이루시는 분은 결국, 하나님이다(잠 16:9). 인간은 하나님을 벗어날 수 없다.

다른 한편 바벨탑 사건에서 주목되어야 하는 것은 그 수단에 있다. 바벨탑의 인간들은 우선 그들의 통일된 언어를 소통의 매개로 사용한다. 언어는 가장 원초적인 인간 고유의 본성이며, 강력한 문화적 산물로써 말하자면 기술이다.

또한, 그들은 자연적인 돌을 쓰지 않고 인공적인 벽돌을 '만들어' 사용하였다. 당대 인간에 의한 기술과 문명의 결정체가 곧 바벨탑이다. 그러나 예나 지금이나 과학 기술은 사물들의 기원, 본질, 목적보다는 단순히 사물 간의 상호 관계성 정도만 건드리기 때문에, 인간의 궁극적인 욕망과 필요를 절대로 만족시켜 줄 수 없다.[104] 미국 칼빈대학교의 구약 신학자인 존 스텍(John H. Stek)은 바벨탑 사건을 이렇게 표현한다.

> 아담의 자손들이 바벨에서 한 언어로 서로를 묶어 인간의 한 우주 공동체로 만들어 다시 한번 자신들의 운명을 만들어 가기를 시도했다. 여기에서도 가인의 후예들처럼 문명(civilization)은 사람들의 도덕적 부패의 기초가 되는 것이 아니라 사람들이 그들의 거대한 꿈을 성취하기 위해 문화적 노력이라는 미명 아래 문명을 그릇된 길고 인도한 것이었다.[105]

---

[103] Berkhof, *Systemic Theology*, 449.
[104] Bavinck, *Philosophy of Revelation*, 290.
[105] Stek, *Studies of Old Testament: Text and Interpretation*, 133.

타락한 아담의 자손인 가인의 후예들은 지금도 이처럼 그릇된 인도를 멈추지 않는다. 바벨탑 사건과 같이 하나님의 자리에 오르고자 그 무한한 질적 차이와 경계를 무시하는 '하나님을 향한 피조물 인간의 교만과 반란'은 지속되고 있으며, 이는 결국, '인간의 오만함을 꺾으시는 하나님의 심판'을 부를 뿐이다.[106] 이처럼 바벨탑 사건은 과학 기술을 수단으로 사용하여 하나님과의 존재론적 경계를 해체하고자 하는 인간의 의도를 분명하게 보여 주는 대표적인 예이다.

아담의 타락과 바벨탑 사건을 통해서 성경은 인간이 하나님과의 관계에 있어서 존재적 경계에 대한 의심과 도전을 분명하게 보여주는데, 이처럼 경계를 해체하는 인간의 도전은 어떤 특성을 보이는가?

첫째, 경계를 해체하려는 시도는 생명과 직결되어 있다는 것이다.

아담의 사건은 이를 분명하게 보여 주는 기원적 사건이다. 하나님은 이후에도 심지어 하나님의 백성과의 사이에서도 이 경계를 생명과 연결지어 경고하신다.

> 너는 백성을 위하여 주위에 경계를 정하고 이르기를 너희는 삼가 산에 오르거나 그 경계를 침범하지 말지니 산을 침범하는 자는 반드시 죽임을 당할 것이라(출 19:20).

이제 이스라엘 백성과 언약의 관계를 맺으면서 하나님은 분명한 경계를 두어 침범하지 못하도록 한다. 이 경계를 지키는 것이 곧 언약 관계의 조건이며, 이 언약은 아담에서부터 시작되어 줄곧 이어진 생명의 관계를 유지시켜 주는 맹약과 같은 것이다.[107]

---

[106] 가스펠서브, 『성경문화배경사전: Cultural Background Bible Dictionary』 (서울: 생명의 말씀사, 2017): 450.
[107] Berkhof, *Systemic Theology*, 427.

둘째, 경계를 해체하려는 시도는 언제나 인위적이다.

아담의 범죄는 하와의 이성적 사고에서 비롯된 자발적 의지에서 시작되었으며, 순전히 고의적이었다.[108] 바벨탑은 인간 최고의 문화적 무기인 언어와 벽돌이라는 인공 기술, 그리고 하늘에 닿고자 하는 죄악 된 욕망의 유기적 결합의 산물이다.

셋째, 그러나 경계를 해체하는 것으로 인간이 의도한 목적이 결코 성취되지 못했다는 것을 알 수 있다. 아담은 오히려 에덴에서 쫓겨나 하나님과 닿을 수 없이 멀리 내동댕이쳐졌고, 죽을 수밖에 없게 되었으며, 바벨탑은 결국, 바벨처럼 되어버렸다. 더욱 곤란한 것은 이 죄는 하나님과 인간의 관계에 머무르지 않고 모든 피조 세계의 전 존재에게 퍼졌다는 것이다(창 3:18; 롬 5:12; 롬 8:20-22). 실로 모든 피조물의 관계가 깨어진 그 기원은 인간이 하나님과의 경계를 해체하려는 시도에 있다고 할 수 있다.

그렇다면, 이 경계는 결국, 사라질 수 없는 것인가?
다시 에덴으로 돌아갈 수 있는 방법은 없는 것인가?
견고한 경계로 인해 다시 하나님과의 온전한 관계는 회복될 수 없는 것인가?

성경은 유일한 한 가지 방법이 있다고 말한다. 인간의 수준에서 돌아갈 수 있는 방법은 없으나, 관계를 형성하는 다른 한 주체인 하나님은 그리실 수 있다. 그 경계를 부수고 다시 관계하기를 원하시는 것은 실상 인간이 아니라 오히려 하나님이시다. 이 때문에 인간의 타락 이후에도 하나님은 수천 년 구약의 시대에 갖은 방법으로 자신을 인간 앞에 현현하시길 망설이지 않으셨다(창 12:1; 32:24; 출 3:4; 19:6; 욥 38:1; 사 6:1-10).

---

[108] Bavinck, *Gereformeerde Dogmatiek*, 3:75; Berkhof, *Systemic Theology*, 435.

그리고 그 언약의 완성으로 성육신하신 예수 그리스도를 이 땅에 보내셨다. 하나님이신 예수님이 하늘 보좌에서 이 땅에 오신 것은 이전에는 이룰 수 없었던 관계의 회복을 위한 화목제의 사건이었다. 히브리서 기자의 증언대로, 예수님은 어떤 인간 제사장도 불가능했던 영원한 대제사장이며, 언약의 중보자로서 하늘과 땅의 경계를 메우시고 하나님과 인간의 관계는 물론 모든 존재의 관계를 회복시키신다(히 6:20; 7:22; 8:6; 9:15; 10:10-12; 롬 3:25; 요일 2:2). 예수님은 만물보다 먼저 존재하신 분이시며, 만물은 예수님 안에 존재하고 있는 것이다(골 1:17).

다시 오실 예수 그리스도로 말미암은 새 하늘과 새 땅은 어떤 경계도 존재하지 않는 완전한 관계의 회복을 이루는 새로운 에덴인 것이다.

2) 하나님 형상에 담긴 경계성과 관계성을 회복한 인간

성경은 물론 앞서 정리한 개혁주의 전통에서 증언하는 이 두 가지 '경계'와 '관계'의 관점에서 포스트휴머니즘을 극복하는 기독교적 휴머니즘의 재확립이 필요하다. 성경은 첫 사람의 기원을 창조주이신 하나님에게 두고 있다. 생명의 기원은 하나님에게 있으며, 하나님에 기원한 생명의 역사는 이 첫 사람을 통해서 이어 간다. 브라이도티는 포스트휴먼이 가지고 있는 생기적 힘(vital force)을 '조에'(zoe)라고 불렀다.[109]

그러나 생명, 삶이라는 의미를 가진 조에의 기원 역시 모든 산 자의 어머니인 하와이다(창 3:20). 이 생명의 역사에 놓인 어떤 인간이든지 따라서 그 생명의 기원인 하나님의 형상으로 만들어진, 하나님의 형상이다(창 1:27-28). 인간 존재와 그 기원에 대해서 이만큼 확실하게 증언하는 것은 없다. 인간은 하나님의 형상으로 창조되었으며, 인간의 타락은 하나님의 형상의 타락이며 훼손된 사건이다.

---

[109] Braidotti, *The Posthuman*, 82.

따라서 그리스도의 구속은 곧 타락한 하나님의 형상의 구속이며, 회복이다. 하나님의 형상을 회복한다는 것은 하나님과의 인간 사이의 경계성과 관계성이 회복한다는 것이다. 창세기 기자가 '하나님의 형상'을 처음 언급했을 때, 하나님(El)은 분명히 창세기 2장 4절의 이스라엘을 위한 인격적인 여호와(YHWH)가 아닌 온 세상 피조물을 창조하신 초월적인 존재를 강조하고 싶었을 것이다.[110]

초월적인 하나님의 존재는 인간을 포함한 이 땅의 모든 존재과의 현저한 경계성을 드러낸다. 그러나 '형상'이나 '모양'은 원 개념적 존재이신 하나님에 대한 보조개념적 존재로써의 인간을 나타내며, 두 존재의 유비적 관계, 즉 분명한 관계성을 나타낸다.

따라서 하나님의 형상을 회복한다는 것은 곧 하나님과 인간 사이의 관계성은 물론 경계성조차도 회복한다는 것을 의미한다. 신학적으로 표현하면, 하나님이 인간에게만 허락하신 하나님의 성품을 회복한다는 의미이다. 하나님의 형상성은 인간이 다른 존재와 구별되는 확실한 경계로서 기능하며, 이 형상성은 실천적으로는 하나님과 공유하는 공유적 성품이다.

그러나 회복한다는 것은 타락으로 훼손된 하나님의 형상을 우리 스스로 되찾을 수 있거나, 혹은 스스로 그렇게 될 수 있다는 의미가 아니다. 창조주 하나님과 타락한 인간의 중보자이시며 샬롬을 이루는 화목 제물이 되신 그리스도의 구속의 은혜로 가능한 것이며, 결국 물과 성령을 통해 거듭난 인생이 구속하신 그리스도에 접붙임 당하는 것으로 실현되는 것이다 (요 3:3-5; 15:5; 롬 3:25; 요일 2:2; 4:10). 요컨대, 성경은 하나님의 형상인 인간은 곧 하나님과의 존재론적 경계가 분명하면서도 하나님의 성품을 공유한 관계적 존재라고 증언하는 것이다. 각각이 무엇을 의미하는지 좀 더 구체적으로 살펴보자.

---

[110] Hans Madueme et al., *Adam, the Fall and Original Sin: theological, biblical, and scientific perspectives*, 39.

성경적 인간, 즉 기독교적 휴먼은 존재론적 경계가 분명한 인간이다. 휴머니즘의 존재론적 근거는 인간과 비인간의 이분법적 경계에 있다. 포스트휴머니즘은 바로 이 이분법적 경계의 해체를 시도한다. 인간과 비인간의 경계는 크게 두 가지 영역에서 이루어진다. 비생물적 영역과 생물적 영역이며 생물적 영역은 다시 육체적 요소와 영적 요소로 세분된다. 인간은 '흙집'인 육과 하나님의 생기를 통해 부어진 영으로 되어 있으며, 이는 그 무엇보다 성경에 의해 증언되는 진리이다(창 2:7; 욥 4:19; 마 10:28; 고후 7:1).[111]

하와는 육체만이 아니라 영적 존재로써 하와를 통해서 하나님의 생명의 역사가 가능하다. 비생물적 영역에서 인간은 비생물적 피조물 전체와 분명한 경계를 둔다. 더 나아가 생물적 영역의 인간의 육체적 요소는 특히, 동물과의 경계를 두고 있다. 하나님의 형상으로 인간은 탁월하여 다른 모든 생물들 및 피조물과 구별되며, 벌코프(Louis Berkhof)는 인간 창조에 있어서 그 구별점을 다섯 가지 특징으로 서술한다.[112]

첫째, 인간의 창조 앞에는 하나님의 거룩한 경륜이 선행하며, 인간을 "(삼위일체 하나님)의 형상을 따라 (삼위일체 하나님)의 모양대로 (삼위일체 하나님)이 사람을 만들"었다는 성경의 증언을 인용한다(창 1:26).

둘째, 인간 창조는 엄밀한 의미에서 하나님의 직접적인 사역이었으며, 다만 간접적으로 창조하신 다른 피조물과 구별된다.

셋째, 하등한 다른 동물과는 달리 인간은 하나님의 형상을 따라 창조되었다. 다른 동물은 모두 '그 종류대로', 각 종류의 고유한 특성을 따라 창조되었는데, 인간의 고유한 특성은 곧 하나님의 형상성으로 다른 동물과 현격한 차이가 있다. 그러하기에 동물은 하나님을 예배할 수 없으며, 심지어 자신을 창조한 창조주에 대한 개념조차 가지고 있지 않다.[113]

---

111 Calvin, 1559a, 1.15.2.; Berkhof, *Systemic Theology*, 393.
112 Berkhof, *Systemic Theology*, 392-393; Calvin, 1559a, 1.15.2-3.
113 Bavinck, *Philosophy of Revelation*, 287.

넷째, 인간의 본성의 두 가지 다른 요소, 즉 흙으로 빚어진 육과 하나님의 생기에 기원한 영이 결합하여 살아 있는 존재가 된 것은 인간만의 고유한 특성이다.

다섯째, 인간은 다른 모든 피조물의 왕으로 등극하여 다른 피조물들을 지배하는 권세를 부여받았다. 이는 곧 창조주이신 전능한 하나님의 청지기적 대리인으로서 다른 피조물을 선하게 보존해야 하는 책임이 있다는 것을 나타낸다.

결국, 육적, 영적인 영역에서 인간은 하나님과의 분명한 경계를 두며, 인간과 비생물적 물질, 인간과 동물, 그리고 인간과 하나님의 경계의 존재론적 경계를 분명하게 두어야 한다.[114] 이 경계를 허무는 것은 아담부터 지금까지 인간 입장에서는 자유에 해당하지만, 따라서 그로 인해 발생하는 모든 문제의 책임은 인간에게 주어지며, 안타깝지만 경계를 허무는 것은 인간을 스스로 자연적 존재 이하로 추락시킨다.[115]

성경은 이 경계성에 기초하여 인간 존재의 모든 다른 특성을 이해하고 있다. 실상 성경, 곧 하나님의 계시로서의 말씀 자체가 이 경계성을 나타내고 있기도 하다. 타락한 이후, 에덴에서 떠난 인간은 더 이상 하나님과 함께 할 수도 없으며, 소통할 수도 없고, 심지어 하나님이 스스로 드러내시기 전까지는 알 수도 없었다. 너무도 분명한 경계가 존재하는 것이다. 이것이 인간에게 가장 큰 고통이며, 하나님의 계시의 이유이기도 하다.[116]

이 경계로 말미암아 고통 받는 인간에 대한 지대한 관심이 하나님의 간절한 마음이다. 이 세상의 그 어떤 것도 인간의 이 고통을 해결해 줄 수 있는 방법이 없으며, 오직 주 예수를 믿는 것으로 이 고통이 끝날 수 있다

---

114 이창익, "인간이 된 기계와 기계가 된 신: 종교, 인공 지능, 포스트휴머니즘," 68.
115 김종엽, "인간 존엄성 - 인간 중심적 사고의 부활인가?" 61.
116 James Packer, *God has Spoken*, (1965), 박문재 역. 2019. 『재임스 패커의 절대 진리』 (서울: 국제제자훈련원): 126-127.

(행 16:31). 하나님은 이 고통이 끝나기를, 이 경계가 사라지기를 누구보다도 간절한 마음으로 원하신다.

제임스 패커(James Packer)는 이 하나님의 간절한 마음을 '존재론적 관심'이라고 부른다.[117] 타락한 인간의 존재에 대한 존재론적 관심이 하나님의 사랑이며, 예수 그리스도의 구속의 이유가 되는 것이다. 하나님의 존재론적 관심은 다양한 모양으로 스스로를 계시하는 것으로 드러난다(히 1:1). 직접 현현하시거나, 천사를 통하시거나, 때로는 하늘의 음성으로 계시하셨다(출 19:9; 마 3:17; 벧후 1:17). 묵시나 꿈, 또는 표적, 손가락으로 적힌 글귀, 심지어 당나귀에게 인간의 말을 하게 하심으로 계시하셨다(출 31:18; 삼상 28:6; 단 5:5; 민 22:28).

그러나 지금 하나님은 우리 인간에 대한 존재론적 관심을 그분의 말씀, 곧 성경으로 보여주신다. 이 경계 너머에 계시는 하나님이 지금 우리에게 말씀하시는 하나님으로 존재론적 경계를 넘어 관계를 맺기 위해 성경을 주시는 것이다.[118]

패커의 말대로 하나님의 말씀, 곧 계시의 이유는, 결국 "우리를 이성적인 존재로 지으신 하나님이 사랑 안에서 우리를 친구로 삼으시고자, 진술과 명령과 약속 같은 말들을 수단으로 사용하여 우리에게 말씀하심으로 자기 생각을 우리와 함께 나누시고 자신을 인격적으로 드러내심으로써, 친구가 되기 위해서는 꼭 필요하고 없어서는 안 되는 인격적인 교제를 하려 하시기 때문이다."[119]

하나님의 말씀인 이 계시는 곧 존재론적 경계 너머에 있으면서 타락으로 인해 고통 받는 인간과 다시 온전하게 관계하시길 원하시는 하나님의 간절한 마음이 담겨 있는 것이다. 여기에서 인간 존재에 대한 경계성은 하

---

[117] Packer, *God has Spoken*, 25.
[118] Francis Schaeffer, *He is There and He is not Silent*, (1972), 허긴 역, 『거기 계시며 말씀하시는 하나님』(서울: 생명의말씀사, 2001)
[119] Packer, *God has Spoken*, 127.

나님의 말씀으로 인해 하나님과의 관계성으로 이어진다.

따라서 성경이 지향하는 기독교적 휴먼은 관계를 회복한 인간이다. 인간은 본질적으로 타자와 함께 관계하기를 원한다. 이는 삼위일체 하나님의 본성이다. 하나님의 형상인 인간에게 본질의 기원인 하나님과 가까이 하기를 원하는 것 역시 본성이다. 하나님은 아담의 타락에도 불구하고, 물론 에덴 밖으로 추방하셨지만, 관계의 깨어짐을 누구보다 아파하시며, 그 회복을 간절히 바라신다(창 3:21; 4:15; 6:6-8; 롬 8:26; 골 1:20).

오랜 시간 동안 반복되는 언약을 통하여 그 관계의 회복을 약속하시고, 결국 그리스도를 성육신으로 이 땅에 보낸 이유가 바로 여기에 있다. 하나님과의 관계의 회복은 곧 죽음으로 단절된 생명을 회복하는 것이고, 생명의 유기체적인 성격은 하나님과 인간의 관계성을 특징짓는 주요한 개념이다. 창조주 하나님과 아담의 관계는 아버지와 아들의 관계로, 곧 머리이신 그리스도와 지체로서 몸을 구성하는 교회의 유기체적 관계의 회복을 의미하는 것이다.

곧 인간의 모든 존재론적 관계는 유기체적이다. 교회를 이루는 동일한 하나님의 자녀는 자신에게 한정되고 고립된 개인 이상의 존재다. 이 개인은 한 공동체의 일원이며, 한 몸의 지체이고, 한 집단 정체성에 참여한 자이며, 하나의 유기체 안에 포함된 개인이다.[120]

더 나아가, 인간 생명의 회복은 곧 하나님과 인간, 인간의 코이노니아를 이루는 '인간들'의 유기체성을 회복하는 것이다. 기독교적 휴머니즘이 지향하는 관계는 곧 생명과 연결된 유기체적 관계라는 측면에서 포스트휴머니즘이 지향하는 관계와 차이가 있다.

앞서 언급한 대로, 단순히 '관계'를 지향한다는 측면에서 기독교적 휴머니즘은 여타 휴머니즘과 공통점을 가진다. 예컨대, 하이데거는 휴머니즘이 인간 삶의 지평인 존재에 관한 물음을 도외시했기 때문에 오히려 인간

---

[120] Kuyper, *Lectures on Calvinism*, 38.

의 본질, 인간이 거주해야 할 삶의 터전으로부터 멀어졌다고 생각한다.[121] 하이데거는 인간과 동물 사이에 존재론적 차이를 다음과 같이 주장한다.

> 인간적인 것의 존재 방식 자체는 오히려 그 밖의 모든 식물 존재와 동물 존재와 본질적으로, 그리고 존재론적으로 근본적인 특성의 차이가 있다. 왜냐하면 … 인간은 세계를 가지고 있고 세계 속에 존재하기 때문이다.[122]

전통적으로 인간을 이성적 동물(animal rationle)로 정의하였는데, 이것은 인간을 "정신적 첨가물을 통해 확대된 동물성의 관점에서" 이해한 것이다. '이성적' 혹은 '정신적'이기 때문에 세계와의 관계를 인식하고 자극하고 반응하는 유기체적인 방식으로 그 존재의 본질이 결정되는 인간은 세계와의 관계에 대한 인식 없이 단지 육체적 존재로서만 기능하는 동물과는 본질상 구별이 된다는 것이다.

인간의 존엄성이 담보되는 한 가지 주요한 이유도 여기에 있다. 김종엽에 의하면, '인격체들이 서로 주어진 특별한 방식으로서의 존중'이란 인간 존엄성이 가지고 있는 본질적인 특징이다. 인간 존엄성이란 개별자들에게 이미 주어진 관계를 지각할 수 있는 정신의 힘이다.[123]

그러나 동시에 우리에게 나와 타자에 대해 무엇이 허락돼 있으며, 무엇이 그렇지 않은지를 결정하는 경계를 보여 주는 것이기도 하다. 포스트휴머니즘 역시 물질적, 기능적 요소로서 '몸'을 중요하게 말하지 않을 수 없는 만큼, 관계를 지향한다는 그들의 입장에서 유기체적 본질로써 인간의 본성을 무시할 수가 없다. 이 때문에, 대표적인 포스트휴머니스트인 캐더린 헤일즈(Ketherine Hayles) 조차 신체를 '패션 액세서리'쯤으로 생각하

---

121 강영안, 이상헌, "포스트휴머니즘에 관한 철학적 성찰," 156.
122 강영안, 이상헌, "포스트휴머니즘에 관한 철학적 성찰," 156.
123 김종엽, "인간 존엄성-인간 중심적 사고의 부활인가?" 61.

'대중적' 포스트휴머니즘에 반대한다.[124]

그녀에 의하면 포스트휴먼은 단지 정보기술의 가능성을 받아들이는 것이지, "무한한 힘과 탈 신체화된 불멸이라는 환상에 미혹되어서는 안 된다"는 것이다. 더 나아가, "유한성을 인간 존재의 조건으로 인정하고 경축하며 인간생명이 아주 복잡한 물질세계에, 우리가 지속적인 생존을 위해서 의지하는 물질 세계에 담겨 있음을 이해하는 포스트휴먼"을 주장하는데, 유기체적 생명으로써 물질적 세계와 동시에 초월적 세계에 대한 영적 인식과 자각이 현저히 부족한 상태에서도 인정하지 않을 수 없는 진리인 것이다.

유기체적 관계성에 있어서, 중요한 것은 앞서 언급한 대로 계시로 주어진 말씀이다. 말씀은 메시지를 담고 있다. 포스트휴머니즘 역시 메시지를 이야기한다. 예컨대, 노버트 위너(Nobert wiener)는 인간과 기계의 관계성을 연구하면서 상호 간 메시지를 주고받는 거대한 메시지 이론을 연구하는 학문 분야로 사이버네틱스(cybernetics)를 제시한다. 사이버네틱스를 통해서 노버트는 물리학적 엔트로피의 개념을 메시지, 즉 정보의 개연성에 접목시킨다.

> 제어와 커뮤니케이션에서 우리는 조직된 것을 붕괴시키고 의미있는 것을 파괴하는 자연의 경향성, 즉 엔트로피가 증가하는 경향성과 항상 싸우고 있다.[125]

다시 말하면, 엔트로피가 증가하는 경향성을 거스르는 싸움을 기계는 부단히 하고 있다는 것인데, 그는 인간 생명이 엔트로피가 감소하는 존재이며, 마찬가지로 기계 역시 그렇다고 주장한다.[126] 그러나 일반적으로 물

---

[124] Hayles, *How We Became Posthuman*, 29.
[125] Nobert Wiener, *The Human use of Human beings: Cybernetics and Society*, (London: Free Association Books, 1989): 15.
[126] 이창익, "인간이 된 기계와 기계가 된 신: 종교, 인공 지능, 포스트휴머니즘," 96-97.

리학에서 이야기하는 엔트로피는 닫힌 체계(close system)에서는 항상 증가하게 되어 있다. 즉, 물질의 무질서도는 증가하게 되어 있으며, 이와 유비적으로 관계성에 있어서 유의미한 정보를 담은 메시지는 점점 사라지게 되어 있다. 관찰 가능한 엔트로피의 감소는 열린 체계(open system)에서만 일어나는데, 개체 수준에서 보면 외부에 의해서 에너지를 얻기 때문에 가능하다.

예컨대, 광합성(photosynthesis)이 그렇다. 태양에너지를 통해서 저엔트로피의 물과 이산화탄소가 고엔트로피의 포도당을 만들어내게 된다. 이는 하나의 식물 개체 수준에서 볼 때, 외부의 태양에너지가 주어지기 때문에 가능하게 된다. 인간이 주변 환경에 대해서 엔트로피가 감소하는 존재로 보이는 것은 열린 체계의 존재이며, 이와 같은 특성을 가진 것이 곧 유기체인 생물이다. 살아있는 생명체로써 인간은 유기적인 존재이며, 하나님과의 관계와 모든 다른 존재들과의 관계에 있어서 유기체적인 특성을 갖게 된다.

요컨대, 개혁주의적 입장에서 기독교적 휴머니즘의 경계와 관계의 이해는 이 둘 사이의 균형과 조화이다. 경계와 관계는 서로 상보적이다. 하나님이 정하신 경계를 유지하되, 모든 존재는 서로 유기적으로 관계해야 한다. '지향'한다는 것은 마치 활시위를 떠난 화살이 과녁을 겨냥하는 것과 같다. 관계라는 목표를 지향한다는 것은 활시위와 같은 경계라는 출발점이 있을 때, 비로소 가능하다.

'~으로의 지향'은 결국, '~로부터의 지향'이 전제되어야 한다. 그런 의미에서 경계와 관계, 어떤 하나를 포기하거나 지나치게 강조하면 결국, 무너진다. 성자는 오직 성부에게서만 발생되며 동시에 성령은 성부와 성자에게서 발생된다는 삼위일체의 하나님이 바로 서로 분명히 구별되나 또한, 가장 조화롭게 균형을 이룬 일체로서 가장 좋은 경계와 관계의 모범이 될 것이다.

3) 하나님의 형상에 담긴 공유적 성품을 회복한 인간

그렇다면, 인간이 회복해야 할 하나님의 형상성, 곧 그 공유적 성품은 구체적으로 무엇인가?

특별히 하나님의 형상으로서 다른 피조물과의 경계성과 관계성을 함께 확보하는 성품은 무엇인가?

앞서 언급한 대로, 하나님은 곧 초월적인 하나님이며, 무엇보다 다른 모든 피조물을 창조하신 하나님이다. 바로 이 하나님의 창조적 능력, 곧 창의성이다. 하나님의 창조적 품성은 일반 계시적 측면에서 피조물에 잘 드러나 있으며, 특히, 인간에게는 그 품성 자체를 공유함으로써 다른 피조물과의 차이를 분명하게 드러내고 있다. 또한, 하나님은 창조하신 세상을 내버려 두지 않으시고 여전히 섭리하시며, 절대로 포기하지 않으시는 인격적인 존재이다.

이 인격적인 하나님의 성품은 인간의 인격을 구성하여 윤리적인 도덕성으로 나타난다. 타락 이전의 아담은 온전히 하나님의 선에 합하여 하나님과 공통선을 이루는 도덕성을 가지고 있었다. 요컨대, 창의성과 도덕성, 이 두 가지 성품이 곧 하나님의 형상인 인간 존재의 고유함을 보장해 준다.

인간의 창의성의 중요한 근거는 하나님의 창조 세계는 고정된 확정태가 아닌, 변화를 가정한 가능태라는 사실에 있는데, 확정태를 확정하는 것은 하나님의 창조 사역에 이미 내재된 것이며, 가능태로서의 가능성의 상당 부분은 인간에게 부여한 창의성에 기초한다.[127]

결국, 세계에 드러나는 가시적인 변화는 두 가지 동력을 통해 실현되는데, 그 두 가지는 창조 세계 안에 내재하는 질서와 인간의 창의성이며, 이 두 동력으로 나타나는 가시적인 변화는 곧 문화(culture)이다. 인간의 타락은 곧 창의성의 손상으로 타락한 문화를 만들게 된다. 이미 앞서 다룬 바

---

[127] Clark Pinnock, *Flame of Love: A Theology of the Holy Spirit,* (Illinois: InterVarsity, 1997): 66-68.

벨탑이 그 타락한 문화의 대표적인 예이다. 알버트 월터스(Albert Wolters)는 이 문화 영역에서의 타락 현상을 다음과 같이 설명한다.

> 문화 생활의 영역에서도 하나님의 선한 창조 세계가 왜곡된 예는 얼마든지 찾아볼 수 있다. 천박한 예술 작품들과 그림, 음악, 시 등 예술 일반에 퍼져 있는 저속한 취향들을 생각해 보라.[128]

월터스는 인간의 창의성이 어떻게 타락했는지를 타락한 문화 현상으로 분명히 지적한다. 그것은 다른 모든 피조물이 함께 탄식하며 함께 고통받는 그 대열에 버젓이 자리하고 있는 것이 분명하다(롬 8:22). 그것은 하나님 보시기에 '좋았던' 모든 피조물의 그 아름다움과는 거리가 먼 천박하고 저속한 것이다. 심지어 학문의 영역, 곧 인간 창의성의 정점에 있는 학문에서조차 이 타락을 분명히 확인할 수 있는데, 여기서 우리는 매우 흥미로운 지적을 찾을 수 있다.

> 학문의 영역에서는 과학주의와 조잡한 방법론, 그릇된 추론과 같이 흔히 볼 수 있는 현상들을 생각해 보라. 효율성이 과학 기술의 세계에서 얼마나 지배적인 관심사가 되었는지, 인간사가 얼마나 지나치게 기술에 의존하고 있는지를 주의하여 보라. 우리가 어디로 눈을 돌리든 하나님의 창조가 지닌 선한 가능성들은 오용되고 왜곡되며 죄된 목적을 위해 착취되고 있다.[129]

터스의 말에서 우리는 타락한 창의성의 정점에 과학주의가 있음을 본다. 포스트휴머니즘을 하나의 문화적, 학문적 시도라고 볼 때, 그리고 그 주요

---

[128] Wolters, *Creation regained: biblical basics for a reformational worldview*, 95.
[129] Wolters, *Creation regained: biblical basics for a reformational worldview*, 95.

한 추론적 방법론이 과학주의라고 볼 때, 이는 정확히 타락한 인간의 창의성의 반영이며, 회복되어야 할 가장 본질적인 인간성이다. 카이퍼의 사상을 소개하면서 리차드 마우(Richard Mouw)도 역시 이렇게 말한다.

> 이러한 종류의 모든 훌륭한 것들(인간의 창조물, 기술)은 오직 우리가 이것들 중 하나 또는 다른 것을 어떤 '주의'의 핵심으로 만들려고 할 때 위험해진다. 이기주의, 전체주의, 민족주의, 물질주의, 성차별주의, 광적인 다저스주의 같은 것들이다. 이와 같은 '주의들'은 우리가 근본적으로 충성하는 대상을 피조물로 바꿔놓음으로써 일생을 무익한 일들에 집착하게 만든다. 바로 그 순간 우리는 우상숭배에 빠져든 것이다.[130]

마우는 인간의 하나님 형상성이 타락하면 곧 '주의'(-ism) 라는 우상숭배에 빠진다고 경고한다. 과학주의만이 아니다. 이 모든 우상숭배의 정체가 '피조물'임을 주목해야 한다. 하나님의 형상인 인간은 물론 인간의 형상, 피조물의 피조물이 우상이 되는 것은 타락한 인간의 창의성을 보여 주는 너무도 분명한 문화 현상이다.

우상은 '사람의 손으로 만든 것'(시 135:15)이며, 실상 '아무것도 아니'(고전 8:4)라는 것을 확인하며, 문화는 우리 마음이 우상을 숭배하는 방식이라는 지적은 포스트휴머니즘의 시대에 그리스도인이 마음에 새겨야만 하는 것이다.[131] 우리 '스스로' 하나님의 형상이 되고자 하는 것은 곧 우상숭배의 방식이다.

한편, 하나님의 형상인 인간은 하나님의 선한 성품을 회복해야 한다. 이 시대에 회복되어야 할 인간의 공통적인 전제(common ground), 특히, 도덕적인 면에서 공동선(common good)은 겸손과 인내, 그리고 관용이라는 구체적인 실천

---

[130] Mouw, *Abraham Kuyper: A Short and Personal Introduction*, 44.
[131] Daniel Strange, *Plugged In: Connecting Your Faith with What You Watch, Read, and Play*, (2019), 정성묵 역 『복음과 문화 사이』 (서울: 두란도, 2020): 67.

의 덕목이 필요하다. 성경은 이를 믿음과 소망, 그리고 사랑이라고 부르며, 이것은 그리스도인과 비그리스도인의 차이, 즉 세상 존재들의 경계에 의해 발생하는 모든 타락의 현상을 뛰어넘는 그리스도인들의 가치가 된다.[132]

겸손은 세계관 자체가 다른 사람들 사이의 차이를 비판과 대결, 심지어 변증과 같은 방법으로는 해결할 수 없다는 것을 인정하는 태도이다. 그리스도인들은 자신의 도덕적인 공로가 없이 은혜로 구원받았다는 믿음이 있기에, 공공 생활에서 겸손의 덕목을 실천할 수 있는 것이다.

인내는 나와 다른 존재를 향하여 경청하고 이해하며 때로는 질문하도록 하면서도 그 어떤 이야기이든지 결국, 이미 결정된 세상의 결말에 대한 틀림없는 소망을 가졌기에 가능한 것이다.

믿음은 지난 과거의 구원 사건에 대한 믿음이며, 소망은 다가올 미래에 완성될 종말에 대한 소망이다. 결국, 오늘 현재에 우리가 살아내는 것은 나와 다른 존재의 믿음과 소망(비록 그것이 잘못되었을지라도)을 참아내는 관용의 삶이다.

정리하면, 본 장에서는 포스트휴머니즘의 시대에 기독교 교육이 원리적으로 삼아야 할 기독교적 인간관에 대해서 카이퍼와 도예베르트, 그리고 칼빈과 월터스토프의 사상을 중심으로 제시했다. 카이퍼의 반정립과 영역 주권 사상, 도예베르트의 양상 이론에 근거하여 경계성을 유지하고 관계성을 추구하는 측면과 칼빈의 관용을 추구하는 자유와 사랑의 관계성과 월터스토프의 궁극적 샬롬을 지향하는 관계성을 추구하면서도 경계성을 담보하는 측면으로 개혁주의적 인간관의 신학적, 철학적 원리를 정리했다.

이를 바탕으로 개혁주의적 기독교의 인간관으로 다음과 같은 세 가지를 제시하였다. 먼저 개혁주의 기독교가 표방하는 인간은 경계와 관계의 균형을 갖춘 인간이며, 이를 위해서 인간 존재의 하나님의 형상성에 담긴

---

[132] Timothy Keller et al., *Uncommon Ground,* (2020) 홍종락 역, 『차이를 뛰어넘는 그리스도인』 (서울: 두란노, 2020): 16-18.

경계성과 관계성은 이 시대 다시 회복되어야 할 가장 첫 번째 본성이다. 특히, 하나님의 형상인 인간은 창조주이신 하나님과의 분명한 차이가 있음에도 불구하고, 그 창의성과 인격적 도덕성을 공유한다는 점에 주목했다. 창의성은 피조 세상에 세워지는 문화 건설과 유지의 주체로서 인간의 고유함을 나타내며, 창의성의 회복은 곧 하나님을 떠나 스스로 하나님이 되고자 하는 우상 숭배로부터 떠나는 것을 의미한다.

더 나아가, 타자에 대한 관용의 성품은 회복되어야 할 인간 존재의 하나님 형상성을 인격적으로 드러내는 가장 두드러진 관계성을 나타낸다. 인간의 타락은 하나님 밖에서의 자유를 추구했기 때문이며, 어리석게도 이것은 '자신의 자유'라는 노예화로 귀결된다.

포스트휴먼을 꿈꾸는 포스트휴머니즘의 현대인은 칼빈이 여전히 세속적 휴머니즘이라 부르는 노예화된 인간에 불과하다는 비엘레의 다음과 같은 안타까운 탄식에 귀를 기울여야 한다.

> 오늘 현대인들이 알고 있는 인간은-즉, 우리가 분석하고 있는 인간, 심리학이 이해하고 있는 인간, '과학'이 연구하고 있는 인간, 문학이 묘사하는 인간, 세속적인 휴머니즘의 인간은-진정한 인간이 아니다. 그런 인간은 인간의 창백한 그림자이며 가짜 인간이며 인간의 풍자화일 뿐이다. 이 인간은 어디에도 도달할 때가 없는 희망이 없는 인간이다. 여전히 하나님의 놀라운 역사를 증언하는 인간의 놀라운 은사에도 불구하고 오늘 인간이 하고 있는 모든 것은 죽음에 봉사하고 있는 것이며 결국, 죽음으로 끝을 맺는다.[133]

비엘레의 안타까운 외침은 공허한 일탄식으로 멈추어서는 안 된다. 죽음으로 치닫는 포스트휴머니즘의 보이지 않는 질주를 멈추기 위해서는 본

---

[133] Bieler, *L'humanisme social de Calvin*, 30-31.

장에서 제시된 개혁주의적 기독교의 인간관을 보다 구체적인 교육적 언어로 구체화시켜야 한다.

다음 장에서는 포스트휴머니즘를 표방하는 이 시대의 기독교 교육을 위해서 구체적인 제언을 하도록 하겠다.

제6장

포스트휴머니즘 시대의 기독교 교육을 위한 제언

여호와를 경외하는 것이 지식의 근본이거늘 미련한 자는 지혜와 훈계를 멸시하느니라 (잠 1:7).

　이 땅의 모든 지식은 하나님의 특별계시인 말씀에 근거하며, 이는 일반 학문 영역, 즉 일반 계시의 영역에도 마찬가지이다. 모든 하나님의 창조 영역은 하나님의 계시인 말씀에 근거해야만 한다.[1]

　기독교 교육에서 모든 철학적 기초는 따라서 오직 하나님을 중심으로 한 계시의 진리라는 하나의 원칙을 통해서 육적, 영적 존재의 모든 세계를 받아들이게 되어 있다. 실천적인 기독교 교육의 양상에 있어서, 성경적, 신학적, 철학적 기초는 '초문화적-문화적 보편적인 개념들'을 형성하며, 이하 모든 기독교 교육에 근간을 형성한다.

　로버트 W. 파즈미뇨(Robert W. Pazmino)는 기독교 교육의 모든 과정을 데니스 로튼(Denis Lawton)을 참고하여 다음과 같이 제시한다.[2]

---

[1] Gary Collins, *The rebuilding of psychology-An integration of psychology and Christianity*, (Wheaton. Illinois: Tyndale House Publishers, 1980): 137.

[2] Robert W. Pazmino, *Foundational Issues in Christian Education*, (1987), 박경순 역, 『기독교 교육의 기초』(서울: 디모데, 2002): 8.

[그림 8] 기독교 교육의 기초, 원리, 실천의 과정

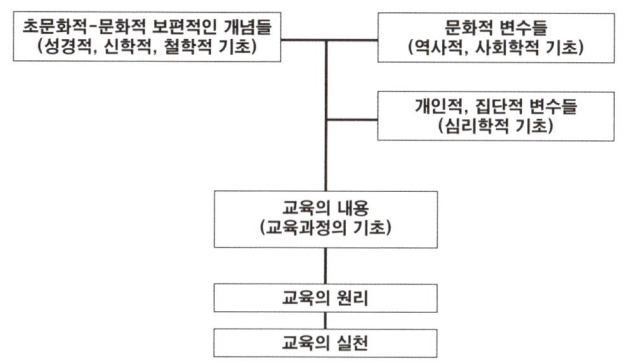

이 모델에 따르면, 이 책은 초문화적-보편적인 개념들에 있어서 개혁주의 기독교의 보편적인 개념들을 수렴하여, 포스트휴머니즘이라는 현대 문화적 변수들을 고려한 것이라고 할 수 있다. 파즈미뇨에 따르면, "(기독교) 교육자들은 하나님의 계시의 보편적이고 초문화적인 진리를 자신들의 경험을 바탕으로 교육 사역에 현실화"시키기 위해서 노력해야 한다.

충실하고 온전한 교육의 내용과 실천을 위해서는 성경적, 신학적, 철학적 기초들 위에 교육 현실의 시간과 장소, 상황에 따른 문화적 변수들, 더 나아가 교육 주체인 개인적, 집단적 변수들이 함께 뒤엉켜 있음을 인지하고 고려해야만 한다.³

이처럼 의식적, 의도적, 체계적으로 계획된 과정을 통해서 기독교 교육은 결국, 그 교육의 내용과 원리, 실천을 도출하게 되어 있다.⁴

---

3 Louis Berkhof and Cornelius Van Til, *Foundations of Christian Education*, (1994), Ed. by Dennis E. Johnson. 이경섭 역, 『개혁주의 교육학』 (서울: 개혁주의신학사, 2017): 39-41.

4 Jaarsma, *The Educational Philosophy of Herman Bavinck: A Textbook in Education*, 156.

우리는 이미 앞 장에서 포스트휴머니즘 시대의 상황에 놓인 개혁주의 기독교가 견지해야 할 인간관을 정리하였다. 이 책에서 원리적으로 밝힌 개혁주의에 근거한 기독교적 휴머니즘의 핵심은 경계 변수와 관계 변수의 균형을 유지하는 함수 관계이다. 적어도 예수 그리스도가 이 땅에 다시 오실 때까지 이 땅에 실존하는 인간이 취할 수 있는 최선은 여기에 있다. 이제 그 원리를 활용하여, 이번 장에서는 마지막으로 기독교 교육적으로 실천할 수 있는 그 실천적 방안들을 제언하고자 한다.

전제적으로 우선 잊지 말아야 할 것은 개혁주의에서 지향하는 기독교적 인간은 경계를 유지하되 관계를 추구하는 존재라는 신학적, 철학적 인간관을 균형 있게 적용해야 한다는 것이다. 또한, 모든 교육적 실천이 경계성이나 관계성을 일방적으로 반영하지 않는다는 사실도 기억해야 한다. 교육 현장에 참여하는 모든 교육 주체의 상호 작용은 매우 유기적이며, 경계성과 관계성이 통전적으로 작용할 것이다.

이 책에서 제언하는 어떤 교육적 실천도 경계성이나 관계성을 일방적으로 반영하지 않는다. 다만, 어떤 측면에서 좀 더 강조하는 것이 있을 것이며, 이를 통해서 궁극적인 균형을 찾고자 하는 것이다.

다음 표는 이 책에서 제언하는 교육적 실천 내용들이 경계성과 관계성의 균형을 위해서 양자 중에서 좀 더 강조하는 부분을 이해하기 쉽게 표현한 것이다(표 7).

예컨대, 예배에 대한 교육은 경계성을 강조하면서 관계성을 지향하는 것이며, 인성에 대한 성품 교육은 관계성을 강조하는 것이다.

[표 7] 경계성 또는 관계성을 강조하는 기독교 교육

구분	경계성을 강조하는 교육	관계성을 강조하는 교육
하나님의 형상성을 회복하는 성품 교육	예배 교육	창의성 교육, 가정 교육 생애 주기별 인성 교육
유기체적 관계성을 강조하는 학습자 중심 교육	성경과 교수자의 권위에 대한 교육	학습자 중심 교육 거꾸로 학습법 문제 중심 학습법
학문 간 샬롬을 추구하는 융합 교육	기독교 세계관 교육	멀티미디어 활용 교육 블레디드 학습, STEAM

먼저 기독교 교육은 하나님께 예배하는 존재로써의 인간의 종교적 본성, 즉 하나님과의 관계에서 그 경계성을 분명히 해야 한다. 동시에 하나님의 형상성, 즉 그 공유적 성품을 회복하는 교육이 실천되어야 한다.

이어서 나는 전통적인 기독교 교육의 교수-학습 주체로서 교수자와 학습자의 경계성과 관계성을 재고할 것이다. 방법론적인 측면에서 기존의 일방향적인 교수-학습 방법론, 특히, 교수자 중심의 경직된 구조적 틀에서 벗어나야 한다. 따라서 나는 보다 적극적으로 학습자를 강조하는 교육적 전환을 모색할 것이다. 반대로 일반 교육 현장에 적용되고 있는 실용주의, 구성주의적 교육 철학으로 인해 무너진 교수자의 권위를 기독교 교육에서는 경계성의 측면에서 반드시 회복해야 한다.

끝으로, 포스트휴머니즘이 왜곡되게 의존하는 과학주의가 아닌 하나님의 일반 은총의 측면에서 과학을 재조명하여, 그 기술적 산물들을 교육 방법적인 측면에서 적극적으로 기독교 교육 현장에 반영해야 한다. 여전히 각종 과학 기술 미디어의 기독교적 활용에 대해서 부정적인 시각을 거두지 않는 입장이 존재하지만, 이는 대체로 이원론적 관점으로 개혁주의적 반정립 사상을 곡해하는 경우에 해당한다.

앞서 언급한 대로 개혁주의적 세계관에 따른 기독교 교육은 하나님의 주권 아래 모든 학문적 영역을 하나님 중심으로 그 경계성을 유지하면서도,

또한 관계성을 지향하는 측면에서 구현해야 하며, 과학 기술의 적절한 교육적 활용을 재고해야 한다.

1. 하나님의 형상성을 회복하는 성품 교육

인간은 '하나님의 형상'(Imago Dei)이다. 한 분 하나님은 자신의 최고의 창조물을 평범하게 만드시길 싫어하셨다. 하나님의 인간 창조에 있어서 가장 놀라운 부분은 한 분 하나님의 형상임에도 모두 다르다는 것이다. 하나의 원형에서 무한에 가까운 형상을 창조하셨으며, 피조물인 인간에게 기꺼이 창조주 자신의 인격적 성품을 부여하셨다.

앞 장에서 정리한 대로, 그 성품 중 두드러진 것은 창의성과 도덕성이다. 하나님은 창의적이시며, 또한 하나님은 도덕적이시다. 인간의 기원적 본질에는 바로 이와 같은 하나님의 창조적 창의력과 도덕적인 성품이 녹아 있다. 기독교 교육 역시 본질상 도덕적이며 정신적인 성질의 것이다.[5] 결국, 기독교 교육이 지향하는 인간, 곧 하나님의 형상성을 회복한 인간은 인간 본질에 녹아 있는 인격적 성품이 회복된다는 것을 의미한다. 하나님의 형상성에 담긴 그 인격적 성품은 인간의 윤리적 성품의 출발점이기도 하다.[6]

따라서 기독교 교육에서의 소위 성품 교육은 이를 통해서, 먼저 인간은 자신을 하나님의 형상으로 창조하신 하나님에 대한 경외와 감사를 예배라는 형태로 표현하게 되며, 한편으로 하나님의 형상으로 창조된 인간은 하나님과 공유하는 성품으로 자신의 인성을 공유하게 되는 것이다. 이것이 이 시대 기독교 교육이 하나님의 형상성을 회복하는 두 가지 주요한 교육

---

[5] Jaarsma, *The Educational Philosophy of Herman Bavinck: A Textbook in Education*, 156.
[6] 김성원, "하나님 형상 회복으로서의 성품과 기독교 대학에서의 실천 방안에 대한 탐색적 연구," 「총신대논총」 제39권, (2019): 433.

의 핵심이라고 할 수 있는데, 경계성을 강조하는 예배 교육과 관계성을 강조하는 인성의 교육이 그것이다. 특히, 인성 교육에 대해서는 창의성을 위한 교육과 가정 교육, 그리고 생애 주기별 교육으로 나누어 보다 구체화할 수 있다. "하나님의 형상대로 지음 받은 인간의 독특한 특성, 곧 그 도덕적 성품에 맞는 삶의 양식과 행동 방식을 지속적이고 일관되게 취하도록 교육하는 것"이다.[7]

포스트휴머니즘의 시대에 이러한 성품 교육이 중요한 이유는 무엇인가?

포스트휴먼이 의존하는 과학 기술의 발전 속에서 포스트휴머니즘이 반드시 의식해야 하는 것은 포스트휴먼 주체의 행위가 미래의 윤리적 결과와 인과적으로 뗄 수 없는 관계에 있다는 것이다. 문제는 그 윤리적 결과에 대한 가치의 기준이 되는 인간 존재의 근거가 과학 기술에 있다는 것이다.

한스 요나스(Hans Jonas)는 이점을 간파하여, 새로운 권력이 등장하고 커질수록 인간 행위의 본질이 변화할 수밖에 없는데, 포스트휴머니즘의 시대에 등장한 새로운 권력은 다름 아닌 과학 기술이라는 것을 지적한다.[8] 물질적 과학 기술이 비물질적 도덕성을 휘두르는 권력이 된 것이다. 과학 기술의 발달은 정보화 사회를 만들어 인간과의 직접적인 관계성 보다는 매체를 통한 관계성을 추구하게 만들면서, 그 자체로 이미 권력이 되었다.

결국, 인간 개개인의 사회적 고립 현상과 경계성은 오히려 증가하고, 물질주의로 인한 인간성의 상실을 초래하게 되었다. 따라서 일반 교육에서도 과학 기술의 발달과 인간성의 상실, 물질 만능사상 인간소외에 대한 인간성 회복을 위한 핵심적 과제는 인간의 성품, 즉 인성 교육이라 말한다.[9]

그러나 기독교 교육은 과학 기술의 물질주의적 인간관을 철학적 토대로 삼을 수 없으며, 하나님의 형상으로서의 인간 존재임을 유념하면서 하

---

[7] 한상진, "인성에 대한 교육적 의미," 「신학과실천」 제54권, (2017): 424.
[8] Jonas, *Das Prinzip Verantwortung : Versuch einer Ethik fer die technologische Zivilisation*, 22.
[9] 임혜숙, "창의적 인성개발," (파주: 한국학술정보(주), 2012): 20.

하님의 인격적 성품에 기초하는 인성의 교육을 지향해야 한다. 더 나아가, 세속 교육이 증가시킨 물질주의로 인한 그릇된 경계성이 아닌, 예배받기에 합당한 유일한 존재로서 창조주 하나님과의 올바른 경계성을 견지해야 한다. 이를 통해서, 먼저 인간은 자신을 하나님의 형상으로 창조하신 하나님에 대한 경외와 감사를 예배라는 형태로 표현하게 되며, 한편으로 하나님의 형상으로 창조된 인간은 하나님과 공유하는 성품으로 자신의 인성을 공유하게 되는 것이다.

이것이 이 시대 기독교 교육이 하나님의 형상성을 회복하는 두 가지 주요한 교육의 핵심이라고 할 수 있는데, 경계성을 강조하는 예배 교육과 관계성을 강조하는 인성의 교육이 그것이다. 특히, 인성 교육에 대해서는 창의성을 위한 교육과 가정 교육, 그리고 생애 주기별 교육으로 나누어 보다 구체화할 수 있다.

각각에 대한 구체적인 논의에 앞서 이미 창의성과 도덕성이라는 용어로 표현된 하나님의 성품을 실천적으로 적용하기 위해서 이에 대한 교육 신학적, 철학적 토대를 다시 한번 점검해 볼 필요가 있다. 하나님은 전능하시며 무소부재하신 초월적 존재로서 그 모든 성품을 피조물인 인간이 다 공유할 수 없으며, 심지어 가늠조차 불가능하다. 그런데도 하나님은 그 모든 성품 중 일부를 하나님의 형상으로 빚으신 인간에게도 일부를 공유하신다.

이렇게 공유되는 하나님의 성품은 도덕적인 속성으로서 선, 거룩함, 그리고 의를 포함하고 있다.[10] 여기에서 하나님의 선은 모든 피조물을 향한 하나님의 모든 사랑과 은혜, 긍휼과 오래 참으심 등을 내포하고 있는 속성이다. 바빙크(Herman Bavinck)는 하나님이 인간과 공유하는 도덕적 속성의 으뜸으로 하나님의 선하심을 꼽는다.[11] 하나님의 선하심은 인자와 온유,

---

10 Berkhof, *Systemic Theology*, 265-271.
11 Bavinck, *Gereformeerde Dogmatiek*, 1:261-285.

그리고 친절함이나 자비, 그리고 오래 참으심과 같은 속성으로 상황에 따라 다르게 드러난다. 더 나아가 하나님의 선하신 도덕적 성품은 은혜와 거룩하심, 사랑과 의로움 등으로 나타난다.

앞 장에서 논의한 대로, 지금 기독교 교육이 주목해야 할 인간의 도덕성은 겸손과 인내, 그리고 관용이라는 덕목이며, 이는 믿음, 소망, 사랑이라는 그리스도인의 영적 삶을 유지하는 항상성이기도 하다(고전 13:13). 그런데 실상 겸손과 인내는 곧 타자에 대한 공감에 기반하며 실천적으로는 관용으로 드러난다. "남의 입장에서 생각하려면 겸손이 필요하고, 그렇게 할 추진력을 얻으려면 소망이 뿌리내린 인내와 사랑에 근거한 관용이 필요"한 것이다.[12]

칼빈의 예에서 다룬 대로, 관용은 복음 안에서의 온전한 자유가 전제된다. 즉, 나의 믿음과 소망이 복음으로서 온전한 자유로 내 안에 근거가 될 때, 관용은 가능하며, 타자에 대한 사랑으로 실천된다. 결국, 하나님의 사랑으로 복음 안에 자유함을 얻은 참된 그리스도인은 이웃 사랑으로 그 자유를 드러낸다.[13]

이처럼 신학적, 철학적 배경에서 언급되는 인간의 성품은, 또한 일반 교육에서 다루어지는 성품과 함께 공유되는 것이 있다. 정희영 등은 기독교 교육에서 다루어야 하는 인간의 성품을 성경적 배경과 일반 교육적 배경의 공통분모를 추출해 내고 있어 참고할 만하다.[14]

12　Keller et al., *Uncommon Ground*, 17.
13　Bieler, *L'humanisme social de Calvin*, 29-32.
14　정희영 등, "기독교 유아 인성 교육을 위한 덕목 추출,"「기독교 교육논총」제36집, (2013): 208.

[표 8] 기독교 교육에서 다루어야 할 인간의 성품 덕목

일반적인 인성 공통 덕목	존중, 절제, 협동, 책임, 정직, 배려, 양보, 화평, 규범준수, 정의
기독교 성품 프로그램 공통 덕목	경청, 절제, 인내, 책임, 정직, 배려, 순종, 감사, 기쁨, 용서, 창의성, 지혜
성경적인 인성 공통 덕목	양선, 사랑, 오래참음, 경건(거룩), 의, 자비, 지혜, 긍휼, 정직, 신실, 희락, 화평, 충성, 온유, 절제
통합 덕목	경건, 절제, 화평, 정직, 협동, 기쁨, 양선, 인내, 책임, 사랑, 존중, 배려

이 논문에서 저자들은, 특히 유아들을 대상으로 한 기독교 성품 프로그램에서 다루는 공통적인 성품들을 일반 덕목들과 성경에서 소개되고 있는 성품 덕목과 비교하여, 12가지의 통합적인 성품 덕목을 정리하고 있는데, 그중에서도 가장 두드러진 성품은 사랑, 오래참음, 자비와 양선이었다.[15]

또한, 성경에서 드러난 예수님의 성품적 덕목을 모두 38가지로 분류하였는데, 순종, 인내, 겸손, 책임, 온유, 긍휼, 자비, 호평, 사랑, 구제, 베풂, 경건, 거룩, 접대, 대접, 믿음, 신중, 협동, 양선, 배려, 친절, 희생, 경청, 정의, 존중, 용서, 섬김, 공경, 절제, 희락, 깨어있음, 분별, 지혜, 지식, 충성, 신실, 성실, 정직 등이 그것이다.

그러나 이 중에서 특히, 긍휼과 자비, 그리고 사랑의 덕목이 가장 두드러졌다. 흥미로운 것은 이들 통합적인 성품의 덕목들은 삼위일체 하나님의 관계에서 나왔으며, 하나님과의 관계는 성품 덕목에 대한 포괄적인 확장을 가져온다는 것이다. 기독교 교육에서 다루는 성품의 덕목들은 하나님과의 인격적인 관계를 전제로 하므로, 모든 피조물의 주권자인 하나님과의 관계성을 넘어서 더 확장된 성품 교육의 포괄성을 이끌 수 있는 것이다.

---

15 정희영 등, "기독교 유아 인성 교육을 위한 덕목 추출," 207.

요컨대, 기독교 교육의 성품 교육은 먼저 일반 교육이 담을 수 없는 하나님에 대한 예배 교육을 경계성의 측면에서 강조해야 한다. 반대로 일반 교육과 공유할 수 있는 영역으로 인성 교육을 관계성의 측면에서 강조할 수 있다. 물론 세속적인 일반 교육의 현장에서는 인간의 모든 성품을 포괄적으로 다룰 수 없다는 한계가 있기 때문에 기독교 교육만의 인성 교육은 더욱 두드러진다.

유재봉은 기독교적 인성, 곧 성품은 신성에 비춰어 이해되며, 인성의 함양은 본질적으로 성령의 사역이기 때문에 하나님의 백성들만이 온전히 드러낼 수 있다고 한다.[16] 따라서 일반 교육에서는 인간의 성품에 대한 교육을 온전히 실현하는데, 원칙상 실패할 수밖에 없다. 더욱이 최근 일반 교육 현장에서의 교육 목적이 진학이나 취업 등 실용적인 측면에 치우치면서 성품과 관련된 인성 교육은 갈수록 어려워진다.

그럼 이제 기독교 교육 현장에서 하나님의 형상성을 회복하는 성품의 교육을 어떻게 구체적으로 실천할 수 있는지 살펴보자. 앞서 정리한 대로, 이는 경계성을 강화하는 측면에서의 예배 교육과 관계성의 측면에서의 인성 교육, 즉 창의성 교육과 가정 교육, 그리고 생애 주기별 교육으로 나눌 수 있다.

첫째, 모든 성품 교육의 출발은 전능하신 창조주 하나님과 하나님의 형상으로 지음 받은 피조된 인간의 관계에 대한 교육, 즉 예배 교육에 있다. 서언한 대로, 이는 창조주 하나님과 하나님의 형상대로 피조된 인간의 경계성을 강조한다는 측면에서 특히, 중요하다.

더 나아가, 이러한 경계성에도 불구하고 세속 교육에서는 상상할 수 없는 영광스러운 영적인 교제를 통해 그 관계성이 더욱 두드러지는 것이 예배이다. 사고하며 이해하는 동물이기 이전에 인간은 예배하는 동물이며,

---

16　유재봉, "세속 대학에서의 인성 교육,"「신앙과학문」제19권 3호, (2014): 85.

예배하는 것으로 동물이 아닌 진정한 인간이 될 수 있는 것이다.[17]

  김성원에 의하면, 기독교 교육에서 성품 교육의 출발은 영성에 기초해야만 한다.[18] 성품은 곧 성화의 과정이며, 그 결과로서 얻어진다. 하나님을 중심에 둔 삶과 예수님을 닮아가려는 의지가 성령 하나님의 내밀한 역사를 동력으로 결과 맺는 것이 성화이며, 성화를 추구하는 영성에 기초하지 않고서는 기독교적 성품을 기대할 수는 없다. 영성에 기초한 성품 교육을 위한 최고의 실천적 방법은 예배이며, 이를 위한 기독교 교육의 모든 현장, 즉 각급 기독교학교나 신학대학교 등에서 채플은 필수적이다.

  예배 교육에 대한 시대적, 실천적 요구는 개인적 영성을 넘어 공동체적 종교성을 위해서도 반드시 필요하다. 최근 서구의 젊은 기독교인들을 중심으로 '영적이지만, 종교적이진 않다'(spiritual, but not religious)라는 구호가 커지고 있다. 이러한 신앙적 정체성은 교회의 공동체성을 약화시키며, 개인적이며 주관적인 영성을 추구하는 것으로 지극히 포스트모던적 인간관으로서 과학 기술에 의존하는 포스트휴머니즘의 영성이라고도 할 수 있다. 때문에 영성에 대한 관심은 날로 증가하지만, 역으로 공동체성에 기반한 종교로서의 기독교는 그 배타성이 오히려 두드러지게 된다.[19]

  그러나 개혁주의적인 견지에서 기독교는 결코 개인적인 것이 아니며 인간 삶의 어떤 일부분이 아니다. 인간의 개인적인 삶과 공동체적 삶 모두가 그 자체로 종교이며, 인간 존재의 가장 내밀한 본질은 종교적이다. 결국, 종교로써 기독교는 인간이 온 마음과 뜻과 목숨을 다하여 하나님을 사랑하는 것이며, 곧 하나님을 예배하는 것이다.[20]

---

[17] James Smith, *Desiring the Kingdom,* (2009) 박세혁 역,『하나님 나라를 욕망하라』(서울: IVP, 2016): 55-57.
[18] 김성원, "하나님 형상 회복으로서의 성품과 기독교 대학에서의 실천 방안에 대한 탐색적 연구," 440-442.
[19] 김은혜, "기독교 인간주의에 대한 성찰: 새로운 문화현상에 대한 신학적 응답," 220-221.
[20] 김성수, "개혁주의 기독교 교육의 원리와 과제,"「개혁논총」제28권, (2013): 16-17.

김성수는 개혁주의 기독교 교육의 성경적 인간관으로 가장 먼저 하나님의 형상성을 전제하고, 바로 그 다음으로 종교적인 존재, 곧 예배하는 인간을 말하고 있다. 그리고 다른 모든 기독교 교육의 실천적 과정, 심지어 그 결과까지도 이와 같은 인간관을 따라서 그 본질과 모양이 형성되고 채색될 수밖에 없다고 강조한다.[21]

권문상은 제4차 산업혁명의 시대의 기독교적 인간관으로 공동체적 인간상을 제시하며, 기계적 인간에 의한 도전은 인간의 본래적 공동체성을 통해서 극복이 가능하다고 주장하면서, 기독교에 있어서는 공동체적 종교 의식, 곧 예배와 예전의 강화가 필요하다고 역설한다.[22] 이는 기독교 교육에서 공동체적 예배에 대한 교육의 중요성을 강조한 것이라 할 수 있다.

문화랑은 미국의 기독교 교육학자인 사라 리틀(Sara Little)의 차별화된 개혁주의 교육학의 특징을 정리하면서, 특히, 하나님을 영화롭게 하는 교육의 가장 첫 번째 목표로서 하나님을 영원히 사랑하고 예배하는 사람으로 육성하는 것이라고 주장한다.[23] 기독교 교육은 단순히 하나님에 대한 지식을 전달하고 인식하는 것으로 멈추어서는 안 되며, 하나님을 사랑하며 예배하는 열망을 적극적으로 형성시키는 데에까지 이르러야 하는 것이다.

둘째, 인간의 창의성에 대한 기독교 교육적인 실천적 접근이 요구된다. 위에서 살펴본바, 창의성이라는 덕목은 기독교 교육에 있어서, 일반 교육이 다루지 않는 주요한 성품 중 하나이다. 또한, 앞 장에서 살펴본 대로, 인간의 창의성은 하나님의 창조성에 기인한 것이며, 하나님의 형상인 인간의 창의성은 문화(culture)라는 이름으로 세상과의 긴밀한 관계 속에서 다양하게 나타난다. 이런 면에서 창의성 교육은 관계성의 측면을 강조하

---

[21] 김성수, "개혁주의 기독교 교육의 원리와 과제," 18.
[22] 권문상, "제4차 산업혁명 시대와 기독교 인간론: 인공 지능을 이기는 공동체적 인간성," 「조직신학연구」 제30집, (2018): 137-142.
[23] 문화랑, "개혁주의 교육 방법: 교리교육과 예배참여를 통한 전인적 신앙 형성," 「개혁논총」 제53권, (2020): 148-150.

지만, 한편 문화는 본질상 단순한 현상적 개념이나 산물에 머무르지 않고, 종교적인 의미로서 경의를 표하는 예배(cultus)와 관련된다. 곧 인간의 문화는 종교성에 근거하고 있는 것이다.[24]

결국, 창의성을 포함하여 기독교 교육에서 다루어야 하는 모든 성품의 근간에는 하나님을 향한 경건한 의식이 담겨 있는 것이며, 여타의 관계성을 추구하는 교육적 실천 이전에 예배받기에 합당하신 하나님과의 경계적인 관계성을 분명하게 전제해야 한다는 것을 확인할 수 있다.

한편 기독교 교육은 물론 일반 교육에서도 창의성 교육에 대한 요구는 지속적으로 증가하고 있다.[25] 창의성 교육은 앞서 다룬 인성 교육, 즉 성품 교육과 별개의 것이 아니며, 알프레드 N. 화이트헤드(Alfred N. Whitehead)는 '무기력한 지식 교육'에 대한 두 가지 큰 대안으로써 창의성 교육과 인성 교육이 서로 관계한다는 사실을 보여 주었다.

성품 교육, 즉 인성과 영성에 관한 교육은 지식 교육만으로는 제대로 된 인간을 형성할 수 없다는 입장에서 지식 교육의 문제에 대한 보완적인 성격을 가진다면, 창의성 교육은 지식 교육의 대안으로써 지식 교육 자체가 잘못되었다고 본다. 이 때문에 일반 교육의 현장에서는 수많은 창의성 교육이 '창의 지성 교육'이나 '창의 인성 교육'과 같은 이름으로 강조되고 있다.[26]

그러나 이미 소개한 대로 창의성은 무엇보다 기독교의 성품 교육에 있어서 중요하면서도 독특한 성품이다.[27] 조혜정은 인공 지능과 같은 발달된 과학 기술 시대의 미래 인재상이 담지할 주요 덕목으로 창의성을 언급하면서, 특히, 유아시기를 대상으로 한 창의성 교육은 그 효과가 극대화될 수 있는 시기라고 강조한다.[28]

---

24 Strange, *Plugged In: Connecting Your Faith with What You Watch, Read, and Play*, 31.
25 유재봉, "세속 대학에서의 인성 교육," 86.
26 유재봉, "세속 대학에서의 인성 교육," 85-106.; 경기도 교육청, "창의지성교육 해설자료," (수원: 경기도교육청, 2011)
27 정희영 등, "기독교 유아 인성 교육을 위한 덕목 추출," 208.
28 조혜정, "창조신앙교육과 기독교 창의성 유아교육의 실제,"「기독교 교육정보」제49집,

기독교 교육에서 관심을 두어야 하는 창의성의 특징은 유능성과 유통성, 독창성 등인데, 이와 같은 특징의 창의적 사고를 위해서는 일련의 원리적 단계를 거쳐야 한다.[29] 먼저 창조주이신 하나님과의 관계 회복을 통해서 하나님을 인정하고 신뢰하는 창조신앙교육이 첫 번째 단계이며, 이어서 암기식, 기계식 교육의 수동적인 환경이 아니라, 허용적이며 수용적인 분위기를 일구어야 한다. 이어서 여러 가지 실천적인 방법으로 창의적 사고 능력을 키우게 하고 결국, 창의성 자체를 즐기는 단계로 이어진다.

창의성 교육의 실천적인 방법으로 일상에서 활용할 수 있는 활동들이 있는데, 예컨대, 잠자리 성경 이야기, 시장보기를 통한 창조 여행, 식탁 이야기 반찬 나누기, 블록 놀이, 목욕 놀이 등이 그것이다. 흥미로운 것은 이처럼 창의성을 위한 교육의 실천적인 현장이 대부분 가정에서부터 시작된다는 것이다. 앞서 제기한 예배 교육 역시 가정에서부터 시작되어야 한다는 주장도 눈여겨봐야 하는데, 이는 곧 다음에 소개되는 기독교 교육의 실천 내용과 연결된다.

셋째, 앞서 언급한 대로, 성품 교육의 첫 번째 교육적 현장으로서 가정이 강조되어야 한다. 가정은 교육의 최초 현장이며, 부모는 최초의 교사이다(출 12:26-27; 신 6:1-9). 기독교 교육에 있어서 가정은 가장 기초적인 단위 구조이며, 특히, 영유아 시기의 학습자에게 가정은 모든 신앙 교육의 절대적인 중요성을 가진다.

유아 시기의 신앙 성장은 가정에서 이루어지며, 부모의 성품은 마치 흐르는 강물과 같이 끊임없이 자녀에게 흘러 들어가게 되어 있다. 부모와 자녀의 관계는 사랑과 신뢰의 관계라고 할 수 있으며, 이는 모든 다른 인간관계의 기초가 된다. 물론 이 관계 역시 하나님과의 관계에서 그 근원을 찾아야 하며, 하나님이 창조하신 인격체로서의 인간의 성품이 전달되

(2016): 234-237.
[29] 조혜정, "창조신앙교육과 기독교 창의성 유아교육의 실제," 242.

는 것이라 이해할 수 있다. 결국 가정 교육은 하나님과의 관계에 기초한 성품 교육이라고 할 수 있는 것이다.[30]

앞서 소개된 정희영 등의 연구는 유아시기의 성품 교육의 중요성을 강조하며, 이 시기의 성품 교육에 관련된 연구도 역시 증가하고 있음을 보여 준다. 특히, 이 연구는 성품 교육이 유아 시기의 가정에서 가장 먼저 신앙적으로 이루어져야 함을 시사한다.[31] 이를 위해서는 먼저 부모의 준비가 절대적인데, 이신혜는 자녀의 성품 교육을 위해서 부모가 준비해야 할 것들로 다음과 같은 네 가지를 언급한다.

① 자녀를 존중하는 마음
② 자녀를 면밀하게 관찰하는 태도
③ 자신의 느낌과 욕구를 정직하게 표현하는 마음
④ 강요나 지시가 아닌 요청하는 마음[32]

가정에서의 성품 교육은 교회와의 연계를 통해서 강화, 촉진될 수 있는데, 최근 일반 학교 현장에서의 인성 교육 부재와 반기독교적 교육 사상의 강화로 기독교 교육의 세 주체 중에서 특히, 가정과 교회의 연계가 중요해지고 있다.[33] 그런 의미에서, 부모를 통해서 자연스럽게 성품 교육을 포함한 신앙 교육의 공동체로서의 가정의 회복과 교회와의 연계적 교육 프로그램의 확대, 강화가 요구된다.

의식적으로는 교회교육과 가정교육의 분리의 이원화된 사고에서 벗어나 가정의 교회적 공동체적 의식, 교회의 가정 공동체적 의식이 강화되어

---

30 Ted Ward, *Values Begin at Home*, (1979) 김희자 역,『자녀교육을 깨운다』(서울: 두란노, 1989): 21.
31 정희영 등, "기독교 유아 인성 교육을 위한 덕목 추출," 196-197.
32 이신혜, "이 시대의 키워드, 성품 교육,"「교육교회」제449호, (2015): 177.
33 김희자, "개혁주의 기독교 성품교육 과정 개발의 원리: 교회와 가정의 연계를 중심으로,"「총신대논총」제35권, (2015): 43-64.

야 하며, 이를 위해서 교회 내에서 가정이 연계된 프로그램, 예컨대 전통적인 유아세례를 현대적인 방법으로 계승, 발전시키는 것도 좋은 방안이 될 것이다.

넷째, 성품 교육이 인간의 생애 주기 전 단계에 걸쳐서 이루어질 수 있다는 것을 염두에 두어야 한다. 일반적으로 성품 교육이 강조되는 것은 유아기이지만, 그런데도 기독교 교육에 있어서 성품 교육은 유아기의 가정이나 교회학교, 초·중등학교에서만 이루어지는 것이 아니다. 대학에서의 성품 교육은 채플이나 각종 인문 교양과목을 통해 다루어져야 함을 이미 언급했다.[34]

더 나아가 류삼준은 창의성 교육이 아동기만이 아닌 인간의 전 생애를 통해 이루어져야 함을 강조하면서, 창의성을 신앙적 앎의 실천을 위한 원동력으로 취급하여 평범한 일상생활에서 소소하게라도 끊임없이 이어져야 한다고 강조한다.[35] 그는 인간이 더욱 성숙하고 그 삶이 발전하기 위해서는 창의성의 향유가 전제적으로 뒷받침되어야 한다고 말하며, 성인을 포함한 모든 교육 참여자의 창의적 잠재력의 계발과 실현이 기독교 교육의 중요한 과제임을 상기시킨다.

유은희는 기독교 교육이 인본주의적 도덕교육과는 분명한 차별성이 있다는 것을 전제하면서, 그런데도 도덕적 해이와 표류 현상으로 신음하는 시대의 요청에 따라 도덕성을 포함한 그리스도인의 성품 교육이 기독교 교육의 본질적인 영역에 포함된다는 것을, 특히 성인 모색기(emerging adulthood)의 일반적인 청년기 학습자에게 적용하여 제언한다.[36]

---

34 유재봉, "세속 대학에서의 인성 교육," 85-106.
35 류삼준, "'일상적 창의성'(everyday creativity)의 기독교 교육적 함의에 대한 고찰,"「기독교 교육논총」제48집, (2016): 145-146
36 유은희, "성인모색기의 도덕적 표류현상과 기독교적인 도덕적 성품교육,"「기독교 교육정보」제42호, (2014): 283-327.

크리스찬 스미스(Christian Smith)의 도덕성 연구, 즉 성인모색기 청년들의 "개인주의적, 도덕적 상대주의적인 전제 위에 자신의 주관, 직관, 감정을 따라서 도덕적 판단을 내리는 경향"이 도덕적 해이와 표류 현상의 원인이라는 연구를 토대로 가정, 교회, 기독교 대학 등의 성인들이 도덕적 판단과 감성과 행위에 있어서 모델이 되어 주는 것이 주요한 대안이 된다고 제언한다. 요컨대, 유아기와 같은 특정 시기에 국한된 성품 교육이 아니라 인간의 전 생애주기에 따라 적절하게 고안된 다양한 성품 교육이 요구된다고 할 수 있다.

여기서 우리는 포스트휴머니즘의 당위가 인간을 포함한 모든 존재의 차별과 억압, 즉 공동체의 관계 속에서 겪는 부조리함 때문임을 기억해야 한다. 인간의 인간됨은 타자에 대한 태도, 곧 인간의 성품인 인성으로 나타날 수 있다. 그것은 다름 아닌 삼위일체 하나님의 형상으로서 하나님의 인격적 성품을 유일하게 공유하는 존재로써의 탁월함이며 존귀함이다.

따라서 기독교 교육에서 구현하는 이 성품에 대한 교육은 포스트휴머니즘에 따른 세속 교육이 다다를 수 없는 존재적 본질에 닿아 있다. 창의성을 위한 교육이 창조주 하나님을 경외하는 예배 교육에서 시작하여 그분의 고유한 성품을 공유하는 것으로 확장하는 것이 대표적이다. 이 때문에 가장 기초적인 교육 환경인 가정에서의 성품 교육, 그리고 인간 생애 모든 시기에 구애받지 않고 구현되는 성품 교육은 개혁주의가 지향하는 기독교적 인간관을 담아내는 가장 본질적인 교육이라 할 수 있을 것이다.

2. 유기체적 관계성을 지향하는 전환적 학습자 중심 교육

다양한 분야에서 사용되는 '포스트-'의 대명사는 역시 '포스트모더니즘'이다. 포스트모더니즘의 가장 큰 특징은 모든 거대 담론의 해체와 탈구조화, 상호텍스트성에 기반한 다원주의, 그리고 다양성(diversity)과 혼종

(hybrid) 등이 언급되며, 우리가 포스트휴머니즘을 정리하면서 언급된 키워드들과 유사함을 볼 수 있다.[37]

포스트모더니즘과 포스트휴머니즘에 공통적인 '포스트-'는 필연코 포스트를 전후한 불연속적 주체의 전환기적 혼재가 발생한다는 것이다. 즉 모던과 포스트모던 주체의 혼재, 휴먼과 포스트휴먼의 혼재가 그것이다. 이 혼재 양상은 해당 주체들이 작동하는 구조 내에 주체 전환의 특징을 보인다는 것이다. 모더니즘의 이성 중심 객관주의는 포스트모더니즘의 감성 중심 상대주의로 전환이 이루어진다.

휴머니즘의 인간 중심은 포스트휴머니즘의 물질(적 존재) 중심의 전환으로 이어진다. 이와 같은 특정 분야의 존재론적 전환의 시도는 다른 분야 예컨대, 자연 과학과 사회 과학 분야에서도 전개되고 있다. 1940-50년대 시작된 사이버네틱스와 정보이론, 1950년대 이후의 시스템이론, 마투라나와 바렐라의 현상학적 생물학과 인지과학, 생물학의 복잡성 이론, 물리학과 자연 과학, 사회 과학을 관통하는 과학 기술 연구인 행위자네트워크이론(Actor-Network Theory; ANT) 등에서 이런 변화가 일어나고 있다.[38]

인류학 분야에서도 20세기 끝 무렵부터 이러한 흐름이 등장하며, 전통적 인류학의 지류였던 서구 유럽의 근대적 존재론과 비서구적 원주민의 존재 양식에 관한 민족지적 존재론의 이분법적으로 분리된 양상에서 전환적으로 대체하고 있다.[39]

이런 개념들에는 우리가 다룬 '포스트휴머니즘'을 비롯하여 '현상학적 인류학,' '새로운 애니미즘,' '개인성과 사회성 연구,' '관점인류학,' '정치적 존재론,' 또는 '존재론적 전회' 등이 포함되는데, 이들은 곧 근대의 이원론

---

[37] 한미라, "포스트모더니즘과 기독교 교육,"「기독교 교육정보」제36집, (2013): 1-43.
[38] 김은중, "문명의 전환과 존재론적 전회: '중용'의 재해석과 부엔 비비르(Buen Vivir)를 중심으로,"「라틴아메리카연구」제31권 3호, (2018): 24.
[39] 김은중, "문명의 전환과 존재론적 전회: '중용'의 재해석과 부엔 비비르(Buen Vivir)를 중심으로," 24.

적 존재론에서 '포스트-근대'의 관계적 존재론으로의 전환을 의미하며, 곧 관계성을 지향한다고 할 수 있다.

기독교 교육계도 예외는 아니다. 이미 20세기 말에 제임스 파울러(James Fowler)가 지적한 대로, 범세계적인 전환기의 기독교 교육이 미래를 조망하며 인식해야 할 현재의 중요한 현상은 인간 사회에 만연한 '분열된 관계와 정체성'(fractured relationships and identity)이다.[40] 새로운 세기에 접어든 후, 포스트휴머니즘을 비롯한 '포스트-'의 전환기에 기독교 교육에 절실히 요구되는 것 중에 하나도 역시 기독교 교육을 구성하는 모든 층위에 고착화된 일방향적 구조에 대한 재고와 새로운 방향에 대한 전환적 인식이다.[41]

우리가 이미 살펴본 대로 이러한 구조, 말하자면 일종의 경계를 무차별적으로 해체하는 것은 무모하며 불가능할 뿐만 아니라 그리되어서도 안 된다. 학문적 수월성이나 효율성 등 실용적인 측면만 강조되는 현상은 앞서 논증한 대로 경계되어야 한다. 기독교 교육의 수월성과 효율성은 기독교 교육의 신학적, 철학적 정체성을 분명하게 지키는 선에서 재고되는 것이 마땅하다.[42]

그런 의미에서 앞서 다룬 카이퍼와 도예베르트의 반정립, 영역 주권, 양상 이론 등의 개혁주의 노선의 이론들은 중요한 기준이 되어 줄 것이다. 이들이 기독교 교육에 암시하는 원리적 의의는 교회와 세속이 분리된 이분법적 신앙으로 인한 '신앙과 학문' 또는 '기독교 학문과 세속 학문'과 같은 이원화된 배타적 교육 철학이나 현격한 학령인구 감소나 제4차 산업혁명과 같은 시대적 변화에 능동적 대처가 어려운 경직된 교육 구조 등과 같이 경계성이 지나치게 강화된 기독교 교육 현장에 유기체적 관계성의 위치를 보완하는 것이다.

---

[40] James W. Fowler, *Weaving the New Creation: Stages of Faith and the Public Church*, (1992), 박봉수 역, 『변화하는 시대를 위한 기독교 교육』 (서울: 한국장로교출판사, 1996): 34-35.
[41] 한미라, "포스트모더니즘과 기독교 교육," 1-43.
[42] 김기숙, "전환기 기로에 선 기독교대학의 정체성 위기와 대처방안," 「기독교 교육정보」 제56집, (2018): 10-12.

기독교 교육을 실천하는 현장의 모든 주체가 상호 원활하게 관계하는 유기체성을 높여야 하는 필요성이 강하게 요구되고 있다. 예컨대, 인간만이 아닌 동물이나 생태 환경의 중요성을 강조하며, 이들과의 유기적 관계성에 관심을 둔 연구들이 소개되고 있다.[43] 요컨대, 기독교 교육은 교육 현장의 실천적 주체들의 유기체적 관계성을 지향하되, 균형 잡힌 실천을 위해서는 교육 주체 간의 경계성을 놓치지 말아야 한다.

먼저 기독교 교육 현장에서 유기적 관계성의 지향을 위한 새로운 움직임 중에서 우리가 주목해야 할 것은 교수-학습의 상황에서 학습자에 대한 능동적 주체로서의 전환이다. 이미 인식 주체의 전환을 통해 교육의 중심이 교수자에서 학생으로 옮겨지고 있으며, 기독교 교육에서도 교수자 중심의 교수 방식은 큰 도전을 받고 있는데, '학습자 중심 교육'(Learner-centered education)이 바로 그것이다.[44]

교수-학습 상황에 있어서, 포스트모더니즘의 영향을 받은 교육 현장에서는 모던-포스트모던의 교육 주체들의 혼재 양상이 나타나고 있다. 한미라는 3가지의 가능한 교수-학습 모델이 있다고 하는데, 다음의 세 가지다.

첫째, 모던 교사-포스트모던 학습자 교수 모델
둘째, 포스트모던 교사-모던 학습자 교수 모델
셋째, 포스트모던 교사-포스트모던 학습자 교수 모델[45]

---

43 윤일, "생태계에 대한 도예베르트적 분석과 기독교적 환경교육,"「복음과교육」제9집, (2011): 42-68.; 윤일, "동물 윤리에 대한 도예베르트적 고찰과 기독교 환경 교육,"「복음과교육」제11집, (2012a): 60-90.; 윤응진, "생태계 위기극복을 위한 기독교 교육의 과제,"「기독교 교육논총」제36집, (2013): 1-33.; 이은성, "생태환경문제와 교회학교 어린이 신앙교육의 방향"「기독교 교육논총」제56집, (2018): 73-100.
44 Kathy L. Brown, "From teacher centered to learner centered curriculum: Improving, learning in diverse classroom," Education, 124, 2003: 49-54.; 현은수, "앎의 패러다임 전환과 기독교학교 교육 과정에의 함의,"「기독교 교육정보」제16집, (2007): 133-156; 함영주, "학습자 중심의 교육원리에 대한 기독교 교육학적 통합과 비평,"「기독교 교육정보」제33집, (2012)): 61-85.
45 한미라, "포스트모더니즘과 기독교 교육," 28-33.

첫 번째 모델은 일반적인 학교 현장이며, 두 번째 모델은 장년 또는 노년 학습자를 대상으로 하는 평생교육원이나 문화센터 등이고, 마지막 세 번째 모델의 경우 21세기 교육 현장이 지향하는 곳이며, 가장 주요한 특징이 학습자 중심의 교육이 이루어진다는 것이다. 이러한 모델이 우리에게 시사해 주는 중요한 두 가지 특징은 교육 환경의 다양성에 따라 다양한 교수-학습 모델이 재고되고 적용되어야 한다는 것과 이전 시대보다 강조되는 학습자 중심 교육에 있다고 할 수 있다.

포스트휴머니즘의 담론이 기독교 교육 현장에 던지는 중요한 시사점 중 하나도 역시 여기에서 찾을 수 있다. 포스트휴머니즘은 인간 중심 또는 고착화된 어떤 주체 중심의 사회 각층의 구조적 경계에 대한 의문을 제기하며, 교육 현장에서 학습 주체로서 수동적인 입장에만 놓여있던 학습자에 대한 진지한 성찰을 가능하게 한다. 예컨대, 탈-인간 중심이라는 입장에서 과학과 종교를 재정의하는 대화의 가능성을 교육 현장에서 적극적으로 모색하는 것이다.[46] 특히, 이런 성찰은 앞서 언급한 대로, 탈-교수자 중심 교육으로서 학습자 중심 교육을 적극적으로 모색하게 되는 것이다.

물론 학습자 중심 교육을 기독교 교육 현장에 적용함에 있어 주의해야 할 점도 있다. 예컨대, 신국원은 포스트모던의 해체적 개념이 객관적 대상의 인식적 가능성을 부정하고, 인간의 주관적 인식에 의해 대상이 구성된다는 칸트적 개념과 역설적으로 맞닿아 있음을 지적하며, 현대 교육의 구성주의적 접근의 위험성을 경계한다.[47]

또한, 함영주는 기독교 교육의 철학적 바탕이 학습자 중심 교육의 원리와 본질적으로 차이가 있다고 하면서, 기독교 교육의 전인적 접근에 대한 원리적 기준을 제시한다. 이는 기독교 교육의 세 가지 요소, 즉 교사로서

---

[46] 신익상, "포스트휴먼-과학과 종교의 새로운 접점," 한국교양교육학회 춘계학술대회 자료집, (2019): 75.

[47] 신국원, "해체의 문화와 샬롬의 영성: 포스트모던 기독교 교육 비전," 「기독교 교육정보」 제36호, (2013): 49.

의 삼위일체 하나님, 절대 내용으로서의 성경, 그리고 죄성을 가진 인간이 서로 상호 교환적 교육 환경을 구성하면서, 이것이 가능한 구별적 특징으로 성령의 역할을 전제하는 것이다.[48]

　기독교 교육이 본질적인 관계성을 지향할 수 있는 궁극의 전제가 바로 성령의 교통하시는 역사에 있다. 유기체적 관계성이라 할 때, '유기체적'이 가능한 것이 곧 교수자와 학습자 등의 교육 주체들을 지체로써 연합하게 하는 내주하시는 성령의 역할인 것이다. 이는 일반 교육에서 의미하는 학습자 중심 교육의 종합적 성격과는 결정적인 차이를 드러내며, 기독교 교육은 학습자 중심 교육의 영적인 본질에 성령 중심의 교육이 자리한다는 것을 분명히 해야만 하는 것이다.

　그렇다면 기독교 교육 현장에서 학습자 중심 교육의 모델로써 적절한 것에는 무엇이 있을까?

　일반 교육 현장에서 먼저 활용되면서도 최근 기독교 교육 현장에도 적극적으로 반영될 수 있는 방법으로 우선 '거꾸로 학습법'(Flipped Learning) 또는 플립드러닝, 반전 학습이라 불리는 모델을 들 수 있다.[49]

　한미라가 제시한 포스트모던 교사와 포스트모던 학생이 함께 하는 교육 현장에서 적용되는 대표적인 학습자 중심 교육 모델 중 하나인 거꾸로 학습법은 개별 학습자의 학습 역량을 고려한 학습자 친화적인 새로운 패러다임의 학습자 중심 교육법이다.[50] 거꾸로 학습법은 말 그대로 기존 방식의 교수-학습법을 뒤집어서(flip) '거꾸로' 시행하기 때문인데, 특히, 일반적인 교수-학습 모델과는 달리 '역방향 설계'(Backward Design)를 하기 때문이다.[51]

---

[48] 함영주, "플립드러닝(Flipped learning)을 활용한 성경교수실행모형개발," 「개혁논총」 제34권, (2015): 241-267.
[49] 한미라, "포스트모더니즘과 기독교 교육," 32-33.
[50] 함영주, "플립드러닝(Flipped learning)을 활용한 성경교수실행모형개발," 242; 박은혜, "플립드 러닝 수업 방식의 기독교 교양 수업에의 적용 사례 연구,"「기독교 교육논총」 제50집, (2017): 356.
[51] 한미라, "포스트모더니즘과 기독교 교육," 33.

보통 거꾸로 학습법의 설계는 다음과 같이 3가지 단계로 이루어진다.

첫째, 바라는 결과를 확인하기
둘째, 수용 가능한 증거 결정하기
셋째, 학습 경험과 수업 계획하기

여기서 '거꾸로' 뒤집힌 부분은 둘째와 셋째 단계이며, 이는 일반적인 교수-학습 설계와 그 순서가 역전, 즉 '거꾸로' 되어 있다. 그러나 형식적인 교수-학습 단계 좀 더 중요한 의미의 거꾸로가 이 학습법에 담겨 있다. 전통적인 교수-학습법에서는 학교 등의 교실 현장에서 내용 학습이 교수자 주도의 강의 형식으로 이루어졌고, 뒤따라 가정에서 학생이 배운 내용에 대해서 교수자가 제시한 과제를 수동적으로 하게 된다.

그러나 거꾸로 학습법에서는 교수자를 만나기 이전에 가정에서 학생 스스로가 주도적으로 내용 학습을 먼저 시행하게 함으로써 교수자와 학습자의 교육 주체성의 전환을 꾀한다. 이어지는 교실 현장에서 이루어지는 심화 또는 응용 학습 역시 교수자의 지도와 함께 동료학습자들과의 그룹 활동이나 토론 등을 활발하게 적용하기 때문에, 학습자의 역할은 좀 더 확장된다.[52]

최초 이 교수-학습 모델을 발견하고 제안했던 웨슬리 베이커(Wesley Baker)나 국내 기독교대학의 교양수업 등 대학교 수업 적용과 고등학교에서 처음 적용한 애론 샘스(Aaron Sams)와 조나단 버그만(Jonathan Bergmann)의 예에서 보듯이, 거꾸로 학습법은 교실 수업의 질적 향상과 다양성의 확보는 물론 학습자들의 긍정적인 반응과 학습 효과를 얻게 한다.[53]

---

[52] 방진하, 이지현, "플립드 러닝(Flipped Learning)의 교육적 의미와 수업 설계에의 시사점 탐색,"「한국교원교육연구」제31권, 제4호, (2014): 300.

[53] 방진하, 이지현, "플립드 러닝(Flipped Learning)의 교육적 의미와 수업 설계에의 시사점 탐색," 299-319; 박은혜, "플립드 러닝 수업 방식의 기독교 교양 수업에의 적용 사례 연구," 351-384.

거꾸로 학습법은 전체적인 면에서 교수자가 여전히 중요한 역할을 감당하며, 전문적인 교수자의 설계와 지도가 여전히 요구되지만, 다음과 같은 면에서 교수-학습 현장에서 학습자의 교육 주체성을 높이는 것으로 교수자와 학습자의 유기적 관계성을 향상시킨다.[54]

첫째, 교사 중심의 강의식 구조로 경직된 교육 환경에서 학생들이 소그룹 활동, 개인 활동, 연구, 실험, 평가 등을 직접 시행하게 함으로써 교육 환경의 경직성을 완화하고 유기적인 유연성을 증가시킨다.

둘째, 학습 문화적인 측면에서 교수자는 지식과 정보 전달자에서 학습 코치 또는 조력자로, 학습자에게는 자신의 수준과 상황에 맞는 학습을 주체적으로 결정할 수 있는 주체성의 인식 전환을 가져온다.

셋째, 학습자가 자신에 맞는 수준의 학습을 하기 위해서 시공의 제약을 받지 않고 자유롭게 학습 내용을 접할 수 있는 미디어 교육 환경은 분명히 학습자에 친화적이다.

넷째, 교수자-학습자의 관계적 측면에서 상호 접촉 시간이 증대하며, 적극적으로 상호 작용을 의도함으로써 교수-학습자 간 역동성이 증가하게 된다.

한편 거꾸로 학습법 자체가 현장의 교수자들 중심으로 개발되어 제시되었으며, 교수-학습법 자체에서 학습자의 위치와 역할에 대한 근원적 성찰을 교수자들 스스로 하게 되었다는 것은 또 다른 의미에서 중요한 의의가 있을 것이다.[55] 요컨대, 교수-학습의 구조적인 측면에서의 전환(거꾸로)는 물론 교수자-학습자의 교육 주체로서의 주체성의 전환을 꾀하는 것이 거꾸로 학습법인 것이다.

---

54 함영주, "플립드러닝(Flipped learning)을 활용한 성경교수실행모형개발," 245-246.
55 방진하, 이지현, "플립드 러닝(Flipped Learning)의 교육적 의미와 수업 설계에의 시사점 탐색," 315-316.

또 다른 학습자 중심 교육 모델로 문제 중심 학습법(Problem Based Learning; PBL)도 주목할 만하다.[56] 문제 중심 학습법의 모델은 기본적으로 학습되어야 할 기본 지식과 정보가 일방적 전달과 제시를 위해 정형화된 형태로 구조화된 것이 아니라, 학습자의 일상적인 삶과 밀접한 비정형화된 이슈나 주제들과 관계된 문제들로 제시된다.[57]

게다가 이 문제의 해결을 위해서 학습자 자신의 지식수준, 관심사와 정도, 실존적 환경 등이 매우 중요한 요인으로 작동하며, 학습자 그룹의 협력 학습이 강조되며, 반면에 교수자는 학습 진행의 촉진자로서 그 역할을 하게 된다.

문제 중심 학습법의 이러한 특징은 학습자 중심 교육의 전형이 되고 있다. 그러나 문제 중심 학습법은 대표적인 포스트모던적 구성주의 학습법의 일환으로 제기된 것이기에, 지식에 대한 상대주의적 인식론에 기반한 구성주의적 요소를 담고 있지만, 그런데도 기독교 교육 현장에 적극적인 도입이 제기되고 있다.[58]

그 주된 이유는 기독교 교육의 제일 모델인 예수님의 교육이 대부분 우리의 삶의 문제에서 시작되었으며, 학습자인 제자들과 상호 소통의 강조와 학습자 개인의 깊은 내적 성찰과 탐구를 통해 교육 현상이 일어난 것 등이 곧 학습자 중심의 '문제 중심 학습법'의 전형이기 때문이다.

---

56 강인애, 이정석, "PBL 수업에서 학습자로서의 자기 인식 변화에 대한 사례연구,"「열린교육연구」제5권, 2호, (2006): 69-87.; 강인애, 남선우, "대안적 기독교 교육방법으로서의 PBL-초등학교 계절 성경학교 사례 연구,"「기독교 교육정보」제21집, (2008): 403-439.
57 강인애, 이정석, "PBL 수업에서 학습자로서의 자기 인식 변화에 대한 사례연구," 72.
58 강인애, 남선우, "대안적 기독교 교육방법으로서의 PBL-초등학교 계절 성경학교 사례 연구," 403-439; 함영주, "학습자 중심의 교육원리에 대한 기독교 교육학적 통합과 비평," 80; 남선우, "스마트 PBL에 의한 교회교육 프로그램 개발 및 적용,"「기독교 교육논총」제40집, (2014): 449-486.

게다가 문제 중심 학습법이 학습자의 도덕성과 창의성 등에 긍정적인 효과를 보인다는 연구들은 앞서 언급한 기독교 교육의 성품 교육에 대해서 적용할 수 있는 대안적 교수-학습법으로 적극적인 활용을 기대하게 만든다.[59]

주목해야 하는 것은 문제 중심 학습법 역시 학습자의 교육 주체로서의 중심성을 강화시키면서 교수자와 학습자의 관계성에 교육적 의미를 두고 있다는 것이다. 더 나아가, 학습자 상호 간의 비평적 협동 학습이 교수-학습 현장에 적극적으로 반영되면서 교수자와 학습자들의 유기체적 관계성이 증대된다는 것이다. 이런 특징은 앞서 소개한 거꾸로 학습법과도 공유되는 것으로, 결국 학습자의 교육 주체로서의 능동적 역할을 재고하여 향상시키는 다양한 학습자 중심 교육이 이 시대 기독교 교육이 적극적으로 모색해야 하는 방향이라는 것을 알 수 있다.

이상에서 내가 분명히 강조하는 것은 교육 현장의 주체들 간의 유기체적 관계성을 재고하자는 것인데, 반면 이러한 관계성은 이 책에서 지속적으로 제기하는바, 기독교 교육의 현장에서는 경계성의 균형을 유지해야 한다.

특히, 여기서 제언하는 '학습자 중심 교육'은 포스트모던적 구성주의 교육의 철학적 흐름에서 나온 것이기 때문에 기독교 교육 현장의 적용에서는 다소간 주의가 필요하다. 크게 두 가지 측면에서 학습자 중심 교육의 경계성을 재고해야 한다.

첫째, 교수-학습 현장에서 여전히 교수자와 학습자의 관계성은 두 교육 주체의 분명한 차이, 곧 경계를 전제하고 있음을 확고히 해야 한다.

어떤 의미에서 이 시대의 세속 교육은 지나치게 교수자의 위치와 역할을 축소시키지만, 학습자 중심 교육에서 조차 교수자의 역할을 축소시키

---

[59] 김선희 등, "PBL 프로그램이 창의성 및 창의적 문제해결력 향상에 미치는 효과," 「아동교육」 제15권 3호, (2006): 285-297; 강미량, 『PBL이 아동의 사회도덕성에 미치는 영향: PBL의 이론과 실제』 강인애 편저. (서울: 문음사, 2003): 175-220.

는 것이 아니라 변화를 꾀하는 것이라는 사실을 기억해야 한다. 함영주는 웨이머(Maryellen Weimer)의 학습자 중심 교육의 원리를 인용하면서, 특히 다음과 같은 다섯 가지 영역의 '변화'를 촉구한다.

① 힘의 균형
② 교재의 기능
③ 교사의 역할
④ 학습의 책임
⑤ 평가의 목적과 과정[60]

이 가운데서 특히, 힘의 균형과 교사의 역할을 눈여겨보아야 하는데, 먼저 교육 현장의 주체인 교수자와 학습자의 힘의 구조와 권위가 '균형'을 이루어야 한다고 강조한다. 이는 기성의 세속 교육이 교수자 중심으로 기울어져 있던 것을 바로 잡아야 한다는 의미를 담고 있지만, 그렇다고 교수자의 역할을 일방적으로 축소하는 것을 의미하지는 않는다.

오히려 교사의 역할에 대한 변화를 요청하는 곳에서는 단순한 지식과 정보의 전달자를 넘어서 격려자, 좋은 모델, 프로그램 디자이너, 조력자 및 긍정적 환경 조성자의 역할까지 요구하고 있다.[61]

다시 말해서, 교수자에게 일방적으로 주어져 있던 교육적 주체성을 학습자에게도 나누자는 것이며, 교수자의 권위를 훼손하겠다는 것이 아니라, 오히려 그 역할의 확대를 꾀한다고 볼 수도 있다. 그리고 이는 결국, 교육의 권위에 대한 문제와 연결된다고 할 수 있다.

둘째, 교수-학습의 방법론적인 측면은 결국, 기독교 교육의 근본적인 권위의 질서를 염두하고 적용되어야 한다.

---

60 함영주, "학습자 중심의 교육원리에 대한 기독교 교육학적 통합과 비평," 67.
61 함영주, "학습자 중심의 교육원리에 대한 기독교 교육학적 통합과 비평," 67.

그런 의미에서 개혁주의 기독교 교육은 특히, 교육의 주권적 권위를 인간이 아닌 철저히 하나님에게서 찾는다는 사실을 기억해야 한다. 앞서 소개한 카이퍼에 의하면, "주권은 자신의 뜻에 반대하는 모든 저항을 쳐부수고 복수하기 위한 권한과 의무를 지니고 권세를 발휘하는 권위이며, 또한 본래의 완전한 주권은 그 어떤 피조물에 기초하는 것이 아니라, 반드시 하나님의 위엄과 일치"해야 하는 것이다.[62]

교육에 있어서도 예외는 아니며, 드 종(De Jong) 역시 "나는 (교육의) 권위 문제에 있어서 한 가지를 분명히 하고 싶다 … 알파와 오메가요 처음과 나중이 되는 분은 바로 하나님이시다. 동등하게 우수한 사람이면 조언을 받을 필요가 없다"고 말하며, 기독교 교육의 권위는 인간이 아닌 하나님에게 있음을 분명하게 전제한다.[63]

드 종은 이어서 "'권위'(Authority)라는 단어가 '저자'(Author)에서 유래되었다는 사실을 기억할 때, 우리는 하나님의 말씀으로 돌아가야 한다"면서, 결국 하나님의 말씀이 기독교 교육의 권위의 정점임을 밝히고 있다.

김성수 역시 개혁주의 기독교 교육의 본질적 기초는 하나님의 말씀에 있으며, 인간은 이를 통해 하나님의 창조 세계를 보다 분명하게 이해할 수 있을 뿐만 아니라, 교육의 이론적 활동은 물론 실천적인 활동까지 모든 영역에 있어서 기준이 되는 역할을 한다고 강조한다.[64]

함영주는 모든 기독교 교육학의 시작과 기초는 오직 계시된 하나님의 말씀인 성경에 있다는 것을 천명하며, 특히, 포스트모더니즘의 해체주의적, 상대주의적 물결이 거센 현대사회에서 객관적인 절대 진리인 성경의 유기적 영감과 무오성의 개혁주의적 원리를 기독교 교육의 양보할 수 없는 마지막 경계로 세우고 있다.[65]

---

62 박태현, "아브라함 카이퍼의 영역 주권," 191.
63 De Jong, *Education in the Truth,* 24-25.
64 김성수, "개혁주의 기독교 교육의 원리와 과제," 13.
65 함영주, "학습자 중심의 교육원리에 대한 기독교 교육학적 통합과 비평," 73-75.

정리하면, 교육 현장의 실천적 과제로서 학습자 중심의 전환적 교육의 요청은 교수-학습의 주체 간 유기 체적 관계성을 지향하기 위한 것이며, 학습자의 역할을 확대하는 동시에 전통적인 교수자의 역할을 변화, 확대 하는 것이기도 하다.

이는 교육 현장의 힘과 권위의 적절한 균형, 곧 경계성과 관계성의 균형 을 위한 것이기도 하며, 이에 대한 개혁주의적 교육원리의 기초는 온전히 하나님의 말씀인 성경에서 비롯된다. 제언한 거꾸로 학습법이나 문제 중 심 학습법과 같은 구체적인 방법론의 실천적인 적용 역시 이러한 원리를 따르는 것으로 세속적 인본주의 교육의 왜곡된 신학적, 철학적 오류를 피 할 수 있다.

3. 학문적 경계를 넘는 샬롬의 융합 교육

개혁주의 전통에서 신학적, 철학적으로 중요한 원리 중 하나는 반정립 (antithesis)이다. 앞서 카이퍼의 사상을 통해서 정리된 반정립의 사상은 기독 교 교육의 원리에도 그대로 반영된다. 코닐리어스 반틸(Cornelius Van Til)은 그의 전제주의적 변증(presuppositional apologetics)의 기초에 신자와 불신자, 신 본과 인본의 반정립을 두고 있으면서, 특히, 교육학에도 이를 적용한다.[66]

이 반정립은 '하나님 없는 혹은 무신론적 교육은 비기독교적인 동시에 반 기독교적인 교육'과 '하나님 없는 비기독교적인 교육은 자연적으로 인본주 의적이거나 인간 중심'이 되는 교육의 철학적 '시간-공간적 사실들'이 뒤엉 킨 교육 현장의 교육 과정과 내용에도 반영이 된다. 그런데도 그는 다음과 같이 신학만이 아닌 다른 모든 학문의 기독교 교육적 당위성을 말한다.

---

[66] Berkhof and Van Til, *Foundations of Christian Education*, 19-55.

> 사람은 하나님을 위하여 존재하지만, 피조 세계의 다른 것들은 인간을 위하여 존재한다. 그러므로 이런 의미에서 커리큘럼은 인간 중심이 돼야 한다. 이렇게 될 때만 그것이 하나님 중심이 된다 … 기독교학교의 커리큘럼은 별로 중요한 것 같지 않으면서도 빠뜨릴 수 없는 과목들을 포함한 하나의 유기체가 되어야 한다. 내가 기독교학교 외에는 교육이 불가능하다는 견해를 주장 할 때, 일반 은총의 교리를 잊지 않았다는 점을 재심 명심해 두고자 한다.[67]

인간 중심과 하나님중심의 반정립은 역설적으로 철저히 인간 중심의 교육이 하나님 중심의 교육이어야 하며, 오히려 하나님과의 관계에 전제하지 않는 모든 인간 중심 교육은 불가능하기에, 기독교 교육만이 참된 교육을 할 수 있다는 것이다. 반틸의 교육관이 철저히 세속 학문과의 경계를 허무는 샬롬의 교육임을 분명하게 알 수 있다.

그의 이러한 교육관은 하나님과 모든 세계의 관계성을 드러내는 다음과 같은 말에서 더욱 극명하게 나타난다.

> 전체 '시-공간적 사실들'이 그것의 전제로서의 하나님과의 관계 속에서 관찰되지 않는 한, 크리스천에게는 단지 추상적인 것이 되고, 전적으로 비지성적이 됨으로, 전혀 가르칠 수 없다. 우리는 사실이 하나님과의 바른 관계 속에서 관찰되지 않는 한 '사실'은 실제적으로 관찰되지 못한다고 말함으로써 같은 개념을 표현할 수 있다. 하나님은 시-공간적인 사실들을 만들었기 때문에, 하나님에 대한 그것들의 관계가 당연히 그것들을 이해하는 데 가장 중요한 요소이다.[68]

---

[67] Berkhof and Van Til, *Foundations of Christian Education*, 21-22; 48.
[68] Berkhof and Van Til, *Foundations of Christian Education*, 41-42.

모든 시대의 기독교 교육적 실천은 결국, 하나님과의 바른 관계에 근거한 모든 학문의 영역에 속해 있는 것이다. 현대의 교육적 사실들은 포스트휴먼의 정황 속에 있다. 포스트휴머니즘 시대의 학문 역시 분과 학문의 융합, 즉 학문적 경계의 해체를 지향한다.

포스트휴머니즘은 인문학뿐 아니라 자연 과학, 사회 과학을 가로지르는 반(反)분과 학문적(anti-disciplinary)인 잠재력을 제공한다.[69] 기독교 교육 역시 하나님을 언급하지 않는 세속 학문과의 경계를 넘어 타 학문과의 관계를 지향하는 태도가 중요하다. 파즈미뇨는 이에 대해서 이렇게 말한다.

> 교육적인 사상과 실천은 미술, 응용 미술, 경제학, 정치학, 생명 과학, 자연 과학, 체계 이론, 경영 이론, 공학, 수학과 같은 다양한 학문으로부터 통찰력을 얻어냈다. 이 사실은 "모든 진리는 하나님의 진리이다(All Truth is God's Truth)"라는 주장을 뒷받침한다. 기독교 교육자는 하나님으로부터 창조성을 받은 인류가 만든 이 세상의 그 어떤 것에서도 하나님의 진리를 찾아낼 수 있다.[70]

파즈미뇨가 경계를 넘어 관계하고자 하는 학문적 영역들에 생명 과학, 자연 과학, 공학과 수학 등의 포스트휴머니즘의 사상적 근거에 기능하는 분과 학문들이 작용하는 것을 주목해야 한다. 카이퍼 역시 자연 과학, 즉 과학적 지식에 대해서 매우 분명한 인간관에 근거하고 있다.

예컨대, 카이퍼는 칼빈주의의 신앙고백이 하나님을 알 수 있는 방편으로써 성경은 물론 자연을 언급하며, 특히, 인간의 몸에 대해서 다음과 같이 말한다.

---

[69] 정윤경, "포스트휴머니즘과 휴머니즘에 기반한 교육 재고," 118.
[70] Pazmino, *Foundational Issues in Christian Education*, 11.

> 칼빈은 아주 많은 신학자의 경향과 달리 자연을 단순히 부속되는 항목으로 대하지 아니하고 성경을 안경에 비유하여 이 안경으로 우리가 자연의 책에 하나님이 손으로 기록하신 하나님의 생각을 다시 해독할 수 있게 한다고 보곤 했다는 점이다 … 그래서 자연에 전념하는 자는 헛되고 어리석은 일들을 추구하면서 그 능력을 허비하고 있을지 모른다는 모든 두려운 우려가 사라져 버렸다. 반대로 그는 하나님을 위하여 우리의 관심이 자연과 창조의 생활에서 벗어날 수 없다는 점을 파악했다. 몸에 대한 연구는 영혼에 대한 연구와 나란히 존귀의 자리를 회복했다.[71]

카이퍼의 이 말에서 '자연에 전념하는 자'는 곧 자연 과학자들이다. 그들을 통해서 하나님의 창조의 역사는 물론 자연의 실존 가운데 인간의 위치를 분명히 잡을 수 있다. 그뿐 아니라 영혼에 대한 연구와 마찬가지로 인간의 몸, 곧 그 신체에 대한 연구 역시 '나란히 존귀의 자리'를 회복한다. 이런 사실로 볼 때, 앞서 정리한 대로 학문적 경계를 넘어 학제 간 샬롬의 융합을 추구하는 기독교 교육의 당위는 분명하게 보장된다.

요컨대 기독교 교육은 학문적 경계를 넘어 소통의 교육이 되어야 하며, 특히, 실천적인 교육 원리와 방법에 있어서는 더욱 그러하다. 교육은 교육학으로서의 독립된 학문적 정체성을 넘어서 필경 간학문적 소통의 역할을 가지고 있다는 것을 염두 해야 한다.

일반 교육학은 독립된 교육학 외에도 다양한 분야의 교육학으로 세분화되어 일반 교육학과의 공통분모를 넘는 세부 전공을 가지고 있다. 과학교육, 역사교육, 언어교육, 사회교육 등등이 그것이며, 예컨대 과학교육은 과학이라는 학문의 내용을 교육적인 수단을 통해서 학습자에게 전달하는 것이 중요한 과제이다.

---

[71] Kuyper, *Lectures on Calvinism*, 146-147.

그러나 기독교 교육은 일반 교육을 넘어선 초월적 교육이라고 할 수 있다. 도예베르트의 입장을 따르면, 기독교 교육은 모든 교육에 대한 선험적 비판(transcendental critique)을 바탕으로 이루어져야 하는 교육이다. 선험적 비판은 모든 양상의 법적 질서에 대한 이전 시대의 인본주의적 사고를 모두 다시 하나님 중심으로 재해석하는 방법이라고 할 수 있다.[72] 도예베르트는 기독교 철학의 큰 역할 중 하나는 여러 개별 학문을 기독교 철학적으로 재고하는 것이며, 그의 기독교 철학 이념이 그 근거가 된다고 생각한 것이다.[73]

한편 기독교 교육학적으로 중요한 것은 이러한 기독교 철학적 작업이 사변적으로 멈추지 않도록 하는 것이다. 적극적으로 교육의 현장에 반영할 수 있는 구체적인 대응들이 교육의 각 단계별로 이루어질 수 있도록 현장화하는 것이 중요하다.

그렇다면, 어떤 교육적 양상으로 이를 현장화할 것인가?
포스트휴머니즘 시대에 기독교 교육이 모색해야 할 간학문적 융합 교육의 실천적 방안은 무엇인가?
특별히 이 책에서 제기하는 개혁주의적 인간관의 경계성과 관계성의 측면에서 간학문적 융합 교육을 기독교 교육의 현장에서 어떻게 녹여 내야 할 것인가?

먼저 기본적으로 모든 학문의 간학문적 융합에 대한 기독교 교육학적 기준이 될 신학적, 철학적 기준의 정립과 이에 대한 실천적 교육이 우선되어야 한다. 융합은 기준 없이 섞는 혼합으로 이해되어서는 안 된다. 받아들일 수 있는 것과 받아들일 수 없는 것의 구별을 위해서는 분명한 기준이 있어야 하며, 이는 곧 경계를 위한 교육적 적용이라 할 수 있다.

---

[72] 한상화, "도예베르트의 이론적 사고에 대한 선험적 비판과 우주법 이념의 중심성," 「ACTS神學과宣教」 제13호, (2013): 219-248.
[73] Dooyerweerd, *Introduction in A New Critique of Theoretical Thoughts* 7.

이 기준으로 제시될 수 있는 기독교 교육학적 개념은 개혁주의에 바탕을 둔 기독교 세계관(christian worldview)이다. 개혁주의 기독교 세계관의 독특성은 그 변혁적이며 전학문적인 성격에 근거하며, 이를 통해서 신앙과 학문의 통합, 즉 융합에 기준이 되는 안경으로 사용될 수 있다.[74] 특히, 포스트휴머니즘 시대의 기독교 교육은 과학 기술에 대한 기독교 세계관적 기준이 바로 세워져야 하며, 이 책에서 지적한바, 과학주의가 담고 있는 여러 위험 요소들을 분명히 구별할 수 있어야 한다.

예컨대, 윤일은 생물학을 중심으로 한 학문 간 교류, 즉 융합의 기독교 교육적 적용에 있어서, 먼저는 여러 학문 분과별로 시대적 흐름이나 중요성에 따라 불균형적으로 적용되지 않아야 하며, 그다음으로 과학주의와 환원주의적 사상의 도전에 분별력 있는 대처를 해야 한다고 말한다.[75] 특히, 다음과 같이 과학주의에 대한 경각심을 높이고 있음을 주목해야 한다.

> 생물학 중심의 학제간학문이 추구하는 경향은 결국, 과학주의적인 형태일 가능성이 높다. 학제간학문이 태동하여 요구되었던 서로 다른 이질적 학문간의 협력보다 인문학은 보조적인 역할을 수행하며 오히려 과학주의가 강화되는 상황이다. 과학주의에 대한 인간의 집착은 과학에 대한 우상화이며, 근대과학 발전의 이면에 있는 물신주의와 연관되어 있다. 이런 물신주의의 원인은 학문의 세속화에 있으며, 이는 인간이 하나님 없이 자신의 유토피아를 지상에 구축하고자하는 욕망이 투영되어 있음을 의미한다. 그래서 인간에게 실제 주어진 지위와 역할을 망각하게 만들고, 스스로를 지배자의 위치에 올려놓고자 한다.[76]

---

[74] 신국원, "개혁주의 기독교 세계관의 역사와 전망" 「총신대논총」 제24권, (2004): 130-131.

[75] 윤일, "생물학 중심학제간 학문의 최근경향에 대한 비판과 기독교 교육학적 논의-도예베르트(Dooyeweerd, H)의 양상 이론을 중심으로," 「복음과교육」 제12집, (2012b): 82-90.

[76] 윤일, "생물학 중심학제간 학문의 최근경향에 대한 비판과 기독교 교육학적 논의-도예

이와 같은 위험 요소들을 기독교 교육의 현장에서 제거할 수 있는 가장 좋은 기준이 개혁주의에 근거한 기독교 세계관이며, 이를 위한 교육적 작업이 선행되어야 한다. 그제야 각 분과 학문의 영역에 매이지 않고 적극적으로 모든 학문의 교류를 시도하고 적용할 수 있는 것이다.[77]

예컨대, 기독교 세계관적으로 잘 정립된 과학과 과학주의에 대한 주제들을 구체화시킨 교육 내용이 마련되어야 한다. 즉, 이제는 과학 자체를 기독교 세계관적으로 정립하여 거듭난 과학 교과를 만들 수 있어야 한다. 초보적인 수준에서 기독교 세계관을 다룬 저작들은 제법 소개가 되었지만, 일선 기독교학교나 심지어 교회의 교회학교의 교재로도 활용될 수 있는 수준의 좀 더 튼실한 교육 내용이 필요하다.

또한, 신학교 이상의 교육 과정에는 적어도 중등 과정 이상의 과학 교과 내용에 대한 소개와 과학의 특성이나 철학적/역사적 배경 그리고 과학주의와 같은 위험 요소들에 대해서도 다루어야 한다. 교회의 지도자들에게 있어서 이와 같은 지식은 현대 기독교에 있어서 교회와 복음을 지키는 데 필수적이다.

인간 존재로 한정하여 경계의 혼란을 생각해 보면, 최근 사회적으로 가장 큰 논쟁이 되는 것 중 하나가 성적(性的) 정체성에 관한 것이다. 예컨대, 동성애 논쟁이 대표적인데, 교회의 목회자나 교사가 단순히 성경적, 신학적 지식만 가지고 이 논쟁에 뛰어들기가 쉽지 않다. 우선적으로 요구되는 것은 이 논쟁에 필요한 기독교 세계관적 기준이 분명해야 한다.

그러나 동성애에 대한 기독교 세계관적 입장이 분명해지더라도 이것을 교회와 일반 대중에게 정확하게 전하고 또한, 다음 세대에게 전달하는 데 기독교 교육의 역할이 크다는 것이다. 동성애를 이해하기 위해하기 위해서는 생물학적 성(性, sex), 그리고 생식(生殖, reproduction)이나 발생(發生,

---

베르트(Dooyeweerd, H)의 양상 이론을 중심으로," 96-97.
[77] 김기숙, "전환기 기로에 선 기독교대학의 정체성 위기와 대처방안," 20-23.

development)과 같은 과학적 지식이 필요하며, 이를 성경적으로 재해석해서 전달할 수 있는 적절한 교과 내용이 요구된다. 이를 바탕으로 한 교재가 학령별로 계발된다면 다음 세대에까지 동성애는 물론 관련된 모든 논란에 대한 기독교 세계관적인 분명한 판단 기준을 가질 수 있을 것이다.

앞서 언급한 윤일은 기독교 교육의 간학문적 통합의 주요한 대상으로 생물학을 언급하며, 그 학문적 성과의 이면에 서린 과학주의와 환원주의의 발생을 경계하면서도 이를 기독교 교육에 비판적으로 적용하는 좋은 예를 선사한다.[78] 그에 따르면, 간학문적 통합의 주요 대상인 생물학의 대두는 여러 경우 유전자 조작 기술 등과 같은 윤리적 문제와 각종 생태 환경 문제 등의 실천적인 문제는 물론 과학주의나 환원주의와 같은 사상적인 근원 문제를 통한 불균형이 학문 간 통합의 큰 경계적 장벽으로 놓여 있다.

그런데도 그는 도예베르트의 양상 이론에서 사용하는 학문간 균형의 유지를 의미하는 '엔캅시스'(enkapsis)를 주목하면서 특정 학문의 지나친 강조를 오히려 학문의 세속화라고 규정하며 배격하였다.[79] 그리고 브루멜른 (Van Brummelen)이 도예베르트의 양상 이론과 기독교 세계관의 기반 틀인 '창조-타락-구속-완성'에 근거하여 설계한 통합교육 과정을 소개하며, 다음과 같이 그 의의를 정리하였는데, 기독교 교육이 지향해야 하는 학문 간 융합의 원리적 기초로 삼을 만하다.

> 기독교 통합교육 과정에서 핵심은 세속의 지식이 어디로부터 기원하고 있는가에 대해 명확하게 이해할 필요가 있다. 모든 지식은 하나님으로부터 비롯된 것이고, 이것이 하나님의 말씀과 피조계를 통해 인간에게 전달되

---

[78] 윤일, "생물학 중심학제간 학문의 최근경향에 대한 비판과 기독교 교육학적 논의-도예베르트(Dooyeweerd, H)의 양상 이론을 중심으로," 69-106.

[79] 윤일, "생물학 중심학제간 학문의 최근경향에 대한 비판과 기독교 교육학적 논의-도예베르트(Dooyeweerd, H)의 양상 이론을 중심으로," 92.

는 것이다. 하나님의 말씀은 특별계시인 성경을 통해 인간에게 전달되며 하나님의 창조원리인 일반 계시는 피조물과 그 속의 질서를 통해 전달된다. 세상의 모든 지식이나 상황이 성경에 다 담겨있는 것은 아니지만, 성경의 기본적인 원리와 하나님의 뜻과 대치되는 일은 없다. 그러므로 기독교적 통합교육을 통해 다루어질 모든 교과와 교과의 구성 요소는 성경으로 조명되어야 하며, 그 지식들이 개별 학문 영역으로 구분되어 있지만, 최종적으로 하나님에 대한 지식으로 통합되어야 한다. 뿐만 아니라 성경을 기반으로 성경적 인간상에 기초해야 한다.[80]

이제 관계적인 측면, 곧 샬롬의 측면에서 적극적으로 간학문적 융합을 시도하는 실천적 방안을 살펴보자. 우선 생각할 수 있는 것은 발전하는 과학 기술의 산물을 적극적으로 활용하는 교육방법을 개발하고 도입하는 것이다. 학문 자체의 종교적 비중립성에도 불구하고, 과학과 그 산물인 기술은 여전히 모든 그리스도인들에게 주어진 하나님의 소중한 선물로써 사용될 수 있다.

과학 기술에 대한 올바른 이해가 분명해 진다면, 과학 기술을 교육방법적인 측면에서 적극적으로 활용하는데 문제가 없을 것이며, 이는 곧 적극적인 관계의 교육적 적용이 된다. 특히, 제4차 산업혁명 시대라고 부르는 현 상황에서 기독교 교육이 방법적으로 진지하게 고민해야 하는 부분이다. 물론 다양한 신학적, 철학적 질문들 외에도 방법론적인 질문들이 여전히 제기되고 있다.

인공 지능은 어디까지 기독교 교육에 활용할 것이며 어떻게 활용할 것인가?

---

[80] 윤일, "생물학 중심학제간 학문의 최근경향에 대한 비판과 기독교 교육학적 논의-도예베르트(Dooyeweerd, H)의 양상 이론을 중심으로," 98.

교육연구 방법에 있어서 인공 지능이나 빅데이터, 3D 프린팅 기법을 사용할 수 있는 것인가?
할 수 있다면 어느 수준까지 사용할 것인가?
멀티미디어와 네트워크 기술을 어떻게 교회교육과 목회 현장에 활용할 수 있을 것인가?

이런 질문들에 대한 답에 대해 구체적으로 고민해야만 하며, 답을 줄 수 있어야만 한다. 그런데도 분명한 사실은 각종 과학 기술의 산물들이 기독교 교육 현장에서 얼마든지 적극적으로 활용될 수 있다는 사실이다.

이와 관련하여 가장 먼저 기독교 교육의 현장에서 논의가 이루어지고 있는 것이 각종 미디어를 활용하는 방안이다. 컴퓨터에 기반한 과학정보 기술의 발달은 교육 환경의 디지털화를 촉진시키면서, 기독교 교육에 각종 미디어를 활용하는 방안을 적극적으로 모색해야 한다는 주장이 늘고 있다.[81] 기독교는 영적, 체험적이며 동시에 직접적이기에 하나님과 신앙인 사이의 어떤 매개자를 허용하지 않는 반미디어적 종교라는 주장이 있지만, 그런데도 기독교 교육의 현장에서 미디어는 하나님의 말씀의 문자적 재현이 아닌 보편 이성적인 교육의 방법으로 무한한 활용적 가능성이 있다.

최인식은 기독교 교육에 있어 미디어의 반기독교적 성향을 재고하면서도 동시에 다음과 같이 미디어 활용에 대해 적극성을 보여 준다.

> 그러나 일반적으로 교육은 신앙에 기초하는 것이 아니고, 이성의 보편적 합리성과 충돌이 되는 신앙적 사건들을 경험에 기초한 이성적 차원에서 이해될 수 있는 범위 내에서 다루려고 한다. 이때 멀티미디어는 신앙적 사건들을 이미지의 차원으로 시뮬라시옹(simulation)하여 경험 가능한 것, 즉

---

[81] 강희천, "뉴-미디어 시대의 기독교 교육," 「기독교 교육정보」 제1집, (2000): 9-39; 김희자, "디지털환경에서의 기독교 미디어교육의 방법론 연구," 「기독교 교육정보」 제1집, (2000): 157-187.

> 눈으로 보고 몸으로 느낄 수 있는 것으로 새로이 창조하는 도구가 된다... 멀티미디어는 인간에게 주어진 창조적 상상력을 가장 탁월하게 표현할 수 있을 뿐만 아니라, 현상의 모습을 정확하게 보도할 수 있는 통합적 매체이기 때문이다. 가장 좋은 예로는 오늘과 같은 세미나 시에 멀티미디어를 사용하는 경우, 혹은 인터넷 방송으로 세미나 상황을 그대로 중계하는 것이다. 기독교에 관한 이해를 돕기 위해 인터넷 멀티미디어는 기술적으로 얼마든지 활용될 수 있다.[82]

멀티미디어 사용이 교육적으로 가장 창의적인 방법론 중의 하나이며, 더 나아가 기독교에 관한 이해를 돕기 위한 좋은 기술적 대안이 될 수 있다. 예컨대 김성원은 앞서 다룬 성품 교육, 즉 인성 교육에 있어서 온라인 미디어의 적극적인 활용을 제언하며, 효(孝) 교육이나 환경교육 등의 선행 사례들을 소개한다.[83] 특히, 대학에서 활용할 수 있는 인성 교육 프로그램으로써 애니메이션에 기반한 인성 교육 프로그램을 소개하기도 했다.[84]

이주아는 청소년 교육 현장에서 흔히 염려하는 스마트폰 중독이나 게임 중독의 매개체가 되는 모바일 기기의 기독교 교육적 활용을 역설적인 대안적 방법으로 소개하여 눈길을 끈다. 이주아는 고도로 발달한 통신기술의 집약체인 모바일 기기와 모바일 어플리케이션 등의 방법을 사용해서 청소년을 대상으로 한 기독교 교육에 적용해야 한다고 말하는데, 이는 현대 문화에 대한 비판성과 창의성을 동시에 함양하면서도, 기독교적 가치에 따른 청소년기의 정체성을 정립하는데도 도움을 줄 수 있다.[85]

---

[82] 최인식, "인터넷 멀티미디어와 기독교 신앙교육-인터넷 멀티미디어의 신학적 함의를 중심으로," 「기독교와교육」 제10권, (2002): 18; 20.

[83] 김성원, "하나님 형상 회복으로서의 성품과 기독교 대학에서의 실천 방안에 대한 탐색적 연구," 429-456.

[84] 김성원, 윤정진, "대학생의 인성 교육 프로그램 개발: 애니메이션을 중심으로," 「예술인문사회융합멀티미디어논문지」 제8권, 8호, (2017): 541-550.

[85] 이주아, "한국 청소년의 위기에 대한 기독교 교육적 대안 모색-모바일 미디어를 중심

가상현실(Virtual Reality; VR) 또는 증강현실(Augmented Reality; AR) 등도 도구적인 의미에서 기독교 교육 현장에 적극적으로 도입해야 한다는 주장도 있다.[86] 유지철은 학생들이 직접 체험하기 어려운 다양한 교육 경험을 VR 또는 AR로 체험할 수 있도록 관련 미디어 매체를 사용하는 것으로 환경이나 생태에 관련된 기독교 교육의 가능성을 확장하고자 시도하며, 김희자는 역사, 지리적 배경 상 접근하기 어려운 성경 속의 다양한 현장들을 역시 VR 또는 AR을 활용하여 교회 교육에 접목하는 것을 제안한다.

이처럼 다양한 방법들을 실천적으로 고려하여, 기독교 교육의 교수-학습의 과정에서 뉴미디어를 적극적으로 활용해야 하는 것이다.

기독교 교육 현장에서 성경적인 멀티미디어의 활용에 있어 교육 신학, 철학적 정체성을 잃지 않으면서도 그 효과를 극대화하기 위해서 중요한 것은 무엇인가?

김수환과 함영주는 이에 대해서 다음과 같은 다섯 가지를 제시하는데, 실천적인 방법론적 원리로서 중요한 특징이 된다.[87]

첫째, 무엇보다 미디어 리터러시(media literacy) 교육이 중요하게 다루어져야 한다. 미디어의 활용 이전에 첨단기계가 가지는 비인격성과 비기독교적인 요소를 막기 위해서는 이것이 선행되어야 한다.

둘째, 멀티미디어 사용에 대한 비평적 참여 능력을 키워야 한다. 일단 성공만하면 된다는 무비판적 사고로 무분별하게 멀티미디어를 도입하는 것은 문제가 생길 수 있으며, 반대도 마찬가지이다.

으로," 「한국기독교 신학논총」 제83호, (2012): 351-375.

[86] 유지철, "VR(가상현실)과 AR(증강현실)을 활용한 기독교 환경교육의 가능성 모색," 한국환경교육학회 학술대회 자료집, (2017): 216-219.; Kim Heeja, "Application of Christian Education Media in the Era of the Fourth Industrial Revolution," Journal of Christian Education & Information Technology, 33, 2018: 9-34.

[87] 김수환, 함영주, "멀티미디어 창작을 활용한 기독교 교육의 가능성 연구," 「기독교 교육정보」 제44호, (2015): 91-92.

셋째, 멀티미디어 사용을 위한 물리적 환경, 특히, 시간적인 부분의 개선이 필요하다. 특히, 교회학교 현장에서 극히 제한된 교육 시간은 멀티미디어의 활용을 불가능하게 한다.

넷째, 협력적인 학습 분위기를 조성해야 한다. 앞서 언급한 맥락에서 학습자 중심의 교육은 물론 공동체가 함께 하는 협력적 분위기가 멀티미디어를 활용한 교육에 중요한 환경이 된다. 끝으로 스마트 러닝(smart learning)이 가능한 미디어 교육환경을 구축해야 한다. 특히, 클라우드(cloud)를 기반으로 한 기독교 교육 멀티미디어 콘텐츠들이 적극적으로 구현되기 위해서는 가능한 교육적 멀티미디어 환경이 갖추어져야 한다.

다섯째, 끝으로 교수-학습 방법적인 측면에서 미디어를 활용한 다양한 학습 모델의 전향적인 개발이 필요하다. 멀티미디어의 기술적 활용은 결국, 새로운 교수-학습 모델의 개발과도 연결되어 있다.

가장 잘 알려진 모델 중의 하나가 앞서 언급한 거꾸로 학습법이다. 거꾸로 학습법은 미디어를 기반으로 한 온라인 학습과 교실에서의 오프라인 학습이 결합된 일종의 블렌디드 학습(blended learning)의 한 형태이며, 더 나아가 '교실 안' 수업과 '교실 밖' 수업의 결합된 형태라는 것은 단순히 미디어를 활용한다는 수준 이상의 시사점을 제시한다.[88]

융합 학문적 성격을 좀 더 공고히 하는 대표적인 예는 이미 일반교육 현장에서 크게 확장되고 있는 STEAM(Science, Technology, Engineering, Arts, Mathmatics) 교육이다. 이는 과학, 기술, 공학, 예술, 수학이라는 서로 다른 학문들의 영어 첫 글자를 이니셜로 해서 만든 이름이 상징하는 것처럼, 과학 기술은 물론 인문, 예술 등의 이질적인 학문종의 융합을 시도하는 교육 모델이다.

---

[88] 방진하, 이지현, "플립드 러닝(Flipped Learning)의 교육적 의미와 수업 설계에의 시사점 탐색," 307.

한국과학창의재단의 STEAM 교육 프로그램 사업단에 의하면, STEAM 은 "과학 기술에 대한 학생들의 흥미와 이해를 높이고 과학 기술 기반의 융합적 사고력과 실생활 문제해결력을 함양하기 위한 교육"이다.[89]

STEAM 교육은 그 교수학습의 준거로 상황제시(Context Presentation), 창의적 설계(Creative Design), 감성적 체험(Emotional Touch) 등을 제시하는데, 이를 통해서 학생이 경험하는 삶의 상황 가운데 마주치는 실생활의 문제를 학습 내용으로 인식하고, 이 문제를 해결하기 위해서 다양한 학문적 내용들을 토대로 한 창의적인 아이디어를 고안하게 동기 부여한다. 그리고 이러한 문제해결 과정에서 일어나는 다양한 감성적 체험을 통해 지적인 수준을 넘어 전인적인 학습 경험하도록 이끈다. 최근 STEAM 교육의 통합적 학습 경험을 기독교 교육에 활용하자는 주장이 있다.[90]

손문 역시 학제 간 융합 교육 모델의 필요성을 역설하면서 특별히 창조와 진화, 빅뱅 이론, 분자생물학이나 고분자 화학과 같은 다양한 과학 기술 관련 학문 영역과 기독교의 적극적인 대화와 관련 학제간 융합을 위한 창조적-융합 교육 모델을 특히, 창조성을 중심으로 강조한다.[91]

요컨대, 멀티미디어를 활용하는 교수-학습 방법으로서 STEAM이 융합 교육의 통합적인 사고력과 기독교 교육을 포함한 다양한 교육 현장에 실질적으로 사용될 수 있다는 현장성과 학습자의 신앙적 사고와 창의성, 인문학적 소양이 융합되어 새로운 시너지를 낼 수 있다는 측면에서 STEAM 과 같은 창조적-융합 교육 모델은 재고할 가치가 충분히 있다고 할 수 있다.

본 장을 통해서 우리는 포스트휴머니즘 시대의 기독교 교육이 경계성과 관계성의 균형을 갖추며 하나님의 형상성을 회복하고 궁극적인 샬롬의

---

[89] STEAM 교육 사이트 https://steam.kofac.re.kr.
[90] 김수환, 함영주, "멀티미디어 창작을 활용한 기독교 교육의 가능성 연구," 89.
[91] 손문, "과학적 사실과 기독교 교육의 상상력을 연계하는 창조적-융합 교육 모형의 예비적 고찰,"「기독교 교육정보」제46집, (2015): 101-129.

가치를 추구하는 개혁주의 기독교적 인간관을 구체화시키기 위한 세 가지 교육에 대한 제언을 볼 수 있었다.

첫째, 하나님의 형상성을 회복하는 성품의 교육이며, 이 성품에는 생애 주기에 따라 이루어져야 하는 인간 고유의 인성적 측면은 물론 특히, 창의성이 포함된다는 것을 강조하였다. 그리고 그 전제로서 창조주 하나님을 예배하는 피조물의 본래적 위치를 경계성의 측면에서 강조하는 예배에 대한 교육을 소개하였다.

둘째, 교육 현장을 구성하는 모든 존재의 유기체적 관계성을 지향하는 샬롬의 교육, 특히, 교수자와 학습자의 관계에 있어서 구조화되어 경직된 이전 시대의 교육을 탈피하여 학습자의 주체성을 강화한 전환의 교육에 대해서 논하였다. 특히, 이 모든 교육의 시작이며 기초가 되는 하나님과 성경에 교육적 권위의 원천을 두되, 교육 현장에서는 교수자는 교수자대로, 학습자는 학습자대로 그 교육적 권위를 갖기에 구별되어야 하며, 다만 시대에 맞추어 그 역할을 지속적으로 재고하며 변화, 발전시켜야 한다는 것을 강조하였다.

셋째, 나는 기독교 교육이 포용해야 하는 학문의 경계를 확장하여 세속적 학문이라고 여겨진 여러 학문 간 경계를 넘나드는 융합의 교육을 주장하였다.

이를 위해서 개혁주의에 근거한 기독교 세계관의 확립과 교육적 적용을 통해 그 경계를 흐리지 않고 관계를 더욱 실천적으로 추구해야 함을 지적하였으며, 더불어 발전된 과학 기술의 미디어적 도구를 활용하여 그 수단적 방법론에서 적극적인 융합을 시도하는 교육을 소개하였다.

제7장

결론: 경계를 지키며 관계를 지향하는 기독교적 휴머니즘

> 주께서 내 내장을 지으시며 나의 모태에서 나를 만드셨나이다 내가 주께 감사하옴은 나를 지으심이 심히 기묘하심이라 주께서 하시는 일이 기이함을 내 영혼이 잘 아나이다 (시 139:13-14).

하나님의 유일한 형상으로서 인간 존재는 생명의 기원인 창조주 하나님의 기이한 일을 아는 것으로 그 유일성을 보장받는다. 이 글은 바로 창조주 하나님과 유일한 하나님의 형상인 인간 존재의 경계적인 관계의 기이한 상호성을 모든 세계 존재로 확대하여 그 속에서 분명하게 찾을 수 있는 인간관을 다루었으며, 그것이 개혁주의적 기독교 인간에 대한 중요한 관점임을 밝혔다.

무엇보다 하나님을 대적하는 수단으로써 급속하게 발달한 과학 기술을 등에 업은 현대 포스트휴머니즘의 인간관은 바로 이 하나님과의 기이한 경계를 망각한 사상이며, 이로 인해 모든 존재의 경계를 해체하는 과오를 범하고 있다. 이는 근대의 휴머니즘이 인간을 중심으로 인간 존재의 내외적 존재들의 차이를 차별로 규정하여 억압의 수단으로 기능했던 것에 대한 반발이며, 더 나아가 기능적으로 좀 더 향상된 인간 존재를 꿈꿔왔던 오랜 인류의 염원을 반영한 것인데, 결국 존재 간의 관계성을 지향하기 위함이다.

전자의 입장(포스트휴머니즘)이든, 후자의 입장(트랜스휴머니즘)이든 간에 모든 포스트휴머니즘 범주의 인간관은 인간과 비인간의 존재적 차이를 거부하며, 적극적으로 그 경계를 해체한다.

나는 이 글에서 이것이 가능하게 된 배경은 발달한 과학에 대한 지나친 기대, 심지어 종교적 차원의 신념의 수준까지 이르는 과학주의에 있다는 것을 밝혔다. 무신론적, 물질주의적, 진화론적, 비윤리적인 과학주의의 요소가 포스트휴머니즘에 녹아 있으며, 과학주의적 포스트휴머니즘은 인간 존재의 비인간화와 비인간 존재의 인간화의 방식으로 인간과 비인간 존재 간의 경계적 차이를 허문다. 결론적으로 포스트휴머니즘의 존재론적 인간관은 다른 모든 존재와의 경계적 차이를 인정하지 않고, 무한한 관계성의 향상을 추구하는 것이다.

그러나 개혁주의 전통의 기독교적 인간관은 관계를 지향함에 있어 창조주 하나님과의 분명한 경계를 인정하며, 하나님이 창조하신 피조물 간의 경계성 역시 확실하게 유지한다. 카이퍼의 반정립과 영역 주권 사상은 이러한 존재 간의 큰 경계적 구분을 정당화하며, 이를 계승하여 발전시킨 도예베르트의 양상 이론은 구체적인 피조 세계의 경계상을 설명해 주고 있다.

한편 칼빈은 하나님의 형상인 인간의 내적인 자유와 외적인 정의와 평등의 균형 속에서 하나님과 인간, 인간과 모든 타자의 존재에서 사랑과 관용의 관계성이 공동체의 핵심이며, 공동체를 이루는 기독교적 휴머니즘의 근간임을 밝혔다. 더 나아가 기독교적 인간관의 구체적인 방향성은 월터 스토프가 주장하는 변화를 위한 샬롬의 관계를 지향하는 것이며, 이는 결국, 기독교 교육에서도 반영해야 할 구체적인 덕목으로 발전한다.

결국, 포스트휴머니즘 시대는 물론 모든 시대에 개혁주의 기독교가 견지해 온 인간관은 경계를 유지하며 관계를 지향하는 것이며, 이는 현대 기독교 교육에서도 구체적으로 그 현장에 반영해야 할 핵심적인 신학적, 철학적 기준이 된다.

이를 바탕으로 나는 현대 기독교 교육에 대해서 다음과 같은 세 가지를 제언하였다.

첫째, 현대 기독교 교육이 하나님의 형상으로서 인간 존재의 고유성과 존엄성을 반영한 성품의 교육을 제언했다. 창조주 하나님을 경외하는 것으로 하나님과의 존재적 경계를 인정하면서도 인격적인 하나님과의 가장 적극적인 관계를 지향하는 예배 교육과 하나님의 형상으로 창조된 인간이 그 형상성에 담긴 인성을 회복하기 위한 기독교 교육을 소개했다.

둘째, 모든 존재의 성경적 관계성인 샬롬을 지향하는 전환의 교육을 제언하면서, 기독교 교육 현장에서 반드시 유지되어야 할 성경과 교수자의 마땅한 권위와 역할을 강조하였다. 더불어 교수자-학습자 관계에서 지나치게 위축되어 있던 학습자의 교육 주체성을 재고하는 학습자 중심 교육을 소개했다.

셋째, 마지막으로 나는 성(聖)과 속(俗)을 이분법적으로 구별하였던 이전 기독교 교육학의 학문적 배타성을 지양하고, 세속의 학문으로 치부했던 다양한 학문을 기독교 안으로 끌어안는 융합의 교육을 적극적으로 모색해야 한다고 제언하였다.

학문적 본질에 있어 세계관적인 경계가 있음을 인지하고 기독교적 세계관의 안경을 견지하되 세속 학문 역시 하나님의 주권 아래에 있음을 인정해야 한다. 이를 바탕으로 일반 세속 학문에서 고안되었으나 기독교 교육 현장에 적극적으로 끌어들일 수 있는, 특히 방법론적 측면의 융합은 적극 재고되어야 한다.

끝으로 나는 교육적 존재로서 인간을 이 글의 맥락에서 선이해하는 것이 필요하다고 생각한다. 특히, 포스트휴머니즘의 인간관에 기독교가 대응하기 위해서 매우 중요한 시사점이 교육의 측면에 있음을 강조하고 싶다.

포스트휴머니즘이 의존하는 자연주의는 인간을 자연의 주인이며, 세계의 진보를 창조해 낼 수 있는 존재로 만들 수 있다고 믿지만, 정작 인간의 자의식은 우주의 진정한 주인이며, 인류 역사의 보이지 않는 동력원이자 기묘자이신 하나님을 향한다. 그의 기이한 역사는 또한, 한 개인의 영과

육에 작용하여, 하나님을 고백할 뿐만 아니라, 세계를 알게 하시며, 결국 인간 자신이 되게 만드신다. 모든 교육의 이면에는 인간에 대한 철학적 이해가 전제되며, 이는 곧 모든 교육 행위의 이면에 인간 본성, 즉 인간이 어떤 피조물인지에 대한 가정들이라 할 수 있다.[1]

또한, 칸트에 따르면 인간은 동물과 구분되는 존재로 교육을 통해 인간화가 이루어진다.[2] 인간은 교육을 받아야 하는 유일한 피조물이다. 교육이라는 말을 양육과 훈육, 그리고 교수 등의 의미로 나누어 이해한다면, 훈육과 교수는 동물성을 인간성으로 변화시킨다. 동물과 같이 생존에 필요한 본능적 요소는 이미 갖추어졌다면, 동물과 달리 인간은 교육을 통해 비본능적 요소, 즉 이성적 요소를 갖추게 되며, 이것을 갖추는 것으로 비로소 인간 존재가 된다.

그러나 이것이 끝이 아니다. 인간이 진정한 인간이 되는 것은 이성으로만 가능한 것이 아니며, 이성을 넘어 이해되지 않는 기묘한 영역에 대한 교육이 필요하다. 이 기묘한 영역의 유일하며 진정한 교육은 '불변하는 능력이며 영속하는 지혜'이신 하나님 이외에는 다룰 존재가 없다.[3] 동물은 그들의 삶에 필요한 모든 것을 이미 그의 본능에 의해 갖춘 채로 태어나지만, 인간은 교육을 필요로 한다. 결국, 하나님을 배제한 인간을 위한, 인간의 교육은 성립하지 않는다.

그런데도 하나님 없는 자연주의적 이성과 증거에 목매였던 근대의 학문은 중립적이며 객관적일 수 있다고 확신했으며, 교육은 중립적, 객관적 학문으로 이루어져야 한다고 생각했다.[4] 하지만 실제로는 그렇지가 않다. 어떤 학문과 교육이건 그 깊은 본질에 놓인 철학적 균형추에 따라 전혀 다른

---

[1] Smith, *Desiring the Kingdom*, 39.
[2] 김영래, 『칸트의 교육이론』(서울: 학지사, 2003): 96.
[3] Aurelius Augustinus, *DE MAGISTRO*, (2019), 성염 역, 『아우구스티누스 교사론』(서울: 분도출판사, 2019): 169.
[4] Craig G. Bartholomew & Michael W. Gohen, *Christian Philosophy,* (2013), 신국원 역, 『그리스도인을 위한 서양 철학 이야기』(서울: IVP, 2019): 26-27.

세계를 학문하며, 교육한다. 하나님을 중심에 둔 교육에서 인간 존재는 인간의 힘으로는 도저히 복구시킬 수 없을 정도로 심각하게 '타락한' 하나님의 형상이며, 그 회복은 전적으로 하나님의 능력에 있다는 것이 하나님 중심 교육의 진리이다.[5]

그러나 참된 교육가인 하나님이 없는 자연주의적 관점에서 볼 때, 이전 시대의 근대적 교육은 포스트휴머니즘의 도래와 함께 사망 선고를 당하며, 새로운 전환의 요구를 마주하고 있다. 그 전환은 인간 존재에 대한 질문에서 시작하며, 다른 존재들과의 경계와 관계의 균형에 대한 매우 본질적인 질문이다.

이 책은 바로 그 전환기에 놓인 기독교 교육이 포스트휴머니즘의 인간관을 어떻게 비평적으로 받아들여야 할지를 논의했으며, 포스트휴머니즘은 인간 존재와 둘러싼 세계의 존재들 간의 차별과 억압을 용인하는 경계를 의심하고 해체하며, 과학주의에 기대어 무한한 관계의 향상을 꿈꾸고 있다는 것을 지적했다.

더 나아가 기독교 교육이 전제할 기독교적 인간관, 특히, 개혁주의 전통의 인간관을 어떻게 이 시대의 상황 속에서 적절하게 전환해 발전시켜 나갈 것인지를 모색했다. 이는 결국, 기묘한 교육가이신 하나님의 주권적 섭리를 인정하며, 하나님이 설정하신 창조적 질서 가운데 분명하게 세워진 경계를 인정하는 것이다. 카이퍼의 표현대로라면 하나님과 인간의 경계, 인간과 동물 또는 무생물의 경계는 제방과 댐(dykes and dams)처럼 분명하게 구분되어야 한다.[6]

또한, 이전 시대 역시의 현장에서 경계를 오인하고 자행된 차별과 억압의 부조리로 깨어진 관계를 회복하는 것이다. 경계를 인정하며, 관계를 회복하는 것! 이것이 개혁주의에 근거한 기독교 교육의 인간론적 이해의 출

---

[5] Frank E. Gaebelein, *The Pattern of God's Truth*, (1954), 이창국 역, 『신본주의 교육: 신앙과 학문의 통합』(서울: CLC, 1991): 66-67

[6] Mouw, *Abraham Kuyper: A Short and Personal Introduction*, 51-53.

발점에 새겨야 할 지표이다.

모든 교육의 체계는 인간 존재에 관한 해석과 관점에 의해서 그 타당성을 확보하기에, 나는 기본적으로 포스트휴머니즘 속에 녹아있는 인간 존재에 대한 근원적 질문을 환영한다. 확신컨대, 이것은 포스트휴머니즘의 담론이 우리에게 주는 가장 긍정적인 요소 중에 하나이다. 그리고 기독교 교육은 이 시대에 다시 한번 지향해야 할 인간관을 재확인해야 한다.

결론적으로 나는 이 시대 기독교 교육이 포스트휴머니즘의 담론에서 얻어야만 하는 교훈을 세 가지 키워드로 정리하여 제언하고자 한다. 그것은 **의미**(meaning)와 **방향**(direction), 그리고 **균형**(balance)이다.

첫째, 생각해 보아야 하는 것은 '의미'이다.

인간이라는 존재가 타 존재와의 경계를 이루는 기본적 준거는 그 의미에 있다. 모든 존재는 의미가 있다. 이것이 개혁주의의 인간관의 공통된 전제이다. 도예베르트는 이 의미가 선제적으로 주어졌으며, 선험적으로 인지될 수 있다고 말하지만, 그 의미를 한 줄로 설명하려고 했던 수많은 인간의 도전은 분명한 한계가 있다.[7]

그러나 성경은 비교적 선명하게 인간 존재의 의미를 증거하고 있다. 그 의미의 출발점은 우리가 앞서 살펴본 대로 인간은 하나님의 형상이라는 사실이다. 그리고 이를 통해서 크게 두 가지 관계 속에서 인간 존재의 의미를 유추할 수 있다.

먼저 하나님과의 관계에 있어서 인간 존재는 '예배' 속에서 그 의미를 찾을 수 있다. 하나님을 향한 인간의 전 존재적 의미는 마음과 뜻과 힘을 다하고, 심지어 생명을 다하여 하나님을 예배하는 것이다(신 6:5; 마 22:37; 롬 12:1). 또한, 하나님을 참되게 예배하는 것을 통해서 인간은 모든 지식과

---

7 이에 관한 보다 섬세한 논증은 맥그래스의 『인간, Great Mystery』 53쪽 이하를 참고하라.

학문의 원천을 발견할 수 있으며, 인간이 참으로 죽지 않고 영원히 살 수 있는 것이다(잠 1:7; 호 4:6; 요 14:6). 제임스 스미스(James Smith)가 예배를 향한 인간의 근원적 욕망이 기독교 교육의 중요한 지향의 원천이라는 사실을 그토록 강조하는 것에 동의하지 않을 수 없다.⁸

또한, 인간은 다른 피조물과의 관계에 있어서 그 청지기적 사명을 가진 존재로서의 의미를 가진다. 하나님은 그 모든 선한 인격적 성품을 인간에게 복으로 주시면서, 생육하고 번성하여 땅에 충만한 존재가 되도록 창조하셨다. 그 이유는 다른 모든 피조물을 정복하고 다스리기 위함이다(창 1:28).

정복과 다스림은 모든 피조물로 하여금 창조주 하나님의 뜻과 목적에 부합하도록 지키며 보호하는 의무이며, 인간은 이러한 청지기적 사명을 통해서 가장 존귀한 피조물로써 하나님을 영화롭게 하는 것이다. 청지기로서의 인간은 다른 피조물 위에 군림하거나 억압하는 것으로 자신의 의미를 왜곡해서는 안 된다. 왜곡된 인간의 의미가 발전된 과학 기술에 왜곡되어 투영될 때, 타락한 인간의 탐욕은 다른 피조물을 착취하고 억압하는 부조리로 향한다. 포스트휴머니즘이 지적하는 휴머니즘 시대의 문제는 바로 이 지점에 있다는 것을 잊어서는 안 된다.

따라서 기독교 교육은 인간과 다른 피조물 사이에서 일어나는 부조리의 현상들, 곧 동물권 문제와 환경문제, 그리고 인간 내에서의 다양한 계급적 차별 문제들을 다룰 때, 청지기적 사명을 받은 인간 존재의 의미를 확고히 붙들어야 한다. 이 책에서는 이들 각 세부적 이슈들에 대한 구체적인 논의를 다룰 수 없었지만, 기독교 교육이 이를 민감하게 인식하고 대응하기 위해서는 좀 더 구체적이고 세밀한 논의와 교육적 실천이 필요하다는 것은 분명하게 밝힐 수 있다. 그리고 이 필요를 교육적으로 재확인하기 위해서 다음 키워드가 등장한다.

---

8 Smith, *Desiring the Kingdom*.

둘째, 생각해 보아야 하는 것은 '방향'이다. 거듭 확인하는 것은 포스트휴머니즘이 존재 간의 관계를 지향하는 것에 반대하지 않는다는 것이다. 기독교 교육은 관계를 지향하는 교육적 방향성을 분명하고도 확고하게 견지해야 한다. 그러나 시작하는 준거점 없이 방향은 결정될 수 없다. 경계는 하나님 편에서 정한 것이며, 인간 편에서는 주어진 것이다.

즉, 인정하는 것이며, 지키는 것을 뜻한다. 기독교 교육이 지향해야 하는 구체적인 방향성은 곧 인간 존재를 둘러싼 경계를 지키는 것을 아르키메데스 기점(archimedean point), 곧 준거점으로 확고히 설정해야 한다. 이 준거점을 흔들면 방향을 설정할 수 없다. 포스트휴머니즘의 패착은 바로 이 준거점을 없애려고 한다는 것이다.

그러나 다른 한편 기독교는 자칫 준거점을 지키느라 한 발짝도 앞으로 나아가지 못하는 우를 범해서는 안 된다. 기독교 교육은 분명한 경계에서 출발하여, 향상된 관계를 지향하는 방향으로 실천되어야 한다. 우리는 앞서 칼빈과 월터스토프를 통해서 이 방향이 곧 내적 자유를 붙들되 외적 자유를 절제하며, 타자에 대한 관용의 삶을 사는 것이라는 것을 확인했다. 그리고 이것을 통해 결국, 우리는 모든 피조물과의 샬롬을 이룩해 가며, 비록 타락했으나 거룩하게 변화되는 관계를 통해서 아름다우신 하나님의 영광을 드러내는 것이다.

월터스(Albert Wolters)의 방식대로라면 구조는 곧 경계이며, 방향은 곧 관계이다. 월터스에게 있어서 타락은 곧 왜곡된 방향이다. 구조는 하나님이 정하신 것이기에 왜곡될 수 없다. 그러나 포스트휴머니즘은 왜곡될 수 없는, 곧 해체할 수 없는 구조를 해체하고자 한다. 본질상 구조는 하나님이 정하신 것이기에 해체하고 싶어도 사실상 해체할 수 없으며, 결국 포스트휴머니즘은 실패할 것이다.

그런데도 포스트휴머니즘이 이토록 강력하게 경계를 해체할 수 있다고 주장하는 것은 곧 눈부시게 발전하는 과학 기술에 지나치게 의존하는 과학주의적 성향 때문이다. 인간의 산물인 과학 기술은 본질적으로 한계가 있다는 것을 그들은 간과한다. 과학 기술은 인간의 미래, 세계의 미래를 혼란과 불안에 빠뜨릴 수 있다. 이 점에 대해서 에그버트 스휴르만(Egbert Schuurman)의 경고는 다소 길지만 귀담아 들어볼 만한 충분한 가치가 있다.

> 우리가 살펴본 다른 사상가들(일단의 포스트휴머니스트들)도 한 가지 공통점이 있는데, 그것은 그들이 새로운 기술에 위대한 일들을 기대한다는 사실이다. 보통 그들은 가능한[심각한] 문제들에 대해 별로 염려하지 않는다. '생각하는 기계'에 대한 기대, 인간과 기술적 적용의 경계를 제거하는 것, 그리고 [트랜스휴머니스트들의 생각대로] 새로운 기술을 통해 인류의 진화가 도래하거나 인류가 개선될 수 있다는 기대는 너무 단순하거나 피상적이다. 이런 기대에 대한 이유들은 일차원적이고 물질적인 세계관 및 무의식적이고 기계적인 사고방식에 기원한다고 볼 수 있다. 이런 기술적 사고는 추상적 수준의 학문 및 그런 과학에 철저히 영향을 받은 기술 수준에서 일어난다 … 우리가 지금까지 살펴본 사상가들(역시 일단의 포스트휴머니스트들)은 총체적 현실에 관해 말한다고 주장하지만, 이것을 과학적으로 이론화된 것으로 또는 새로운 기술적 적용으로 환원됐다. 그 결과 실재의 총체성은 과학적 추상성의 수준으로 전도되었고, 따라서 왜곡 및 변형되었다.[9]

이 책에서 다룬 포스트휴머니즘에 대한 고찰과 스휴르만의 경고를 세심하게 살핀다면, 이제 다음에서 다룰 키워드가 무척 중요한 의의를 갖는다는 사실에 동의할 것이다.

셋째, 마지막 키워드는 '균형'이다. 앞서 다룬 키워드인 '방향'이 교육적으로 실천되기 위해서 꼭 염두해야 하는 것이 곧 '균형'이다. 실상 기독교

---

[9] Egbert Schuurman, *Tegendraads nadenken over Techniek*, (2014), 최용준, 손화철 공역, 『기술의 불안한 미래 : 엇갈린 전망과 기독교적 대안』(경기 파주: 비아토르, 2019): 51-52.

교육의 현장에서 가장 중요한 실천적 기준은 '균형'이라고 할 수 있다. 이 부분에서 다소 아쉬운 것은 이 글이 이 '균형'이라는 키워드의 실천적 성격을 구체적으로 다루기에는 여러 가지로 한계가 있었다는 것이며, 이에 대한 구체적 논의는 이후의 연구 과제로 남겨 두어야 할 것 같다.

다만 원론적인 의미에서, 다시 나는 두 가지 면으로 '균형'을 강조하는 것으로 갈음하려고 한다.

첫째, 이 글에서 주로 사용한 경계와 관계의 균형이다.

이 둘 중 어떤 하나도 놓칠 수 없다. 개혁 신학은 다양한 면에서 이 둘의 균형을 강조한다. 마이클 호튼은 하나님과 세상, 그리고 그 관계성 속에서 존재의 이해를 위한 소중한 패러다임을 제시한다.[10]

'소외 극복하기'와 '낯선 이 만나기'라는 것이 그것이며, 이 두 개의 서로 대조적인 패러다임은 마치 '경계'와 '관계'를 위한 신학적 범주 안에서의 대립적인 두 세계관을 암시하고 있다.

경계를 강조하는 측면에서 신학은 존재의 '소외 극복하기'에 치중한 나머지 범신론과 만유재신론에 기울 수 있으며, 반대로 관계를 강조하는 측면에서 신학은 우리가 결코 만나지 못한 '낯선 이'로서 하나님을 밀어내는 데에 치중한 나머지 이신론과 무신론으로 기울게 된다. 소외를 극복하며 동시에 낯선 이를 만나기 위한 애씀은 결국, 경계와 관계의 균형을 유지하기 위한 것이다.

이 균형의 삶을 다른 이미지로 형상화 시킨 것이 아우구스티누스의 '두 도성'이며, 하나님의 도성(civitas dei)와 세상의 도성(civitas mundi)이다. 혹은 그가 때때로 그 도성들을 은유적으로 표현했던 예루살렘과 바벨론이다.[11]

10　Horton, *The Christian Faith: A Systematic Theology for Pilgrims on the Way*, 40-46.
11　Wolterstorff, *Educating for Shalom*, 539.

그리스도인은 예루살렘의 속했으나, 바벨론에서 산다. 두 도성 어디에도 치우침 없이 절묘한 균형을 이루어야 한다. 그리고 월터스토프는 그리스도인의 이 균형의 삶을 실존적인 면에서 다음과 같이 발전시킨다.

> 구체적으로 개혁주의적 전통에 있는 사람들은 사회와 문화에 대해 이른바 '세 도성들'(three cities)로 불리는 용어를 통해서 생각하는 것이 전형적이다. 여기서 나는 아우구스티누스의 '두 도성'을 암시하고 있다. 개혁주의적 전통은 아우구스티누스로부터 영향을 크게 받았다. 그러나 개혁주의적 전통이 아우구스티누스의 생각을 상당히 수정해서 기본적인 사상 유형을 두 도성이 아닌 세 도성으로 바꾼 것을 알지 못한다면, 개혁주의적 전통을 제대로 이해할 수 없을 것이다.[12]

여기서 월터스토프가 말하는 세 가지 도성은 즉, 하나님의 도성, 세상의 도성, 그리고 'civitas gentium'으로 불리는 공통적인 인간의 도성이며, 결국 인간 실존이 머무는 도성은 바로 이곳이다. 개혁주의 전통에서 아우구스티누스의 '두 도성' 사상은 '세 도성'으로 계승되었다.[13]

하나님 도성의 시민은 세상 도성의 시민과 함께 인간 공통의 도성에 거주하며 그들과 균형을 이루는 삶을 살게 된다. 이것이 카이퍼가 이해한 반정립의 삶에 대한 이해이며, 이 반정립의 균형의 삶은 세상 도성의 시민과 더불어, 함께 인간 도성의 구조와 연대, 실천에 동참하는 삶이다.

그리고 이 삶은 원리적으로는 우리의 주님이 취하신 삶이다. 말씀이신 주님은 태초부터 하나님과 함께 하심으로 아버지이신 하나님과의 경계와 관계의 역동적 균형을 유지하셨다(요 1:1).[14]

---

[12] Wolterstorff, *Educating for Shalom*, 539.
[13] Wolterstorff, *Educating for Shalom*, 539.
[14] Andreas J. Kostenberger, *John: Baker Exegetical Commentary*, (2004), 신지철, 전광규 공역, 『요한복음 in BECNT』(서울: 부흥과개혁사, 2017): 51-53.

이처럼 주님은 근본 하나님과 본체시나 그 하나님과 동등됨을 취하지 않으시고, 자기를 비워 기꺼이 종의 형체인 사람이 되셔서 자기를 낮추시고 죽기까지 복종함으로써 그리스도인의 삶의 모범이 되셨으며, 기독교 교육의 인간관이 교육적으로 구현해내야 할 실천적 지향점이 되었다.

둘째, 학문으로서의 과학이 기독교 또는 기독교 교육에 차지하는 위상에 대한 것이다.

비약적으로 발전하는 과학은 유기적 생명체로서 또한, 영적인 존재인 인간의 타락한 영역과 그 한계를 인정하지 않으며, 물질주의적 존재로서 인간은 기계와의 혼종이나 심지어 기계 인간과의 존재론적 경계도 허물면서, 학문과 기술의 영역을 넘어 종교의 영역까지 넘본다. 하지만 안타깝게도 발달하는 과학 기술의 도전에 대해서 기독교는 제대로 대응하지 못했다. 기독교가 이 도전에 제대로 대응하기 위해서는 그간의 침묵에 대한 반성, 과학 기술의 문제에 대한 숙고, 그리고 우리가 살고 있는 시간과 공간의 맥락에 대한 깊은 통찰이 선행되어야 한다.[15]

특히, 과학주의에 대한 재고와 경계가 필요하다. 과학은 종교적 우상과 같은 과학주의와는 분명히 다른 순수한 학문에 속한다. 비록 포스트휴머니즘이 발전하는 과학과 그 산물인 기술 덕택에 등장했지만, 실질적으로 기대고 있는 사상적 기반은 과학주의이다. 그러나 과학주의를 배제하기 위해서 과학까지 버리는 것은 목욕물을 버리다가 아기까지 버리고 마는 어리석은 짓이다.

또한, 과학 기술에 관련된 철학적 논의의 핵심 전제 중의 하나는 과학 기술은 언제나 발전한다는 것이다. 즉 과학 기술의 발전이라는 것은 시대적 상수로 여기는 것이며, 포스트휴머니즘의 담론 역시 이러한 철학적 배경을 전제한다. 과학 기술을 가능하게 하는 것은 인간이지만, 이제 그 과

---

[15] 손화철, "포스트휴먼 시대의 기독교와 기술," 제3회 웨스트민스터 컨퍼런스, 10월 8일, 2018.

학 기술이 인간을 가능하게 만든다. 옹(Walter J. Ong)의 말을 빌자면, "기술은 인공적이다. 그러나 역설적이게도, 이 인공성은 인간에게 자연스러운 (본성적인) 것이다".[16] 인간이 만든 문자가 오히려 인간을 규정하며 변화시키는 것이 대표적인 예이다. 스마트폰은 사람이 만들었지만, 스마트폰으로 인해서 사람은 오히려 전화번호는 잊어버린다.

따라서 중요해지는 것은 과학 기술이 무엇을 가능하게 하느냐가 아니라, 무엇을 위해 사용하느냐에 있다. 결국, 선악과에 손을 대고, 바벨탑을 쌓아 올리는 인간의 탐욕이 과학 기술의 발전 동력이라면, 이것을 제어할 장치가 필요하다.

또한, 거시적 담론에 함몰되어, 실질적인 미시적 대안을 세우는 것에 소홀해서는 안 된다. 진공상태로 발전하지 않는 과학의 학문적 속성을 이해하고, 그것 역시 하나님이 창조하신 세계의 이해를 위한 도구이다. 따라서 이것을 하나님의 나라와 의를 위해서 사용해야 한다는 분명한 목적과 그 목적에 부합하는 구체적인 대안들이 기독교 교육의 현장에서 나와야 한다.

결국, 기독교 교육의 궁극적인 목적은 "모든 무릎을 예수의 이름에 꿇게 하시고 모든 입으로 예수 그리스도를 주라 시인하여 하나님 아버지께 영광을 돌리게" 하는 것임을 잊어서는 안 된다(빌 2:9-11).

끝으로 미처 다루지 못한 주제들에 대한 후속 연구를 제언하는 것으로 이 글을 마치고자 한다.

첫째, 이 글은 포스트휴머니즘의 인간관을 개혁주의적 관점에서 비판적으로 고찰하면서, 특히, 과학 기술적인 측면에 국한된 다소 미시적 접근에 치중하였다.

---

16 Walter J. Ong, *Orality and Literacy: The Technologizing of the Word*, (1982), 임명진 역, 『구술문화와 문자문화』(서울: 문예출판사, 2018): 82.

그러나 일부 앞서 언급한바, 포스트휴머니즘의 담론은 종교 및 교육학계는 물론 정치, 경제, 사회 분야 등 매우 폭넓은 영역에서 펼쳐지고 있으며, 거시적 측면의 접근이 기독교 신학 및 교육학계에 요구된다. 많은 포스트휴머니스트들이 자신들의 문제의식에 대한 해결책을 과학 기술에 국한하여 찾지 않으며, 인간 사회 전 분야에 걸쳐 전방위적으로 접근하고 있다.

이처럼 관련 논의가 거시적인 만큼, 기독교 교육학에서 포스트휴머니즘을 다룰 때, 단순히 과학주의와 과학 기술적인 측면에 대한 미시적 대응을 넘어, 정치, 경제, 사회, 문화 등 훨씬 더 큰 범위에서 다양한 측면에서 거시적으로 연구되어야 할 필요가 있다.

둘째, 이 글은 주로 인간 존재를 중심으로 철학의 존재론적 관점에서 주로 논하였다.

그러나 앞서 잠시 언급한 대로, 경계와 관계의 인간학의 존재론적 논의는 기독교 교육 현장에서 구체적인 내용으로 연결되어야 한다. 특별히 윤리적인 측면에서 기독교는 다양한 사회적 논쟁들에 적극적인 의견을 요구받고 있다. 인간 존재 내부의 다양한 차별 문제, 환경 및 동물권 문제, 낙태나 동성애, 존엄사와 같은 생명 윤리와 관련된 다양한 사회 문제들이 그러하며, 기독교와 기독교 교육은 이 이슈들에 대한 구체적인 논의들이 있어야 할 것이다.

예컨대, '경계'라는 개념에 있어서 어디까지 '가능한' 경계이며, 어디까지 '허용되는' 경계인가? 그 '가능'과 '허용'의 신학적, 철학적 기준과 적용은 어떻게 될 것인지 등에 대한 실천적 논의들이 해당 분야에서 더욱 구체적으로 논의될 수 있을 것이다. 이 글에서 밝힌 대로 포스트휴머니즘은 이러한 부조리들이 근대 사회에 만연해 있다는 것을 감지하고 적극적으로 반응한 인간관임을 기억해야만 한다.

셋째, 모든 존재에 대한 이해에 있어서 인간 중심이나 또는 하나님 중심에 둔 존재에 대한 논의에 가장 격렬하게 사용되는 단어는 '세계관'(worldview)이다.

이 글에서 언급된 카이퍼나 도예베르트, 월터스토프와 같은 학자들은 대부분 세계관 논쟁에 있어서 개혁주의 입장을 대표하는 매우 중요한 사람들이다. 그런데도 본 글은 기독교 교육의 현장에 필요한 적용적인 측면에서 사용한 예를 빼면, 가급적 '세계관'이라는 용어를 자제하여 사용했다. 그 이유는 자칫 관련된 모든 신학적, 철학적, 교육적 논의들이 '세계관'이라는 담론 안에 블랙홀처럼 빨려가는 것을 우려했기 때문이다.

모든 것을 '세계관'으로 설명할 수는 없다. 물론 나는 인간 존재에 대한 이해가 '세계관'의 담론에 매우 핵심적이라는 사실을 부인하지는 않지만, 특히, 본 글에서 중점적으로 살핀 포스트휴머니즘과 과학주의 등의 담론이 획일적으로 '세계관' 논쟁에 함몰되는 것을 원하지 않았다.

그렇지만, 여전히 이 글의 상당 부분은 '세계관' 담론과 연계되어 있을 여지가 다분하다. 예컨대, 세계관이라는 개념의 역사적인 의미를 철학적, 신학적으로 집요하게 파고든 데이비드 노글(David Naugle)의 다음 지적은 눈여겨볼 만 하다.

> 역사적 기독교의 세계관으로 우주와 인간과 우주의 관계를 해석할 때, 더 나은 이 무엇, 너머에 있는 이 무엇을 반드시 명심해야 한다. 인간과 인간, 인간과 피조물의 관계는 유신론적으로 이해한 연대와 공동체의 관계이며, 여기에서는 각 실재의 탁월성이 하나님의 영광을 반영하는 우주 안에서 그 지위를 인정받고 존중받는다. 성경에 근거한 일종의 성례전적, 인격주의적 실재론을 교회의 의식 안에 다시 삽입해, 20세기를 특징지었던 근대 과학의 부작용으로 생태계를 황폐하게 했을 뿐 아니라, 권위주의적 인간성, 정치적 전제주의, 심각한 비인간화를 초래했던 객관주의적인 정신의 습관을 대체해야 한다.[17]

17　David Naugle, *WORLDVIEW: The History of a Concept*, (2002), 박세혁 역, 『세계관 그 개념의 역사』(서울: 도서출판 CUP, 2018): 556.

명시적으로 분명한 언급은 없지만, 노글의 언어에는 인간과 비인간 존재의 경계와 관계에 대한 단서를 여러 곳에서 발견할 수 있다. 세계관이라는 개념의 역사는 그 구체적인 연계성 연구한다면 현재 기독교 세계관 사상이 기독교 교육에 미치는 영향력을 고려할 때, 상당히 중요한 주제가 될 것이다.

Abstract

An Anthropological Study of Christian Education on Scientismatic Post-humanism
- Anthropology of Boundary and Relationship -

Jun-Sub Im
Christian Education Major
Department of Theology
Chongshin University Graduate School

The question and answer of who are humans lies at the starting line of all education, and in Christian education it is an anthropological question and answer that must be established based on the relationship with God. Humans in Christianity are created in the only image of the Creator God, and the answer to all existential origins and meanings can be found from this truth. Humans are essentially beings with a mystical relationship with God in a boundary relationship. This thesis reveals that the existential nature of human boundary and relationship is an important point of view of human understanding of Reformed Christianity, and by expanding it to all world existences, in particular, posthumanism, one of the mainstream humanistic views of humanity in the modern society, is critically considered.

Modern posthumanism, which is based on rapidly developed science and technology as a means of opposition to God, dismantles the boundaries of all beings created by God, and represents a human view in which the balance between boundaries and relationships is broken. This is a revolt to the fact that modern humanism functioned as a means of oppression by defining the difference between the internal and external beings of human beings centered on human beings as discrimination, and furthermore, it reflects the longing of humanity, who dreamed of a functionally improved human existence, but in the end, it is aimed at the relationship between existence. However, the background for this to be made possible lies in scientism, excessive expectations for advanced science, and even up to the level of convictions at the religious level. The elements of atheistic, materialistic, evolutionary, and unethical scientism are melted into posthumanism, so posthumanism is scientismatic. Posthumanism is breaking down the boundary difference between human and non-human beings using a method of dehumanizing human beings and humanizing non-human being. In conclusion, posthumanism's ontological view of humanity seeks to improve infinite relations without acknowledging the boundary difference from all other beings.

However, the Christian view of humanity in the Reformed tradition recognizes a clear boundary with God the Creator in oriented relations, and maintains a certain boundary between God-created creatures. Abraham Kuyper's anti-thesis and territorial sovereignty ideology justifies such a large boundary distinction between beings, and Herman Dooyeweerd's theory of modality, which he inherited and developed, explains the concrete boundary of the created world. On the other hand, John Calvin argued that in the balance of human freedom and external justice and equality in the image of God, the relationship of love and tolerance between God and humans, or between humans and all others, is the core of the community. Also, it was revealed that it is the basis of Christian humanism. Furthermore, the specific direction of the Christian view of humanity is Shalom's relationship for change, which Nicholas Wolterstorff argues. In the end, the view of humanity that Reformed Christianity has maintained is oriented relations maintaining boundaries. This is a key theological and philosophical criterion that should be reflected in the field even in modern Christian education.

Based on this, this thesis proposes the following. First, modern Christian education should strengthen the education of character that reflects the uniqueness and dignity of human existence as the image of God. While recognizing the existential boundary with God by fearing the Creator, it is suggested to provide worship education that aims for the most active relationship with a personal God and Christian education to restore the humanity contained in the image of human beings created in the image of God. Second, a transformational education aimed at shalom, which is the biblical relationship of all beings, must be carried out, and the Bible, which must be maintained in the field of Christian education, and the proper authority and role of the instructor must be reconsidered and firmly maintained. In addition, it introduced learner-centered education that re-established learner's educational subjectivity, which had been too weak in the teacher-learner relationship. Lastly, we must avoid the academic exclusivity of the previous Christian pedagogy, which dichotomously distinguished between the sacred and the genus, and actively seek a convergence education that embraces various disciplines that were regarded as secular disciplines into Christianity. Recognizing that there is a worldview boundary in the essence of scholarship, we must admit that secular scholarship is also under the sovereignty of God. Based on this, it was devised in general secular disciplines, but it is necessary to actively reconsider the convergence of methodological aspects that can be actively drawn into the field of Christian education.

참고 문헌

<단행본>

가스펠서브. (2017). 『성경문화배경사전: *Cultural Background Bible Dictionary*』. 서울: 생명의말씀사.
강미량. (2003). 『PBL이 아동의 사회도덕성에 미치는 영향: PBL의 이론과 실제. 강인애 편저』. 서울: 문음사.
김영래. (2003). 『칸트의 교육이론』. 서울: 학지사
김영한. (2005). 『헬무트 틸리케-종교개혁적인 성경론적 신학』. 서울: 살림.
김재윤. (2015). 『개혁주의 문화관』. 서울: SFC.
박건택. (2013). 『칼빈의 자유사상』. 서울: 솔로몬.
서보명. (2017). 『포스트휴머니즘의 사상사적인 이해: 휴머니즘과 신학의 사이에서. 포스트휴머니즘과 문명의 전환; 새로운 인간은 가능한가』. 이창익 등 공저(201-232). 광주: GIST press.
서양근대철학회. (2004). 『서양근대철학의 열 가지 쟁점』. 서울: 창비.
선우현. (2012). 『평등』. 서울: 책세상.
성염. (1996). 『피코 델라 미란돌라: 인간 존엄성에 관한 연설』. 서울: 철학과현실사.
송인규. (2012). 『일반 은총과 문화적 산물』. 서울: 부흥과개혁사.
송호근. (2006). 『한국의 평등주의, 그 마음의 습관』. 서울: 삼성경제연구소.
신영철. (2011). 『기독교 철학자들의 문화관』. 성남: 북코리아.
이용주. (2017). 『슈퍼 인공 지능 신화를 넘어서: 지능, 싱귤래리티[특이점], 그리고 과학 미신』. 『포스트휴머니즘과 문명의 전환; 새로운 인간은 가능한가』. 이창익 등 공저(233-272). 광주: GIST press.
이진우. (2013). 『테크노 인문학』. 서울: 책세상.
이창익. (2017). 『인간이 된 기계와 기계가 된 신: 종교, 인공 지능, 포스트휴머니즘』. 『포스트휴머니즘과 문명의 전환; 새로운 인간은 가능한가』. 이창익 등 공저(67-115). 광주: GIST press.
임석원. (2013). 『비판적 포스트휴머니즘의 기획: 배타적인 인간 중심주의의 극복』. 『인간과 포스트휴머니즘』. 이화인문 과학원 편(62-89). 서울: 이화여자대학교출판부.

임소연. (2017). 『휴먼 바디를 가진 포스트휴먼, 사이보그는 어떻게 탄생하는가』. 『포스트휴머니즘과 문명의 전환; 새로운 인간은 가능한가』. 이창익 등 공저(117-142). 광주: GIST press.

임혜숙. (2012). 『창의적 인성개발』. 파주: 한국학술정보(주).

장진호. (2017). 『제4차 산업혁명에 대한 성찰적 접근』. 『포스트휴머니즘과 문명의 전환; 새로운 인간은 가능한가』. 이창익 등 공저(19-42). 광주: GIST press.

한상진. (2015). 『개혁주의 기독교 교육 철학』. 서울: 그리심.

Arendt, Hannah. (1998). *The Human Condition,* 2nd Ed. 이진우 역. 2019. 『인간의 조건』. 서울: 한길사.

Augustinus, Aurelius. *DE MAGISTRO.* 성염 역. 2019. 『아우구스티누스 교사론』. 서울: 분도출판사.

Barad, Karen. (2007). *Meeting the universe halfway.* Durham: Duke Univ. press.

Barbour, Ian G. (2000). *When Science Meets Religion.* 이철우 역. 2002. 『과학이 종교를 만날 때』. 서울: 김영사.

Bartholomew, Craig G. and Gohen, Michael W. (2013). *Christian Philosophy.* 신국원 역. 2019. 『그리스도인을 위한 서양 철학 이야기』. 서울: IVP.

Bavinck, Herman. (1895). *Gereformeerde Dogmatiek.* 박태현 역. 2011. 『개혁교의학: 개정증보판』. 서울: 부흥과개혁사.

_____. (1909). *Philosophy of Revelation.* 박재은 역. 2019. 『계시철학: 개정, 확장, 해제본』. 경기 군포: 다함.

Berkhof, Louis. (1941). *Systemic Theology.* 권수경, 이상원 공역. 2000. 『벌코프 조직신학』. 서울: 크리스찬다이제스트

Berkhof, Louis and Van Til, Cornelius. (1994). *Foundations of Christian Education.* Ed. by Dennis E. Johnson. 이경섭 역. 2017. 『개혁주의 교육학』. 서울: 개혁주의신학사.

Bieler, Andre. (1961). *L'humanisme social de Calvin.* 박성원 역. 2003. 『칼빈의 사회적 휴머니즘』. 서울: 대한기독교서회.

Braidotti, Rosi. (2013). *The Posthuman.* 이경란 역. 2015. 『포스트휴먼』. 파주: 아카넷.

_____. (2019). *Posthuman Knowledge.* Cambridge: Polity Press.

Burchfield, R. W. Ed., (1982). *A Supplement to the Oxford English Dictionary* III. NY: Oxford University Press.

Callus, Ivan and Herbrechter, Stefan. (2013). *Posthumanism. I*n Simon Malpas & Paul Wake (Eds.), *The Routledge companion to Critical Theory.* London: Routledge.

Calvin, John. (1541). *Institutes of the Christian Religion*. 박건택 역. 2015. 『칼빈 기독교 강요: 프랑스어 초판』. 용인: 크리스천르네상스.

_____. (1559a). *Institutes of the Christian Religion(Trans)*. J. T. Mcneill (Ed.), 1659. Philadelphia: Westminster press.

_____. (1559b). *Institutes of the Christian Religion*. 고영민 역. 2008. 『기독교 강요: 라틴어 최종판 1-4권』. 서울: 기독교문사.

Collins, Gary. (1980). *The rebuilding of psychology-An integration of psychology and Christianity*, Wheaton. Illinois: Tyndale House Publishers.

Dawkins, Richard. (1976). *The Selfish Gene*. 홍영남 역. 2006. 『이기적 유전자』. 서울: 을유문화사.

De Jong, Norman. (1969). *Education in the Truth*. 신청기 역. 1983. 『기독교 교육 철학의 원리와 실제』. 서울: 성광문화사.

Dooyerweerd, Herman. (1953). *Introduction in「A New Critique of Theoretical Thoughts」*. 김기찬 역. 1995. 『이론적 사유의 신비판 서론』. 서울: 크리스챤다이제스트.

_____. (1960). *In the Twilight of Western Thought*. 신국원, 김기찬 역. 1994. 『서양 사상의 황혼에서』. 고양: 크리스챤다이제스트.

_____. (1994). *Roots of Western Culture*. 문석호 역. 2002. 『서양 문화의 뿌리』. 고양: 크리스챤다이제스트.

Ellul, Jacques. (1977). *Le Systeme technicien*. 이상민 역. 2013. 『기술체계: 인간은 기술의 신성함을 끌어내릴 수 있는가?』. 서울: 대장간.

Feyerabend, Paul. (1975). *Against Method: Outline of an Anarchistic Theory of Knowledge*. London: New left Books.

Fowler, James W. (1992). *Weaving the New Creation: Stages of Faith and the Public Church*. 박봉수 역. 1996. 『변화하는 시대를 위한 기독교 교육』. 서울: 한국장로교출판사.

Fukuyama, Francis. (2002). *Our Posthuman Future: Consequences of the Biotechnology Revolution*. 송정화 역. 2003. 『Human Future: 부자의 유전자 가난한 자의 유전자』. 서울: 한국경제신문.

Gadamer, Hans-Georg. (1976). *Vernunft im Zeitalter der Vissenschaft*. 박남희 역. 2009. 『과학 시대의 이성』. 서울: 책세상.

Gaebelein, Frank E. (1954). *The Pattern of God's Truth*. 이창국 역. 1991. 『신본주의 교육: 신앙과 학문의 통합』. 서울: CLC.

Gonzalez, Justo L. (1984). *The Story of Christianity*. 엄성욱 역. 2012. 『초대교회사』. 서울: 은성출판사.

Gray, John. (2002). *Straw dogs: thoughts on humans and other animals*. 김승진 역. 2010. 『하찮은 인간, 호모 라피엔스』. 서울: 이후.

Hamilton, Victor. (1990). *The Book of Genesis: Chapters 1-17 in NICOT*. 임요한 역. 2016. 『창세기 I in NICOT』. 서울: 솔로몬.

Harari, Yuval Noah. (2011). *Sapiens: A Brief History of Humankind*. 조현욱 역. 2015. 『사피엔스』. 서울: 김영사.

_____. (2015). *Homo Deus*. 김명주 역. 2017. 『호모 데우스: 미래의 역사』. 서울: 김영사.

Haraway, Donna. (1985). *A Cyborg Manifesto: Science, Technology, and Socialist-Feminism in the Late Twentieth Century. Simians, Cyborgs, and Women: The Reinvention of Nature*. New York: Routledge.

Hayles, Katherine N. (1999). *How We Became Posthuman*. 허진 역. 2013. 『우리는 어떻게 포스트휴먼이 되었는가』. 서울: 열린책들.

Herbrechter, Stephen. (2009). *Posthumanism*. 김연순, 김응준 역. 2012. 『포스트휴머니즘; 인간 이후의 인간에 관한 문화철학적 담론』. 서울: 성균관대학교출판부.

Holmes, Arthur F. (1983). *Contours of A World View: Studies in a Christian World View*. 이승구 역. 2017. 『기독교 세계관』. 서울: 솔로몬.

Horton, Michael. (2012). *The Christian Faith: A Systematic Theology for Pilgrims on the Way*. 이용중 역. 2012. 『언약적 관점에서 본 개혁주의 조직신학』. 서울: 부흥과개혁사.

Hummel, Charles E. (1986). *The Galileo Connection: Resolving Conflicts between Science & the Bible*. 황영철 역. 2000. 『과학과 성경, 갈등인가 화해인가?』. 서울: IVP.

Irvin, Dale. (1998). *Christian Histories, Christian Traditioning: Redering Accounts*. Mary-Knoll, N.Y.: Orbis.

Jaarsma, Cornelius. (1935). *The Educational Philosophy of Herman Bavinck: A Textbook in Education*. 정정숙 역. 1983. 『헤르만 바빙크의 기독교 교육 철학』. 서울: 총신대학출판부.

Jahoda, Gustav. (1999). *Images of Savages: Ancient Roots of Modern Prejudice in Western Culture*. London: Routledge.

Jonas, Hans. (1979). *Das Prinzip Verantwortung : Versuch einer Ethik fer die technologische Zivilisation*. 이진우 역. 1994. 『책임의 원칙. 기술시대의 생태학적 윤리』. 서울: 서광사.

Kagan, Shelly. (2012). *Death*. 박세연 역. 2012. 『죽음이란 무엇인가』. 서울: 엘도라도.

Keller, Timothy et al., (2020). *Uncommon Ground*. 홍종락 역. 2020. 『차이를 뛰어넘는 그리스도인』. 서울: 두란도.

Kant, Immanuel. (2003). 『칸트의 교육이론』. 김영래 편역. 서울: 학지사.

Kostenberger, Andreas J. (2004). *John: Baker Exegetical Commentary*, 신지철, 전광규 공역. 2017. 『요한복음 in BECNT』. 서울: 부흥과개혁사.

Kuhn, Thomas. (1962). *The Structure of Scientific Revolutions*. 김명자, 홍성욱 공역, 2013. 『과학혁명의 구조』. 서울: 까치.

Kuyper, Abraham. (1954). *Principles of Sacred Theology*. Trans. J. Hendrik De Vries. Grand Rapids: Edrdmans.

_____. (1898). *Lectures on Calvinism*. 김기찬 역. 2017. 『칼빈주의 강연』. 서울: CH북스.

_____. (1998a).「Sphere Sovereignty」in *Abraham Kuyper: A Centennial Reader*. Ed. James D. Bratt. Grand Rapids: Edrdmans.

_____. (1998b).「The Blurring of the Boundaries」in *Abraham Kuyper: A Centennial Reader*. Ed. James D. Bratt. Grand Rapids: Edrdmans.

Madueme, Hans et al., (2014). *Adam, the Fall and Original Sin: theological, biblical, and scientific perspectives*. 윤성현 역. 2018. 『아담, 타락, 원죄: 원죄에 대한 신학적 성경적 과학적 관점』. 서울: 새물결플러스.

McGrath, Alister. (2017). *The Great Mystery; Science, God and the Human quest for Meaning*. 오현미 역. 2018. 『인간, Great Mystery』. 서울: 복있는사람.

Miah, Andy. (2007). *Posthumanism: A Critical History*. In Gordijn, B. & Chadwick, R. (Eds.), Medical Enhancements & Posthumanity. New York: Routledge.

Middelton, Richard. & Walsh, Brian. (1984). *The Transforming Vision: Shaping a Christian World View*. 황영철 역. 1987. 『그리스도인의 비전: 기독교 세계관과 문화 변혁』. 서울: IVP.

Mirandola, Giovanni Pico Della. (1486). *Oratio De Hominis Dignitate*. 성염 역. 1996. 『피코 델라 미란돌라: 인간 존엄성에 관한 연설』. 서울: 철학과현실사.

Monod, Jacques. (1970). *Le Hasard et la Necessite*. 조현수 역. 2010. 『우연과 필연』. 서울: 궁리.

Moreland, James. P. (2018). *Scientism and Secularism*. 황을호 역. 2019. 『과학, 과학주의 그리고 기독교』. 서울: 생명의말씀사.

Mouw, Richard. (2012). *Abraham Kuyper: A Short and Personal Introduction*. 강성호 역. 2015. 『아브라함 카이퍼』. 서울: SFC.

Murray, Sir James A. H. Ed., (1914). *A New English Dictionary on Historical Principles* VIII. London: Oxford University Press.

Nakamasa, Masaki. (2009). *Imakoso Arendt Wo Yominaosu.* 김경원 역. 2015. 『왜 지금 한나 아렌트를 읽어야 하는가?』. 서울: 갈라파고스.

National Academy of Science. (1998). *Teaching about Evolution and the Nature of Science.* Washington DC: National Academy Press.

Naugle, David. (2002). *WORLDVIEW: The History of a Concept.* 박세혁 역. 2018. 『세계관 그 개념의 역사』. 서울: 도서출판 CUP.

Ong, Walter J. (1982). *Orality and Literacy: The Technologizing of the Word.* 임명진 역. 2018. 『구술문화와 문자문화』 서울: 문예출판사.

Packer, James. (1965). *God has Spoken.* 박문재 역. 2019. 『제임스 패커의 절대 진리』 서울: 국제제자훈련원.

Pazmino, Robert W. (1997). *Foundational Issues in Christian Education.* 박경순 역. 2002. 『기독교 교육의 기초』 서울: 디모데.

Pinnock, Clark. (1997). *Flame of Love: A Theology of the Holy Spirit.* Downers Grove, Illinois: InterVarsity.

Plato. *Phaidros in The Dialogues.* 조대호 역. 2004. 『파이드로스』. 서울: 문예출판사.

Praamsma, Louis. (1985). *Let Christ Be King.* 이상웅, 김상래 역. 2011. 『그리스도가 왕이 되게 하라』. 서울: 복있는 사람.

Ramm, Bernard. (1954). *The Christian View of Science and Scripture.* 박지우 역. 2016. 『과학과 성경의 대화』. 서울: IVP.

Ratzsch, Del. (2000). *Science & Its Limits: The Natural Sciences in Christian Perspective.* 김영식, 최경학 역. 2002. 『과학 철학: 자연 과학에 대한 기독교적 조망』. 서울: IVP.

Russell, Peter J. et al., (2007). *Biology; the dynamic science.* 홍영남 등 공역. 2009. 『생명 과학; 역동적인 자연 과학』. 서울: 라이프사이언스.

Schuurman, Egbert. (2014). *Tegendraads nadenken over Techniek.* 최용준, 손화철 공역. 2019. 『기술의 불안한 미래:엇갈린 전망과 기독교적 대안』 경기 파주: 비아토르.

Schaeffer, Francis. (1972). *He is There and He is not Silent.* 허긴 역. 2001. 『거기 계시며 말씀하시는 하나님』. 서울: 생명의말씀사.

Susan Yi Sencindiver. (2017). *New Materialism.* In. Oxford Bibliographies; Literary and Critical Theory. Oxford: Oxford University Press

Sloterdijk, Peter. (2000). 『인간 농장을 위한 규칙』. 이지우 외 편역. 서울: 한길사.

Smith, James K. A. (2009). *Desiring the Kingdom.* 박세혁 역. 2016. 『하나님 나라를 욕망하라』. 서울: IVP.

Sobchack, Vivian. (2004). *Carnal Thoughts: Embodiment and Moving Image Culture.* Berkeley: University of California Press.

Sorell, Tom. (1991). *Scientism: Philosophy and the Infatuation with Science.* London: Routledge.

Spanos, William V. (1993). *The End of Education: Toward Posthumanism.* Minneapolis: University of Minnesota Press.

Spier, J. M. (1954). *An Introduction to Christian Philosophy.* Trans. David Hugh Freeman. 문석호 역. 1994. 『기독교 철학 개론』. 서울: CH북스.

Stek, John H. (2000). *Studies of Old Testament: Text and Interpretation.* 류호준 편역. 2000. 『구약신학-본문과 해석』. 서울: 솔로몬.

Stott, John. (1984). *New Issues Facing Christians Today.* 정옥배 역. 2005. 『현대 사회 문제와 그리스도인의 책임』. 서울: IVP.

Strange, Daniel. (2019). *Plugged In: Connecting Your Faith with What You Watch, Read, and Play.* 정성묵 역. 2020. 『복음과 문화 사이』. 서울: 두란노.

Stumpf, S. E. and Fieser, J. (2003). *Socrates to Sartre and Beyond: A History of Philosophy.* Boston: McGraw Hill.

Tegmark, Max. (2017). *Life 3.0: Being Human in the Age of Artificial Intelligence.* 백우진 역. 2017. 『맥스 테그마크의 라이프 3.0』. 서울: 동아시아.

Thweatt-Bates, Jennifer J. (2012). *Cyborg Selves: A Theological Anthropology of the Posthuman. In. Routledge Science and Religion Series.* London: Routledge.

Twain, Mark. (1906). *What is Man.* 노영선 역. (2011). 『인간이란 무엇인가』. 서울: 이가서.

Van Brummelen, H. (2002). 『기독교적 교육 과정 디딤돌』. 이부형 편역. 서울: IVP.

Ward, Ted. (1979). *Values Begin at Home.* 김희자 역. 1989. 『자녀교육을 깨운다』 서울: 두란노.

Waters, Brent. (2006). *From Human to Posthuman: Christian Theology and Technology. In a Postmodern World,* Eds. Roger Trigg and J. Wentzel van Huyssteen. Ashgate Science and Religion, Series. Burlington, VT: Ashgate.

Wiener, Nobert. (1989). *The Human use of Human beings: Cybernetics and Society.* London: Free Association Books.

Wittgenstein, Ludwig. (1998). *Culture and Value,* 2nd ed. 이영철 역. 2006. 『문화와 가치』. 서울: 책세상.

Wolters, Albert. (1985). *Creation regained: biblical basics for a reformational worldview.* 양성만 역. 2007. 『창조, 타락, 구속』. 서울: IVP.

Wolterstorff, Nicholas. (2004). *Educating for Shalom*. 신영순 등 공역. 2014. 『샬롬을 위한 교육』. 서울: SFC.
_____. (2013). *Journey toward Justice*. 배덕만 역. 2017. 『월터스토프 하나님의 정의』. 서울: 복있는사람.
Young, Simon. (2006). *Designer Evolution: A Transhumanist Manifesto*. Amherst, NY: Prometheus Books.

<학술 논문>

강영안. (1999). "휴머니즘과 반-휴머니즘 사이". 「철학과현실」, 제40호, 45-59.
강영안, 이상헌. (2013). "포스트휴머니즘에 관한 철학적 성찰". 「지식의지평」, 제15권, 150-173.
강인애, 이정석. (2006). "PBL 수업에서 학습자로서의 자기 인식 변화에 대한 사례연구". 「열린교육연구」, 제5권 2호, 69-87.
강인애, 남선우. (2008). 대안적 기독교 교육방법으로서의 PBL-초등학교 계절 성경학교 사례 연구. 「기독교 교육정보」, 제21집, 403-439.
강희천. (2000). "뉴-미디어 시대의 기독교 교육". 「기독교 교육정보」, 제1집, 9-39.
권문상. (2018). "제4차 산업혁명 시대와 기독교 인간론: 인공 지능을 이기는 공동체적 인간성". 「조직신학연구, 제30집, 112-147.
김광연. (2017). "트랜스휴머니즘과 인간 양식의 변화에 나타난 윤리적 문제들; 인공 지능시대에 삶의 미정성과 유한성이 주는 가치". 「한국개혁신학」, 제54호, 135-164.
김경한. (2003). "'기독교 휴머니즘'의 역사적 의미". 「밀턴연구」, 제13집 1호, 1-20.
김기숙. (2018). "전환기 기로에 선 기독교대학의 정체성 위기와 대처방안." 「기독교 교육정보」, 제56집, 1-36.
김동윤. (2019). "제4차 산업혁명 시대의 사이버네틱스와 휴먼·포스트휴먼에 관한 인문학적 지평 연구". 「방송공학회논문지」, 제24권 제5호, 836-848.
김병연. (2017). "포스트휴머니즘, 지리교육 그리고 사이보그 시민." 「한국지리환경교육학회지」, 제25권 제4호, 73-87.
김선희 등. (2006). "PBL 프로그램이 창의성 및 창의적 문제해결력 향상에 미치는 효과." 「아동교육」, 제15권 3호, 285-297.
김성수. (2013). "개혁주의 기독교 교육의 원리와 과제." 「개혁논총」, 제28권, 9-42.
김성원. (2019). "하나님 형상 회복으로서의 성품과 기독교 대학에서의 실천 방안에 대한 탐색적 연구". 「총신대논총」, 제39권, 429-456.
김성원, 윤정진. (2017). "대학생의 인성 교육 프로그램 개발: 애니메이션을 중심으로". 예술인문사회융합멀티미디어논문지, 제8권, 8호, 541-550.
김수환, 함영주. (2015). "멀티미디어 창작을 활용한 기독교 교육의 가능성 연구". 「기독교 교육정보」, 제44호, 67-97.
김은중. (2018). "문명의 전환과 존재론적 전회: '중용'의 재해석과 부엔 비비르(Buen Vivir)를 중심으로". 「라틴아메리카연구」, 제31권 3호, 19-47.
김은혜. (2014). "기독교 인간주의에 대한 성찰: 새로운 문화현상에 대한 신학적 응답". 선교와신학, 제33집, 211-240.
_____. (2018). "포스트휴먼 시대의 되기의 기독교윤리". 「신학과사회」, 제32권 2호, 211-243.
김응준. (2013). "만들어지는 인간, 만들어지는 정체성. 포스트휴먼 정체성?" 「인문 과학」, 제52집, 47-66.
김종엽. (2010). "인간 존엄성-인간 중심적 사고의 부활인가?" 「철학과현상학연구」, 제47집, 37-67.
김재희. (2014). "우리는 어떻게 포스트휴먼 주체가 될 수 있는가?" 「철학연구」, 106호, 215-242.
김진석. (2017). "약한 인공 지능과 강한 인공 지능의 구별의 문제". 「철학연구」, 117호, 111-137.
김환석. (2016). "사회 과학의 '물질적 전환(material turn)'을 위하여". 「경제와사회」, 112호, 208-231.
_____. (2017). "인공 지능 시대를 보는 이론적 관점들". 「사회와이론」, 제31집 2호, 41-62.
김희자. (2000). "디지털환경에서의 기독교 미디어교육의 방법론 연구". 「기독교 교육정보」, 제1집, 157-187.
_____. (2015). "개혁주의 기독교 성품교육 과정 개발의 원리: 교회와 가정의 연계를 중심으로." 「총신대논총」, 제35권, 43-64.
남선우. (2014). "스마트 PBL에 의한 교회교육 프로그램 개발 및 적용". 「기독교 교육논총」, 제40집, 449-486.
류삼준. (2016). "'일상적 창의성'(everyday creativity)의 기독교 교육적 함의에 대한 고찰". 기독교 교육논총, 제48집, 145-181.
문시영. (2015). "위험사회의 공공신학적 성찰과 한국교회의 과제". 「장신논단」, 제47권 4호, 177-199.
문화랑. (2020). 개혁주의 교육 방법: 교리교육과 예배참여를 통한 전인적 신앙 형성". 「개혁논총」, 제53권, 147-170.

박영철. (2006). "과학주의와 진화론의 한계". 「진리논단」, 제14호, 314-315.
박예은, 조미라. (2019). "포스트휴먼 시대의 여성 주체성". 「철학탐구」, 제56호, 153-179.
박유신, 조미라. (2017). "미래사회를 위한 포스트휴먼 교육". 「미술교육논총」, 제31권 2호, 179-216.
박은혜. (2017). "플립드 러닝 수업 방식의 기독교 교양 수업에의 적용 사례 연구". 「기독교 교육논총」, 제50집, 351-384.
박태현. (2014). "아브라함 카이퍼의 영역 주권". 「신학지남」, 제318호, 180-207.
_____. (2014). "아브라함 카이퍼의 영역 주권(2)". 「신학지남」, 제320호, 231-255.
방진하, 이지현. (2014). "플립드 러닝(Flipped Learning)의 교육적 의미와 수업 설계에의 시사점 탐색". 「한국교원교육연구」, 제31권, 제4호, 299-319.
백종현. (2015). "인간 개념의 혼란과 포스트휴머니즘 문제". 「철학사상」, 제58집, 127-153.
_____. (2019). "과학 기술의 발전과 휴머니즘". 「철학과현실」, 제120호, 171-184.
손문. (2015). "과학적 사실과 기독교 교육의 상상력을 연계하는 창조적-융합 교육 모형의 예비적 고찰". 「기독교 교육정보」, 제46집, 101-129.
손화철. (2016). "기술의 자율성과 포스트휴머니즘". 「한국과학 기술학회 학술대회」, 1-11.
_____. (2018). 포스트휴먼 시대의 기독교와 기술. 제3회 웨스트민스터 컨퍼런스, 10월 8일.
_____. (2019). "포스트휴먼 시대의 과학 기술 거버넌스". 「현상과인식」, 제43권 2호, 135-162.
송충기. (2018). "역사학에서 '동물로의 전환(Animal Turn)'; 짐승의 사회문화사에서 포스트휴머니즘 역사로". 「서양사론」, 제139호, 212-241.
신국원. (2004). "개혁주의 기독교 세계관의 역사와 전망". 「총신대논총」, 제24권, 130-150.
_____. (2013). "해체의 문화와 샬롬의 영성: 포스트모던의 기독교 교육 비전". 「기독교 교육정보」, 제36호, 45-69.
신상규. (2013). "과학 기술의 발전과 포스트휴먼". 「지식의지평」, 제15권, 128-149.
신익상. (2019). "포스트휴먼-과학과 종교의 새로운 접점". 「한국교양교육학회 춘계학술대회 자료집」, 74-83.
양창삼. (1995). "휴머니즘에 관한 기독교적 인식 문제". 「사회이론」, 제13호, 227-264.
유은희. (2014). "성인모색기의 도덕적 표류현상과 기독교적인 도덕적 성품교육". 「기독교 교육정보」, 제42호, 283-327.
유재봉. (2014). "세속 대학에서의 인성 교육". 「신앙과학문」, 제19권 3호, 85-106.
유지철. (2017). "VR(가상현실)과 AR(증강현실)을 활용한 기독교 환경교육의 가능성 모색". 「한국환경교육학회 학술대회 자료집」, 216-219.

윤웅진. (2013). "생태계 위기극복을 위한 기독교 교육의 과제". 「기독교 교육논총」, 제36집, 1-33.

윤일. (2011). "생태계에 대한 도예베르트적 분석과 기독교적 환경교육". 「복음과교육」, 제9집, 42-68.

_____. (2012). "동물 윤리에 대한 도예베르트적 고찰과 기독교 환경 교육". 「복음과교육」, 제11집, 60-90.

_____. (2012). "생물학 중심학제간 학문의 최근경향에 대한 비판과 기독교 교육학적 논의-도예베르트(Dooyeweerd, H)의 양상 이론을 중심으로". 「복음과교육」, 제12집, 69-106.

이경란. (2019). "로지 브라이도티의 포스트휴먼: 포스트휴먼 주체와 비판적 포스트휴머니즘을 향하여". 「탈경계인문학」, 제12권 2호, 33-58.

이신혜. (2015). "이 시대의 키워드, 성품 교육". 「교육교회」, 제449호, 176-177.

이양호. (1991). "칼빈의 '세네카 관용론 주석' 연구". 「신학논단」, 제19호, 99-120.

이원봉. (2018). "포스트휴머니즘은 휴머니즘이 될 수 있는가?; 포스트휴머니즘 논쟁을 통해 본 휴머니즘의 의미와 한계". 「인간연구」, 제37집, 57-83.

이은경. (2018). "디지털 데이터 사회의 포스트휴먼을 위한 교육". 「신학사상」, 제183집, 137-163.

이은성. (2018). "생태환경문제와 교회학교 어린이 신앙교육의 방향". 「기독교 교육논총」, 제56집, 73-100.

이재숭. (2018). "포스트휴머니즘은 인간의 존엄성을 위협하는가?" 「철학논총」, 제94권, 21-40.

이주아. (2012). "한국 청소년의 위기에 대한 기독교 교육적 대안 모색-모바일 미디어를 중심으로". 「한국기독교 신학논총」, 제83호, 351-375.

이지영. (2017). "포스트휴머니즘과 과학 기술 윤리의 문제; 스피노자를 중심으로". 「한민족문화연구」, 제59호, 247-280.

이초식. (1994). "인공 지능의 철학적 성찰". 「과학사상」, 제8호, 81-96.

임준섭. (2018). "죽산 박형룡의 과학관에 근거한 현대 과학주의 비평과 종합". 「개혁논총」, 제46권, 223-250.

장세룡. (2017). "신물질론과 포스트휴먼 기획: 여성주의 물질론을 중심으로". 「로컬리티 인문학」, 제18호, 263-306.

정연교. (2005). "배타적 과학주의와 전면적 상대주의 비판:H. Putnam의 논거를 중심으로". 「OUGHTOPIA」, 제20권, 114-15.

정윤경. (2019). "포스트휴머니즘과 휴머니즘에 기반한 교육 재고". 「교육 철학연구」, 제41권 3호, 117-147.

정희영 등. (2013). "기독교 유아 인성 교육을 위한 덕목 추출".「기독교 교육논총」, 제36집, 195-217.

조한무. (2002). "학교 교육의 방향전환을 위한 새로운 영성 교육에 대한 토론: 중학교에서 영성교육의 홀리스틱 방향 탐색 토론".「홀리스틱융합교육연구」, 제6권 1호, 183-185.

조혜정. (2016). "창조신앙교육과 기독교 창의성 유아교육의 실제".「기독교 교육정보」, 제49집, 233-254.

최인식. (2002). "인터넷 멀티미디어와 기독교 신앙교육-인터넷 멀티미디어의 신학적 함의를 중심으로-".「기독교와교육」, 제10권, 15-21.

하상복. (2007). "새로운 주체의 가능성-포스트휴머니즘과 윌리엄 깁슨의 뉴로맨서를 중심으로".「새한영어영문학」, 제49권 4호, 119-141.

한미라. (2013). "포스트모더니즘과 기독교 교육".「기독교 교육정보」, 제36집, 1-43.

한상진. (2009). "도예베르트의 인간교육 철학".「복음과교육」, 제5호, 55-76.

_____. (2017). "인성에 대한 교육적 의미".「신학과실천」, 제54권, 417-444.

한상화. (2013). "도예베르트의 이론적 사고에 대한 선험적 비판과 우주법 이념의 중심성".「ACTS神學과宣敎」, 제13호, 219-248.

함영주. (2012). "학습자 중심의 교육원리에 대한 기독교 교육학적 통합과 비평".「기독교 교육정보」, 제33집, 61-85.

_____. (2014). "개혁신학의 관점에서 성경의 영감과 무오교리가 기독교 교육학에 주는 함의".「복음과교육」, 제15집, 73-98.

_____. (2015). "플립드러닝(Flipped learning)을 활용한 성경교수실행모형개발".「개혁논총」, 제34권, 241-267.

허희옥 등. (2017). "인공 지능 시대의 인간 지능과 학습".「교육 철학연구」, 제39권 1호, 101-132.

현은수. (2007). "앎의 패러다임 전환과 기독교학교 교육 과정에의 함의".「기독교 교육정보」, 제16집, 133-156.

Bostrom, Nick. (2005). "A history of transhumanist thought". *Journal of evolution and technology,* Vol. 14 No. 1, 1-25.

Brown, Kathy L. (2003). "From teacher centered to learner centered curriculum: Improving, learning in diverse classroom". *Education,* Vol. 124, 49-54.

Curran, Ian. (2017). "The Incarnation and The Challenge of Transhumanism; Becoming godlike?" *Christian Century,* Nov, 22-25.

Ferrando, Francesca. (2013). "Posthumanism, Transhumanism, Antihumanism, Metahumanism, and New Materialisms: Differences and Relations". *Existenz,* Vol. 8 No. 2, 26-32.

Graham, Elaine L. (2003). "Frankensteins and Cyborgs: Visions of the Global Future in an Age of Technology". *Studies in Christian Ethics*, Vol. 16 No. 1, 29-43.

Haraway, Donna. (1979). "The Biological Enterprise: Sex, Mind, and Profit from Human Engineering to Sociobiology". *Radical History Review*, Vol. 20, 206-237.

Hassan, Ihab Habib. (1977). "Prometheus as Performer: Toward a Posthumanist Culture?" *The Georgia Review*, Vol. 31 No. 4, 830-850.

Haught, John. F. (2005). "Science and Scientism: The Importance of a Distinction". *Zygon*, Vol. 45 No. 2, 363-368.

Heeja, Kim. (2018). "Application of Christian Education Media in the Era of the Fourth Industrial Revolution". *Journal of Christian Education & Information Technology*, Vol. 33, 9-34.

Markovic, Igor. (2003). "Human, Posthuman, Astrohuman". 제1회 문학과 과학 국제학술대회, 새한영어영문학회 학술발표회 논문집, 113-114.

More, Max. (1990). "Transhumanism: Toward a Futurist Philosophy". *Extropy*, Vol. 6, 6-12.

Newman, Robert. C. (1995). "Scientific Problems for Scientism". *Presbyterion,* Vol. 21 No. 2, 73-88.

Prisecaru, Petre. (2016). "Challenges of the Fourth Industrial Revolution". *Knowledge Horizons–Economics*, Vol. 8 No. 1, 57-62.

Rubin, Charles T. (2003). "Artificial Intelligence and Human Nature". *A Journal of Technology and Society*, No.1, 88-100.

Schuurman, Derek C. (2018). "Artificial intelligence: Discerning a christian response". *Perspectives on Science and Christian Faith,* Vol. 71 No. 2, 75-82.

Silver, David et al. (2018). "A general reinforcement learning algorithm that masters chess, shogi, and Go through self-play". *Science*, Vol. 362 Issue 6419, 1140-1144.

Summers, Kirk. (2018). "Reformation Humanism: Reading the Classics in the New Theology". *REFORMATION & RENAISSANCE REVIEW,* Vol. 20 No. 2, 134-154.

Taylor, Carol. (2016). "Edu-crafting a cacophonous ecology: cacophonous ecology: posthumanist research practices for education". In Taylor, Carol. and Hughes, Christina (Eds.), *Posthuman research practices in education*(5-24). NY: Palgrave macmillan.

Tirosh-Samuelson, Hava. (2012). Trnashumanism as a secularist faith. Zygon, Vol. 47 No. 4, 710-734.

Tuin, Iris van der and Dolphijn, Rick. (2010). The transversality of new materialism. Women: a Cultural Review, Vol. 21 No. 2, 153-171.

Turing, Allen. (1950). Computing Machinery and Intelligence. Mind, Vol. 49, 433-34.
Waters, Brent. (2015). Is Technology the New Religion? Word & World, Vol. 35 No. 2, 143-150.

<학위 논문>

김민수. (2018). "포스트휴먼 시대의 기독교 교육의 방향". 신학박사 학위, 장로회신학대학교 일반대학원.
오형국. (2005). "칼빈의 종교개혁 사상과 인문주의". 교육학박사 학위, 한국교원대학교.
임준섭. (2017). "현대 과학주의에 대한 개혁주의 신학적 고찰: 죽산 박형룡의 과학관에 근거하여". 목회학석사 학위, 총신대학교 신학대학원.
정진우. (2011). "과학주의 무신론에 대한 과학적 유신론 비판 연구: R. Dawkins와 A. McGrath를 중심으로". 신학박사 학위, 호서대학교.
Filas, Michael. (2001). "Cyborg Subjectivity". Ph. D. diss., University of Washington.
Kneale, James Rober. (1996). "Lost in Space? Readers' constructions of Science Fiction Worlds". Ph. D. diss., University College London.
Kull, Anne. (2000). "A Theology of Technonature Based on Donna Haraway and Paul Tillich". Ph. D. diss., Lutheran School of Theology.
Thweatt-Bates, Jennifer J. (2009). "The Cyborg Christ: Theological Anthropology, Christology, and the Posthuman". Ph. D. diss., Princeton Theological Seminary.

<웹 사이트>

동아일보 인터넷판. [학술]獨슬로터다이크 '생명 공학시대 휴머니즘은 죽었다.' 입력 일자: 2004-10-28 18:52, <https://www.donga.com/news/It/article/all/20041028/8122015/1>. 2020년 8월 13일 접속.
국립국어원 표준국어대사전. <https://stdict.korean.go.kr>
브리태니커 백과사전 온라인 영문판. <https://www.britannica.com>
옥스퍼드 사전 온라인 영문판. <https://www.lexico.com>
위키백과 온라인. <https://ko.wikipedia.org>
Bostrom, Nick. The Transhumanist FAQ: A General Introduction. (Ver2.1). <www.nick-bostrom.com/views/transhumanist.pdf>. 2010년 7월 29일 접속.

Humanity+ <https://humanityplus.org> 2020년 7월 24일 최종 접속.

International Consortium Completes Human Genome Project; All Goals Achieved; New Vision for Genome Research Unveiled, April 14, 2003, <https://www.genome.gov/11006929/2003-release-international- consortium-completes-hgp>. 2020년 8월 7일 접속.

Schwab, Klaus. The Fourth Industrial Revolution: what it means, how to respond. World Economic Forum (Jan. 14, 2016), <www.weforum.org/agenda/2016/01/the-fourth-industrial-revolution- what-it-means-and-how-to-respond>. 2020년 7월 25일 최종접속.

STEAM 교육 사이트. <https://steam.kofac.re.kr>

The Dooyeweerd Pages; <www.dooy.info/subject.object.html> 2020년 8월 17일 최종 접속.

<기타 자료>

경기도교육청, 창의지성교육 해설자료, 수원: 경기도교육청, 2011.

World Economic Forum. (2016). The future of jobs: employment, skills and workforce strategy for the fourth industrial revolution. Geneva: World Economic Forum.

World Economic Forum. (2017). Global Risks Report. (12th ed). Geneva: World Economic Forum..